U0095202

《复旦政治哲学评论》第 14 辑 /2022 年
Fudan Political Philosophy Review，No.14/2022
主办单位 复旦大学国际关系与公共事务学院

主编：洪 涛

Political Philosophy Review

希腊诗人与古典政治
复旦政治哲学评论

洪涛　主编

第 14 辑

2022 年

上海人民出版社

目　录

思想史研究

经典与诠释

学术评论

本辑专题

希腊诗人与古典政治

另一种诗的开端：俄耳甫斯与阿尔戈号远行

吴雅凌 *

1

罗得岛的阿波罗尼俄斯（Apollonius Rhodius），原该叫"亚历山大城的阿波罗尼俄斯"。这位生逢公元前 3 世纪托勒密二世时代的诗人在亚历山大城出生长大，也有一种说法是在附近的瑙克拉提斯古城。相传他 18 岁写出了长篇叙事诗《阿尔戈英雄纪》（*Argonautica*）初稿，怎料恶评连连，还与老师卡利马科斯（Callimachus）起了纷争，不知怎么流放去了罗得岛。①品达在第七首《奥利匹亚竞技凯歌》中细细讲过罗得岛的起源神话，因太阳神而形成，受太阳神的庇护。②阿波罗

---

* 吴雅凌，上海社会科学院宗教研究所研究员。

① 有关诗人生平，参见阿波罗尼俄斯，《阿尔戈英雄纪》，罗道然译笺，华夏出版社 2011 年版，"译者前言"，第 2—7 页。

② 品达：《奥利匹亚竞技凯歌》7.56—70。

尼俄斯以赫利俄斯庇护的岛屿署名,据说是因为他在那里经年不懈地修订诗稿,终有诗名传世。

希腊文的长篇叙事诗传统虽古远,完整传世的屈指可数。《阿尔戈英雄纪》之前只得两部荷马诗作。往后看,要等好些个世纪,方有农诺斯的四十八卷本《狄俄尼索斯纪》(Dionysiaca)。至于无名氏作者仿效阿波罗尼俄斯的托名俄耳甫斯的同名长诗(Argonautica orphica),据考订年份大约同在 5 世纪。①一千多年间,一种诗的类型的传承几乎在罗得岛的阿波罗尼俄斯笔下独见分晓。

《阿尔戈英雄纪》讲述希腊人远征夺取金羊毛的神话。书分四卷,每卷一千来行,总计 5 835 行诗。希腊神话中,阿尔戈英雄因乘坐的船称"阿尔戈号"(Argo)而得名。他们辈分相当高,至少是荷马诗中的英雄主角的父辈,阿喀琉斯的父亲佩琉斯,埃阿斯的父亲特拉蒙,纷纷参加了这次远航,连了不起的赫拉克勒斯也一块儿出发了。阿波罗尼俄斯显得心系荷马。开场陈列五十四位英雄的"谱系和姓名",直接呼应《伊利亚特》卷二的点将篇章,且不说那些个精彩纷呈的战斗,第四卷英雄归途重现了奥德修斯回乡经历的好些名场面,比如塞壬、基尔克或费埃克斯人。

但在笔者看来,更有意思的是,在阿波罗尼俄斯陈列的英雄榜上,位居榜首的不是带头的伊阿宋,甚至不是声名远扬的赫拉勒克斯,而是诗人俄耳甫斯。②多么耐人寻味! 心系荷马的阿波罗尼俄斯笔下出现了另一个诗人,另一种诗唱传统,或诗的起源。

---

① Francis Vian(ed.), *Les Argonautiques orphiques*, Paris, Les Belles Lettres, pp.45—47.

② 有学者主张,俄耳甫斯位居前半部分英雄榜首,这些英雄均以擅长交流著称,而赫拉克勒斯(1.124—129)领衔以勇力著称的后半部分英雄,如参见 J. Clauss, *The Best of the Argonauts. The Redefinition of the Epic Hero in Book 1 of Apollonius's Argonautica*, Berkeley, 1993, pp.26—32。

现在我要来咏唱英雄们的谱系和姓名，他们在广袤的大海上的航行经历和在漂泊中的作为，愿缪斯神来做这支歌的启发者！让我们首先吟诵俄耳甫斯，据说是卡利俄佩和色雷斯的欧阿格洛斯在品普雷阿山顶附近缠绵而有了他。人们传说，俄耳甫斯用如泣如诉的歌声感动山上的冥顽石头和河中的水流。色雷斯那片带状海滩边繁茂生长的野生橡树——那是他的歌声留下的遗址——，因他的琴声迷醉，一棵接一棵簇拥着排列成行，密密丛丛地，从皮埃利亚来到色雷斯。俄耳甫斯就是这样的。他还是彼斯托尼亚人的皮埃利亚的头领，埃宋之子听从喀戎的吩咐，接受俄耳甫斯的援助。(1.20—24)①

传说俄耳甫斯出生在北风呼啸的色雷斯，是缪斯神和河神的孩子，还有的说是阿波罗之子，他的诗唱有莫名的魔力，能打动橡树和石头，驯服飞鸟走兽……作为对远古诗人的神话表述，种种细节古来有之，此处多系转述。唯有一处让人在意：伊阿宋请俄耳甫斯同行，乃是听从喀戎的吩咐。

马人喀戎素有智慧美名，是包括伊阿宋在内的众多英雄的老师。在阿波罗尼俄斯笔下，喀戎出场时，身旁有《伊利亚特》的主人公，当时还被抱在怀里的小阿喀琉斯(1.557)。伊阿宋从老师那里得到教示，也就是远征路上少不了俄耳甫斯。古代注疏家早就这个段落提问，毫无战斗力的俄耳甫斯为何有必要参加远征？随后给出差强人意的理由：因为塞壬的歌唱等在他们回乡的路上，唯有俄耳甫斯能帮助他们平安过关(4.892起)。②

但是只是塞壬的缘故吗？在神话中，守护金羊毛(Χρυσόμαλλον Δέρας)的

---

① 本文中的阿波罗尼俄斯引文引自罗道然译笺，《阿尔戈英雄纪》，华夏出版社 2011 年版。

② schol. on 1.23—25a.

圣地坐落在太阳神赫利俄斯之子做王的远方国度,金羊毛与古时太阳崇拜相连,诗中称之"如宙斯的闪电一样光芒四射"(4.185)。求取金羊毛是一场追逐明光的远行,是不断自我印证乃至超越的修习。所以伊阿宋还要凭此夺回王权,而赫拉克勒斯在第一卷末早早脱队逍遥去了。

阿波罗尼俄斯在长诗开篇呼唤"光明神",这里头有多少诗人的自况意味呢?古人好学深思心知其意,好叫人心向往之。诗人带着诗稿从亚历山大城到罗得岛又重返亚历山大城,一路追求明光的诗艺辗转也少不了俄耳甫斯吗?这与他和老师卡利马科斯的长短诗之争有关联吗?如果说阿波罗尼俄斯有心凭靠《阿尔戈英雄纪》与当世大诗人卡利马科斯比肩,甚至与任何时代的大诗人荷马比肩,那么,俄耳甫斯及其所代表的诗唱又在其中扮演何种角色呢?

2

在阿波罗尼俄斯笔下,俄耳甫斯共出场十四次(第一卷六次,第二卷三次,第四卷五次)。每一次出场都值得玩味。

开卷英雄们出发没多久,同伴间争吵起来。俄耳甫斯当场弹琴吟唱,所有人听得入迷,忘了纷争和愤怒(1.494—515)。稍后众人划桨,诗人以琴歌相伴,行进间保持同一节奏(1.540)。另一处,诗人为同伴唱起阿尔忒弥斯祷歌,因为女神是船只的保护神(1.569—572)。诗人的竖琴和声,与世界和声遥相呼应,在混乱中引入秩序。有诗人在,似能确保阿尔戈英雄一路和睦平安。

但英雄远征路上少不了俄耳甫斯,不仅因为他是诗人,还因为他是祭司。俄耳甫斯的诗唱指向一种通神的语言。公元前 5 世纪盛行的秘教将这位传说中的诗人奉为神主。在俄耳甫斯教中,阿尔忒弥斯不但是船只的保护神,还与引路的赫卡忒女神混同。在欧里庇得斯笔下,俄耳甫斯信徒把阿尔忒弥斯当成"神灵中最伟大的"。①阿波罗尼俄斯的老师卡利马科斯写过《阿尔忒弥斯颂诗》,带有浓烈的女战神崇拜色彩(237—238)。

在阿波罗尼俄斯笔下,几乎没有例外,俄耳甫斯每次出场均伴有祭祀活动。比如俄耳甫斯头一次吟唱之后,英雄们向宙斯行了入夜的奠酒礼(1.516—517)。第一卷里的两场秘教仪式让人印象深刻。他们途经萨莫色雷斯岛,俄耳甫斯在夜里主持当地的卡比罗伊(Kabires)秘仪。卡比罗伊是一群保护水手的和风神,常与科律班忒斯、库瑞忒斯混同,传说最初有四个,三男神一女神。秘教信徒向卡比罗伊寻求庇护,特别求告海上不遇险难。

> 傍晚时分,在俄耳甫斯的命令下,他们停靠在大洋女儿厄勒克特拉的岛屿上,为的是经历秘密仪式,通过让人惊奇的入会礼,让他们在可怖的大海上航行时更加顺利平安。关于这件事我不再继续说下去,而只是向那座岛和居住在那里的拥有秘仪的诸神送去问候,因为唱出那些秘密是不合礼法的。(1.915—921)

阿波罗尼俄斯显得知情并奉命守秘。或是受到此处说法的影响,公元前1世纪作者狄奥多罗亦记载:"伊阿宋、狄奥斯库罗伊兄弟、赫拉克勒斯和俄耳甫斯顺利参加了入会礼,神向他们显现。"(5.49)

在小亚细亚的佛律癸亚地区,俄耳甫斯甚至成为库柏勒(Kybele)秘

---

① 欧里庇得斯《希波吕托斯》15—18,参见948—954。

仪的开创者。库柏勒又称众神之母,本系佛律癸亚的母亲神。公元前
6 世纪起库柏勒崇拜在希腊盛行,逐渐混同瑞亚、该亚、德墨特尔等希腊
本地的母亲神。品达有诗:"我求告伟大的母亲,无上的女神,夜里在我
门前,女孩儿们总和潘一起歌唱她。"①在阿波罗尼俄斯笔下,伊阿宋先
是以寻常礼节向这位佛律癸亚女神献祭,随后俄耳甫斯带领同伴,跳起
库瑞忒斯式的秘仪战舞。女神当场显神迹,大地开花结果,野兽纷纷驯
服,干涸的山泉重新喷涌——

> 年轻人在俄耳甫斯的指挥下,全副武装跳起进行曲节奏的圆
> 舞,用剑在盾上发出巨大的碰撞声……从那以后,佛律癸亚人使用
> 铃鼓和大鼓平抚瑞亚女神……慈祥的女神欣然接受这发自内心的
> 纯净祭礼,因为那里出现显然是大地女神给出的预兆……
> (1.1134—1140)

第二卷中,俄耳甫斯出场三次,均与阿波罗神有关。仿佛他们离乡
越远,越是需要希腊化文明中心的德尔斐圣地主人的庇护力量。在月桂
树下,俄耳甫斯戴花冠弹竖琴,和同伴唱阿波罗祷歌(2.160—164)。不
久,正如缪斯在山中对诗人现身②,阿波罗也在遥远的外乡海岛上空惊
鸿一现,伊阿宋为首的众英雄不知所措(ἀμήχανον, 2.681),"低垂着头,
眼看着地,直到阿波罗飞过空中,远远在海面消失"(2.680—684)。唯
独俄耳甫斯能通神意,以阿波罗神之名,为远征发现的岛屿命名,教导
同伴在岸边设立神坛,主持祭祀礼仪,向神祷告。

---

① 　品达:《皮托竞技凯歌》3.77—79。
② 　赫西俄德:《神谱》22—34。

既然他在黎明时经过这里,又在我们大家面前显现,那么就把这座岛作为黎明神阿波罗的神圣之岛吧,让我们竭尽所能献上祭品并在岸边建起祭坛,如果他庇佑我们安全回到海摩尼亚的土地上,那么我们到时还会为他献上有角的山羊的大腿骨。现在,请大家用牺牲的氤氲和祭酒让他感到快慰。主上啊,你现身于此,请施恩吧。(2.686—693)

俄耳甫斯在随后的仪式祷歌里咏唱到,阿波罗神当初如何战胜皮同蛇怪,做了德尔斐圣地的神主(2.705—713),由此奠定下了阿波罗赞歌的吟唱规范。英雄们当场缔结和平盟誓。另一处,俄耳甫斯在一次祭祀中将竖琴献给了阿波罗神(2.927—929)。

第四卷中,俄耳甫斯在回乡路上与塞壬交锋,用琴声盖过海妖的致命歌唱(4.905—909)。在伊阿宋和美狄亚的婚礼上,他两次演奏婚歌(4.1159—1160,1196)。另两处,他向看守金苹果的水仙们求告(4.1410),又示意将阿波罗的三叉戟供奉当地神明,海神特里同现身为他们带路(4.1547—1549),助他们平安回乡。

3

但在阿波罗尼俄斯笔下,俄耳甫斯的不在场同样让人在意。[1]

---

[1] 不少研究只看俄耳甫斯的在场,而忽略了俄耳甫斯的不在场。比如 Lucien Sigayret, "Le rôle d'Orphée dans les premiers épisodes de l'épopée de Jason, d'après les livres I et II des Argonautiques d'Apollonios de Rhodes," in *Figures du passeur*, Presses universitaires de Perpignan, 2002, pp.161—166; Andromache Karanika, "Inside Orpheus' Songs: Orpheus as an Argonaut in Apppolonius rhodius' *Argonautica*," in *Greek Roman and Byzantine Studies* 50, 2010, pp.391—410。

第三卷和第四卷前半部分是伊阿宋和美狄亚夺取金羊毛的重要篇章。两千多行诗文间，俄耳甫斯一次也没有现身。不单是这样。英雄们在路上接连历险，且不说各种殊死战斗，和款待过他们的多利昂内斯人在黑夜中堪称惨烈的误打误杀（1.985—1062），英雄们沉迷在利姆诺斯女人的温柔乡中不能自拔（1.609—910），俄耳甫斯均无存在感。远征途中最险亦是最出名的一次考验，莫过于飞鸟也难穿越的撞岩，相传水路两旁的悬崖会在有物穿过时移动，发起致命的夹击。在神话中，唯独阿尔戈英雄平安穿过撞岩，后来奥德修斯一行情愿绕道避过（奥 12.56—72）。只不过，带领众人闯关的不是俄耳甫斯，而是舵手提福斯（2.549—610）。

这是因为通神的诗人俄耳甫斯与人间纷扰无干吗？

然而，身为祭司的俄耳甫斯竟也缺席不少重大仪式，比如阿尔戈号远征途中的头一次和最后一次阿波罗大祭。伊阿宋主持这两场庆典。在盛大的开船仪式上，赫拉克勒斯宰杀牺牲，伊德蒙解释神兆（1.440—447）。终途遇海难，伊阿宋向神乞援，阿波罗显灵，让漆黑的海上射出一道日光，助之停靠一座小岛。英雄们同样以阿波罗神之名为这座小岛命名，同样设立圣坛，向神祈祷献祭。只是这一回从头到尾没有俄耳甫斯的身影（4.1694—1730）。

甚至在通神领域，俄耳甫斯也并非独一无二。伊德蒙占卜高人一筹（2.816），墨普索斯擅长鸟占（1.1083—1102，3.929—939 等）……更不必说先知菲纽斯，"阿波罗教给他预言技艺"（2.257），他为众人指明远征途中的种种考验，"从头到尾讲明航行目的地的达到与兆示的寓意"（2.412）。

在阿波罗尼俄斯笔下，俄耳甫斯在场或不在场，似有分寸微妙的拿捏。总的说来，俄耳甫斯的诗唱能通天地万物的和谐秩序，而在另一些场合又显得如此有限。自然，这与阿波罗尼俄斯的统筹谋篇有关：有必要安排五十位英雄先后出场各司其能。问题在于，远征路上少不了的俄耳甫斯的功用何在？

为了回答这个问题，有必要寻求更多的文本参照。

5 世纪的无名氏作者改写《阿尔戈英雄纪》，显得对上述的局限性心存不满。对比两部同名诗作，有叫人印象深刻的反差。在这部共计1376 行的单卷叙事诗中，无名氏假托晚年俄耳甫斯之名，向学生缪塞俄斯回忆往事，行文间既仿效阿波罗尼俄斯，更做出意图明白的添补。

在无名氏笔下，俄耳甫斯不但是第一人称叙事者，更像是阿尔戈英雄的头领。他一路立下的功劳甚至超过公认的头领伊阿宋。他以诗唱驯服出发时刻不肯被拉进海中的阿尔戈号，因为船舵是有灵性的，以多多那圣林中的橡木做成（350—265）。他赛诗胜过马人喀戎，更感动满山橡树和走兽飞鸟（420—440）。他以歌声劝说英雄们离开利姆诺斯岛的温柔乡（484），带领同伴穿过致死命地撞岩（705 起）。他在萨莫色雷斯岛的入会礼（466—470）和库柏勒仪式（615）中不可或缺……

但凡阿波罗尼奥提到的，无名氏积极响应，但凡阿波罗尼俄斯未提的，无名氏着意弥补。特别是夺取金羊毛的过程，俄耳甫斯当仁不让扮演主角，完胜伊阿宋和美狄亚。他主持阿尔忒弥斯秘祭，美狄亚只能充当助手（950），又以歌唱召唤睡神，征服看守金羊毛的蛇怪，伊阿宋只是动手取走金羊毛，别的什么也没做（1000）。伊阿宋和美狄亚随后犯下弑亲之罪，唯有"俄耳甫斯熟知的神圣洁净礼"为他们洗清血污（1232，

1367—1368)。

　　所有对《阿尔戈英雄纪》的改写旨在"纠正阿波罗尼俄斯"①,不遗余力地强调俄耳甫斯的诗唱魔力。如果说阿波罗尼俄斯心系诗人荷马,那么无名氏表现出了何种别样的志向呢?

4

　　众所周知,古诗人俄耳甫斯没有完整诗篇传世,我们今天读到的零散片断,乃是出自古希腊罗马作者之手的风格类型迥异的记载。古典时期的作者除了频繁提到俄耳甫斯(Ὀρφεὺς)其人,还提到一种"俄耳甫斯教"(Ὀρφικά),一种在公元前 5 世纪的希腊广为流传的宗教生活传统,一种有别于荷马和赫西俄德对城邦共同体的正统规范的生活方式。

　　无名氏在诗篇开场假托俄耳甫斯对缪塞俄斯的师徒传授,恰恰重构了此种名曰 orphica 的诗教传统:

　　　　现在我心心念念对你说起未曾明说的事……从前我受巴克库斯和阿波罗神主的灵感启发,教示这两位神的骇人的圣咏,为有死者带去解药,为信徒带去高贵秘仪。起初是古老的混沌神……还有夜神教示的关于巴克库斯神主的难言神谕……还有埃及人的丧歌和献给俄西里斯的神圣奠酒礼。你修习诸种占卜技艺,走兽和飞鸟遗留的多重印迹,动物内脏的部位章法,有死者的灵魂在动人心魄的梦中得到解释的预兆;你修习识辨诸种征兆神迹和星辰的变数,还有抵罪的洁净礼,为大地上的人类带来大好处,还有平息神怒的

---

　　①　Francis Vian(ed.), *Les Argonautiques orphiques*, p.21.

祭礼和献给死者的无数供奉。我还告诉你当年去到特纳罗海角,出
于对妻子的爱,凭一把竖琴,走上入冥府的幽暗路;我也拜访过圣洁
的孟菲斯和尼罗河水环绕的阿庇斯神守护的神圣城市,在那里创作
埃及人的圣辞。以上种种你已经从我这里学会了。(9—46)①

这段引文追溯了俄耳甫斯一生的传奇经历,比如创立秘仪,下冥府
寻找亡妻,去埃及游学——希腊古人游历埃及,好比古典主义风行时期
的欧洲人纷纷南下意大利游学。这段引文还概括了古时记在俄耳甫斯
名下的诗教范畴,比如古代盛行的秘教仪轨,从宇宙起源说起的神谱叙
事(12—24),以及占卜天文方术种种。

一般认为,托名俄耳甫斯的作品大致分四类:第一类涉及俄耳甫斯
生平传说,比如两部《阿尔戈英雄纪》,再如狄奥多罗和普鲁塔克均提到
一部《冥府游》,但未见传本。第二类是俄耳甫斯神谱诗或诸神祷歌,比
如流传至今的 88 首俄耳甫斯祷歌,再如古代作者虽然鲜有述及,但
10 世纪拜占庭学者编撰的《苏达辞书》在Ὀρφεύς词条里提到一首上千行
的神谱诗(3.564—565),或与此处说法有关。第三类涉及天文医学,乃
至星象占卜释梦,引文通过缪塞俄斯的课程得到呈现,又如流传迄今的
《宝石录》(Lithica)。第四类涉及俄耳甫斯在哲学宗教生活中的形象,
比如引文提到的"埃及圣辞",或希腊古典时期流传的神谕诗,稍后还有
出自基督教作者手笔的伪作,往往称"圣约"(Testament)或"誓约"(Ser-
ments),承认从前信奉多神论的谬误,向缪塞俄斯传授一神论真义,盖
为假托俄耳甫斯的忏悔诗。

在无名氏笔下,俄耳甫斯对缪塞俄斯的授课几乎涵盖了上述类别。

――――――――――

① 托名俄耳甫斯的《阿尔戈英雄纪》引文由作者所译,下文不再说明。

不妨说,有别于阿波罗尼俄斯有心再造荷马长篇叙事诗传统的辉煌,无名氏作者志在重现俄耳甫斯诗教传统。借助《阿尔戈英雄纪》的新旧版之别,无名氏作者不但勉力"纠正阿波罗尼俄斯",更从某种程度上对大诗人荷马发出挑战。

5

在无名氏笔下,俄耳甫斯两次有内容的诗唱,均与竞技(agon)场合相连。一次与喀戎赛诗,另一次与塞壬赛诗。

阿波罗尼俄斯只说,俄耳甫斯以琴声盖过塞壬的歌声(4.909)。无名氏作者进一步假想,在塞壬海妖面前,俄耳甫斯受缪斯母亲的灵感启发,唱起宙斯与波塞冬之争,以及波塞冬如何创造西西里,优卑亚和塞浦路斯诸岛。败下阵的塞壬跳入海中,化成石头。

> 我起了个悦耳的音调,吟唱一支神圣颂歌。从前,为了一群狂奔似风暴的骏马,在天上打雷的宙斯和撼动大地的海王起冲突。须发湛蓝的海神对父神宙斯发怒,用黄金的三叉戟猛击吕卡奥尼亚大地,碎片散落在无边海浪中,生成撒丁岛、优卑亚岛和刮风的塞浦路斯岛。当我弹奏竖琴时,塞壬在高高的望风口惊愕地停住歌唱。她们一个丢开长笛,一个放下竖琴,发出可怕的呻吟。死亡就在眼前,命定的可悲日子来了。她们从崖顶纵身跳进喧嚣的大海,可怜那等骄傲的美丽,她们化身成了石头。(1276—1291)

在荷马诗中,"神奇的塞壬们的美妙歌声和她们的繁花争艳的草地"

(奥 12.158—159),如神话里一道不死的风景。塞壬的诗唱是不可征服的。要么为了听闻见识而赴死,要么堵住耳朵躲避保命。或此或彼。擅长计谋的奥德修斯又想听见歌唱又想逃脱死亡诅咒,他的计谋从根本上服从塞壬的秩序规范,从头到尾没有征服对方或颠覆秩序的奢望。无名氏笔下的俄耳甫斯恰恰打破了荷马设定的牢不可破的诗唱魔咒。海妖化成石头,神话戛然终止。这场与塞壬的赛诗,既是新旧两版《阿尔戈英雄纪》之间的竞赛,也是新版《阿尔戈英雄纪》与《奥德赛》的竞赛。名曰俄耳甫斯的诗教传统与荷马正统诗唱的对峙就此浮出了水面。

就连宙斯和波塞冬之争这样在荷马诗中反复出现的老话题(如见伊 15.187),无名氏笔下的俄耳甫斯也唱出别样的意味。引文中提到的岛屿生成神话与俄耳甫斯神谱的宇宙起源说相连。①无名氏不只一次借俄耳甫斯之口讲述宇宙起源叙事。诗篇开场,俄耳甫斯对缪塞俄斯的教诲中就有一首神谱诗:

> 起初是古老的混沌神那不容抗拒的必然和时间神,时间神在无边的蛇环②中生下天宇,以及双重天性的爱若斯,那眼观四方的光荣的神,那长生的夜神的显赫父亲,那最早出现的神,后来的人类种族为这唤他普法纳斯。还有强大的布里默的后代和巨人族的毁灭行为,巨人族是天神播种最早结出的悲哀果子,从他们生成无边大地上相继涌现的人类族群;还有宙斯秘密长大,跑遍群山的母亲神崇拜,库柏勒为少女珀耳塞福涅在山中编织计谋,对付她那不可战胜的父亲,克洛诺斯之子……(12—24)

---

① Francis Vian(ed.), *Les Argonautiques orphiques*,pp.194—195.
② 时间神带有巨蛇般的外形,或与克洛诺斯混同。

无独有偶,俄耳甫斯与喀戎赛诗,吟唱的曲目同样是宇宙起源叙事:

> 首先是献给古老的混沌神的祷歌,他如何接二连三造出自然元素,天神如何伸向世界尽头,胸膛宽广的大地如何产生,大海之根如何奠立,还有那最古老的、自行满足、大智的爱若斯,以及由他孕生的彼此相异的所有后代;接着唱起可怕的摧毁者克洛诺斯,宙斯如何挥舞天雷,在永生的极乐神中获得至上权力;随后唱起年轻的极乐神族的诞生和分歧,还有布里默(珀耳塞福涅的别称)、巴克库斯和巨人族的伟大工业;最后唱起羸弱的凡人种族的世世代代。(421—433)

无名氏生活的年代流行不只一种俄耳甫斯神谱版本。雅典学园(529年关闭)最后一位主持人达玛西乌斯记载过三种版本,其中以"二十四分卷圣辞"(Ιερός Λόγος σε 24 Ραψωδίες)流传最广。[1]在圣辞神谱中,时间神(Chronos)是最初的神,生天宇(Ether)和混沌(Chaos),彼时一切为黑夜笼罩。从天宇中生风卵,从卵中生普法纳斯(Phanes),又称爱若斯。他撕裂风卵,也就是撕破原初世界的黑暗,带来第一道明光。该神有双重性别,四只眼,带翅膀,是万物的起源,也称最古老的神,因为在他之前的神均系世界本原。普法纳斯与夜神生天地造日月。此后天地生提坦,克洛诺斯偷袭乌兰诺斯,宙斯战胜父亲,形成三代神王交替。宙斯和珀耳塞福涅生狄俄尼索斯,把王权传给他。提坦出于嫉妒引诱幼神,将他撕成碎片,以颠覆古代祭祀传统的方式煮食了他。雅典娜抢救他的心脏,阿波罗或宙斯使他复活。狄俄尼索斯有别称如普法那斯或爱

---

[1]　达玛西乌斯:《论第一原理》1.316—319。

若斯，由此周而复始。六代神王依次是普法纳斯或爱若斯、夜神、乌兰诺斯、克洛诺斯、宙斯、狄俄尼索斯。柏拉图在《斐勒布》中援引一句俄耳甫斯佚诗："到第六代停歇你们的歌唱命令。"（66c）

　　无名氏显得熟悉圣辞神谱。[1]两段宇宙起源叙事均提到巨人族的伟大功业或毁灭行为。一般认为，此处巨人族是提坦的别称。俄耳甫斯神谱中的巨人战争，不是赫西俄德长篇描绘的提坦神与奥林波斯神的王权征战（神谱 617—719），而指向提坦吞食狄俄尼索斯这一俄耳甫斯秘教传统的关键神话。两段引文均连带提到珀耳塞福涅（别称"布里默"）和狄俄尼索斯（别称"巴克库斯"），进一步印证了这个说法。

　　对世界起源的不同认知直接体现古希腊三大神话体系的根本差异。荷马诗中讲了好些英雄航海历险的事，强调水元素，大洋（Okeanos）是"众神的始祖"（伊 14.200—204）。赫西俄德本系生活在赫利孔山麓的乡下农夫，以耕作维生，畏惧大海和远方，故而在他笔下，大地是最初的神，是众神的祖先（神谱 117—118）。在不同的俄耳甫斯神谱版本中，宇宙起源或系黑夜（古版本），或系时间（圣辞版本），或系水和土（达玛西乌斯记载的第三种版本）。水元素和土元素分别来自荷马和赫西俄德的宇宙起源说，一般认为，第三种版本旨在解释圣辞版本，使之与古代两种神谱协调。[2]大致成文于 3 世纪的 88 首托名俄耳甫斯祷歌（Orphic Hymns）即主要参照了第三种版本。[3]无名氏的《阿尔戈英雄纪》沿用圣辞版本，从而在某种程度上与荷马、赫西俄德的宇宙起源说保持距离。

---

[1]　André Boulanger，*L'Orphisme dans les Argonautiques d'Orphée*，p.40，p.46.

[2]　Marie-Christine Fayant（texte etabli et traduit），*Hymnes orphiques*，Paris，Les Belles Lettres，deuxième tirage，2017，Annexe，pp.699—700.

[3]　Luc Brisson，*Orphée：Poèmes magiques et cosmologiques*，Paris：Les Belles Lettres，1993，pp.171—174.

6

对比无名氏表现出的赛诗血气,我们发现阿波罗尼俄斯恰恰相反。在他笔下,俄耳甫斯总是置身于纷争和竞赛之外。

阿波罗尼俄斯同样描述了俄耳甫斯两次有内容的诗唱。诗人头一次开口,吟唱世界的生成和宙斯治下的奥林波斯秩序,目的无他,正是要平息同伴间的不和:

> 他唱咏大地、广天和海洋如何先是紧密相连,又在一场毁灭性的争斗之后分道扬镳;还唱咏繁星、明月和太阳如何在天球上保持恒定轨迹,高山如何不断升高,河流如何跟随水仙喧嚣奔腾,一切飞禽走兽如何生成。他接着唱咏,奥菲翁和大洋女儿欧律诺墨一开始如何统治积雪的奥林波斯山,奥菲翁如何因克洛诺斯的勇武手臂而交出特权,而欧律诺墨把特权交给瑞亚,他们双双被投入吞噬万物的俄刻阿诺斯,于是克洛诺斯和瑞亚统治拥有天国之福的众神和提坦,宙斯当时还是孩子,心思天真,住在狄克特的山洞中,大地生养的独眼巨人尚未用雷电武装他——正是凭靠震雷和闪电,宙斯后来赢得威名。(1.496—511)

这段宇宙起源叙事与无名氏笔下何其不同!首先更接近古代传统,让人想到赫西俄德的《神谱》或恩培多克勒等古代作者的记载。①其次,

---

① 参见 André Boulanger, *L'Orphisme dans les Argonautiques d'Orphée*, dans *Bulletin de l'Association Guillaume Budé*, n°22, janvier 1929, pp.30—46, p.33。

神权神话尽管依然是通常意义的夺权革命，因为有"克洛诺斯的勇武手臂"，却耐人寻味地被表述为某种几近禅让的和平继位：前一代神王和神后向克洛诺斯和瑞亚交出王权。此外，争斗从一开始被称为"毁灭性的"，叫人不难分辨诗人的心意。

比起混沌的无序和世界生成的力量对峙，阿波罗尼俄斯似更强调宇宙的秩序，强调阿波罗及其所庇护的诗人发出的世界和音。这恰恰是俄耳甫斯第二次有内容的诗唱主题，也就是阿波罗在德尔斐的胜利。让人在意的是，比起托名荷马的《阿波罗颂诗》中的长篇叙述（3.300—374），阿波罗尼俄斯只用了短短三行诗交代德尔斐的易主经过："阿波罗如何在帕尔纳斯山的嶙峋峭壁下用弓矢杀死德尔斐蛇妖，当时他尚未成年，须发未长全。"（2.705—707）

阿波罗尼俄斯没有细说阿波罗与蛇妖的征战，而把关注的目光转向别处。俄耳甫斯的吟唱不但涉及宇宙的起源和生成，更与远征路上发生的一系列起源和生成事件相连。在俄耳甫斯的指引下，阿尔戈英雄将阿波罗显灵的外乡岛屿命名为"黎明神之岛"（Heoios，2.668—688）。地名来历之外，这段诗文还交代了阿波罗祈祷仪轨的来历（2.711—713），英雄们设立同盟圣坛的起源（2.715—719）。俄耳甫斯所代表的诗唱故而有为所经之地命名、造神坛和奠定仪轨等功用，这些恰是古希腊建立殖民地的必经步骤①，一如阿里斯托芬在《鸟》中以戏谑口吻影射到的命名和祭祀问题。②

就整首叙事诗的谋篇布局而言，俄耳甫斯主持的阿波罗献祭前接两

---

① 有学者结合托勒密二世时代的殖民政治，从跨文化交流角度去解读俄耳甫斯的诗歌功能：Andromache Karanika, "Inside Orpheus' Songs: Orpheus as an Argonaut in Apppolonius rhodius' *Argonautica*", in *Greek Roman and Byzantine Studies* 50, 2010, pp.391—410。

② 阿里斯托芬《鸟》："咱们得先给这个国家起个气派大、叫起来又响亮的名字，然后我们敬神。"（809—811）"我得给新的神献祭，叫祭司来举行仪式"（849—950）。

场小亚细亚秘仪:卡比罗伊秘仪(1.915—921)和库柏勒秘仪(1.1134—1140),后接两场非洲地区的献祭:水仙(4.1410 起)和特里同(4.1547—1549),犹如某种隐含的环形结构,似乎暗示了俄耳甫斯的诗唱在阿波罗代表的希腊化信仰和殖民地信仰之间发挥微妙的调和作用。歌唱阿波罗在德尔斐中心的胜利,用意是铺陈阿尔戈英雄在异国他乡确立阿波罗崇拜的正统性。好比在司马迁的《封禅书》中,秦始皇或汉武帝在民间发动大规模封神祭祀仪式,博士诸生和方术士巡行四方,设立神坛,整合六国各地信仰,形成大一统政权下的信仰体系。如果说借助俄耳甫斯在阿尔戈号远行中的诗唱功用,阿波罗尼俄斯有志审视托勒密二世时代的希腊化文明整合问题,那么,诗中以俄耳甫斯为名的宇宙起源神话或带有一丝地缘政治意味的"新世界起源说"。

诗人写到,伊阿宋在德尔斐求得两只三角祭鼎(tripod)①并带上了路。有一只后来留在许勒斯人(Ἰλλυριοί)的土地上(4.527—533),许勒斯人的祖先是赫拉克勒斯之子许洛斯("Υλλος, 4.537 起)②,这叫人不免联想到赫拉克勒斯在德尔斐与阿波罗争抢三角祭鼎的著名传说。在俄耳甫斯的建议下,另一只三角祭鼎献给了特利托尼斯湖的特里同(4.1547—1555)。从地缘上看,许勒斯人居住在伊斯特利亚半岛(Istria),特利托尼斯湖位于今天的利比亚,一处在希腊西北,一处在希腊西南,恰与诗人生活时代的亚历山大城构成三足鼎立,而德尔斐圣地始终处于心脏地带。三角祭鼎是阿波罗神力的象征物,好比赫西俄德笔

---

① 《阿尔戈英雄纪》译"三叉戟",三叉戟一般与波塞冬相连,此处当指德尔斐女祭司坐在上头传神谕的三角祭鼎(Delphic Tripod)。有关阿波罗尼俄斯笔下的三角祭鼎,参见 Stella Georgoudi, *Questions pythiques*: *retour sur les trépies et le laurier d'Apollon*, In *Chemin faisant*: *Mythes*, *cultes et société en Grèce ancienne. Mélanges en l'honneur de Pierre Brulé*, Rennes: Presses universitaires de Rennes, 2009, pp.215—232。

② 如见亚历山大的克莱蒙《杂记》1.403。

下象征宙斯神权的石头:"宙斯将它立在帕尔纳索斯山谷,神圣的皮托,成为永恒的信物,世间的奇观。"(神谱498—500)

不知为什么我却想到了奥德修斯的无名船桨。荷马诗中两次重复说到,在生命的尽头,他终将把一把船桨插进不识大海的陆地。他已经游历并见识过无数的人间城邦,也要把所有游历见识的消息带到不同角落。然后,他将真正意义地还乡。(奥11.121—137,23.267—284)。

7

俄耳甫斯在一场献祭中把竖琴献给阿波罗神(2.927—929)。

是因为这样吗?紧随而来的长篇诗文交代伊阿宋和美狄亚夺取金羊毛的经过,俄耳甫斯从头到尾没有发声。他甚至不在伊阿宋口传的英雄录里(3.354—365)。那场献祭的所在地得名"竖琴海岸"。有趣的是,那里也是狄俄尼索斯的秘教圣地:

> 不久他们来到卡利科洛斯河的入海口,传说宙斯那个在尼萨成长的儿子在离开印度人并到忒拜定居的路上,就是在这里的一个山洞前举行秘仪并歌舞狂欢的,他也正是躺在那个山洞中虔敬地度过了肃穆的夜晚。(2.905—909)

仿佛一场交接仪式。伴随着阿波罗及其所庇护的诗人暂时退场,狄俄尼索斯及其所庇护的美狄亚在阿波罗尼俄斯笔下华丽登场。第三、第四卷中,美狄亚取而代之扮演秘教女祭司的角色。她在夜里召唤冥后珀耳塞福涅,制作灵药,帮助伊阿宋通关(3.846—847,860—864)。她求告赫卡忒的庇护，征服看守金羊毛的巨龙，伊阿宋"心惊胆战地跟在后面"（4.147—161）。作为赫卡忒的女祭司，她精通黑夜中的秘密仪式："但愿没有人知道那少女为献祭做了什么准备，但愿我的心中也没有将其咏出的灵感，因为我不敢把它讲出"（4.248—250）。

美狄亚和伊阿宋的故事不在阿波罗的光照下，而在狄俄尼索斯的狂迷氛围里发生。他们的新婚洞穴是狄俄尼索斯幼神的养母的居住地（4.1130—1134），他们送给兄弟的阴谋礼物包括一件狄俄尼索斯穿过的长袍（4.421—434）。伊阿宋央求美狄亚帮忙，频频提到神话里的阿里阿德涅。他以英雄忒修斯自居，渴求她的线团，一心只想深入迷宫斩除蛇怪并且全身而退（3.997—1004）。他没有说，忒修斯很快将阿里阿德涅忘在一座孤岛上，正如他本人回希腊也将背弃美狄亚。传说阿里阿德涅后来做了狄俄尼索斯的妻子，正如美狄亚何尝不是酒神节戏剧的典型人物。

罗得岛的阿波罗尼俄斯有心继承希腊诗歌的正统。美狄亚的故事与欧里庇得斯的同名作品无缝接轨。伊阿宋与外乡女子联姻，遥遥呼应品达的第四首皮托竞技凯歌。为了使美狄亚爱上伊阿宋，赫拉求助阿佛洛狄忒母子的爱情魔力（3.25 起），让人想到《伊利亚特》第十四卷的名场面，赫拉为了迷惑宙斯，借走了阿佛洛狄忒的腰带（伊 14.188—223）……但也还有俄耳甫斯的诗教。阿波罗尼俄斯讲他与塞壬交锋，特别交代说，他们均系缪斯的后人。俄耳甫斯的母亲是九缪斯中的卡利俄佩，塞壬的母亲是九缪斯中的忒耳普克索瑞（4.895）。两种诗唱归向同一源头。

在光明神的日照与酒神的荫庇之间，在正统诗教与秘教诗唱之间，公元前 3 世纪的阿波罗尼俄斯表现出微妙灵动的调和努力，到了 5 世纪的无名氏作者带着决断的倾向性,反在张扬中显露出言辞的诸种限度。由于没有固定经典传世,名曰 orphica 的诗教传统从古到今有繁花般的样貌,整合诸种叙事可能,穷变通中生生不息,而始终有谜般的魅力。诗人们笔下的俄耳甫斯与追求明光的金羊毛远行,或能为我们提供一丝寻访起源的线索。

俄狄浦斯的君王政治与英雄命运

——索福克勒斯《僭主俄狄浦斯》读解

熊文驰[*]

引 言

我们今天讲述俄狄浦斯的故事,往往依据索福克勒斯,以之为标准版本,实际上这一故事在索福克勒斯之前已经流传很久且广为人知,他的悲剧名作《僭主俄狄浦斯》是对旧有故事的再创作。原有故事并无定型,散见于此前的荷马、赫西俄德、品达、埃斯库罗斯等人的作品,且不同出处的情节差异甚大——比如荷马讲到俄狄浦斯时并未说他被放逐,而是终老于忒拜城,并以一场举行有英雄竞技的葬礼结束;俄狄浦斯自刺双目这一举动则可能是埃斯库罗斯的发明——索福克

* 熊文驰,上海外国语大学国际关系与公共事务学院副教授。

勒斯的版本是对此前故事杂采重编，并新增若干情节设计而成。①但若只就故事讲法稍有变动，很难相信它会打动当日剧场上的雅典观众，俄狄浦斯故事的基本内容他们早已烂熟于心了。我们知道，此剧一出，即广受赞誉②，进而成为古希腊悲剧的经典剧目，比如亚里士多德在其《诗学》中就给予它首要悲剧样本的地位，罗马人塞涅卡则倾心仿写了一部《俄狄浦斯》，直到今天我们仍然能以它作为古希腊悲剧的当然代表。千百年之下展卷重读，我们依然真切感受到它情节上冲突激烈，对话中处处机锋，一路追寻真相跌宕起伏、扣人心弦，当最终真相大白之时，仿佛顿时天昏地暗、山鸣海啸，悲剧的主人公以最激烈的方式对待自己……这一切当然都是剧作者索福克勒斯有"意"为之，并且以其"意"之新、之深，赢得千百年来的观众。那么，探索索福克勒斯这一创作之新"意"，在笔者看来，也就成为再读《僭主俄狄浦斯》时最重要、也最有意思的事情了。

毫无疑问，俄狄浦斯是全剧最核心的人物，全剧以俄狄浦斯出场讲话来开幕，并以俄狄浦斯这一人物的退场结束，要解开《僭主俄狄浦斯》悲剧之"谜"，密钥当然就在俄狄浦斯。俄狄浦斯是个悲剧人物，或者说是一个特别能呈现出悲剧性因素的人物，是特别迥异于常人的。我们平常人往往就"没有"悲剧，比如不少人可以因为幸运而安稳、平庸地过完一生；但真正讲来，能够避免悲剧，幸运是很次要的原因，更多时候是因为不愿直面生活，以为身段柔软，问题就总有解决办法，甚至问题都不会产生，如此一来又何谈悲怆的失败？悲剧得以可能，首先要有一个敢

---

① 对此讨论可以参见 Finglass, P. J., *Sophocles：Oedipus the King*，Cambridge University Press，2018，pp.13—40；Segal, Ch., *Oedipus Tyrannus：Tragic Heroism and the Limits of Knowledge*，Oxford University Press，2001，pp.24—29。

② 据闻此剧比赛时竟未得头奖！这也丝毫不能阻止它在后来历史中日益闪现出卓异光辉。

于直面人世的英雄般的人，逃避问题，或轻易打发掉问题，都不足以言悲剧。俄狄浦斯则更复杂一点，他不是你我这样的普通小民，除极度看重自身荣誉之外，还有一层政治统治的色彩，他是一邦的君王，在他身上是一部君王政治与英雄命运纷繁交织的悲剧。

一、人世之谜

俄狄浦斯故事中，第一个引人注目的情节要算女妖斯芬克斯之谜。众多希腊故事里，如果要毁灭一座城邦，通常是某种魔怪、某支军队，或者某位神话英雄，并且通常都凭借武力；但现在女妖斯芬克斯盘踞忒拜城门，威胁毁灭全城的竟只是一个谜语，也就是说，这女妖是在智力上挑战、蔑视一座城，这可闻所未闻。这一谜语也甚为奇怪，问的是什么动物在早上四足行走，中午两足行走，晚上则是三足行走。①果然，忒拜全城包括最著名的先知，都无人能解答斯芬克斯之谜，于是女妖就开始一个接一个吞食忒拜人。此时，智慧无比的俄狄浦斯路过忒拜城，勇敢应战并成功揭出了谜底，是"人"——幼年之时四肢着地爬行，成年两足直立而行，晚年则步履蹒跚要加拐杖作为第三足——于是女妖纵身自杀，忒拜城得救了。

斯芬克斯之谜是悲剧《僭主俄狄浦斯》依赖的关键情节之一，我们假定后来再现于神话编纂之作的谜语内容，与当时雅典观众所知并无大差别，以下就此不妨稍作分析。联系于全剧，俄狄浦斯解答斯芬克斯之谜，实在可以看作一个巨大的隐喻。首先，这个问题问的好像是某种古怪的动物，一天之内

---

① 这一谜语的具体内容并未出现在《僭主俄狄浦斯》中，但理当为雅典观众所知。有证据表明，大约在公元前 520 年的黑陶绘画上即已出现该故事的场景以及谜语的文本内容，参见 Segal, Ch., *Oedipus Tyrannus*, p.33；古代文献则见于 Diodorus Siculus, 4.64："ἦν δὲ τὸ προτεθὲν ὑπὸ τῆς σφιγγός, τί ἐστι τὸ αὐτὸ δίπουν, τρίπουν, τετράπουν." Apollodorus, 3.5.8："ἦν δὲ τὸ αἴνιγμα: τί ἐστιν ὃ μίαν ἔχον φωνὴν τετράπουν καὶ δίπουν καὶ τρίπουν γίνεται;"

竟会生出不同数量的足来走路,亦即一个特别关于"足"的谜语,但恰好俄狄浦斯似乎就特别知道关于"足"的事情。最直观来讲,俄狄浦斯取名为Οἰδίπους,是因为出生不久即两足伤残,故名之为"肿足的人"。但同时这个名字又特别相近于οἰδά-πους,意即"我知道一足"的人——这是某种巧合吗,或者这个谜语就是特别留待俄狄浦斯来解的?我们还看到,谜面上的用词就一再重复"τετρά-πουν...δί-πουν...τρί-πουν",这几乎就是在指着俄狄浦斯"Οἰδί-πους"这一名字来提问!

其次,俄狄浦斯一语中的,回答说谜底是人,也就是说,女妖所问实际即,什么是人。不知其为"人"的忒拜人则被吞食掉,这就好像说他们因不知人,就不算得是人,或不被当人看待,只当某种食物吃掉;俄狄浦斯既回答是人,也就意味着,俄狄浦斯比所有忒拜人都更智慧地懂得什么是人。但俄狄浦斯真的非常懂得什么是人、亦即什么是自己吗?

再次,这个谜语在问从早到晚一天的时间,亦即实际在问从幼年、中年到老年的全部一生的历程。人这种动物与其他动物之间特别重要的差别是,如果要理解他,就要从其一生的历程或说命运去看他,现在俄狄浦斯如此回答,就仿佛完整看到了人的幼年、中年与老年,他似乎很懂得人一生的命运。但在回答谜语之时,俄狄浦斯既未回想到自己,更未想到自己的后来——谜语中这个"人"的老年将是在傍晚三足行走,也就是说,在黑暗中依靠拐杖蹒跚而行,这不正喻指俄狄浦斯最后双目失明,黑暗中拄着拐杖四处流浪吗?如果只知荣耀之一时,而不知从早到晚的完整一生,又何谈懂得人之为人?

最后,谜语中描述人的一生时没有抓住别的方面,仅仅指其在路上的行走,而解答了谜语的俄狄浦斯则正是一个从外乡行走到达忒拜城的人。四足匍匐爬行之时,看上去最为虚弱,却是最为安好、距离一切厄运最为遥远之时;老年拄着拐杖流浪他乡固然悲惨,但还可以从回顾反思中获得智慧;刚成年时最为强壮,却可能完全不知正向凶险之境行进。俄狄浦斯之名Οἰδίπους又像是οἰδά-που,即"我知道—何处",这就好像在反讽,在行走来到忒拜城、猜中谜语并进而得到王位与王后之时,俄狄浦斯又哪里看清了自己正在走的路呢？誉为最智慧的人都不易看清人生行走的路,又何况其他人？

　　总之,斯芬克斯之谜是从多方面喻指解谜之人俄狄浦斯的一生。就谜语而言,俄狄浦斯凭着勇敢与智慧,完全解答了难题,成就了智慧之名;对于忒拜城,他则英勇救助了这座城邦,也得到了最高的奖赏;但对于他自己,他却未即刻意识到这个隐喻所指向的问题,即人何以为人。或许在双目失明流浪异乡的岁月里,当他回想这一谜语时,才可能真正知道这一隐喻之义。①

　　在古希腊传说中,俄狄浦斯的命运故事如此突出,显得与其他著名英雄人物迥然不同。在以智慧著称的其他英雄人物中,我们最可能想到的是奥德修斯,一部《奥德赛》,包括《伊利亚特》,说尽了他的多谋巧智:巧施木马计攻破特洛伊城,骗过独目巨人带领伙伴逃出山洞,独力造舟逃离女神卡吕普索,假扮乞丐夺回王位与佩涅洛普等等,奥德修斯的人生最后回到原点,是圆满的,再无问题的。另一位荷马英雄阿基琉斯的命运在他出发去特洛伊时是个问题,他面临的选择是是否要成为一位英雄,虽然以其英年早逝为代价,但最终他的行动顺利成就了他的英雄之名,命运本身也就不再是个问题。以上两种英雄范本都不足以涵盖俄狄浦斯。俄狄浦斯的智慧也让他获得了王位与王后,对于奥德修斯,王位与王后就是问题的结束,但俄狄浦斯的问题则刚刚开始。俄狄浦斯是极看重荣誉的人,追求成为英雄是他一生的选择,如何成为英雄,他在故事的前一半就做到了,这样来看阿基琉斯的故事仿佛仅仅相似于他的一半。甚至俄狄浦斯还同时完成了阿基琉斯最大对手赫克托尔的

―――――――――

　　①　埃斯库斯罗以及其他诸多古代作家都讲述过俄狄浦斯对女妖斯芬克斯的胜利,但只有索福克勒斯在这一环节特别凸显了俄狄浦斯与该谜语的搏斗,尤其把俄狄浦斯一生的命运作为一种特别的谜语呈现给他自己。参见 Segal, Ch., *Oedipus Tyrannus*, pp.32—37。

难题,即如何凭着智慧与勇敢救助一个伟大的城邦。然而,在以上三者之外,俄狄浦斯还遭遇到全新的问题:他凭着智慧与勇敢获得的光荣最后都化为乌有,并且还要背负最可怕的恶名,也就是说,奥德修斯、阿基琉斯与赫克托尔加在一起,也没有触及俄狄浦斯的问题。

　　纵使俄狄浦斯毕生追求高贵,英勇智慧无比,并幸运成为一位人人拜服的君王,统治着一座伟大的城邦,但他依然未能顺利解答人之为人的命运难题。俄狄浦斯所昭示的,恰是人世之谜。

二、俄狄浦斯的难题

　　俄狄浦斯的人世之谜肇始于一个阿波罗神谕,神意难测,但它决定了俄狄浦斯的命运将是一场厄运。俄狄浦斯一开始对自己的厄运一所无知,从小作为王子成长在王宫,父王玻吕波斯(Polybus)统治着富庶的科林斯,可谓财富、荣耀与宠爱集于一身,在并不遥远的将来,自当随着世代更替走上王位,执掌科林斯这个大邦。原本富裕荣耀的少年王子,某一天突然遭遇一位醉汉骂他本非国王之子,出身王族对于俄狄浦斯是第一件荣耀之事,怎可遭到污蔑? 我们可以想象,此言一出,年少的俄狄浦斯当时是何等的惊愕与愤怒。对于极重出身与荣誉之人,除非明白无误地除去谣言,否则难除心中芥蒂,想必老国王夫妇是千方百计小心翼翼地处理此次突发事件,但聪慧的俄狄浦斯又怎肯放过任何一点蛛丝马迹? 再说,俄狄浦斯从来不奇怪自己的名字吗? 连同自己双足上的生理缺陷,这些异象如何能轻易打发掉? 总之,出身这件事必须弄清楚,它是追求高贵与荣誉道路上的第一题,也唯有执意于高贵与荣誉之人,才绝不会放过自己的出身问题。

但在科林斯无从解答这一难题，王宫内外想必严防死守此类风声，俄狄浦斯决定自己前往德尔斐求问阿波罗，年少而离家远行，这在古代传奇故事中近似少年英雄的成年礼，也显示俄狄浦斯将是个勇敢坚决之人。到达神庙，结果阿波罗答非所问，没有讲他出身何处，却说他长大后将要弑父娶母！这太可怕了！原本要证实出身，保卫高贵与荣誉，不料保卫不成，反倒要彻底失去已有的高贵。弑父娶母？这不是世间最可怕、最可耻的恶名么？还管什么出身，出身越是高贵，这恶名不是反而加倍的可怕么？惊惶之下，俄狄浦斯选择了逃离，从此再也不回科林斯。

惊慌失措的俄狄浦斯倒忘了这其中的自相矛盾。正因为无法确信科林斯国王夫妇是亲生父母，所以才求问阿波罗；但当阿波罗发出弑父娶母的可怕神谕时，他反而相信国王与王后就是父母，现在如果要让弑父娶母之事不可能发生，那就远远逃离家乡——但如果科林斯国王夫妇本非其父其母，那岂不更应返回科林斯？寸步不离科林斯，倒最不可能弑父或娶母了，一切也就归于平静。然而，俄狄浦斯太在乎出身，也太恐惧于这一神谕，太在乎出身也就容不得这件事有半点可疑，而当弑父娶母这一可怕神谕轰然摧毁他对高贵荣誉的期望时，惊慌之中他要采取最快的行动，逃出最远的距离，远远离开这一可怕的恶名。就算住在科林斯的有可能是他的养父母，那也要远离他们，弑父娶母的恶名太过可怕了，尤其对于最重荣誉的俄狄浦斯而言是如此，他宁可相信现有父母就是亲生父母，他避之唯恐不及。俄狄浦斯对于高贵一事的执念之深超乎想象，但命运恰恰要以最可怕的恶名来检验他的这一执念。

执着于高贵与荣誉这一点，不妨再拿阿基琉斯来作个对比。阿基琉斯没有遭遇出身问题，父王佩琉斯统治着米尔弥冬人，母亲则是女神忒

提斯,他的起点就是贵为王子、神的后裔,他的问题是要选择是否应该
以生命为代价求取伟大英雄的美名。但对于俄狄浦斯,出身王族已是他
荣誉的顶点了,他面临着要从这一顶点向下跌落,他惴惴不安,要拼尽
力气去保卫它。不料更可怕的摧毁在等待着俄狄浦斯,他从高贵回落平
凡都不可能,还要进一步跌进可耻的深渊。为人若此,那又该怎么办?
尤其对于一生追求高贵的俄狄浦斯,当无可避免要可耻地跌落之时,又
该怎么办? 这是有别于阿基琉斯或一般英雄问题的俄狄浦斯难题。俄
狄浦斯眼下只想到一个字,逃。

三、悲剧诗人的探索

1. 神的惩罚?

神话故事里,厄运通常被看作是由神灵施行的惩罚,比如为人类窃
得火种的普罗米修斯被缚于高加索山崖,因自负而冒犯神灵的西西弗
斯要日复一日推送巨石上山,那么《僭主俄狄浦斯》中,俄狄浦斯的命运
是否也是神灵的惩罚呢?

首先我们看到,剧中的神谕被呈现为绝对的,没有一个神谕不被兑
现。《僭主俄狄浦斯》中提到三次神谕,一是在俄狄浦斯出生之前老国
王拉俄斯(Laius)就得到神谕说,他若生子,将死于其子之手(711—714,
1176);二是俄狄浦斯自己求问阿波罗时得到弑父娶母的神谕(787—
793),三是瘟疫发生后由克瑞翁前去求得的神谕,要求查找凶手并驱逐
出城邦方能解除瘟疫(95—107),三个神谕连成一体,都毫无例外地实
现了。尤其剧中有一幕,王后伊娥卡斯忒(Jocasta)举证为例嘲笑神谕不
可信,但很快毁灭性的打击就到来了,这更是以反例证明神谕的不可怀

疑。全剧中,神谕被置于至高地位,有死的凡人谁也无法抗拒或逃脱,就此而言,索福克勒斯此剧特别重申了神谕与先知之言的绝对力量。①

　　神谕是否就是神灵的正义惩罚呢?②笔者认为,对此不能一概而论。可以说,第三次神谕连同刚刚降临的瘟疫,是阿波罗降下的针对不正义之事的惩罚,惩戒弑父娶母以维护城邦礼法的意图非常清楚,这可算是完全意义上的正义惩罚。由拉俄斯得到的第一次神谕,若放到更完整的神话故事里,也可说是对拉俄斯的某种正义惩罚,因为拉俄斯当年曾求庇护于伯罗普斯(Pelops),却拐走了主人俊美非凡的儿子克律西波斯(Chrysippus),导致后者最终自杀,由此伯罗普斯诅咒拉俄斯,执掌宾主之道的宙斯遂降下惩罚,拉俄斯未能逃脱。但要注意的是,这个“史前”故事并不包括在《僭主俄狄浦斯》剧中,与俄狄浦斯是没有因果关联的,发生在他身上的是,他一出生就无条件注定将要弑父娶母。

　　也就是说,第二次由俄狄浦斯得到的弑父娶母的神谕,也是全剧最核心的神谕,对俄狄浦斯本人而言完全是没有缘由的,悲剧诗人索福克勒斯在全剧中也完全没有说,降临到俄狄浦斯头上的这一神谕是对他某种罪行施加的惩罚,也没有任何指证说俄狄浦斯本人犯有哪种过错。他的所谓“弑父”,首先是完全不知情的,没有谁告诉他路上遭遇的是忒拜国王拉俄斯、并且是他的父亲,就此而言,他只是杀死了一个人;其次,他的所谓“杀”,本非蓄意杀人,而是迫于自卫——他只身流浪经过一个三岔路口,一辆马车飞驰而来,车上有人忽然挥杖袭击他,他奋起反击,杀死了袭击者——就此而言,他是在很正当的防卫中杀了人,不义者

---

①　参见施密特(Jochen Schmidt):《对古老宗教启蒙的失败:〈俄狄浦斯王〉》,载《索福克勒斯与雅典启蒙》,刘小枫、陈少明主编,华夏出版社 2007 年版,特别是第 7、12、15、16 页等。

②　可以参见相关讨论:Walter Kaufmann, *Tragedy and Philosophy*, Princeton University Press, 1968, pp.129—133;Finglass, P. J., *Sophocles: Oedipus the King*, pp.70—76。

是动手袭击他的人，撇开不义者隐藏的身份，俄狄浦斯所为实是英勇之举。仅仅是命运的偶然，使得袭击者正是拉俄斯，而这位流浪的路人竟是他曾经遗弃的亲生之子俄狄浦斯。就算联系前代的仇恨因果，那也是曾经犯有不义的拉俄斯在今天得到了报应，拐骗他人之子而终于被自己的儿子杀死。这样看，恰恰不是俄狄浦斯犯有过错，倒是命运假他之手施行惩戒了。他的"娶母"同样也完全不知情，没有任何人告诉他迎娶的这位王后竟是他的生母，并且，这位王后也不是俄狄浦斯亟亟求取或豪横强占得来，那是忒拜人以王位再加王后一起奖赏或者托付给他这位拯救者的，出手拯救忒拜城是他的高贵英勇之举，接受王位与王后，乃是顺理成章之事。但由于命运的倒错，这位王后竟是他的生母，娶母生子的乱伦逆行不是他的过失，倒是命运对他的无端打击。翻检全剧，我们看不出来俄狄浦斯自己在哪里犯有过错而应当得此厄运。俄狄浦斯自己也从不认为，因为自己何种过错而当遭受这一打击，他如众多荷马英雄一样，直指这是神灵意外降下的或说"任性"施加给他的打击（1329—1330）。①俄狄浦斯故事特别的悲剧性正是从这里产生。

　　当然，索福克勒斯也没有去"批评"神谕的不正义。"批评"宙斯与诸神应当如何彰显正义，那是柏拉图的事情，神灵们不能善恶不分、倒行逆施呢，他们应当秉持正义才对，这些是《理想国》中苏格拉底讨论公民教育时的话题。但人世命运中有没有公民教育无法涵盖的问题？如果命运就在于正义与不义的黑白之间，并且正义与否就掌控于神灵之手，那么命运也就从此不再是所谓的命运，它就可以把被把握为一个选择，是非因果尽在己手；悲剧也就不再是悲剧，倒像是一本小学生错题集，命运故事也就是集错、改错，如果最后还剩有悲剧，那就只有一部是可

①　又参见索福克勒斯《俄狄浦斯在科罗诺斯》，第258—274页。

能的,即明知是错却拒不悔改的人性悲剧。

索福克勒斯没有这样处理《僭主俄狄浦斯》,从剧中来看,神谕由阿波罗宣示出来,没有什么原由,它由超越于凡人之上的神灵宣布,非常强大,凡人无从改变,也无可逃避。对于俄狄浦斯以及所有凡人而言,神意所发出的,既是一种无常的、又是无法改动的命运。索福克勒斯没有去讨论神意或说命运的原因,更不涉及如何改变这样的命运,他的笔墨仅仅集中于人,尤其集中于俄狄浦斯作为凡人如何面对他那被事先决定了的厄运。或者恰恰是要这样处理,让最高贵之人,最堪为人生榜样的英雄人物,无端遭受神灵的毁灭性打击,这才更突出了命运的无常与可怕,索福克勒斯的处理,是最希腊悲剧的方式。也因此可说,索福克勒斯固然在重申神谕与先知之言的绝对力量,但并非就完全是借此宣讲神灵的正义惩罚,从而达到重建传统宗教信仰的目的。

悲剧用以观看生活的方式,迥异于我们更为熟悉的政治哲学,甚至说政治哲学中没有悲剧的位置。政治哲学追求智慧,认为存在纯粹光明的真理世界,没有智慧所不能穿透的黑暗,没有不可突破的必然界限,对于个人存在完满自足的生活方式,这一生活方式的最高点是一种近乎神性的沉思生活,在其中有着永恒的高贵、快乐与美。在政治哲学视野之下,作为教育内容所采用的悲剧只有外在的文艺形式,当中包裹的是某种神义论,悲剧最内核的部分已被剔除,不然就连诗人也要一起被驱逐出城邦了。在公民教育之上的更高部分的哲学教育中,也不包含命运这一题目,凡存在命运的地方,哲学就无法再前进一步。灵魂不灭如果是真的,命运这件事就会一笔勾销,至少不必如此严肃,就像奥林波斯山上,无论发生多大的事变,终究可以再次举杯欢笑。对于有死的凡人,命运是一次性的,不可重复,却可能因为必然而遭遇失败。在这个意义上,《僭主俄狄浦斯》引出的并不是一个发现某种哲学的故事。

2. 俄狄浦斯何许人也?

俄狄浦斯是什么人?他当然是个英雄式的人物,他的勇敢、智慧以及统治忒拜城的政治功业,这些在有死的凡人当中都是出类拔萃的;但他又特别是有其自身限度的人,他的限度是作为人的有限性,他的卓异之处又在彰显这种有限性。

剧作开篇,悲剧诗人即开始向我们展示俄狄浦斯是怎样一个人,更确切说,不是展示他作为一般意义上的什么人的特征,而是作为忒拜城的统治者,他是怎样一个君王。

2.1　万民拥戴的王者

开场上来即是俄狄浦斯开口讲话。城邦遭受瘟疫,忒拜人前来王宫乞求,作为君王的俄狄浦斯不等信使传报,自己已经上前来听取民众呼声,未等众人开口,自己就已先问前来求告者,这显示出这位君王对于民众之事是怎样的急切忧心,对此俄狄浦斯说"我认为这是理所应当的"(6)①;长久统治以来,这位君王被称作是"美名的俄狄浦斯"(8),对此俄狄浦斯很珍视,以此自居且以此自勉,现在众人有呼告,这位"美名的俄狄浦斯"即刻就来到众人面前。

---

① 本文所引《僭主俄狄浦斯》,均随文标注行数,中译文则为笔者据牛津古典文本自译(Lloyd-Jones, Hugh and N. G. Wilson, *Sophoclis Fabulae*, Oxford Classical Texts. Oxford: Clarendon Press, 1990),并同时参见 *Sophocles I*, in *The Complete Greek Tragedies*, edited by D. Grene and R. Lattimore, The University of Chicago Press, 2013; *Sophocles: The Theban Plays*, translated by P. Ahrensdorf and Th. Pangle, Cornell University Press, 2014; *Sophocles: Oedipus the King*, edited with Introduction, Translation, and Commentary by P. J. Finglass, Cambridge University Press, 2018;《俄狄浦斯王》,收于《索福克勒斯悲剧集》,罗念生译,上海人民出版社 2021 年版。

　　前来求告的是一群忒拜城的孩童,带领者是一位老者、宙斯的祭司。他们求告君王的方式有点特别,头戴花冠,扑倒在祭坛前,以希腊乞援人求告于神灵的方式来求告君王,并且就场景看,王宫前就设有祭坛,仿佛这里居住的是一位神。事实上,他们正是以近乎求告神灵的方式前来求见于俄狄浦斯。在俄狄浦斯统治之下,忒拜城民众敬他如神灵,这是一种超乎寻常的君民关系。[①]

　　祭司在君王的询问下开口讲话。他们前来求告,一方面全城陷入瘟疫,田园荒芜,牲畜不蕃息,妇女不生育,倒是冥府拥挤呼天抢地一片;另一方面,幸存的人求告于神庙而不灵,现在带着孩童亦即忒拜城的未来,最后求告于君王俄狄浦斯。宙斯的祭司也转求于君王,这似乎表明求助于宙斯已经没有用。为何如此寄希望于俄狄浦斯呢?这位祭司说,他们虽未把俄狄浦斯直接等同于一位神,却把他看作是“居于第一的人”(ἀνδρῶν δὲ πρῶτον: 33),既能应对人世福祸诸事,又能对付各种神怪,当初从女妖斯芬克斯手中救得忒拜城就是明证;俄狄浦斯的知或说智慧,并非得于忒拜人或由别人教授(37—38),在众人看来,它应是得神襄助,从而救了大家的命——既然当初能救忒拜于危亡,想必这一次也同样可以。在这位祭司看来,在俄狄浦斯的智慧面前,仿佛人世再无秘密,福祸抑或神怪都不是难题。最后祭司与众人一起热切呼告这位“有死的凡人中最高贵者”、此地的“拯救者”(46,48)倾听他们,再次救助忒拜城;并且祭司以这位君王最为看重的统治的荣誉来向他呼告——当初挽救城邦得到的美名,将因再次出手救助而继续得到保存,统治一座城邦更为高贵之处,在于它民人繁庶,而非仅有一座空城,因为纵有

---

　　① 这一超乎寻常的君民关系,为论者所普遍注意到,但这是否就表明民众敬畏君主,而不敬畏神灵? 还是说民众敬畏君主如同神灵,说到底还是敬神,依然是有神论的,只不过现在多了一位新的神——在多神的世界,增加一位神,也许并不算严重的事情?

城墙与船舰,却无人安居其间,城邦就什么都不是(55—57)。①至此,这是祭司与众人眼里的作为君王的俄狄浦斯,近乎神灵的、能救子民于水火的人,凡人当中最高贵者,第一人。

作为君王的俄狄浦斯当即回答,他始终与忒拜城同在,他不但像他们每一个人一样在瘟疫中为自己悲伤,还悲伤于他人、悲伤于全城,他的悲伤比每一个人都深;他并非等到众人前来乞求方才如梦初醒,才想到要解救城邦,事实上从瘟疫爆发的一开始,他即已为之殚精竭虑;可是一直未有良方,现只剩最后一途,并且已经去做了——前往求问阿波罗神谕,正在焦急等待神谕。俄狄浦斯郑重宣布,无论阿波罗的回答是什么,只要能解救忒拜城,他俄狄浦斯就一定会去做,全部地遵照执行,不然他就是一个低劣的家伙,根本不配称什么高贵的君王。

这就是首次出场展现在众人面前的君王俄狄浦斯。作为君王,万民拥戴,且在最危急之时被视为全城的救星,就忒拜城的民众来看,俄狄浦斯的统治可谓无可指摘了。他可以为城邦做一切事情,并且未等忒拜城的任何人前来求告,他就已行动在先,他的焦急像一团火在燃烧,他的悲伤超过所有人,在城邦危难之际,没有更好、更高贵的君主之行了!俄狄浦斯堪称统治城邦的君王典范。君王俄狄浦斯就集智慧与高贵德性于一身,如果有所谓"哲学王"的统治,则俄狄浦斯对忒拜城的统治大概可以算作一例。

不是吗?智慧近于神明、凡人当中的第一人,毕生追求最高贵的统

---

① 这位祭司所采用的词句,已非常容易令人联想到,剧作者索福克勒斯这是在拿雅典城及其杰出政治家伯里克利来作比,想必当日的雅典观众也会有这样的强烈观感。对此政治"影射"之意的讨论,可以参见:Victor Ehrenberg, *Sophocles and Pericles*, Oxford: Basil Blackwell, 1954;阿伦斯多夫(Peter J. Ahrensdorf):《"僭政"、启蒙和宗教》,见本辑《复旦政治哲学评论》,第70—95页。

治,关心民众胜过自己。苏格拉底与智者色拉叙马霍斯激辩何为正义,正义到底是统治者的利益还是被统治者的利益,毫无疑问,此处的俄狄浦斯可看作是苏格拉底命题的最好化身。当亚里士多德说,最好的政制是君主制与贵族制,因为它们以德性为政制的原则,以公共的善好为目的,现在俄狄浦斯的统治堪称这一最佳政制的代表。甚至这位君王还太过于政治了,作为治邦者,城邦就是他的一切,他的一切就是城邦。有君王如此,就算遭遇瘟疫难题,可以想见,只要有任何解救办法,都会立即实施,接下去的事情也理应是简单的。

然而,一切为了城邦、为了民众,就足以长久统治了吗?纵然俄狄浦斯可以为城邦利益而不惜牺牲一切,问题并未就此结束,城邦统治中还有君王无法掌控的事情,随着克瑞翁奉命出使带回阿波罗的神谕,事情变得复杂起来——阿波罗的神谕,或说命运,会成全这样一位为城邦之民不惜牺牲一切的君王吗?苏格拉底的政治哲学并不处理阿波罗神谕的难题,堪称城邦统治典范的俄狄浦斯式君王政治依然是有限的。

克瑞翁从德尔斐带回的神谕是,要解除瘟疫,就要追查出杀死老国王拉俄斯的凶手,并驱逐出城。听罢,俄狄浦斯一刻也不迟疑,当即威严宣布政令,全城追捕凶手。

2.2 深谙权谋的君主

全剧开篇的核心事件,是解除瘟疫拯救城邦,这是一个城邦的"公共"问题;但随着先知到来,争吵中指名俄狄浦斯即是凶手,剧情的核心从此转折为一个俄狄浦斯的"个人"问题,转为解除恶名拯救自己,为此,俄狄浦斯首先大战先知,之后再战先知的"同伙"克瑞翁。政治就是政治,在民众眼里,俄狄浦斯是高贵无比地统治着城邦的君王,但在君王自己眼里,他还会面临其他的权力竞争者,作为最高政治权力的持有者,他也必是居于权力斗争风暴中心的战斗者,不应忘记的是,作为君王的俄狄浦斯也是深谙政治权谋的君主。在此意义上,他囿于政治,只会在政治限度内来理解重大事件,无法超出政治来看政治,没有站在有死的凡人的限度边界上来理解人世。

因杀死老国王的凶案一时无从查起,俄狄浦斯遂求问于先知忒瑞西阿斯。这位先知是全城唯一俄狄浦斯还需要向之请教的人,这意味着他的智慧还在俄狄浦斯之上。斯芬克斯之谜一节,我们说俄狄浦斯猜中了谜语中的人生,但却看不到谜语之外的自己的命运;现在看清俄狄浦斯命运的人到来了,先知忒瑞西阿斯是第一个看到俄狄浦斯悲剧的人,并且是早早就预先看到的人。

君王上来热切请求先知出手救助深陷瘟疫之中的忒拜城,像呼告神灵一般称先知为"主上"、全城唯一的"保护者与拯救者"(300,303—304),更有意味的是,俄狄浦斯这位被全城认为最有智慧的人,却说先知才真正通晓一切,包括大地之上凡俗之事以及天上神性的事情,并说先知之所知其中一半可以教给众人听,另一半则沉默不可说(300—301)。如此赞美先知,俄狄浦斯是在说,先知是近乎全知的人,但众人仅能听到他智慧的一半,还有另一半不可说而不为人所知,那么接下来求告于先知的事情上,俄狄浦斯是否也意识到,此时先知也可能有某一部分不可说呢?答案为否。接着俄狄浦斯求告先知以预言的技艺揭出凶手,从而解除城邦瘟疫。在讲话的最后,俄狄浦斯以他最热烈的方式再次呼唤先知向他、向忒拜城施以援手,并且,俄狄浦斯还把先知引为热爱城邦的同道,在他看来,"对于一个真正的人,以自己所有与自己所能,来救助一个人、一座城,这是所有千辛万苦中最高贵、最壮美之事!"(314—315)可以说,这是俄狄浦斯一直以来对于一个凡人将因何而高贵的最深的信念。

　　然而出乎意料的是,先知完全不想说,并且以俄狄浦斯摸不着头脑的、谜一样的方式来躲避这场对话。先知开口第一句:"苦啊,苦!明白一切,又该是多么可怕,如果这明白并不能给这明白的人带来什么好处。"(316—317)这一句话中,他两次意指自己洞晓这一切,但这样的知晓却不能带来什么好处,先知忒瑞西阿斯何出此言呢?最初先知迟迟不想来,他早已知晓一切,但很不想说,先知这一不忍之意,包含着对俄狄浦斯的深深叹惜,如果本不在乎,或者痛恨这样一位君王——比如痛恨他解答了斯芬克斯之谜,抢了风头——先知又何必感到难以开口呢?俄狄浦斯对先知的拒绝深感不解,也断然无法接受。在一长段谜式对话的最后,先知依然固执不袒露半点:"你是不会从我这里知道什么的。"(333)

　　先知这样决然地拒绝,俄狄浦斯再也按捺不住,大怒起来:"你什么都不说?你这恶棍中的恶棍,就是一块石头,也要被你气得翻过身来,你竟这样硬着心肠,袖手旁观什么都不做?"(334—336)面对君王大怒,先知退让半步,仍然提醒俄狄浦斯,不要只看到他人的问题,要看到自身,要反观自身——反观自身什么呢?俄狄浦斯完全想不到自身会有什么问题,是啊,猜中谜语救得忒拜,娶到王后生儿育女,统治城邦至今繁荣稳定,可谓一路成功顺利,除了眼下这场突如其来的瘟疫。现在就等先知说出凶手是谁,除去城邦污秽,瘟疫不就解决了吗?但俄狄浦斯未及多想的是,既然说是污秽的凶案,那就可能是血亲间的凶杀,也就是说,看似平静的王宫里可能藏有血亲凶案!俄狄浦斯他那复杂智慧的头脑,竟未去多想这桩凶案有何蹊跷之处,此时城邦占据了他的全部,城邦这样奄奄一息,执有解救之道的先知却什么都不说,这让俄狄浦斯怎能不勃然大怒呢?

　　就在某一霎那之间，面对着"顽固"的先知，俄狄浦斯怒火万丈，胸中所有想法再也掩藏不住，脱口而出："告诉你吧，我看你就是凶手，参与阴谋实施了凶杀，就差双手直接沾血了，要不是你眼瞎，我要说这起谋杀就是你一个人干的。"（346—349）什么？先知杀了老国王拉俄斯？还伙同他人实施谋杀？猝然之下，简直跟不上俄狄浦斯这天马行空的脑筋。但也难怪俄狄浦斯凭空构想出这么一桩阴谋，不然为何先知就是不开口呢，如何补全前后"案情"的逻辑链呢？一再退让的先知再也忍不住了，本为俄狄浦斯着想，不忍抖落事情的可怕真相，现在倒好，反咬一口，竟控告"我"是杀人凶手，血口喷人啊！就在此时，先知掷出了他最不想说出的那句话："是吗？那我告诉你，遵照你此前的公告，你从今天起，再也不要对我和这些人讲话了，因为你——正是这块土地上冒犯神灵的污秽！（350—353）"盛怒之中，俄狄浦斯未及细想这其中的意味，只当对方是在回敬辱骂，反指他为凶手。双方更猛烈地争吵起来，最后先知抛出了更猛烈、更可怕的真话，再次指证俄狄浦斯就是凶手，并且，"我说，你在不知情中，和你最近的亲人们最可耻地同居一室，你也没有看到你正处于何种恶行之中"。（366—367）这下彻底刺痛了俄狄浦斯。

　　回头来看，我们当然知道，这位好先知句句是真，除了当中一点点被逼迫的愤怒之辞，之外没有夹杂任何别的东西，甚至遭此辱骂也无半点私怨；但纵为真言，当时的俄狄浦斯又如何理解得了？以人世的智慧，哪怕以人世最卓越的智慧如俄狄浦斯所有，又如何理解得了这样的神谕？虽然早年曾听过弑父娶母的可怕神谕，但多少年过来，并未见有过此事，"我"俄狄浦斯何曾杀害过老国王拉俄斯，又为何要杀他？一生追求高贵，看重荣誉远甚于性命，又怎会去犯可怕可耻的乱伦之事？今天这位先知是怎么啦，心智完全错乱了吧，竟说出这样的话来，就算要辱骂,也不应搬出如此恶毒可怕的话啊！这到底是怎么啦——肯定事出有因！

于是剧情突变,作为君王的政治敏感,对最高权力问题的敏感,俄狄浦斯闪电般地抓住一点端倪,霎那间一场"政治阴谋"就出台了,"说,编出这么一套,是不是克瑞翁,还是其他什么人指使你干的?(378)"先知予以否认,但完全不被接受,俄狄浦斯迅即抛出一长串指控及理由。权力与阴谋,对此作为君王的俄狄浦斯太有想象力了,对这两样东西太熟悉了,且不说他从小生长于科林斯王宫耳濡目染政治权谋,执掌忒拜城也近二十年,长久的君王政治也足以让他处处敏感。事实上,俄狄浦斯对政治与权谋的敏感此前已出现过不止一次,当第一次听到老国王拉俄斯于旅途死于强盗之手时,他就立即反问是不是与忒拜城内有什么瓜葛(124—125);当宣布政令要追查凶手时,就说这不仅为城邦,也为他自己,凶手既谋杀先王,也就可能对付现在掌权者(137—141)。深谙政治权谋的君王,才是一个更完整的君王。

"看"到眼前问题再现,俄狄浦斯不禁高呼,"噢,豪华巨富,大权独揽,技艺中的技艺,一切集于一身,这样的生活谁不垂涎艳羡！你们里里外外,又有多少嫉妒日日夜夜在滋长！"(380—382)王权是一种太诱人的东西,它意味着无尽的财富、独享的权柄,而且统治城邦这被看作是超越其他一切技艺的最荣耀的技艺,这一切太令人羡慕！旁人虽然不能染指,但又怎能不日夜滋长嫉妒怨恨呢?俄狄浦斯无比看重王权的高贵与荣誉,珍视着它金光闪闪的一面,但同时也深知它是一样多么危险之物,多少敌人就在近旁,黑色阴暗的一面时刻笼罩其上,他时时都在警惕提防,一根绷紧的弦从未放松过,稍有迹象,就会触发。最要防范的就是克瑞翁,"克瑞翁这位被信赖的人,我最初以来的朋友,现在竟然暗中爬上头来,渴望把我踢掉(385—386)"老国王意外去世,继承王位的第一人选当然就是王舅克瑞翁,事实上克瑞翁已经登上了王位,但因立即出现的斯芬克斯之祸,遂以王位悬赏让位了。如俄狄浦斯所说,众人眼中的王权就意味着财富、大权与最高等的技艺,谁都眼红,更何况尝过王权的滋味却再度失去的克瑞翁呢? 可以想见,这一二十年来,俄狄浦斯对克瑞翁有多少猜忌和防范。

现在这一刻,一切就顺理成章了,克瑞翁这个阴险狡诈的家伙,竟然买通了一个先知,来完成密谋除掉"我",哼,幸得看穿了! 这个瞎眼的先知,见了利,倒眼尖得很,轮到要用那先知的技艺时,竟昏聩无光,不是吗? 那时女妖斯芬克斯落在忒拜城头,唱出一个谜语要降祸全城时,"你"这先知又在哪里?"那个谜语可不是让哪个过路的人去解答的,它需要的正是先知的技艺啊。"(393—394)可当时没有见你出来,"你没有显示出拥有那一技艺,既未得之于飞鸟的行迹,亦未从哪位神知道任何东西"(395—396)"倒是我路过,这位一无所知的俄狄浦斯,出手结果了她,我猜中谜语靠的是我的智慧,而不是从飞鸟那里得知了什么。"(396—398)今天"你"倒跑到"我"的面前,胡说一气,你这些话又如何让人相信呢? 现在忽然来了这场瘟疫,所以你就期望借此千载难逢的机会,设下奸计除掉我,"以为此后就可以接近那归于克瑞翁的王座(300—400)"重获恩宠,你想得太美了,竟和克瑞翁密谋联手,指认我为凶手,以驱逐城邦污秽为名一举除掉我! 你们会为此感到后悔的,要不是看你年老,我不忍心动手,不然当场就让你明白,结党谋私将是什么滋味!

先知毫无惧色,凛然不可犯,纵使面对君王,先知自言同样可以对等讲话,他也是一位王者——他绝非臣服于君王的奴隶,他的主上乃是阿波罗。就此而言,他又何须依附某个克瑞翁来做保护人?阴谋云云,对"我"更是无稽之谈。接着他以谜一般的语言,讲出俄狄浦斯讲的命运,他的父母、婚姻、失明、放逐,再没有一位有死的凡人遭受他一样的磨难。然而,俄狄浦斯竟还是没有"听"懂,他不是惯会猜谜语吗?听到自己的命运之谜,竟然完全不懂! 可叹的是,俄狄浦斯最终也没理解这就是他的命运,并且是已经兑现了的命运,就在眼前,但他依然不识。权力阴谋论还在萦绕着他,阻碍着他。

未等俄狄浦斯传唤,克瑞翁闻讯自己赶来了,他笃定自信,要来为自己正名。但他与俄狄浦斯相互不解,克瑞翁很不解为何自己竟被俄狄浦斯扣上阴谋与凶杀的罪名;俄狄浦斯则很不解,何以克瑞翁竟胆敢如此,或竟愚蠢至此,以为奸计可以逃得过他俄狄浦斯。现在克瑞翁竟自己来了,俄狄浦斯很是意外,"你怎么来这里了?你竟这样厚颜无耻吗,已被确凿证明是杀人的凶手,并分明要抢夺我的独享大权,现在竟还敢来造访我的王宫?"(532—535)这克瑞翁得蠢到什么程度,才敢起事来谋取"我"这绝对君权啊,你克瑞翁懂不懂政治与权谋,就敢来算计我俄狄浦斯,你知道要取得这独享的绝对君权,得靠什么吗?你得有民众紧紧追随于你,并且还得有大把的银钱! 俄狄浦斯一面是自信自负,另一面则又深通政治与权谋,两方面加在一起,才是俄狄浦斯。他对政治权谋的精通,对人世之事的智慧,遂使他绝对自信,克瑞翁就是他要找的凶手,这绝对的王权就是他行凶的全部目的。

面对如此自信自负的俄狄浦斯,克瑞翁又将怎么办?也许并没有最好的办法,但克瑞翁要来陈述,不卑不亢地陈述。虽然俄狄浦斯在理智上极度自信自负,但他并不是一个残暴的人,他威胁先知,但止于言语之间,先知如同来时一样安然无恙地离开了,现在他同样如此对待克瑞翁，哪怕盛怒之下，也并非完全无法与他对话，俄狄浦斯的天性自然里本没有凶残。克瑞翁发问，凭什么说我犯事要扣我罪名？俄狄浦斯具道所以然之故：不是你要我去请来这位先知吗？拉俄斯的凶案都发生多久了？这位先知当时可已在此？在案发当时，他有没有说过是我所为？你有没有去追查凶手？在无法查到凶手之时，这位先知当时何以不发一言？他可是什么都知道的啊！可是，他当时什么也没说，直到现在先遇到了你，然后就来指控我是凶手——这不真相大白了吗？你们在勾结，阴谋嫁祸于我！于你可以夺得王权，而他则得以靠近王座。这就是俄狄浦斯的推断，非常连贯完整，如果没有命运纠缠于其中，谁又能说，俄狄浦斯不能一举就揭穿了凶案呢？

克瑞翁反问俄狄浦斯，你娶了王后伊娥卡斯忒即我的姐姐，对吗？你跟她一人一半共同统治这块土地，这当中，我作为第三位也同等参与其中，对吗？——如果你自己好好想一想，像我一样合情合理地想一想，就会知道，我绝不会像你所说的那样，是个坏的朋友。但，如何才能像克瑞翁一样想问题呢？俄狄浦斯会"下降"为克瑞翁吗？俄狄浦斯似乎生来就是要做王的，似乎从未设想过屈身于人，做个小民或者臣僚，他的政治理解聚焦于君王，君临所有人之上，他深知这种高位会招致多少人艳羡妒忌，但他没有因这种危险而心生恐惧，更未面对这种恐惧而退却，他勇猛地驾驭它，机警地守护它。

但现在克瑞翁诉说面对权力时的恐惧，坦陈他面对权力恐惧时如何处理。克瑞翁先提出一问，"你"是否认为，竟会有人情愿笼罩于恐惧之下而进行统治，却不愿意同样手握大权同时高枕无忧？（584—586）克瑞翁首先害怕的是政治中的恐惧，他追求免于恐惧之后的最高的权力，他坦言，他的天性自然上从未渴望做一个全权的君王（587—588），他的清醒节制告诉他,最好是拥有近乎君王般的权力来行事,但又要避免暴露于君王所涉的权力危险之中。克瑞翁基于自身的有限,在权力政治当中寻求一个最合适于自身的微妙平衡。于他而言,就是作为王舅而分享着三分之一的王权。克瑞翁不是一个高傲自负的人,他满足于自身的限度,相比较而言,他是一个胆怯的人,君王的全权让他看到的首先是恐惧,与由此而来的痛苦,究其自然,王权不是令人快乐的东西,至少其快乐不如拔除掉痛苦之后的统治与权力(592—593),假定有人竟然放弃这样的高贵,及其所带来的利益,那就错得太离谱啦!

克瑞翁如此自证他正享受着的有限权力的快乐,不是吗,所到之处,一切都令他愉悦,所有人都想巴结他取悦他,因为有求于君王的人,都要先找到克瑞翁,经由克瑞翁才能通达于君王俄狄浦斯。作为克瑞翁这样的人,又怎么会去觊觎君王的大权呢? 他的天性自然里,没有这样强烈的爱欲冲动,以至不惜冒险通过权谋,或者伙同他人来夺取君王之位(601—602)相形之下,俄狄浦斯才有可能是这样的人,他高傲而决绝,他可以因出身问题,一听可怕的神谕,即刻远走他乡,他可以只身挑战女妖斯芬克斯,全权君王所时刻面临的危险他是无比熟知了,但相比此前的考验,这最多算得生死冒险之后的余波罢了。所以,当克瑞翁指证他所看到的恐惧与他所求取的快乐时,俄狄浦斯恐怕很难理解,如若他也有着克瑞翁一般的天性自然,我敢打赌,最初他就不会因为偶然一个醉汉的胡诌就去穷追出身问题,也就不会求问神谕,并只身出走离开科林斯了。

面对俄狄浦斯,克瑞翁无法仅以这样的陈述,就让他相信自己的权力哲学,于是克瑞翁只好指望阿波罗,说你俄狄浦斯可以去问神,我克瑞翁到底有无阴谋与说谎;并且时间也可以证明一切,你俄狄浦斯现在黑白不分,这样除掉一个真正的好的政治盟友,恰是在毁灭自身。但俄狄浦斯依然未被克瑞翁说动。他极度自负于自己的统治,也极度自信于自己对政治权力的理解,克瑞翁这个"最危险的"政治权力的敌人,又怎能跳得出他对政治的洞察、对政治权谋的推断呢?俄狄浦斯如此一番权谋论,"入情入理",简直滴水不漏,叹为观止,他的智慧卓越果然名不虚传,换作他人,谁能以"常理"贯通此事前后的因果逻辑呢?

但如此卓越的智慧,又恰恰无法理解超出自身界限的事物,面对先知及其真言,俄狄浦斯只能从城邦之事、从世人之心上去猜测判断,如果前后情理有缺,以智慧闻名的俄狄浦斯恰足以编补贯通。比如先知忒瑞西阿斯"血口喷人"指认他为凶手,他可以编补出是先知与克瑞翁相勾结,以推翻王权;比如克瑞翁去求得神谕说要追查凶案以退瘟疫,再请来先知揭示凶手是谁,俄狄浦斯则臆断为这一切都是克瑞翁在蓄意安排,好假借他人之手,除掉占据王位的人;比如克瑞翁说他完全无意于再践王位,俄狄浦斯则以之为缓兵之计迷惑他,他现在则要抢先动手,先发制人,不然就要落入敌手。君王果然是多疑的人,深谙政治权谋,倒成为君王之蔽,先知所讲本是真言,他则臆以为诬告,克瑞翁本是友朋,他则疑为深藏身侧的阴谋家。如此前后事理贯通无缺,倒恰恰是在以凡人之智"作茧自缚",自我补缺之后,天衣无缝,再想突破自救,也就势如登天了。

如果不是神谕与命运促成,我们无论如何不能想象,生来就追求高贵的俄狄浦斯竟会背负什么恶名。但命运难知,不是凡人智慧能求解之事,不然我们必定要问,神灵何以要给出弑父娶母这样的神谕,他们又为了什么?俄狄浦斯又何以要承受如此可怕之名,他到底曾"犯"有什么不当之事?他是如此注重出身、名誉,远避可怕、可耻之行,作为君王可说是励精图治、功勋卓著,堪称城邦统治的楷模——但他竟背负如此可怕的神谕,诸神是在惩恶扬善吗? 这难道不是在毁灭良善吗? 这一切,在俄狄浦斯的智慧看来,显然无法理解。命运似乎就给出了人的一种限度,人的智慧无从穿透它。

3. 如何面对厄运?

俄狄浦斯本非残暴之人,却被迫与先知及克瑞翁大战一场,这是一场个人的伟大战斗,为他自己的高贵名誉而战,悲壮的是,这也是一场必败的战斗,战斗者愈是勇猛,毁灭就来得愈快。如果说大战先知与克瑞翁时,俄狄浦斯还在猜测某种阴谋,接下来事实证据开始显露某种端倪,他自负于自己的智慧,完全采信于证据与理智判断,接下来执着于步步探究,时而让他惊恐绝望,时而又让他暂时缓解,但仍惴惴不安反复审查着可能的证据。

3.1　三岔路口

放走了克瑞翁,俄狄浦斯的问题并未解决,毋宁说更严重了。因为,如果真的可以放过克瑞翁,那么或者是相信了他自辩的证据与理由,要么是相信了他以神的名义所起的誓言。如果相信了前者,则是确信并不存在所谓权力阴谋,如此则先知之言并非阴谋之论,也就是真相的揭示,但这如何能让俄狄浦斯接受? 如果相信后者即克瑞翁的誓言,那就在相信监督誓言的神灵,但既然相信神,又如何不相信神谕与先知? 这又是俄狄浦斯不能接受的——总之,与先知忒瑞西阿斯以及克瑞翁所争吵之事,对于俄狄浦斯是个死扣,除非解除掉导致这一死扣产生的原因,即先知与神谕。

前来调解争吵的王后伊娥卡斯忒要宽慰俄狄浦斯,当头就指斥先知或者通过先知之口讲出的神谕都根本不可信,"有死的凡人没有谁能掌握预言的技艺"（709）——作为最后的谨慎，伊娥卡斯忒没有直指阿波罗神不可信，而仅指他的仆人即先知没有能力预言。她现身说法回忆起发生在自家身上的一个神谕，说是忒拜城的老国王，也就是她自己曾经的丈夫拉俄斯，会死于其子之手，但后来发生的事实是，旅途中拉俄斯在一个三岔路口被一伙强盗杀死；至于说他的儿子，在它出生不到三天，拉俄斯就把它的双足刺穿拴在一起，派人丢弃于一处无路可通的山麓——那是必死无疑了，又何来神谕所说的什么其子杀父呢？所以，不要信什么先知与神谕，这事就明摆着不会是真的。

不料一旁的俄狄浦斯却受到惊吓，其中一个细节突然"击中"了他——什么三岔路口？它在哪里？伊娥卡斯忒答，就在佛喀斯（Phocis）地界，一条路通到那里再分开，一头通向德尔斐，另一头通向道利亚（Daulia）。俄狄浦斯一听，更是惊出一身冷汗，于是倒出一连串的急问，这是什么时候的事？老国王拉俄斯长得什么样？仪仗随从都有多少人？伊娥卡斯忒一一回答，恰正一一验证俄狄浦斯的担心，他在离开德尔斐前来忒拜城的途中，走过同一个三岔路口，并且就在那里意外遭遇一场打斗，杀死了所有进犯他的人，现在十之八九就是这场凶案！俄狄浦斯第一次真的惊慌了。

在这一番对话中，尤其值得注意的是，俄狄浦斯的细节追查像极了现代刑侦专家，事发地点、案发时间、当事人外貌特征、现场其他涉案者人数与相关情况等等。这也就是说，俄狄浦斯正在进行的是一场高度理智化的审查与判断，他不是在听一个大略的故事或传说，也不是如伊娥卡斯忒所期待，就神谕是否可信简单作个结论了事，他要以关键证据来验证事实是否如此。这正是俄狄浦斯一向自负的智慧，凡人所具有的最高的智慧，也正是此一智慧，当初使他从斯芬克斯之手解救了忒拜城，现在俄狄浦斯要再次凭此智慧来为自己一生的高贵荣誉而战。那么,他是否能再次成功?

此时俄狄浦斯所担心之事,尚不是他心底最深的恐惧即弑父娶母,而是他是否杀死了老国王拉俄斯,是否他就是导致此次全城瘟疫的原因,他的担心并不止眼前。在伊娥卡斯忒问他为何对三岔路口的凶案如此惊慌时,俄狄浦斯没有立即重述他在同一时间、地点所经历的事件,而是先从头讲述他的身世及所背负的一个可怕神谕(771—793),这与眼前要讲的凶案又有何关联呢?乍读之下,这是很令人奇怪的。如果案件坐实他就是凶手,那么他将被放逐出忒拜城,这当然是悲惨的,但这对于俄狄浦斯还只是表面一重,他还有另一重久压在心底的深深的恐惧。

联结这两重恐惧的,是他深感自己命运的悲苦。杀死老国王拉俄斯且将被放逐出忒拜城,这如何就要降临到"我"俄狄浦斯的头上呢?莫非是某位恶意的神在捉弄人?难道"我"生来就是邪恶的人?当初那弑父娶母的最可怕神谕难道真有一天要兑现?可以说,自从最初听到这一可怕神谕,俄狄浦斯的恐惧就从未离身,但有风吹草动,他就怵惕心惊。多少年过去,似乎一切慢慢平静,父母一直远在科林斯城邦,可怕恶行未得兑现。但他并未真的淡忘,当先知首次重提弑父娶母之时,他一定是惊得跳起来,他的暴怒当中一定包含了久压心底的深深恐惧,他唯恐神谕为真,谁提也不行。

现在他要验证于拉俄斯的凶案。如果凶手并不是他,那么自己的命运可能并没有所担心的那样悲苦,可以稍稍安心。俄狄浦斯回到旧题,重述了三岔路口凶案。(794—833)伊娥卡斯忒听罢也暗暗害怕,所述情形与自己所知大致是符合的,万一就是这样巧合呢?现在距离此事证成或者证伪，只差一个目击证人，一直相信自己智慧的俄狄浦斯寄希望于一个可由理智接受并可验证的证据，因为这个证人当初回来向伊娥卡斯忒禀报时说，杀死老国王的是一伙强盗，但俄狄浦斯是只身一人，"一不可能是多"（845），所以杀人者就不可能是俄狄浦斯！作为一个人的俄狄浦斯，就算杀了人，就算是差不多同一时间、同一地点杀死一个老人及其仆从，但目击者指证，杀死老国王拉俄斯的是一群人，所以俄狄浦斯就肯定不是那杀死老国王的凶手！听下来，这多么像是一名依赖证据与严格逻辑判断的现代刑侦专家。

剧情至此，可谓万钧之重垂于一线！可谓险峻至极，俄狄浦斯的"安危"也唯系于此，从一到多，只是一数之差，理智上的数固然不可能无故而能逾越这一数之差，哪怕这一差别只是毫发之间。但人世之事也是如此吗？比如可能的是，当初那一名仆从死里逃生，惊慌之下就错误地报告了现场情形；或者他并未弄错，但回到忒拜城看到新王正是俄狄浦斯，惊惧之下只好编造假话蒙混过关，从而逃离王宫苟且保命。接下来的剧情就表明，理智上绝对不可逾越的一与多的界限，在世事与命运中却是如何不堪一击，因为有太多的事实与巧合可能发生，这一数之差完全不是障碍。

3.2　科林斯信使

伊娥卡斯忒感到深深忧虑，此前还在劝说俄狄浦斯不要相信什么神谕，现在她自己就先掉头了——常人的信神与不信神都是不牢靠的。她现在要带着花冠与香料祈求阿波罗，因为她无论如何都无法平息俄狄浦斯的恐惧，她举例证明先知之言不可信，引发的却是俄狄浦斯更大的怀疑与惊恐。此时，一位意外访客到来，开始扭转这一切，来者是科林斯城邦的信使，一位老者，消息是，科林斯的老国王也就是俄狄浦斯的父亲新近去世了,现在要迎接俄狄浦斯回城继承王位。伊娥卡斯忒一听,惊喜万分,再次确认无误后,不禁高呼,啊,什么诸神的预言,看看都是些什么,哪有什么俄狄浦斯弑父,现在他的父亲不是因为一个偶然就死了吗?(946—949)一瞬间,原要向神灵求告的伊娥卡斯忒,再次把先知与神谕弃之如敝屣。俄狄浦斯闻讯也立即赶来,兴奋的伊娥卡斯忒顾不上先讲消息是什么,只说看看所谓诸神的预言是个什么。俄狄浦斯细细盘问信使之后,得知老国王波吕玻斯因年老病故,他随即爆发出呼告,啊,人们为什么要问讯于皮托的庙宇,或者问那飞过头顶的鸟?说什么我杀死自己的父亲,他远在科林斯已经过世,而我还在这里,任何铁器都不曾碰触过,除非他是因思念我而死去,而我成为凶手!这些个神谕已被波吕玻斯一起带往冥府,变得一文不值了!(964—972)由此,俄狄浦斯的恐惧得到巨大的释放。

但俄狄浦斯仍有最后的警醒,因为科林斯的老王后、“他的母亲”还在,“一文不值”的神谕还有一半在,万一呢?站在一旁的科林斯信使见俄狄浦斯仍然惶恐,不敢回归科林斯城邦,不禁上前询问缘由,得知俄狄浦斯因为一个弑父娶母的神谕而不敢靠近科林斯时,遂大声宣布,俄狄浦斯所有的恐惧不过是自己吓自己,全是空有的,因为老国王波吕玻斯及王后并非他的亲生父母!

俄狄浦斯一听,又是一身惊吓,因为早年还在科林斯王宫时就听到一个醉汉说他本非王子,现在竟又被这位科林斯信使指证!如此一来,老国王波吕玻斯的死全是徒劳了,神谕的前一半即弑父刚被证伪,现在又被扳回来,这令俄狄浦斯又疑又惊。急切之下,俄狄浦斯细细问来,得知的是,这位科林斯老者当年放牧于喀泰戎山麓(Cithaeron),从另一位牧人、拉俄斯的仆人手中接过一个婴儿,返回送至科林斯王宫,国王夫妇自己没有子嗣，遂视作己出养大；现在这个婴儿已经长大成人，就是眼前的俄狄浦斯——作为明证，这个婴儿当时两脚后跟被刺穿拴在一起，所以取名俄狄浦斯，意即"肿足的人"。俄狄浦斯听完，不禁大叫，那位拉俄斯的仆人在哪？这儿有谁知道？这就是最后的证人，俄狄浦斯固执地相信证据与判断，现在证实或证伪这一出身，就全在这位拉俄斯的仆人，忒拜牧羊人。

3.3　是否寻找忒拜牧羊人？

现在已是最后的危险时刻。伊娥卡斯忒已经态度大变，刚才已有太多细节在告诉她，事情不妙，非常的不妙。她是第一个真切感到惊恐的人，事情从俄狄浦斯的出生、被送到科林斯长大以及如今在忒拜城的全部经过，都已经在她这里合拢了，只差最后的验证。惊恐当中，她不但拒绝讲出这位牧羊人现在在哪里，而且拼命阻止俄狄浦斯继续追查下去，她哀求俄狄浦斯，如果还爱着生活，还照顾到她，就不要再管这件事，她已经为此受够了折磨。（1060—1061）先知之后，伊娥卡斯忒是第二个要避开可怕真相的人，但出发点显然很不相同。作为常人，她安享并维护着眼前的生活，哪怕勉勉强强，一经发现可怕真相可能摧毁生活时，她的本能态度是去掩盖，阻止揭示真相，以保全眼前的生活，哪怕这很可能遭受怀疑并且不名誉。她是个面对真相的逃避者，但对于无力面对真相的常人，除了逃避，没有更好的办法。

俄狄浦斯也已有某种预感，但与伊娥卡斯忒很不同，他并不知道许多伊娥卡斯忒所知道的过去，截至目前俄狄浦斯所知的是，那个取名俄狄浦斯的婴儿当年来自一位卑贱的忒拜牧羊人之手，虽然他是忒拜老国王的仆人；但伊娥卡斯忒还知道的是，那位仆人是从王宫接走了婴儿。俄狄浦斯预感的是，自己的出身将与一位卑贱的奴仆紧密相关，伊娥卡斯忒则预感一个惊天的秘密,她的恐惧在此。于是就有了最后时刻国王俄狄浦斯与王后伊娥卡斯忒的一场关键对话,或说一场争执:是否要寻找那位忒拜牧羊人,或者说真相几乎就在那儿了,但是否要真的揭开?

俄狄浦斯斩钉截铁,要揭示出自己的身世,这是他一生的心病,何况这一次距离真相这么近,他是无论如何不会就此放弃。但伊娥卡斯忒却高呼诸神的名,要俄狄浦斯放弃追查,因为那将是对生活的伤害,而这如同一场疾病,或说瘟疫,在折磨着她! 俄狄浦斯当然没有理解她所谓对生活的伤害是指什么,他预感的是自己可能由一位卑贱的母亲所生,所谓伤害将是伤害于他的名誉,并连带让他的"妻子"伊娥卡斯忒蒙羞。但正如他当初在科林斯王宫无法容忍一次醉汉对自己身世的质疑,他现在无论如何也不愿意带着对出身、对名誉的任何一丝怀疑而继续生活下去,我们甚至说俄狄浦斯有"荣誉洁癖",宁可伤害生活,宁可伤害荣誉,也不愿带着对荣誉的怀疑而伪装着生活下去。

某种意义上,俄狄浦斯这是一种极端,一种高贵的偏执,他对出身、对荣誉的爱,原本起步于常人的生活,或说习俗的生活,但他远远超越了这一界限,追求一种绝对的高贵并不惜毁掉生活。相比之下,伊娥卡斯忒是个"俗人",平常人,时而否定神谕与先知,时而求告于神灵,既非笃定的虔敬者,亦非完全的无神论者,但她本能地生活于习俗界限之中,并守卫这一界限,当有某种东西可能打破这一界限时,她就本能地加以阻止。当俄狄浦斯不听劝阻,坚决要清楚知道自己的出身时,伊娥卡斯忒则说,"我在审慎而明智地告诉你最好的事情"。(1066)甚至我们在想,如果这样的劝告早在科林斯王宫时就有人对俄狄浦斯说,而他竟然真的听了,那么或许就不会有后来系列的事变与灾祸了,但那毫无疑问的是，俄狄浦斯也必定只是一个退守于习俗生活界限之内的常人了。现在对于俄狄浦斯来说，伊娥卡斯忒所谓"最好的事情"已经痛苦折磨他太久了，他完全无法听从，对此，伊娥卡斯忒发出最后的悲号，"命运悲惨的人啊，但愿你永远不要认识你是谁！"（1068）

最后这一句，永远不要"认识你是谁（γνοίης ὃς εἶ）"，无法不让人联想到著名的德尔斐箴言，"认识你自己（γνῶθι σαυτόν）"。伊娥卡斯忒的话是实指，她要俄狄浦斯不要再追查自己的身世，不要认识你原本是谁，那将是无法承受的可怕真相，但这样的哀求也同时表明她守护于常人的习俗生活，害怕越过界限破坏了它，她是一种本能的退守，很庸常，但有某种安全性。如果在此把德尔斐箴言也理解为实指，那就是俄狄浦斯坚决查清自己的身世，但如果在追查的尽头是某种超过凡人所能承受的真相，是否也应去追查，挑战那一界限呢？如果德尔斐箴言是在警醒有死的凡人要认识到自己的有限，那么，它也在警告俄狄浦斯，僭越是危险的。但德尔斐箴言的这种警告是否就等同于伊娥卡斯忒式的劝告呢？我们认为大不相同，伊娥卡斯忒在劝告俄狄浦斯退回习俗中的常人生活，但退回常人，也就不会有俄狄浦斯，至少他不会大胆到挑战斯芬克斯，忒拜也就早已是一座空城了；箴言"认识你自己"在时时警醒有死的凡人自身有其限度，就算曾经杀死女妖拯救了忒拜城，但那并不代表俄狄浦斯从此就是最智慧的人、凡人中神灵一般的人——这也就是说，德尔斐箴言是某种开放态度，它并不彻底拒绝凡人的大胆与挑战，但时时警醒挑战者这其中存在深刻的危险性，伊娥卡斯忒则代表一种封闭，放弃大胆与挑战，退回习俗与平常。

现在，伊娥卡斯忒讲完最后一句话，只剩连连哀告，退入王宫。面对劝告，俄狄浦斯坚执不从，他依然把她的话理解为是害怕出身低微而有损高贵的王族世系。但王后伊娥卡斯忒的举止太过反常,虽然坚执中的俄狄浦斯未能留意,但一旁的歌队亦即忒拜城的长老们觉察出异样,他们谨慎地提醒君王,为何伊娥卡斯忒离去时"带有这般野蛮凄厉的痛苦? 我在害怕,这无声中会发生什么祸事。"(1073—1075)可以说,城邦长老们类同伊娥卡斯忒,生活于习俗的界限之中,对于极端的迹象十分敏感,他们觉察到王后的举止已远远超过常态了,这已不像是只顾及出身低微有损荣誉了。

但俄狄浦斯对此完全听不见,或者说听见了、也看见了,但完全不管不顾。他要清清楚楚地看到自己的出身,他是高傲的英雄人格的,就算出身卑微,也丝毫不能有损于他,又有哪位英雄只是躺在贵胄出身这件事上而能出名呢? 恰是英雄造就显赫声名,并由此产生高贵品第。面对即将揭出的可能卑微出身,俄狄浦斯开始高傲地蔑视习俗意义上的出身,他大声宣布,"我自认是慷慨的幸运女神之子,没有什么能损及我的荣誉,因为她就是我的生母!"没有什么习俗之事能用来对他品头评足,"与我有同样出身的岁月在标记着我的高与低"!(1080—1085)有如此出身,也就不会成为别的什么人,又何惧于彻底看清习俗中的出身呢? 这就是高傲的俄狄浦斯,不惜挑战蔑视习俗,但某种意义上这就是僭越。

如此坚决的俄狄浦斯所否定的,只是他所误解的伊娥卡斯忒的害怕与恐惧,二人此时想法并不一致。从伊娥卡斯忒来看,如果不是如此特殊的情形,不是如此惊天的秘密,她可以顺从俄狄浦斯,出身卑微固然带来损害,但损害也不会太多,至少不会是致命的。若从俄狄浦斯来看,如果他也差不多意识到这是令人恐怖的秘密,或者可能就是神谕的实现,那么在揭秘的前夕,他会不会听从伊娥卡斯忒而止步呢? 大约也并不会。

3.4 揭晓真相

现在，要找的牧羊人到来了，也就是老国王拉俄斯的仆人。除先知之外，这位老仆人是所有凡人当中关于俄狄浦斯之事知道得最多的人，对此我们不妨稍加梳理。严格说来，这位老仆人所知都只是片断，只是部分的真相。其一，当年接到婴儿时，他虽然知道他来自拉俄斯夫妇，并且也知道神谕（1176），但在转交给科林斯牧羊人（亦即现在前来的科林斯信使）后，他并不知这个婴儿后来养在科林斯王宫，并且若干年后再来到忒拜城；其二，他虽然当年在三岔路口看到有强人杀死拉俄斯，并且这位强人继而拯救忒拜，迎娶王后当了新王，但他并不知道这位新王俄狄浦斯与最初遗弃的婴儿有什么关系，不知道以上两个故事是同一件事的前、后集。前、后集分开，各自都是一个恐怖故事，最初抛弃婴儿之事，他必不愿向任何人提起，太过残忍，且又与一个可怕神谕相联；当年三岔路口看到拉俄斯被杀死，逃回忒拜城后竟又看到凶手娶了王后做了新国王，他一定恐惧不已，遂请求把自己放出王宫，到最边远的地方去，以免再见新国王、王后，更不敢向任何人提起他当初看到的真相。事情沉寂多年之后，现在这位仆人到了垂暮之年，突然又被召回王宫问话，想必这位老人第一时间既已预感大事不好，想必来路上他的心头反复盘旋着他所知的恐怕故事，但有理由认为，他仍然没有贯通故事的前、后集，没有特定事件提醒他那就是同一个故事，况且贯通后的新故事太可怕，太过"出格"，常人又如何会那样去想象？在接受盘问之前，这位老人的内心当是如此。

现在俄狄浦斯问他是否是老国王的仆人、从事何种劳作、居于何处，他都一一直接作答，包括敏感地点喀泰戎山麓。当问及是否认识这位来自科林斯的信使、亦即当年放牧的科林斯人时,他开始装傻不知,表示记不得有这回事,他当然知道这是个关键人证,但想蒙混过关。不明轻重的科林斯牧羊人自己上前发问,当年是否送给他一个婴儿? 这可是一个关键,拉俄斯老仆人开始恼怒,"这是哪跟哪儿,为何要这样问?"(1144)可是,科林斯牧羊人深信自己是在帮俄狄浦斯证明一个有利的事实,要证明他与科林斯老国王没有血缘关系,以便使他放心回到科林斯,于是他更直接指着俄狄浦斯说,"看这里,他就是当年的婴儿!"(1145)不料忒拜牧羊人脱口斥骂,"你这死东西,你就不能闭嘴吗?"(1146)确实科林斯牧羊人问得太多了,这一句话简直就要了命!

此时这位拉俄斯的老仆人内心必定已是深自惊骇了,至此他方才完全清楚,他所知的前后竟是同一个故事,最初的可怕神谕早已实现! 剧中没有更多描写此时已知全部真相的老仆人是如何地感到恐怖,或者他作为老者已经历人世太多风雨,苍老的颜面上难见更大的波澜,听到的是他大声斥骂科林斯牧羊人,说他是"死东西"讲得太多,又再一语双关说他是"完全不知自己在说什么"。(1151)这位老仆人此时已如同先知忒瑞西阿斯,完全知道了前后的一切,但越是知道全部,越是不想说出来,他想远远逃离。

但现在终于逃无可逃。急切的俄狄浦斯立即代替科林斯牧羊人发问,凶狠地强迫老仆人回答,无奈的老仆人胆战心惊中一一作答,并承认他确实曾送了一个婴儿给科林斯牧羊人。当被追问这个婴儿来自哪里时,老仆人哀求俄狄浦斯不要再问下去了,正如此前伊娥卡斯忒哀求不要再追问(1060—1061);但决不回头的俄狄浦斯发出死亡威胁,老仆人只得说,它来自拉俄斯的宫中。听罢,俄狄浦斯既惊且急,最后冲口而出,"是出自某位奴隶,还是他自己?"老仆人哀呼,"神啊,我已处在可怕言辞的万丈悬崖边上！"俄狄浦斯也已深为惊恐，"作为听者我也已处在同一悬崖边上，但一定要听！"（1170）在这最后的时刻，俄狄浦斯依然如此坚决，他分明已经感到是何种恐怖真相，但这也不能阻止他再向前踏出一步，也是最后致命的一步。

又惊又急的俄狄浦斯步步进逼，不给人以任何喘息之机，老仆人只得原原本本回答，当年那个婴儿据说是拉俄斯自己的孩子，王后伊娥卡斯忒交给他抛弃掉，原因是有一个凶恶的神谕说这个孩子将会杀死双亲，他接到婴儿后却心生怜悯，遂送给了一起牧羊的科林斯牧人带走，"他救了那婴儿一命，却让它陷入最大的灾祸。如果你就是这个人所说的同一个人，那么你知道，你生下来即已厄运缠身。"（1179—1181）

一听之下，俄狄浦斯高声悲呼，"啊，都实现了！它们全都实现了！啊，你这明亮的光，就让我今天看你这最后一眼，在你这光亮之下，我生于不该生我的人，娶了不该娶的人，杀了不该杀的人！"（1182—1185）至此一切都应验了，不再有任何悬疑。可怕的神谕在最初显身之后一度隐晦，人们或者逐渐遗忘，或者不再相信，但今天它再度响彻所有人的头顶。

一切都真相大白了。先知忒瑞西阿斯最先知道全部真相，但出于对有死的凡人的怜悯，他的态度是不忍，不忍说出这个可怕故事给凡俗的人们听。其次得知的是王后伊娥卡斯忒，当从科林斯信使得知今天的俄狄浦斯即是当初王宫抛弃的婴儿时，她已猜到事情真相的九分半，面对即将揭晓的真相，她的态度是掩盖，全力阻止俄狄浦斯再追问下去，试图就此把真相深深掩埋。之后第三位知道真相的是拉俄斯的老仆人，此前他经历过整件事的每个片断，这些片断彼此分割没有贯通为同一个故事，在盘问对答中得知当年的婴儿还活着，并且就是眼前的俄狄浦斯时,他贯通了全部所知的片断,面对真相他的态度是逃离,要远远逃离这一切,不予指证说出来。最后知道真相的则是俄狄浦斯自己,他的态度迥异于前三人,当他听到自己原是一个被拉俄斯的仆人抛弃的婴儿时,他已预感这背后藏有惊天的故事,为此紧追不舍,不听任何劝阻坚决要追查出真相,他的态度是坚决直面它,中间没有任何停顿犹豫,直到清清楚楚看到全部的真相大白于眼前。其他人包括科林斯信使与在场的歌队等,则是从而知之的人,他们为之惊骇,为之悲歌,不敢直视这样发生在眼前的事,他们作为旁人见证了这个故事,并传播给其余的世人。

3.5　悲剧的最后

故事的结局非常惨烈,王后伊娥卡斯忒回到王宫内室,对着婚床悲呼老国王拉俄斯,之后自缢身亡;俄狄浦斯冲进王宫,放下伊娥卡斯忒,从她衣袍上取下一枚金别针,伴着凄厉呼号,刺瞎了自己的双眼。俄狄浦斯的自我惩罚中透露着高傲,不等世人审判自己,亦不等神谕来安排他的了局,神谕已经结束,虽然命运注定他会弑父娶母,但没有谁能决定他将如何面对这样的命运结局,这完全是他自己的决定。(1333)纵然深陷神谕无从逃脱,俄狄浦斯没有颓唐倒地只剩绝望呼号,可以说,在最后“处理”自己的方式中,尤其表现出了俄狄浦斯如何理解命运与自己。①

在最后的行动当中,刺瞎自己的双眼是俄狄浦斯第一个惊人之举,在诗人索福克勒斯的笔下,这极为契合此时的俄狄浦斯,甚至可说非如此不足以表达俄狄浦斯。但为何是自刺双目,而不是像伊娥卡斯忒那样一死了之呢? 值此之时,死可能是最轻巧的,伊娥卡斯忒是个习俗中的常人,不堪面对命运的真相,在真相揭晓之前是百般逃避,一旦无可避

---

① 可以参见非常有启发的讨论：Walter Kaufmann, *Tragedy and Philosophy*, p.209, p.211。

免被揭晓之时，遂只好逃避于死亡。她与丈夫拉俄斯一起都是命运的顺从者，最初听到神谕时惊恐不已，生出婴儿后会残忍抛弃；当迟迟"未见"神谕应验，遂开始不信神谕与先知，嘲弄之，痛骂之；但当有求于神灵时，又会带上花冠与香料祈求神灵；最终惊觉神谕早已实现、真相就要揭穿之时，惶恐中百般劝阻追查，试图掩盖逃避，但终于在绝望羞愤中自缢身亡。伊娥卡斯忒令人同情，面对命运她是个软弱者，她的恐惧与放肆是其软弱的一体两面，前有多卑怯，后有多张狂；同样，前有多软弱，则后有多绝望，面对命运的打击，一击即溃，一死了之，在可怕的命运故事中她只是一个附注，故事没有因之增添什么特异之处。在全剧终了，歌队有一曲悲歌，作为劝世良言送给"全忒拜人"："……看到这个最后的结局，有死的凡人们要知道，在过完一生的最后一天而未遭受任何苦难之前，没有谁可说是幸福圆满的。"（1528—1530）这送给伊娥卡斯忒最为合适，或送给任何软弱兼放肆之人，纵使安享荣宠也不要得意张狂，藐视神灵或神谕。但这只是送给习俗常人的良言，只品味了俄狄浦斯故事的一半。①

俄狄浦斯说他不能去死，死并不能抹去已经犯下的罪过，死后进入地府，将如何与父母——父非父，母非母——相见？但活在世上，也无颜再与子女——又是兄弟姐妹——相见，全忒拜的人亦即昔日受其统治的臣民，他也都无法再见。因此也就唯剩一途，刺瞎双目，不再见任何无法相见的人，既已犯下罪过，就让这罪过来惩罚，毁灭与羞耻既然已经降临，就不必躲避，也无需再害怕，不必找任何借口逃脱，"除了我自己，

---

① 这自然也让人想起希罗多德关于梭伦劝诫克洛伊索斯的著名故事（《历史》，第29—33、86—87节）；关于克洛伊索斯和吕底亚人的整个故事则见第6—94节），克洛伊索斯即是一个无知于命运的人，最后丧国于波斯人之时才幡然醒悟，这是另一个劝诫习俗常人的好故事。但如果索福克勒斯也仅意在这样劝诫，则他的俄狄浦斯故事大可不必按现在这么安排。

没有人可以背负我的厄运"。(1415)

在这种决绝当中,我们没有看到俄狄浦斯有任何悔悟屈服,虽然深深悲叹自己的不幸,但他指名这一切全是阿波罗所为(1329—1330)。不同于《安提戈涅》中的克瑞翁,那位统治者在最后承认自己权力的"溃败",并且悔悟,俄狄浦斯则自始至终都没有如此,到最后揭出命运的真相时,他也是悲叹与直视,甚至还带着刚烈与高傲。这种君王的高傲与威严就在最后也未减一分,当俄狄浦斯再从王宫中走出,歌队说刺瞎双眼而活在世上倒不如死更干脆,俄狄浦斯则回敬说,"我现在所做的,就是最好的——不要跟我说还有别的方式,不需要教我怎么做"。(1369—1370)可以说,自刺双目正是他面对毁灭性的命运而采取的最为刚烈、骄傲与绝不懊悔屈服的表现。

现在一切都结束了。最后,他请求——同时带着君王气度,又仿佛在命令——克瑞翁安排后事,对于伊娥卡斯忒要给予葬礼的礼遇;两个儿子已长大成人,他们自有生路,不必再管;但两个女儿尚未长成婚嫁,对此特别请求克瑞翁加以照顾,不要让她们沦落为乞丐流浪;至于他自己,俄狄浦斯则宣布,永远不要将他留在忒拜城,正如他当初面对所有忒拜人宣布的政令,要缉拿拉俄斯的凶手驱逐出城,现在他坚决要求执行自己的命令抛弃他,让他离开这片土地,或者杀死抛进大海。他托人后事却不容商量,这份君王的威严让人无法不接受,所托后事点滴无缺,全无遭遇毁灭性打击后的绝望与方寸大乱,可以说,命运打击了他,却未能打垮他。

四、悲剧英雄:限度与超越

俄狄浦斯一生都在逃避可怕的神谕。他并不惧怕杀死一个冒犯他的人，也当然更不胆怯娶一个王后，但如果所杀是其父、所娶是其母，则太令人惊骇了，那将是违反礼法、违背众神，将得到凡人最可怕的恶名，他之惧怕在此。俄狄浦斯绝非一个无法无天的不虔敬之人，不然就算听到神谕，他也可以当作谬论置之不理；他也绝非不惜名誉的苟且之人，倘若如此，对于第一次质疑他出身的醉汉，他只需痛打一顿，不必再去求问神灵，总之，依习俗的礼法来看，他本是一个好人。有甚于此，他还远超出一般好人的标准，为了躲过可怕的神谕，他不惜离开科林斯远走他乡，这是个大胆的少年英雄决定；流浪途中看到忒拜城遭遇大难，勇敢出手相助，独自挑战女妖斯芬克斯，救了忒拜城，这都类似于史诗中英雄的举动，是个英雄式的人物。但这样虔敬的好人，这样挽救了一个城邦的英雄，却依然要倒在可怕的神谕之下，万般逃避弑父娶母的罪行，但最终却一点一点经自己之手实现了它，俄狄浦斯的命运就这样成为悲剧。

在揭出命运真相的那一刻，歌队不禁悲唱，"啊，有死的凡人一代又一代，我如何能把你们与从未出生过的人等量齐观？……不幸的俄狄浦斯啊，当我看到你，人世幸福又有什么值得一提？"（1186—1195）俄狄浦斯自己也曾悲叹，宁可在被抛弃于喀泰戎山麓时就已死去。（1391—1393）这是悲叹命运黑暗的一面，恐怖、疯狂、罪恶，人世间又有何更甚之事，竟让人宁愿不出生或出生就死呢？这呼应于一则西勒诺斯（Silenus）的故事，这位神灵、狄奥尼索斯的同伴知晓关于人世最好最妙之事的秘密，有一天被捉住不得不讲出这个秘密时，他尖声大笑说，朝生暮死的人啊，这最好之事就是不要降生，不过还有次好之事，那就是立即去死。①这是

---

① 索福克勒斯在《俄狄浦斯在科罗诺斯》一剧中也指涉到这则故事（第1224—1228行）。该故事原见于普鲁塔克：*Consolation to Apollonius*，115D；又参见尼采《悲剧的诞生》，孙周兴译，商务印书馆2012年版，第32页。

绝望于人生的智慧，也是彻底逃避的智慧，凡人的一生都是徒劳，或者还是更大的悲苦。但俄狄浦斯却是人生的直面者，不曾屈服，更不曾绝望，当然也不是虚妄地希望，他带着些许高傲面对命运，在命运的打击中始终没有低头，真正呈现了一个独有的俄狄浦斯，一个悲剧英雄。俄狄浦斯成为悲剧英雄，不是因为他的成就，恰是因为他在承受毁灭，但神谕所昭示的毁灭，只毁灭了他作为习俗常人在惯常礼法中能得到的那些名声，命运毁掉了一个王子、一个深受拥戴的忒拜新王、一个拥有妻子儿女的丈夫与父亲，但俄狄浦斯在这当中却不曾垮掉，他成就自己为一个直面命运的悲剧英雄。

作为古典式的悲剧英雄，俄狄浦斯身上没有斯多亚式的对命运的顺从与隐忍，他不需要从宇宙或"世界城邦"这类广大无边的秩序中为自己的遭遇寻求理由，然后顺从地接受它为合理，弑父娶母之事他永远认为是不合理的，他永远认为是命运强加于他的，对此他坚决不服从，他是桀骜不驯的、强健的。他也没有基督教式的悔恨，他从未忏悔，从未认为自己有哪里需要悔改，没有谁能找出他在哪里犯有不当因而造成这个结局。基督的世界里，只有真理与罪过，人需要做的就是信仰，信仰有差而造成罪过，那就忏悔，亦即再次获得信仰的机会。到命运的最后，俄狄浦斯依然刚烈、高傲，他直面命运，承受打击，但没有屈服悔悟。

俄狄浦斯也并不是"扼住命运的咽喉"的现代精神的英雄，他没有这份乐观自信认为足以战胜命运，他恐惧于命运打击，敬畏诸神与礼法，对弑父娶母这样违反礼法触怒神灵之事，他避之唯恐不及，他是命运的坚韧承受者，但不是面对命运的战斗者。现代精神的乐观自信，某种意义上可能恰恰是虚弱的，因为它迫切需要一个成功的结果来证成它，它能容忍的，是这个成功结果可以来得晚一些，但无法接受没有结果、只有毁灭。高亢的现代精神的正对面,可能恰恰站着一个绝望的西西弗斯。

　　如此把俄狄浦斯称作悲剧英雄,却首先遭遇一个疑难,该剧题名为《僭主俄狄浦斯》,那么这是说俄狄浦斯是个僭主?文献显示,很可能索福克勒斯自己题名只是《俄狄浦斯》,比如稍晚的亚里士多德在《诗学》中提及该剧时就只称作《俄狄浦斯》,但就算题名中没有"僭主"一词,该词在全剧中也是频频出现,包括俄狄浦斯自称以及他人对他的称呼①,这也足以表明,该剧以俄狄浦斯为一位"僭主",这是无可争议的。那么,为何称俄狄浦斯为僭主,所谓僭主指什么?较为正统且较普遍接受的观点是,此处"僭主"不是指希腊古典时代尤其雅典城邦所最为深恶痛绝的暴君、独裁者,而主要指有违城邦礼法的某种僭越,俄狄浦斯获得王位不是世代继承,没有城邦礼法上的合法性,是一次破例的新式的王,故称"僭主"。

　　笔者也认可这样的观点,但觉得还不够,俄狄浦斯显然不仅仅是未依习俗惯例登上王位的人,他的僭越更在于一种希腊人所谓的ὕβρις/hybris,太出格、过分了,太超过凡人的限度了,这种超过限度,并不仅仅指干坏事,也包括所谓的大好事,好事超过应有的限度,也是坏的。比如他对出身、对荣誉就是过分看重的,在以智慧救助了忒拜城之后,他非常享受作为最智慧之人的美名,在统治忒拜城中,他追求成为最好君王中的典范,仿佛他就是城邦,城邦就是他,被忒拜人看成是城邦永远的大救星,最近乎神明的人。但有死的凡人是有限度的,城邦政治也有它应有的界限,对于僭越于限度之上的人,神灵或说命运将施加打击,

────────────

　　①　可参见阿伦斯多夫在《"僭政"、启蒙和宗教》一文中的具体列举,载本辑《复旦政治哲学评论》,第76页。

它不是一种对于违反礼法之行的正义惩罚，而是一种无条件的对于僭越、过度之人的打击。俄狄浦斯最终是看到了这样的无条件的打击，他说并不是他自己犯了什么直接过错，而是阿波罗对他施加了致命的打击。

也就是在这一刻，他开始理解命运，理解作为有死者的限度，一方面并不是因为犯有什么过错而遭受正义惩罚，因此毫不需要为之低头悔罪，毫不需要在真相揭晓后的那一刻从此就像个罪人愧对神灵、愧对全城邦；另一方面，并不会因为最有智慧，不会因为最热切地爱着城邦成为君王的最好典范，就将永远受到命运的垂青，得到至高荣誉的人也同样随时可能遭受命运的打击。正是在承受命运、理解命运中，曾经一度僭越的俄狄浦斯最终理解自己作为有死者的限度，因理解而超越于自己的命运，从而成为悲剧英雄。

另有更鲜明的观点认为，俄狄浦斯在以哲学式的启蒙僭越于习俗礼法及其背后的神灵，故是僭主，亦即因哲学而生的僭主。① 这一提法引人入胜，但恐怕存在疑难。猜中谜语的智慧，是否就是哲学的智慧？早期神话与英雄故事中，这类巧智或者狡计非常多见，因此而自鸣得意甚至心生傲慢的人往往会遭受神灵的惩罚，这是在惩戒凡人的傲慢或说僭越，俄狄浦斯的情形有类于此。哲学则是完全不承认神谕的，在这个意义上它是一种傲慢，一种僭越，二者之间"势不两立"，并且哲学还步步取胜，把若干神迹或所谓征兆解释为自然现象，像俄狄浦斯这样一个终生害怕神谕的人，不会是个搞哲学的人。

---

① 伯纳德特：《索福克勒斯的〈俄狄浦斯王〉》，载《索福克勒斯与雅典启蒙》，刘小枫、陈少明主编，华夏出版社 2007 年版；阿伦斯多夫：《"僭政"、启蒙和宗教》，载本辑《复旦政治哲学评论》；叶然：《俄狄浦斯是僭主吗？》，载《学术月刊》2016 年第 5 期；颜荻：《〈僭主俄狄浦斯〉中的诗歌与哲学之争》，载《外国文学评论》2021 年第 3 期。

如果说俄狄浦斯因智慧而拯救了忒拜城，就继而把哲学贯彻在他的统治当中，使得全城只信他一人，只信他的智慧，这是一种过度夸大的讲法。作为忒拜人的代表，由老者组成的歌队则是处处奉守礼法、从不否认诸神；祭司带领众人来求告俄狄浦斯，也是以求神的方式来求这位君主的，他们还是在信神，虽说是位新的"神"；王后伊娥卡斯忒一度表露过她不信神谕与先知之言，但这主要不是起因于俄狄浦斯的"哲学式"统治，她早就见到神谕没有"兑现"，已经不相信很久了。俄狄浦斯自己则一直害怕神谕，从最初到现在都害怕，生怕做出此等严重违背礼法的事情来，他一生都在逃避神谕，但从未以哲学来拆解神谕，比如像许多自然哲学家或智者们所做的那样。因此，更稳妥的说法当是，俄狄浦斯不是因所谓哲学智慧而傲慢，而是因统称的凡人的智慧而自负，明证就是他对于先知忒瑞西阿斯缺乏敬畏，并且也素来怠慢先知，使之无法靠近王座。就此而言，因自大而僭越是实有其事，但以之根源于哲学，则证乏直接证据。如果认为俄狄浦斯这种僭越放到公元前5世纪末期的希腊尤其雅典的语境中，颇能暗指当时普遍兴起的哲学启蒙，这倒是可能的，但在本剧中直接来讲并不是这样。

论者以为，在这种哲学启蒙或说不节制地求知当中，俄狄浦斯就因自己的过错而酿成了最后的悲剧结局，也就是说，如果当时俄狄浦斯听从了伊娥卡斯忒的劝阻，停止继续追查真相，或者不要武力强迫极不愿意开口对质的忒拜牧羊人，保持一种节制，当能避免最后的惨祸。这样的解释方向，笔者则以为会遇到许多难题。其一，弑父娶母早已在一、二十年前成为既成事实，严重悖乱礼法之事要不要再处理？王宫之内的人伦生活还怎样维持？忒拜城的统治还是否能照旧？这都是极艰难的局面。其二，是阿波罗在迫使处理旧案，方式是降下瘟疫，并随之发出第三次神谕要驱离凶手扫除污秽，如此情势之下，凶案真相再如何掩盖得住？其三，就剧中语境而言，难道说降下的神谕竟然还可以再"商量"、也未必会一定兑现？如果是这样，神谕就不再成其为神谕了，索福克勒斯这部剧可能就垮塌了，应该推倒重写。其四，如果是因"过错"而酿成悲剧，对此俄狄浦斯自己最终有没有意识到，并为之悔悟？或者剧中有没有任何这样悔悟的暗示？如果明显是"过错"，全剧中却未见对此错误的揭示或任何可能的提示，这部剧作岂非没有写完？论者常以《俄狄浦斯在科罗诺斯》一剧为这一问题的解决，笔者则觉得这是后一剧另行处理的问题，况且该剧在诗人生前从未上演过，与《僭主俄狄浦斯》相间隔几乎长达二十年。其五，也是最后一点，如果认为俄狄浦斯的悲剧是出于过错而酿成，另有更好的办法帮助他避免弑父娶母，或至少不揭发公开这一既成事实的真相，从而维持安全的生活，那么这是在自诩有某种更高级的智慧，可以洞穿命运这一难题，这也就终结了一切悲剧的可能。

笔者则以为，最后的悲剧结局几乎是必定如此的，俄狄浦斯的高贵，或说他自视为高贵的骄傲，必定容不得这种掩盖，就像他当初稍听到风声说自己出身可疑，就一定要去求问神谕，现在若干的证据都纷纷指向某种结果，纵然可怕，他也是断然不肯秘而不发，怀揣着耻辱勉强生活下去。这样的事情，可能发生在伊娥卡斯忒身上，忒拜牧羊人身上也一样可能，他们本是常人，依赖于习俗，生活在日常的安全地带，稍感危险就本能地避开，哪怕从此苟且偷生，但俄狄浦斯显然从最初开始就不是这样的常人。

最后，我们再次想起剧中的先知忒瑞西阿斯，他是最先知晓完整真相的人，但他轻易不开口，显然他不是惧怕真相而苟且求生的人，面对君王的盛怒与威胁,也凛然不可侵犯,又何惮于讲一句话呢?惯看人世、深知一切秘密的先知,是深知凡人的限度与命运的人。当看到俄狄浦斯这样的命运,想必他也深深为之震撼,他当然是了解俄狄浦斯的,但当看到这样一个英雄般的人物,忒拜城历来统治者中最好的君王,竟遭受这样可怕的命运,想必他也是大不忍,又何必一定要他去说出这样的真相呢?如果俄狄浦斯原是个极可恨的人,则先知倒可能乐得看到恶人遭殃。有意味的是,俄狄浦斯当最终知晓真相时,也是双目失明,这时他就仿佛一个先知,开始理解命运,并知晓人世的秘密。

如果说先知忒瑞斯西亚斯预先知晓俄狄浦斯的悲剧,并沉思这一悲剧对于一位凡人意味着什么,那么悲剧诗人索福克勒斯就仿佛是这位先知的第一位学生,跟从先知洞悉人世之悲剧,并通过悲剧诗的创作,把这一洞悉传达给悉心观看或阅读的人。经由索福克勒斯之笔,我们忽然又发现,作为今天的读者,自己竟然非常接近索福克勒斯或先知忒瑞西阿斯的位置,我们早已听过俄狄浦斯的故事,在重读这部剧作之时,看到剧中步步追查凶手,我们俨然已预先知道了全部的真相,但我们是否能够分享到一点悲剧诗人或智慧的先知对于人世与命运的洞察呢?

凡人在世,无从逃脱悲剧,这是阅读希腊悲剧最直观的感受;但既然无可逃脱,为何还要讲述悲剧、打开这悲剧来看?悲剧诗人又为何要把它写作出来,搬上舞台,流传下去,让有死的凡人们一遍遍地去看?悲剧诗人想让世人除了看到俄狄浦斯悲剧故事本身之外,还要看到些什么?如果仍有困惑,那就再读一次《僭主俄狄浦斯》罢。

"僭政"、启蒙和宗教

——索福克勒斯在《僭主俄狄浦斯》中对伯里克利的雅典的忧国批判 *

阿伦斯多夫　著　黄泓智　译　熊文驰　校 **

《僭主俄狄浦斯》（*Oedipus the Tyrant*）自诞生以来两千四百年里一直在打动、困扰并深深吸引着我们，因为它如此强有力且令人难忘地呈现出一系列根本冲突——实际的与潜在的——这些冲突永远存在于人的生活。我们欲求幸福，却又需要知道真理，这两者之间有着令人痛苦的张力；内心生起最隐秘的渴望，却又可怕地相撞于保护着家的神圣律法；热切希望生活在理性的光亮之下，却又持续挣扎渴求来自神圣者的指引——这一切，

＊ 本文译自 Peter J. Ahrensdorf, "'Tyranny,' Enlightenment, and Religion: Sophocles's Sympathetic Critique of Periclean Athens in *Oedipus the Tyrant*," from *The Oedipus Plays of Sophocles: Philosophical Perspective*, edited by Paul Woodruff (Oxford University Press, 2018), pp.99—124. 感谢作者及原版权机构慷慨授权中文版权。

＊＊ 阿伦斯多夫（Peter J. Ahrensdorf），美国戴维森学院政治学系詹姆士·B. 杜克讲席教授，兼任该校古典学系教授。译校者，黄泓智，美国哥伦比亚大学英语系研究生在读；熊文驰，上海外国语大学国际关系与公共事务学院副教授。

有谁比索福克勒斯在其《僭主俄狄浦斯》中更加引人入胜、扣人心弦地展示过呢？尽管如此，这部超越时间的作品也是一个时代的产物，创作并上演于一个特定的历史背景之下：伯里克利的雅典、伯罗奔尼撒战争，以及那一场瘟疫，这一背景就由索福克勒斯的同辈更为年轻的修昔底德为我们记录下来。意识到这一历史背景，对于理解索福克勒斯在《僭主俄狄浦斯》中的教诲会有何启发？通过这部剧作，索福克勒斯面对的观众既有作为人类的人，他们纠缠于无休止的人的问题（human problems），也有公元前 5 世纪他的雅典公民同胞，这些雅典人正与城邦所面临的生死挑战展开搏斗。诗人力求帮助作为人类的我们厘清自身永久的境况和自然本质（condition and nature），但也在努力帮助他的雅典同胞看清他们特定政制的脆弱品质。

在流传的俄狄浦斯的传统故事之上，索福克勒斯加入了一场瘟疫，以此来点明该剧的历史背景。①俄狄浦斯的故事更早出现在荷马、品达和埃斯库罗斯的作品里，但[他们当中]②无人提及瘟疫。③索福克勒斯不仅给故事加上了一场瘟疫，还用它作为全剧的开场，甚至就其导致俄狄浦斯的毁灭来说，全剧都围绕瘟疫爆发来展开，那是一场极具毁灭性的瘟疫，忒拜城为之蹂躏，据说它来自阿波罗，正如另一场极具毁

---

① 诺克斯（Knox 1956）令人信服地论证，该剧首演于雅典遭受瘟疫重创（公元前430—前426 年）之后的岁月。他还提出了一个似乎可信但更多是尝试性的观点，即该剧的首次上演早于公元前 424 年上演的阿里斯托芬的《骑士》。另外可参见 Segal（2001，11—12，27）；Whitman（1971，49—50，133—134）；Lattimore（1958，94—95）；Rehm（1992，111）。关于那场瘟疫和雅典戏剧整体之间的关系的甚有助益且令人启发的讨论，可参见 Mitchell-Boyask（2008，especially 56—66）。

② 为文字通顺自然，中译偶有添赘，一律以仿宋字体并加方括号显示。以下仿此。——译者注

③ See Homer, *Odyssey* 11.271—280; *Iliad* 23.679—80; Pindar, *Olympian Ode* 2.35—41; Aeschylus, *Seven against Thebes* 742—784. Consider as well Euripides, *Phoenician Women* 10—62; Pausanias, 9.5, 9.10.

灭性的瘟疫在公元前 430—前 426 年折磨着雅典,据有些人说它来自阿波罗。①索福克勒斯的这部剧作所依赖的故事表面上发生于古忒拜城,早于特洛伊战争②,但他有意安排在开场的这场瘟疫,明显相对照于伯罗奔尼撒战争中索福克勒斯的雅典城里爆发的那场瘟疫。他为什么要这么做?

索福克勒斯用一场与雅典瘟疫相对照的忒拜瘟疫作为《僭主俄狄浦斯》的开场,是在暗示,俄狄浦斯的忒拜和索福克勒斯自己的、伯里克利的雅典有若干相似之处。索福克勒斯要突出的对照之处在于,一边是作为俄狄浦斯对于忒拜城"僭主式"统治特点的,极其颠覆传统的、理性主义的,甚至是反宗教的启蒙精神(spirit of enlightenment),另一边是作为伯里克利的雅典的特点的类似精神。这一精神就由降临在两座城市的致命瘟疫加以考验,两座城市各自对于瘟疫的宗教性反应就暴露出,无论是俄狄浦斯,还是伯里克利的雅典人,仅仅依靠理性之光努力进行统治,是何等的困难重重。

伯里克利的雅典身上的启蒙精神

为理解伯里克利的雅典政制和索福克勒斯笔下俄狄浦斯政制的相似之处,让我们简要考察一下修昔底德对伯里克利的雅典的描述。雅典政制的独特精神遭到瘟疫的严峻考验,其特点则由伯里克利在公共葬礼上的演说表达得格外清楚,那场葬礼是为在雅典与斯巴达之战第一年中死去的雅典将士举行的。据伯里克利所说,雅典与众不同之处在

① See *Oedipus the Tyrant* 22—30, 95—107, 300—309; Thucydides 2.47.3—54, 1.118.3.

② See Homer, *Iliad* 23.679—680.

于,她能够通过结合最大程度的人的自由和礼法统治,而使人的天性自然得到有效的滋养发展(2.37):"我们为了共同体而自由地实践着我们的政治"(2.37.2)。①只有在雅典,人可能才是完满的人,自由地满足着他们对于快乐、智慧和荣耀的欲望,同时依然享受着居住在一个稳定且无比强大的共同体之中的一切优势(2.37.2,2.38.1,2.39.4—40.1,2.41.4,2.43.2—3)。其他社会则相信,礼法和共同体依赖于要使激情和理性屈从于对传统、祖先和诸神的统一而无可争议的崇敬。②然而,在伯里克利的描述中,雅典在证明,人类社会可以一边拒绝这种崇敬,且以明确清晰的理性为基础服从礼法并奉献于共同体,而另一边繁荣发展甚至到达权力与荣耀的巅峰(2.37.3,2.39—40)。因此伯里克利,这位雅典的首席政治家(leading statesman),在开始其葬礼演说时,便无所顾忌地批评一项受尊敬的雅典礼法,该礼法要求首席政治家来发表这样的葬礼演说,伯里克利批评它"危险地使得许多人的德性竟被相信要依系于一个人演讲得好与不好"(2.35.1)。他进一步提出,不论雅典人的祖先多么值得称颂,当代雅典人都要更加值得赞扬(2.36)。至于诸神,伯里克利则很不寻常地在这次葬礼演说中只字未提——除了有一处提到,由"赛会和祭祀"提供"工作辛劳之后的精神的娱乐休息"(2.38.1)——事实上,在前三场由修昔底德归于伯里克利的演讲中[他也对之只字未提],除了有一次说到在未来可能需要把金片从"女神像"——那黄金象牙的雅典娜雕像——身上取下来,以充入公共财政

---

① 译文均出自作者本人之手。[凡对《伯罗奔尼撒战争史》的引用,主要据作者自译而再译为中文,以体现作者对关键词的强调;其余一般性行文则参照谢德风译本(商务印书馆1985版)。——译者注]

② 如可参考斯巴达国王阿基达马斯(Archidamus)的演讲,他说,斯巴达人"能很好地考虑政策,因为我们的教育中几乎没有什么学识让人鄙视礼法,相反倒有太多的节制与严厉来使人服从礼法。"(1.84.3;see also 1.85.1, 1.118.3, 2.11.2, 2.74.2—3, as well as 1.70.2—71.3)

（2.13.5）。伯里克利赞扬的不是神的威严，而是人类尤其雅典人的卓越，他们提供了全希腊人的学校，建立起令人惊奇的强大城邦，迫使"每一片海域和每一块陆地都为他们的冒险大胆开道"，他们"在每一处都树起永久的无论好的与恶的纪念碑"（2.41，2.43.1）。雅典人的政制，如同修昔底德笔下的伯里克利所展示的那样，是一个特别强调人文的、被启蒙了的政制（an emphatically humanistic and enlightened regime），它解放了人类的激情和理性，使之不再屈从于传统宗教性的甚至道德的束缚，它号召雅典人热爱高贵、智慧、荣耀，以及他们城邦的权力。①

　　然而，在修昔底德的记述中，一场极具毁灭性的瘟疫狠狠挑战了雅典政制独特的人文主义和启蒙精神，而这在伯里克利发表葬礼演说赞扬雅典之后就立即发生了（2.47），如修昔底德所强调，面对瘟疫的威力，无论是医药还是"任何人类的技艺"都毫无用处（2.47.3），"这种疾病的类型变得强大厉害，远非人的理性所能应对"，并且"其烈度也非人的自然本性所能忍受"（2.50.1）。更有甚者，在瘟疫的毁灭性力量之下，雅典人对礼法和共同体的自由而理性的服从以及奉献就轻易崩溃了。眼见死亡无处不在且步步迫近，雅典人放弃了所有自我约束，不顾礼法，及时行乐（2.52.1—3）。此外，即使修昔底德说，对诸神的恐惧未能阻止雅典人无视礼法——哪怕是神圣的葬礼——但他在总结对瘟疫的描述时也指出说，雅典人相信瘟疫也可能来自阿波罗，惩罚雅典人对虔敬的斯巴达人发动战争（2.53.4—5；参看 1.118.3）。实际上，就连伯里克利自己，在修昔底德的书中第四次和最后一次演讲里，也将瘟疫称作是"神明（δαιμόνια）之事"中的一项，尽管这是一项"出于必然"而应当忍

---

① See Cochrane（1965，32，55）；Edmunds（1975，26，39，45—46，76，82）；Strauss（1964，161）；Forde（1989，20—32）；Orwin（1994，16—17，19—20，22—23，115—116）. See also Connor（1984，68—69，74）.

受之事（2.64.2）。就这样，瘟疫似乎挑战和削弱了伯里克利的雅典的反传统、反宗教和理性主义的品质，甚至在某种程度上激起一种［对这一品质的］宗教性的反噬（a religious backlash）（参看 2.58—59；并参考 2.16）。①

俄狄浦斯的非僭主式的"僭政"？

在《僭主俄狄浦斯》开场，索福克勒斯没有描述俄狄浦斯对忒拜的统治，而是讲了一场危及忒拜城覆灭的瘟疫。一开始我们看到，俄狄浦斯询问一群由祭司带领的忒拜臣民为何前来乞求救助，以及为何满城都是焚香、祷告歌曲和悲叹。祭司回答道："那位带来火的神，最可恨的瘟疫，袭击了这座城邦，使卡德摩斯人的家园变为一片荒凉，幽暗的冥府里都是满满的悲叹和哀号"（27—30）。②随后祭司直接祈求俄狄浦斯出手拯救眼见就要灭绝的城邦："别让将来我们回忆起你的统治，是你先前把我们救了，后来又再跌倒；倒要是你再次拯救了城邦，我们生活其中安稳无虞"（49—51）；"因为假如你确实还想统治你现在执掌的这座城邦，那么更高贵的是，你所执掌的城邦人口富庶，而非人烟荒无"（54—55）。俄狄浦斯的统治，就像索福克勒斯这部剧的观众所非常熟悉的伯里克利的雅典政制一样，正面临着一场由极具毁灭性的瘟疫带来的危机（Thucydides 2.47）。

但什么是俄狄浦斯统治的特点？乍一看，俄狄浦斯的统治截然相反

---

① See Orwin(1994，89—90，173—175)；Connor(1984，63—70). Consider as well Mitchell-Boyask(2008，41—43).

② 索福克勒斯的忒拜剧译文均出自：Ahrensdorf 和 Pangle(2014)。（凡对原剧作的引用，主要由作者本人的译文再译作中文，以体现作者对关键词的强调；其余一般性行文则参照了罗念生译本（《索福克勒斯悲剧集》，上海人民出版社 2021 年版）。——译者注）

于伯里克利的雅典民主政制（参看 2.37）。这部戏剧的传统标题一览无余地提醒我们，俄狄浦斯是一位"僭主"（tyrant）。就算该剧标题通常被翻译为《俄狄浦斯王》（Oedipus the King），在该剧的占希腊文文本中，俄狄浦斯仅有一次被称为"王"（Oedipus the Tyrant，1202），那是在知晓他是老国王拉伊俄斯的儿子之后。相比之下，俄狄浦斯在剧中一再被人——多达十次——称为"僭主"：这些人包括忒瑞西亚斯（Teiresias，408），克瑞翁（Creon，514，588，592），忒拜长老组成的歌队（873，1096），来自科林斯的信使（925），以及俄狄浦斯自己（380，535，541）。确实俄狄浦斯有三次称拉伊俄斯（Laius）为"僭主"（128，799，1043），但也称其为"王"（264），而且，通过重述拉伊俄斯的家谱，俄狄浦斯清楚地表明，拉伊俄斯因其王室出身而获得权力。或许俄狄浦斯同时称拉伊俄斯为"王"和"僭主"表明，"tyrant"一词在索福克勒斯的戏剧中有宽广的含义。但也有可能，俄狄浦斯——这位非王室出身而继承权力的人——故意混淆了"王"（世袭继承者）和"僭主"（非世袭继承者）的区分，因为这么做符合其政治利益。那位科林斯信使确实提到，既然俄狄浦斯名义上的父亲波吕玻斯（Polybus）已经死了（939—940），他将被称为科林斯的"僭主"，但其他科林斯人可能和信使一样，从某时起就已知道俄狄浦斯不是波吕玻斯真正的儿子，因此不是因其王室血统而继承权力（1016）。

索福克勒斯在其他忒拜剧作中清楚区分了僭政和王政。在《俄狄浦斯在科罗诺斯》中，雅典的世袭统治者忒修斯（Theseus）从未被称为"僭主"，而是称作"王"（67）。更何况，在《俄狄浦斯在科罗诺斯》中所有对"僭政"的提法，包括俄狄浦斯的两个儿子厄忒俄克勒斯（Eteocles）和波吕涅克斯（Polyneices），以及克瑞翁，都一直用其贬义，指向一种自私、暴力、违反礼法，甚至傲慢僭越的统治（参见 373，419，449，1338 以及 851 和 883）。在《安提戈涅》中，克瑞翁在明面上世袭继承了权力，他虽然是作为厄忒俄克勒斯的舅舅、伊娥卡斯忒的兄弟和俄狄浦斯的小舅子这些身份，间接地继承了权力，忒拜城长老们支持他称他为"王"，但批评者们还是叫他"僭主"，包括伊斯墨涅（Ismene，60），安提戈涅（506），忒瑞西阿斯（Teiresias，1056），以及第一位信使（1169）。

索福克勒斯费尽心机把俄狄浦斯称为"僭主"：但在我们掌握的更早的俄狄浦斯故事里，不曾有谁这样称谓过——包括荷马、品达或埃斯库罗斯都没有。①对于民主制下的雅典观众来说，"僭主"一词当格外可恶，它代表着自私、暴力、违反礼法的统治者。②实际上，雅典看上去在很多方面都是一座特别反对僭主的城邦。雅典人把"僭主刺杀者"哈尔摩狄奥斯（Harmodius）和阿里斯托革顿（Aristogeiton）当作英雄来赞美，并且在公共场合建立雕像纪念他们。③在《僭主俄狄浦斯》上演后一段时间，在伯罗奔尼撒战争的关键时刻，雅典人逮捕并试图处决他们的杰出将领亚西比德（Alcibiades），所持理由是他企图搞"僭政"（修昔底德 6.15，6.61）。在索福克勒斯去世后一段时间，伊苏克拉底（Isocrates）称雅典为"尤其憎恨僭政的城邦"（Nicocles 24），［另一位演讲家］吕库古则说，"雅典人啊，唯有你们知道如何向高贵且好的人献上荣誉；你们会发现，其他城邦的人把雕像献给运动员，你们则献给将军以及那些杀死僭主

---

① Consider Homer, *Odyssey* 11.271—280; *Iliad* 23.679—680; Pindar, *Olympian Ode* 2.35—41; Aeschylus, *Seven against Thebes* 742—784 and also 203，372，654，677，709，725，752，775，801，806，833，886，978，992，1061. Consider as well Pausanias 9.10，9.12.

② See Thucydides 6.15，6.59—61.

③ See Herodotus 5.55，6.109; Pliny the Elder 34.9，34.19; Pausanias 8.5. See also Xenophon, Hiero 4.5; Demosthenes, *Against Leptines* 20.18.

的人。"（Lycurgus，*Against Leocrates*）。①

尽管如此,《僭主俄狄浦斯》没有将俄狄浦斯呈现为一位自私或暴力的"僭主式"统治者。相反,在剧中他是一位有着公共精神的（public-spirited）统治者,全身心投入忒拜城人民的幸福事业中:"我的灵魂/为城邦而悲鸣"（63—64）;"为着大家我有着更多的悲痛,而不单为着我自己的灵魂"（93—94）;"一个人最高贵的事业就是尽他所能,尽他所有帮助别人"（314—315）;"只要能拯救城邦,那（我毁灭）也没什么关系"（443）。在全剧中,俄狄浦斯不断被祭司、歌队,甚至是克瑞翁称之为"居于首位的人"（first among men, 33）,一位奉献于城邦的"智慧的"统治者（509）,过去他从骇人的斯芬克斯手中救出了城邦,免于灭顶之灾,在拉伊俄斯的明显不甚成功的统治之后,"匡正了这座城邦"（103—104）,[现在]所有人再次把他看作"拯救者"（48；see 33—53, 103—104, 503—512, 688—697, 1196—1203, 1282—1283, 1524—1527）。显然,在悲剧开始时,俄狄浦斯已在大众支持下统治城邦超过十五年,②他肯定比上一任统治者拉伊俄斯做得更好,后者未能从斯芬克斯手中解救城邦（35—37, 103—104, 126—131）;他也肯定比继任者克瑞翁做得更好,后者在《僭主俄狄浦斯》中显得对公共利益漠不关心（124—136, 577—600）,在《俄狄浦斯在科罗诺斯》中,克瑞翁则暴力地且傲慢僭越地

---

①　关于这一时期希腊人对"僭主"的普遍敌视,可参见 Xenophon，*Hiero* 7.10 and *Hellenica*, 5.4.9, 5.4.13, 6.4.32, and 7.3.4—12, especially 7.伯里克利确实有一次说到雅典城像一种"僭政",克里昂也有一次说它是一种"僭政",但他们都仅用该词表示雅典和其他城邦的关系,而绝不指它自身的政制（Thucydides 2.63.2, 3.37.2）。因此,我无法同意诺克斯的说法（Knox, 1998, 99；see 58—77）,即因为雅典的目标是成为全希腊的僭主,所以俄狄浦斯的"僭主称号……一定会为他赢得雅典观众的同情"。

②　当俄狄浦斯称呼自己在成为统治者之后所生的男孩和女孩为"男人[ἄνδρες]"（1460）和"女儿（maidens）[παρθένον]"（1462）时,他暗示他的孩子们最起码有十五岁,或许更年长几岁。

迫害手无寸铁的俄狄浦斯及他的女儿们（813—897，esp.883），在《安提戈涅》中他则因与安提戈涅发生冲突而迅速丧失了统治（参见 155—161）。

并且，"僭主"俄狄浦斯既未为权力而来，也未凭借暴力进行统治。随着剧作的展开，我们得知，俄狄浦斯［当初］是作为一位年轻的异邦人来到忒拜城，从骇人的斯芬克斯手中拯救了并非他自己的城邦，随后受到心怀感激的忒拜人自由推举为统治者（Oedipus the Tyrant 35—37，128—131，380—398，507—510，688—697，1196—1200；也可参见 Oedipus at Colonus 539—541）。剧中我们还看到，俄狄浦斯作为统治者向很多人咨询、商议国事，有他的小舅子克瑞翁（69—134，287—289）、忒拜城的长老们（276—296，646—672，687—696），特别是他的妻子伊娥卡斯忒（577—580，700，771—773，800，861—892，911—923，950）。那么，在何种意义上，索福克勒斯笔下的俄狄浦斯是"僭主式的"呢？

有人可能认为，俄狄浦斯说话带有一股过于威吓的怒火——甚至是"大发脾气"（344）。这怒气［在剧中］先冲着先知忒瑞西阿斯，随后是克瑞翁（334—335，337，345，404—405，523—524，673—675）。尽管如此，必须承认，忒瑞西阿斯或许两次有意（364）挑起俄狄浦斯的怒火：他起先拒绝帮助解决拉伊俄斯谋杀案、拯救忒拜免于毁灭；随后公开指控俄狄浦斯自己谋杀了拉伊俄斯，犯下弑父和乱伦之罪，因此必须被惩罚，这在当时的俄狄浦斯看来令人困惑、无法容忍、充满威胁（see especially 320—323，330—340，350—361，432—444）。俄狄浦斯如他后来所承认（1416—1421），他确实不公正地指控了克瑞翁与忒瑞西阿斯密谋推翻他（378—400，532—546）。①但如果我们把自己代入戏剧中此

---

① See Vellacott（1971，161）and Vernant and Vidal-Naquet（1988，106），but also Whitman（1971，130—131）and Benardete（2000，129—131）.

刻的俄狄浦斯——起初一直自信父母双亲是波吕玻斯和墨洛珀（Polybus, Merope）而生活着，之后再统治忒拜多年，现在突然被忒瑞西阿斯公开指控弑君、弑父和乱伦——他怀疑克瑞翁和盲人先知密谋造反，这就并非全无道理了（consider 346—349）。克瑞翁从未调查过拉伊俄斯谋杀案，然而是他最先催促俄狄浦斯召请忒瑞西阿斯前来，他或当合情合理期待接替[老国王]他的姐夫拉伊俄斯成为国王，[最后也]确实接替俄狄浦斯成为了统治者（287—289，555—556，103—131）。俄狄浦斯指控克瑞翁并未经细心调查，这或许看来失之草率，如克瑞翁和歌队所言，但俄狄浦斯指出，如果有什么阴谋反对他，那么就一定要迅速反击（603—621）。而且，也最重要的是，虽然俄狄浦斯在语言上确实粗暴地威胁忒瑞西阿斯和克瑞翁（402—403，551—552，623，640—643），但他从未对他们任何一个采取过暴力行动（acts）。

有人可能认为，说俄狄浦斯是"僭主"，最简单说就是因为他竟敢弑父娶母，践踏了那保护着家的最为神圣的礼法。① 通过这种残暴的罪行，俄狄浦斯似乎亵渎了歌队所崇敬的神圣的礼法："它们并非从凡人的有死的自然中而生；遗忘也不可能让它们沉睡。在它们当中，天神是最大的，他也永不会衰老"（868—872；see 863—867）。因为这样无法无天的行径，俄狄浦斯似乎展示出了"傲慢"（hubris），用歌队的话说，由之"产生出僭主"。（873）

尽管如此，就像索福克勒斯在《僭主俄狄浦斯》（1227—1231）和《俄狄浦斯在科罗诺斯》（270—274，521—523，456—448，962—999）中清楚表明的那样，俄狄浦斯在不知情中、因此也是非自愿地犯下了这些罪

---

① 关于僭主和弑父、乱伦之间的逻辑联系，可参见 Plato, *Republic* 568d4—569c9，571a1—575a7. See also Wohl（2002，250）；Benardete（2000，72—73）。

行。①俄狄浦斯确信波吕玻斯和墨洛珀是他的父母,并且一旦从德尔斐的阿波罗神谕中得知他必定会弑父娶母,俄狄浦斯就毫不犹豫奋起抗争——放弃他在科林斯的家,地位和权力,在那里他"被认为是同城人当中的第一的人物"(775—776)——从而避免犯下那些罪行,他自然而然以为阿波罗希望他能避免这些罪行(774—797,823—827,955—1002)。俄狄浦斯只是在遭到老国王拉伊俄斯及其随从攻击之后,才杀死了他(804—813;see also *Oedipus at Colonus* 270—274,521—523,546—548,962—999)。并且,又是在解答斯芬克斯之谜、拯救忒拜城之后,显然是在忒拜人民的强烈请求下,俄狄浦斯才迎娶了伊娥卡斯忒,忒拜人民显然是受激发于一个可理解的愿望,即他们已经选了这位来自科林斯的外邦青年为统治者,现在借这一婚姻来加强他的合法性(525—541;258—268)。很显然,俄狄浦斯确实真诚地爱着伊娥卡斯忒,作为他"最亲爱"的妻子,并且尊敬她似乎胜过所有人(950,577—580,700,772—773,800;see also 861—862)。然而,尽管索福克勒斯给出了俄狄浦斯的这两个行为即弑父和娶母,但它们当中没有一个反映出俄狄浦斯是有意无意地想要弑父以娶母,尽管伊娥卡斯忒说"许多人都曾梦中娶母"(980—983)。②另一值得注意之处是,拉伊俄斯和伊娥卡斯忒只是俄狄浦斯的生父生母,"这样[好地](greatly)""养育他"与"宠爱他"的是波吕玻斯和墨洛珀(827,1023)。在作为统治者的那些年里,以及几乎在全剧中,俄狄浦斯全然不知他已触犯禁止弑父和乱伦

---

① See Dodds(1968,18—22)。

② 参见弗洛伊德(Freud 1927,221—224),以及对此的批评(Vernant and Vidal-Naquet 1988,85—111)。索福克勒斯确实暗示,统治野心可能会导致激烈父子之间的一种自然而然的张力。(参见 774—775,800—813,1459—1461)再考虑《俄狄浦斯在科罗诺斯》中安提戈涅批评地指称到俄狄浦斯的"可恶的激烈愤怒"(1197—1198)。

的礼法,这两条罪行或许看来足以使他成为"僭主"。然而,在全剧中俄狄浦斯一再被称为"僭主",包括他自称。那么,在何种意义上俄狄浦斯是一位"僭主"?

"僭政",理性,以及解放脱离神圣事物

为了确定俄狄浦斯的"僭主式"统治有何特殊之处,让我们更仔细地考察他在剧中如何被呈现出来。一开始,俄狄浦斯是一个传统的、依从习俗的虔敬的统治者,就像比如拉伊俄斯和克瑞翁一样。我们先看到他和一位年长的祭司对话,祭司恳求俄狄浦斯拯救城邦脱离瘟疫,就像他当初"在神灵的帮助下"(38)从骇人的斯芬克斯手中拯救城邦。随后,我们得知俄狄浦斯已派遣克瑞翁前往求教德尔斐神谕,向阿波罗求教如何从瘟疫下拯救城邦(68—72;see 86,242—243)。当克瑞翁返回时,俄狄浦斯向"阿波罗王"祈求,以拯救城邦摆脱瘟疫(80—81)。当俄狄浦斯得知神灵指示他要解决拉伊俄斯谋杀案时,他赞扬了阿波罗(133—134),并承诺作为"这位神灵"的"盟友"(135—136),决心"凭借天神的帮助"(146)而行动,祈祷神灵惩罚拉伊俄斯的凶手,并奖励那些帮助抓捕凶手的人(269—275)。接下来,俄狄浦斯赞扬歌队期望阿波罗抓住凶手,说到他已经召请阿波罗的先知忒瑞西阿斯,并恭敬地向先知呼吁:"啊,忒瑞西阿斯,天地间一切可以言说和不可言说的秘密,你都洞察,你虽然看不见,也一定同样知道了我们的城邦遭了瘟疫;主上啊,我们发现你是我们唯一的救星和保护人"(300—304)。这一切都表明,我们看到的俄狄浦斯是一个依从习俗的、虔敬的统治者,完全服从于神灵的统治,他从阿波罗神谕以及阿波罗的先知忒瑞西阿斯那里寻

求指引,这就像拉伊俄斯先前虔敬地服从阿波罗的神谕,决定杀死他唯一的孩子,让自己没有子嗣(711—719,1173—1178),也像克瑞翁后来虔敬地进行统治,时常向"神"(1436—1445)和忒瑞西阿斯(555—557,see also Antigone 991—995)讨教。就连俄狄浦斯生涯中的决定性事件,解答斯芬克斯之谜并接着掌权忒拜城,当这些在剧中第一次呈现时,也是作为另一个例证表明俄狄浦斯依靠着神灵。因为祭司宣称,俄狄浦斯"在神灵的帮助下"解开了谜语(38)。

　　然而,对于俄狄浦斯统治的这一第一印象最后表明是误导性的。①俄狄浦斯和忒瑞西阿斯的争吵就表明,俄狄浦斯解答斯芬克斯之谜只是依靠了他的"判断"(judgement),而忒瑞西阿斯试图用"神灵的帮助"解答谜题,但以失败告终。②俄狄浦斯向忒瑞西阿斯宣称:"喂,告诉我,你几时证明过你是个先知?那只诵诗的狗③在这里的时候,你为什么不说话,不拯救人民?它的谜语并不是任何过路人破解得了的,正需要一位先知,可是你并没有借助鸟的帮助或神的启示,显示出知晓一切;直到我无知无识的俄狄浦斯来了,不懂得鸟语,只凭我的判断就破了那谜语,征服了它。"(390—398)在此,俄狄浦斯提出,解决斯芬克斯之谜的重要性有两重:既表明先知预言的失败,以及那些声称能和神对话之人的无能于解救他们的共同体免于毁灭,又表明人的理性能力不

----

① See Ahrensdorf(2009,9—47).

② 很多学者基于斯芬克斯的谜语内容和俄狄浦斯的回答,提出了对该剧的引人思考的阐释(例如 Vernant and Vidal-Naquet,1988,113—140,207—236;Benardete,2000,71—82,126—135;Rocco,1997)。然而,由于谜语的内容和俄狄浦斯的回答都没有出现在《僭主俄狄浦斯》剧中,或索福克勒斯的任何一部现存戏剧中,这些第一次出现是在几个世纪之后,公元前1世纪的狄奥多罗斯(Diodorus Siculus)的作品中(4.63—64),解读该剧时不提及假定的谜语内容,似乎更保险一些。

③ 指斯芬克斯。参见阿里斯托芬《蛙》(1287):"斯芬克斯狗、灾难的主管者。"(显然引自埃斯库罗斯已失传的剧作《斯芬克斯》)

需要任何帮助就能拯救城邦，甚至击败最致命的怪兽。先知失败于斯芬克斯，而俄狄浦斯却能取胜，这就标志着理性对于宗教的胜利。正是这种对理性权威的信念，让俄狄浦斯的统治有别于他之前以及之后的虔敬的统治者们。因为与拉伊俄斯和克瑞翁形成鲜明对比的是，俄狄浦斯很明显在其多年的统治中避免向神谕或先知请教，而仅仅依靠理性的光进行统治。俄狄浦斯只有在极端压力下，即想不到还有其他方法拯救忒拜城于瘟疫时，他才决定派出克瑞翁请教德尔斐神谕（57—72）。即使忒瑞西阿斯已经在拉伊俄斯统治时期就被尊为"智慧"的先知，忒拜长者组成的歌队相信他是"一位神圣的先知……有死的凡人当中只有他才知道真情"（297—299），俄狄浦斯显然常常把他当作一个骗子，直到在瘟疫的残酷危机中，以及克瑞翁的一再催促下，才请教于他（555—563，284—289，297—299，390—398）。

可以肯定的是，当俄狄浦斯还是一位身在科林斯的青年时，他肯定依从习俗非常虔敬。当一个醉汉在宴席上宣称俄狄浦斯并不是波吕波斯之子时，俄狄浦斯先询问波吕波斯和墨洛珀，但之后向德尔斐神谕请教谁是他真正的父母（779—787）。然而神谕对俄狄浦斯的回答残酷且矛盾。一方面，神谕告诉俄狄浦斯他会弑父娶母，这明显是命令他逃离父母躲避罪行；但同时神谕拒绝告知谁是他真正的父母，因此他就无从遵守这一命令（788—797）。一开始，俄狄浦斯确实虔敬地遵从神谕，发誓绝不回到科林斯，因为他相信他的父母就住在那里（994—998，1001，1011，1013）。然而，在德尔斐神谕拒绝回答他的问题，同时给他不可能做到的命令之后，俄狄浦斯很快便开始怀疑神谕和先知的真实性。自那之后不久，当他来到忒拜城时，他依靠自己的"判断"，而不是神灵或者他们的代言人，回答了斯芬克斯之谜，他将自己的成功和忒瑞西阿斯的失败解释成先知欺诈的标志，在随后统治忒拜的多年中从未请教过神谕或先知（390—398）。

在俄狄浦斯的启蒙统治之下，并且在这一统治的精神之下，他的妻子，伊娥卡斯忒，竟敢于频频公然否认神谕和先知的真实性："你所说的这件事，你尽可放心；你听我说下去，就会知道，并没有一个凡人能精通预言术"（707—709）；"先知的话结果不过如此，你用不着听信"（723—724）；"从那时以后，我就不再因为神示左顾右盼了"（857—858）。伊娥卡斯忒甚至再一次公开提出，不是神灵，而是运气（fortune）统治着人类："运气控制着我们，未来的事又看不清楚，我们为什么惧怕呢？"（977—978）。在戏剧后半段的某一刻，俄狄浦斯自己公开否认了先知和神谕的真实性，特别是德尔斐神谕（964—975）。就连由虔敬的忒拜城长者构成的歌队也怀疑先知，据说神灵向他们展露智慧，但他们是否真的比其他人更有智慧？（498—503）或许最异乎寻常的是，就算在知道俄狄浦斯犯下乱伦和弑父之罪后，歌队依然赞颂俄狄浦斯击败怪兽斯芬克斯拯救了城邦，称他为唯一的英雄般的"智慧的"人类，但从来没有把那一胜利归于神灵（504—512，688—695，1197—1203，1524—1527；see also 103—104，1282—1283）。

俄狄浦斯的"僭主式"统治造成了与整个习俗的普遍断裂，因为它标明着理性至高无上，不仅凌驾于宗教之上，还凌驾于诸如身体力量、城邦出身（nationality）和年龄这些被习俗看作是首要的品质之上。当俄狄浦斯击败怪兽时，他与传统英雄类似，例如赫拉克勒斯和忒修斯；但不同的是，这些英雄消灭九头蛇（Hydra）和克罗米翁牝猪（Crommyonian Sow）时凭借的是自己强壮有力，而俄狄浦斯仅仅凭借他的头脑解决谜语击败斯芬克斯。①正是凭借着与众不同的、智识层面的英雄主义(intellectual heroism),俄狄浦斯取得了他的伟大功绩并获得统治。②与此类似,依照惯例统治者要出身于被统治者的共同体,因为习惯上认为,血亲关系以及同在一个共同体中的成长经历,自然而然能增强一个人的责任感,这对好的统治者和好的公民来说是本质重要的。因此,当戏剧开场,俄狄浦斯向饱受瘟疫摧残的忒拜公民讲话时,他试图唤起公民对城邦的忠诚,反复提醒他们身上的共同纽带,是"古老的卡德摩斯的子孙"(1),他们组成了"卡德摩斯的子民"(143),称他们"为你们这些卡德摩斯人"(223,269,273;see also 29,35,1288)。当俄狄浦斯斥责忒瑞西阿斯拒绝帮助忒拜摆脱瘟疫时,他试图诉诸先知对母邦的义务感:"你的语气不对头,既不合礼法,也对养育你的城邦不友好"(322—323)。然而俄狄浦斯,身为一名来自科林斯的异邦人,凭借其智慧而统治忒拜——因为"我们看见过他的聪明,他经得起考验"(509—510)——虽非为忒拜城所"养育",俄狄浦斯也深深忠诚于卡德摩斯人,虽然他——显然——不是因血缘而与他们联系在一起。最后,由于依从习俗年龄就与智慧挂钩,无论在社会上还是家中,依惯例由长者统治年轻人,就像《安提戈涅》中克瑞翁对海蒙指出的那样。③然而,当俄狄浦斯离开科林斯——那时他已经被同城人看作是"最伟大的人"——在忒拜城解答斯芬克斯之谜时,他还足够年轻,他的妈妈还很年轻,她还能生育四个孩子,因此当时他最多二十多岁(775—776)。一般情况下,他还要等很多年,直到他父亲波吕波斯自然死亡,才能掌握权力(939—942)。

---

　　①　See Trachinian *Women* 1—41, 555—577, 680—722, 831—840, 1010—1014, 1058—1061, 1089—1111, 1162—1163; *Philoctetes* 1418—1420; *Oedipus at Colonus* 562—569; Plutarch, *Theseus* 6—20.

　　②　Consider Saxonhouse(1988,1264); Lattimore(1958,95).

　　③　*Antigone* 726; see also 639—640,742; *Oedipus at Colonus* 1291—1298.

但是通过解决斯芬克斯之谜，俄狄浦斯向忒拜城证明，尽管年轻，他比老拉伊俄斯、克瑞翁和忒瑞西阿斯更有智慧，更能拯救和统治城邦（see 103—104，390—403）。

如此看来，俄狄浦斯的统治标志着政治的解放，摆脱了神谕与先知的神性的支配，也不再因血缘与年龄而受到敬重要求统治。它构成了一场对于启蒙的政治实验，试图摆脱迷信和传统的愚昧力量，只在理性之光下生活和统治。准确来说，俄狄浦斯的统治之所以是"僭主式"，不在于它是暴力的或自私的，而在于它最不受习俗、传统和礼法——不论是人法还是神法——的束缚，它最受理性的引导。在这一特定的且关键之处，俄狄浦斯的"僭主统治"类似于伯里克利的雅典政制，后者也试图使人摆脱祖先的习俗性统治，使宗教从政治中剥离出去，这一政制仅仅立足于人类理性，而无需其他帮助。伯里克利的雅典与众不同的不是它的民主制，而是它的"第一公民统治"，伯里克利是一个高度启蒙的、富有公共精神的统治者（see Thucydides 2.65.9）。如此看来，和伯里克利的雅典一样，俄狄浦斯的"僭主统治"代表着一场关于政治启蒙的实验。但索福克勒斯的戏剧暗示，这场实验不论多么崇高，都注定要失败，因为即将到来的瘟疫引发了一系列事件，导致了俄狄浦斯启蒙且理性的统治的毁灭，恢复的是克瑞翁的依从习俗的、虔敬的统治。①

理性的脆弱

如果俄狄浦斯的统治构成了一场无需其他帮助仅以人类理性进行

---

①　埃伦伯尔格（Ehrenberg 1954，66—69，136—166）认为该剧对伯里克利式和苏格拉底式的理性主义进行了虔敬的批判。但也可参考惠特曼（Whitman 1971，123，124）的论点，他反对将该剧视为"索福克勒斯朴素信仰和纯粹虔敬的生动证据"。也可参见Rocco 1997，55—56，63—64）。

的统治的实验,那么《僭主俄狄浦斯》的开篇便标志着对这一实验的放弃。俄狄浦斯这个人凭借自身理性就解答了斯芬克斯之谜,从而揭示出阿波罗的先知显然无能、欺骗和多余,俄狄浦斯统治多年不曾求助于神谕或先知,但在开篇我们却看到,俄狄浦斯先求助于阿波罗神谕,随后求助于阿波罗先知。这些行动直接导致了他的失败:阿波罗神谕启发他召请忒瑞西阿斯前来,以调查拉伊俄斯之死;忒瑞西阿斯又促使俄狄浦斯调查他真正的生父生母;调查的最后结果是,俄狄浦斯发现他的弑父娶母之罪,伊娥卡斯忒自尽,他自己戳瞎双眼,并且其统治全盘毁灭(95—98,252—289,415—438,705—769,991—1072,1155—1185)。为什么俄狄浦斯要重新回到阿波罗神谕,尽管神谕早先残酷地拒绝回答俄狄浦斯的问题:波吕波斯和墨洛珀是我真正的父母吗?以及,为什么他又转向忒瑞西阿斯,尽管后者号称阿波罗的先知,但被证明无法解答斯芬克斯之谜?(284—289,390—398;see also 439—440)。

驱使俄狄浦斯落入德尔斐神谕和忒瑞西阿斯之手的是那场瘟疫。眼见忒拜城即遭毁灭——起码祭司这样说(28—30,54—55)——俄狄浦斯觉得别无他法,除了请教于德尔斐神谕。但果真如此吗?决定派遣克瑞翁求问阿波罗神谕,俄狄浦斯把这看作是他理性思考后不可避免的结论:"须知道我是流过多少眼泪,想了又想。我细细思量(prudence),终于想到了一个唯一的挽救方法,这办法我已经实行"(66—69)。然而俄狄浦斯简单地以为瘟疫**一定有**(must)疗法——不论[这疗法]来自凡人还是来自神灵。显然他甚至都没有考虑过,瘟疫仅仅反映了自然对人类的不无残酷的漠不关心,因此人类共同体,就像个体的人类一样,不可避免都是有死的——这些似乎才是理性的结论。如此看来,他派遣克瑞翁求问神谕的决定不是基于理性,而是基于信念,即相信这个世界一定关心人类，而且必定是由像阿波罗这样的神灵在统治，他们拥有力量和意愿拯救受苦之人，使我们摆脱身为有死的凡人这一自然境况所强加给我们的疾病。当俄狄浦斯决定遵从神谕指示，惩罚杀害拉伊俄斯的凶手，从而拯救忒拜城摆脱瘟疫时，他宣布道："至于你们这些卡德摩斯人，所有认为此事可接受的人们，愿正义做你们的盟友，一切神灵与你们同在，愿你们永享幸福安详。"（273—275；see also 863—872）俄狄浦斯原本追随理性作为他唯一的北斗和指南，拯救忒拜城免于斯芬克斯的残害，并以此成功统治忒拜许多年，但当理性被证明无法解救忒拜城于瘟疫，面对城邦遭受痛苦甚至死亡时理性看来要认输，俄狄浦斯便转向诸神，他们给予俄狄浦斯希望，会保护他"永远"深爱的人们（275）。正如修昔底德所讲述，当遭遇挑战一切"人类技艺"的毁灭性的瘟疫时，深受启蒙的伯里克利治下的雅典人就回想起了德尔斐神谕，心怀疑惧是否阿波罗在惩罚他们，同时考虑罢免伯里克利或许能让神灵喜悦并平息瘟疫；①索福克勒斯则讲，看似启蒙的俄狄浦斯确实转向了德尔斐神谕，以应对挑战了一切人类"智慧"与"判断"的毁灭性的瘟疫（67，398），他相信跟随阿波罗就可以结束这场瘟疫。

　　修昔底德的讲述则质疑了关于阿波罗降下瘟疫惩罚雅典人这一虔敬的信仰。修昔底德提到，瘟疫在来到雅典城之前，也降临到非洲和亚洲的很多地方，他还对据称预知了瘟疫的神谕——其实还有其他全部神谕——表达了强烈的怀疑（2.48，2.54.1—3，2.17.1—2，5.26.3—4）。②用这些方式修昔底德在暗示，瘟疫就和他描述的日食、洪水、地震

---

　　①　Thucydides 2.47.3，2.50，2.54.4—5，2.59，2.61.2—3；see 1.118.3.还有一点值得注意，在瘟疫重新到来后（3.87），雅典人力图净化阿波罗的圣地提洛岛（3.104）。

　　②　关于如下观点，即修昔底德对宗教的偏见导致他贬低了宗教在伯罗奔尼撒战争中，尤其对于雅典的重要性，可参见 Hornblower（1992 as a whole，especially 169—170，179—180，197）。

一样,仅仅是无情的大自然毁灭性力量的例证,而不是如斯巴达人甚至雅典人相信的那样,是神灵干预的例子。①他暗示瘟疫来到雅典是由于自然原因,最终也会自行消失(3.87)。

索福克勒斯的文字是否也类似地质疑了那虔敬的信仰,即阿波罗降下了瘟疫来惩罚俄狄浦斯,以及也质疑了神谕和先知在整体上的可信度?德尔斐神谕声称,降下瘟疫是对杀害拉伊俄斯的惩罚。尽管如此,索福克勒斯把神谕呈现为不可靠的,就其声称拉伊俄斯是被"那一伙凶手"杀害这一点来说,实际上他只是被俄狄浦斯一人杀死的(106—107,806—813)。忒瑞西阿斯暗示,阿波罗特别通过瘟疫这种方式来惩罚俄狄浦斯——俄狄浦斯是"这块土地上不虔敬的污秽"(353;see 300—314,95—98)——但显然忒瑞西阿斯也是不可靠的,他就未能解答斯芬克斯之谜拯救城邦(309—398,439—440)。忒瑞西阿斯确实知道俄狄浦斯犯下了乱伦和弑父之罪,但这则消息大体上是在牧羊人透露给俄狄浦斯时才为人所知。意识到另一点也很重要,即神谕预言俄狄浦斯会杀害他的双亲,这一点被证明是错误的,因为俄狄浦斯只杀了他的父亲(1171—1178)。最后,也是最重要的一点,索福克勒斯从未在剧中表明过,在俄狄浦斯惩罚自己弑君、弑父和乱伦的罪行后,瘟疫就结束了。正如索福克勒斯特别所指向的伯里克利的雅典的瘟疫一样,《僭主俄狄浦斯》中的瘟疫很明显是大自然力量的显示,就像伊娥卡斯忒所暗示,这一力量偶然出现,又偶然消退,所到之处留下许多破坏。②

索福克勒斯暗示,导致俄狄浦斯失败的不是瘟疫本身,而是他应对

---

①　Compare 2.28,2.102—104,3.89.2—5,3.116,4.52 with 3.89.1,4.116,6.95.1,7.50.4,8.6.5.

②　我因此不同意诺克斯的观点(Knox 1998,43—44,47),他说该剧明显肯定了"预言的真理性",反对了"前五世纪哲学家和智术师们的新思想"。

瘟疫的方式。如果他不请教德尔斐神谕,没有请来忒瑞西阿斯,他就不会下决心惩罚杀害拉伊俄斯的凶手,也就不会最后得知是他自己犯下了弑君、弑父和乱伦之罪。即使知道这些事实以后,让厄运成为定数的是俄狄浦斯自己戳瞎双眼的决定,一个明显试图消除自身理性但徒劳无功的举动。①如此看来,毁掉俄狄浦斯的不是他的理性主义(rational-ism),而是他对理性主义的抛弃。尽管如此,索福克勒斯还暗示,俄狄浦斯在瘟疫面前抛弃理性主义突出了一个试图仅以理性统治政治社会[所遭遇]的关键困难。俄狄浦斯之例表明,人类理性(human reasona-bleness)总是会在死亡面前踌躇不安。鉴于我们天生不乐意接受自然的死亡,危机中的人类就倾向于转求于信仰,并且和俄狄浦斯一样拥抱一种希望,即神灵有可能给予我们一个"永远"(273—275;see also 863—872)。索福克勒斯暗示,俄狄浦斯走得太过了,他拒绝宗教及其所提供的全部慰藉,拥抱理性作为他唯一的北斗与指南。一个更富于智慧的政策或当是,在他个人更一贯地跟随理性的同时,更灵巧和恭敬地顺应其臣民对永生的宗教性渴求与希望。②

通过《僭主俄狄浦斯》,索福克勒斯警告雅典人防备过度政治理性主义的危险。不论宗教信仰可能多么蒙昧,它们反映了人类本性自然上的无法消除的特点:渴望永生,并且极不情愿接受世界对这一渴望完全冷漠。同时,不论理性可能多么启蒙,它脆弱地挂靠在人心上。它越是公开和直接地反对我们的宗教性的渴求和希望,就会崩塌得越快。如此说来,索福克勒斯通过这部戏剧尤其警告雅典人防备如下危机,即他们过

---

①　1271—1274,1371—1390。在荷马的描述中,即使在被发现犯下弑父和乱伦之罪以后,俄狄浦斯仍继续统治忒拜城(*Odyssey* 11.271—280)。

②　比如《俄狄浦斯在科罗诺斯》中的忒修斯国王。关于这点,可参见 Ahrensdorf 2009,especially 79—82。

度的理性主义将会引发一场极端的、自我毁灭式的宗教性反噬。

修昔底德的《伯罗奔尼撒战争史》整体上暗示了索福克勒斯的警告是合理的。如我们所见,在戏剧上演的那段时间里,某些迹象表明一股宗教情绪出现了。虔敬之情一直存于雅典,它存在但隐藏于伯里克利看似理性主义的统治之下,先是作为对瘟疫的反应而增长,在伯里克利去世后则高涨。①雅典人似乎愈发强烈地渴望净化提洛岛——这座岛是献给阿波罗的圣地——以此赢得那位神灵的眷顾(1.118.3,2.54.4—5,3.87,3.104,5.1,5.32.1—2)。极度虔敬的尼西亚斯(Nicias)出任为雅典人的领导者——修昔底德评价他"过于相信占卜"(Thucydides,7.50.4)——这反映出雅典人明显想赢得神灵眷顾的强烈愿望(4.42—44,7.77)。最后也是最重大的是,雅典人选择亚西比德——受伯里克利监护,而与苏格拉底密切交往②——为将军去征服西西里,但在远征前夕又立即因其不虔敬而判他死刑,这些举动就反映出极端理性主义的波动不安,紧随其后的就是自我毁灭式的宗教反应,这正是索福克勒斯所警告的。据修昔底德所说,亚西比德在指挥战争方面是雅典"最卓越的"将领,但也因其"违反礼法"而臭名昭著,被怀疑想做"僭主",不虔敬的名声尽人皆知(6.15.3—5,6.28)。雅典人选择亚西比德作为西西里远征的将领,但随后在处理神秘的赫尔墨斯石像损毁事件时,又控诉亚西比德不虔敬;[他们]惩罚了其他人的不虔敬,试图来净化城邦除去全部的不虔敬之处,对亚西比德则判处死刑,将远征的主要指挥权交给了极度虔敬的尼西亚斯(6.19,6.24—29,6.53,6.60—61,7.50.3—4,

---

① 然而,伯里克利对雅典的看法中也可能有宗教因素。瘟疫发生后,他说到"一切事物依从自然也都会朽坏",同时他也坚持关于雅典伟大之处的记忆会"永远"流传(2.64.3;see also 2.41.4,2.43.2)。Consider Strauss(1964,229).

② See Xenophon, *Memorabilia* 1.2.12—46.

7.77)。这一宗教反噬最初引发自那场瘟疫,反对着伯里克利的雅典的政治理性主义,这就直接导致了雅典人的失败,最初败在西西里,接着失去全希腊,打败他们的是依从习俗的虔敬的叙拉古人——由表面虔敬,实则谨慎的理性主义者赫摩克拉底(Hermocrates)领导①——以及虔敬到冷漠的斯巴达人。②

索福克勒斯用《僭主俄狄浦斯》这部剧给当时启蒙的雅典人举起了一面镜子。那个仅凭头脑便英勇拯救了城邦,并且不依靠神灵帮助就进行统治的"智慧者"的形象看上去特别吸引和激励雅典人,这些雅典人据伯里克利说"爱好智慧而未失之柔弱",他们的城邦如此完美自足,以至于既不需荷马赞扬,也不需神灵相助。③但在索福克勒斯的故事中,可怕的瘟疫使得启蒙的统治者转而拥抱那最终导致毁灭的神谕和先知的指引,这就给启蒙的雅典人——他们自己正面临一场可怕的瘟疫——一个严肃的警告,既要防备自我毁灭性的宗教性反噬,也要避免可能引致这一反噬的反宗教的理性主义。这位启蒙的雅典诗人就用这一方式告诫其雅典同胞政治启蒙的危险。④

参考文献

Ahrensdorf, Peter J. 1997. "Thucydides' Realistic Critique of Realism." Polity. 30: 231—65.

——. 2009. Greek Tragedy and Political Philosophy: Rationalism and Religion in Sophocles' Theban Plays. Cambridge, UK: Cambridge University Press.

---

① See 4.61, 6.72.2, 7.73; Connor(1984, 119—126, 152—153, 246—247).

② See Ahrensdorf(1997, 254—265); Strauss(1964, 200—209); Orwin(1994, 197—198).

③ 《僭主俄狄浦斯》507—510;Thucydides 2.40.1, 2.41, 2.43.1—3。欧文(Orwin)(1994, 20)提出,"伯里克利对神灵的贬低隐藏于他对荷马的贬低中"。

④ 感谢鲁德曼(Richard S. Ruderman)提出的有益的批评和评论,并感谢戴维森学院(Davidson College)和国家人文基金会的慷慨支持。

Ahrensdorf, Peter J., and Thomas L. Pangle, trans. 2014. Sophocles: The Theban Plays. Ithaca, NY: Cornell University Press.

Benardete, Seth. 2000. The Argument of the Action: Essays on Greek Poetry and Philosophy. Chicago: University of Chicago Press.

Cochrane, Charles Norris. 1965. Thucydides and the Science of History. New York: Russell and Russell.

Connor, W. Robert. 1984. Thucydides. Princeton, NJ: Princeton University Press.

Dodds, E. R. 1968. "On Misunderstanding the Oedipus Rex." In Twentieth Century Interpretations of Oedipus Rex, edited by Michael J. O'Brien, 17—29. New York: Prentice-Hall.

Edmunds, Lowell. 1975. Chance and Intelligence in Thucydides. Cambridge, MA: Harvard University Press.

Ehrenberg, Victor. 1954. Sophocles and Pericles. Oxford: Basil Blackwell.

Forde, Steven. 1989. The Ambition to Rule: Alcibiades and the Politics of Imperialism in Thucydides. Ithaca, NY: Cornell University Press.

Freud, Sigmund. 1927. The Interpretation of Dreams. Translated by A. A. Brill. New York: Macmillan.

Hornblower, Simon. 1992. "The Religious Dimension to the Peloponnesian War, or, What Thucydides Does Not Tell Us." Harvard Studies in Classical Philology 94:169—97.

Knox, Bernard. 1956. "The Date of the Oedipus Tyrannus of Sophocles." American Journal of Philology 77:133—47.

——. 1998. Oedipus at Thebes. New Haven, CT: Yale University Press.

Lattimore, Richmond. 1958. The Poetry of Greek Tragedy. Baltimore: Johns Hopkins University Press.

Mitchell-Boyask, Robin. 2008. Plague and the Athenian Imagination: Drama, History and the Cult of Asclepius. Cambridge, UK: Cambridge University Press.

Orwin, Clifford. 1994. The Humanity of Thucydides. Princeton, NJ: Princeton University Press.

Rehm, Rush. 1992. Greek Tragic Theatre. London: Routledge.

Rocco, Christopher. 1997. Tragedy and Enlightenment: Athenian Political Thought and the Dilemmas of Modernity. Berkeley: University of California Press.

Saxonhouse, Arlene. 1988. "The Tyranny of Reason in the World of the Polis." American Political Science Review 82:1261—75.

Segal, Charles. 2001. Sophocles' Oedipus Tyrannus. New York: Oxford University Press.

Strauss, Leo. 1964. The City and Man. Chicago: Rand McNally.

Vellacott, Philip. 1971. Sophocles and Oedipus: A Study of the Oedipus

Tyrannos. New York: Macmillan.

Vernant, Jean-Pierre, and Pierre Vidal-Naquet. 1988. Myth and Tragedy in Ancient Greece. Translated by Janet Lloyd. Brooklyn, NY: Zone Books.

Whitman, Cedric H. 1971. Sophocles: A Study of Heroic Humanism. Cambridge, MA: Harvard University Press.

Wohl, Victoria. 2002. Love among the Ruins: The Erotics of Democracy in Classical Athens. Princeton, NJ: Princeton University Press.

尼采与希腊人：身份、政治与悲剧 *

贾科莫·甘比诺　著　陈哲泓　译 **

尼采将现代政治的所有形式都描述为颓废的，并在古希腊的 *agon*［竞赛］①中找到了超越古典政治哲学和现代自由主义的新政治观的基础。对古希腊的这种诉求通常被认为是对战争、等级制和命令政治的危险回归。②然而对尼采来说，古希腊人也创造了一种将悲剧置于公共生活中心的文化。在《悲剧的诞生》中，尼采将悲剧描述为一种政治教育的形式，通过迫使雅典人面对自己身份的问题和模糊的本质，从而帮助他们将竞赛原则（agonistec principle）内化。悲剧远不是通过

＊ 本文据"Nietzsche and the Greeks：Identity，Politics，and Tragedy"，*Polity*，Vol. 28 No.4（Summer，1996），pp.415—444. 译出，感谢作者授权翻译。

＊＊ 贾科莫·甘比诺（Giacomo Gambino），美国穆伦堡学院（Muhlenberg College）政治科学教授。陈哲泓，复旦大学哲学硕士，东方出版中心编辑。

① 原文中用"agon"的地方，本文大部分译为"竞赛"，但个别地方依中文语境调整为"竞争"。——译者注

② 关于这种诠释的一个例子，见 Ofelia Schutte，*Beyond Nihilism：Nietzsche without Masks*（Chicago：University of Chicago Press，1984）。

支配性的政治来促进对身份的追求，而是代表了一种政治话语模式，即通过对多元性、偶然性和矛盾性的欣赏来确认和更新的集体身份。

尼采对希腊作品中悲剧观的看法，给我们提供一个对其哲学规划的政治维度更有说服力的观点。①我认为，人类在一个从根本上讲是时间性（temporal）的世界中追求身份，这是一个悖论，而尼采致力于在阐明这个悖论的基础上构建对政治的理解。在尼采看来，悲剧是古希腊人对生存之短暂性的敏锐反应。认识到这种彻底的时间性是人类痛苦之源，希腊人试图将他们的生存组织成集体身份，以提供一种对抗时间的永久措施。阿波罗文化的所有手段——诗歌的不朽化、神话、国家以及个人竞赛式的肯定——都被用于这场斗争中。因此，悲剧首先要做的是，既承认人类是遭受痛苦和灭亡的暂时性生命，又要承认通过创造持久的身份使痛苦变得有意义和可忍受的必要性。

然而，与这第一个问题联系在一起的是第二个问题：对于赋予个人和集体生存以意义，如果文化和政治身份是必要的，那么，如何才能在肯定这些身份的同时，不对必然被排除在这些身份之外的生命庞大的多样性造成不公？希腊的狄俄尼索斯主义以其对生命创造周期的赞美，让希腊人看到了超越所有既定身份的无差别生命的丰富性。然而，不受约束的狄俄尼索斯主义却威胁着政治生活所需的身份的活力。

---

① 我在本文中重点讨论《悲剧的诞生》(The Birth of Tragedy，trans. Walter Kaufmann，New York：Vintage，1967)（以下简称 BT，括号内的引用数字指页码）。我还使用了《悲剧的诞生》出版前后未发表的关于希腊人的材料，包括《希腊城邦》(" The Greek State")和《荷马的竞赛》(" Homer's Contest")，这两篇文章引出了艺术和政治之间的联系，以及《历史的用途和滥用》(The Use and Abuse of History)（以下简称 UA），trans. Adrian Collins (Indianapolis：The Library of the Liberal Arts，1949)和《理查德·瓦格纳在拜罗伊特》(Richard Wagner in Bayreuth)（以下简称为 WB），trans. R. J. Hollingdale(Cambridge：Cambridge University Press，1983)，因为这两个文本都发展了尼采在第一本书中提出的许多问题。我只在尼采的成熟思想中的材料与早期作品有关联的情况下考虑这些材料。

在尼采看来,阿提卡悲剧是对抗这种困境的一种方式,它提供了能维持竞赛政治的一种调和。因此,悲剧既是对政治身份的脆弱性的提醒,也是疗愈了承认这种脆弱性所带来的不安。当它通过让所有身份都变得更陌生、奇怪和遥远而使其不稳定时,它也警告人们不要在漫无边际的生活中失去地平线、位置和身份。正是在这种实验性的自我平衡中,雅典人使城邦不仅成为自我主张的竞争场所,而且成为人类"同时是诗人、演员和观众"的地方,能够更新他们受到质疑的身份(BT 52)。①对尼采来说,悲剧阐明希腊文化矛盾性的能力——既承认了政治边界的必要性,又有以生命多样性之名去质疑和超越边界的竞赛运动——使它成为一种独特的政治话语模式。

一

在尼采的整个职业生涯中,希腊文化的起源都让他着迷,这也是他的处女作《悲剧的诞生》以及许多未刊作品的主题。虽然这些关于希腊的早期作品通常被视为形而上学美学的一部分,但记住它们的政治维度也很重要。尼采将希腊世界理解为一项集体事业,诗人、哲学家和政治家在其中都参与了建立法律、习俗和制度的事业,构成了一个共同的文化和政治身份。②因此,他要求我们把希腊人视为一个整体,并想到

---

①　本文所引的尼采文本,均从作者原文所引的英译本译出。——译者注

②　尼采对希腊人的兴趣并不像麦金泰尔等人错误地声称的那样,只对他们的个人天才感兴趣。见 Alasdair MacIntyre, *After Virtue* (Notre Dame: University of Notre Dame Press, 1981), pp.121—122。相反,尼采在整个《悲剧的诞生》中主要关注的是,希腊人的集体艺术驱动力是如何通过几个个体天才的竞赛游戏为中介,建立起成为有效和引人注目的文化标准的集体判断。在此意义上,希腊人是准典范,因为"我们只能从希腊人身上学到这种几乎奇迹般地突然觉醒的悲剧,对一个民族最内在的生命基础意味着什么"(BT 124)。

"艺术与人民、神话与习俗、悲剧与城邦之间的基本联系是多么必要和密切"（BT 137）。

在尼采看来，希腊人将艺术当作一种手段，从而在时间中创造和维持集体身份。尼采在《不合时宜的沉思》中讨论历史时写道，身份问题（由德尔斐的"认识你自己"律令所代表）对希腊人来说至关重要，因为他们一直处于"被过去和外来之物淹没的危险中。……他们的'文化'在很长一段时间里都是外国形式和思想的混沌，……他们的宗教是东方所有神灵的争斗"。然而，他们"逐渐学会了通过接受阿波罗的建议，思考回自己，回到自己真正的需要上，来组织这些混乱"（UA 72）。希腊人努力为自己赋形，创造了保持共同身份感并使行动得以可能的时空范围。这些地平线给了他们一个持久的存在，一个不朽的幻觉，由此他们可以抵制这种感觉：他们的存在"只是一个持续的'曾经'，一个通过否定、摧毁自身和自相矛盾而活着的东西"。（UA 6）

根据尼采，这项任务的紧迫性来自希腊人在前荷马时代的政治经验。诸神诞生的神话折射出一个"黑夜和恐怖的世界。……一个只由夜之子统治的生活：争斗、欲望、欺骗、衰老和死亡"。①这种恐怖的体验在早期希腊人那里如此明显，似乎足以将他们与其他仍受习俗面纱保护的人们区分开来。尼采对这种原初现实的描述，有时来自希腊人自己（如提坦式的自然，混沌），有时来自叔本华的形而上学（如原始意志，个体原则[*principium individuationis*]的毁灭）。尽管如此，这两组术语都指向了希腊人对一个由自我侵蚀的时间所驱动的、本质上是矛盾的现实体验。"每一刻都在吞噬前一刻，每一次出生都是无数生命的死亡；

---

① Friedrich Nietzsche, "Homer's Contest," in *The Portable Nietzsche*, ed. and trans. Walter Kaufmann, New York: Vintage, 1954, p.34.（Hereafter cited in text as HC.）

生、活、杀，都是同一的"。①

　　这种对生存彻底临时性的体验，最初让希腊人感到恐慌。因为如果所有的生存都是自我侵蚀的，那么任何个体化的生存形式都显得徒劳。在尼采看来，希腊人的痛苦根源不是对死亡的恐惧，而是一切都会被遗忘的生存之无意义。早期希腊人对这种原初恐惧表现出两种直接反应：第一种反应是，直面提坦式大自然的巨大力量，接受压倒性的无助感和负罪感。在这种观点中，任何创造个体化生存形式的尝试都是对原始的、未分化的存在的非法解放，是注定要受苦的。这通向了希腊早期西勒努斯(Silenus)智慧中的禁欲弃绝的形式。第二种反应表现为尼采所谓希腊人的"政治驱力"(politische Triebe)。在一个没有自然或神性约束的世界里，"战斗就是救赎；牺牲的残酷是生命欢愉的巅峰"(HC 34)。这种驱力引发了提坦之战，在这场战争中，个体化的瞬间反叛了他们的前辈，每个人都试图将自己绝对化，以免被后辈吞噬。

　　然而这场斗争仍然是内耗的。每一胜利的瞬间本身都不稳定且短暂。在这里，西勒努斯的智慧似乎占了上风，他告诉人们，所有一时的蛮力施展都是徒劳的。只有将行动"从瞬间的重负和贪婪中"拯救出来，希腊文化才得以产生。最初，该任务由诗人完成，他们试图"在［希腊］经验上打上永恒的烙印"(BT 137)。这种不朽化的功能(immortalizing function)是所有阿波罗艺术的核心特征，并为希腊人提供了集体能力，以体验"sub specie aeterni［归入永恒］和在某种意义上作为无时间性"(BT

---

① Nietzsche, "The Greek State," trans. Maximillian A. Muegge, in *The Complete Works of Friedrich Nietzsche*, Vol.2, ed. Oscar Levy, New York: Russell and Russell, 1964, p.8.（以下简称 GrS）"可怕的克洛诺斯出现，时间吞噬了自己的孩子。"转引自 Joan Stambaugh, *The Problem of Time in Nietzsche*, London and Toronto: Associated University Presses, 1987, p.40。

137)的现在。阿波罗式的希腊人在他们的生存中投下了不朽的幻想，并确保英雄和神灵的行动不会被遗忘。

在《悲剧的诞生》中，尼采认为荷马史诗代表了针对混乱的阿波罗式"胜利"。①荷马界定了神话中的神和英雄，这些神和英雄构成早期希腊人的文化身份（其"天才"）。诗人的权威植根于由共同幻想所实现的认同，这种幻想将"做梦的希腊人作为荷马人，荷马作为做梦的希腊人"（BT 39）。换言之，集体认同产生于诗人和听众"沉浸"在"单纯的表象之美"（BT 44）的审美时刻中。

这种诗意的沉思预示着一个社会已从粗暴的生存斗争中解放出来。事实上，荷马反映了一个由"高傲者"（high-spirited men）组成的胜利贵族阶层的生活方式，他们有"狂热过度的生活"，他们的神和英雄反映了"他们自己生存的理想图景"，即介于他们自身和自然的恐怖之间（BT 41，43）。像荷马史诗中的英雄一样，希腊贵族回避了单纯的自我保存，而是希望用自己的功绩在时间上留下印记，从而有可能在诗人的歌声中延续下去。②以这种方式，奥林匹亚风尚（ethos）建立在要求希腊人"觉得自己值得荣耀"（BT 44）的冲动之上。为了"更高的荣耀"（BT 43）而冒着死亡的危险，是一种独特的人类可能性，它关系到献身给更高价值的自由。生活中所有明显基于无差别生存的需求（劳动、性行为、狂欢

---

① 美不是被给予希腊人的东西。"它是被征服的，意志的，通过斗争赢得的——它是他的胜利"。Friedrich Nietzsche, *The Will to Power*（以下简称 WP）, trans. Walter Kaufmann and R. J. Hollingdale, New York：Vintage, 1968, ♯1050. 尼采将这种胜利描述为并非对狄俄尼索斯的驱逐，而是"和平条约"，通过它，狄俄尼索斯和阿波罗都被保持在"边境线"内（BT 39）。

② 尼采指出，想名垂青史的人的动机，是对寂静主义和沉闷的习俗的蔑视，并"除了名声之外不图任何回报的希望"。他还说，"最激烈的战斗是围绕对伟大的永恒的要求进行的"（UA 13）。

崇拜)的各个方面都被视为耻辱,都被隐藏在公众视野之外。①因此,希腊人与时间的斗争首先通过建立一种集体生活方式而获胜,这种生活方式将获得荣耀的生活(基于追求不朽的意志),明显有别于受到从这一刻到下一刻的生存需求所驱使的单纯生活。②这种追求不朽的欲望本就来自体验当下的能力,即从生命自我消耗周期的单纯重复中解放出来的神化时刻。③

尼采在《悲剧的诞生》和他后来的著作中坚持认为,身份是一种表象,是基于一个人为构建的表象世界。创造"现在和未来的咒语"(BT 68)始终是一个表象的问题——是一个抓住了集体想象力并形成记忆的传统形象的问题。然而,表象是一个脆弱的身份来源,诗人不断地争取恢复有可能失去的东西。此外,在美丽的外表下,隐藏着狄俄尼索斯的潜流,其不可阻挡的动力是在没有过去和未来的时刻立即要获得满足。诗性的不朽,以及支撑它的贵族生活方式,最终将被证明容易受狄俄尼索斯生命能量的反复冲击,"其浪潮淹没了所有的家庭生活及其可敬的传统"(BT 39)。

希腊人身份的脆弱性反映在"认识你自己"这一阿波罗诫命的模糊性上。离自己最当下和最近的东西——个人的身份——从来不是不言

---

① 关于羞耻感在希腊贵族文化中的重要性,见尼采:《希腊城邦》,第 1—7 页。有趣的是,希腊贵族不仅试图通过英雄神话来掩盖他们自己的暴力起源,还掩盖所有艺术创作的起源(诞生)。

② 尼采在《道德的谱系》的第一篇文章中发展了这个主题。*On the Genealogy of Morals*, trans. Walter Kaufmann, New York:Vintage, 1969(以下简称为 GM,括号内的引用是卷数和节数。)。

③ 尼采所谓的荷马拥有从苦难中产生的"最亲和的瞬间享受",有一种解释是,荷马通过其想象力的记忆能力在时间中寻求一个持久的瞬间;他知道如何"忘记"自我消耗的时间,以便记忆。*The Gay Science*, trans. Walter Kaufmann, New York:Vintage, 1974, p.302.(以下简称为 GS)另外参见 *Beyond Good and Evil*, trans. Walter Kaufmann, New York:Vintage, 1966, p.224(以下简称为 BGE)。

自明的。事实上，希腊人把它理解为一种根本性的神秘，它要求人在无法担保抵达目的地的情况下开始探索。尼采引用了赫拉克利特的话，他将德尔斐神谕描述为"什么也不说，什么也不隐瞒，只是指明方向"（UA 72）。这种模棱两可确保了希腊身份的争议本质以及对定义它的视野的持续试探。

二

城邦为处理诗歌记忆的脆弱性提供了一种手段。它试图构建一个更雄伟的阿波罗式堡垒，以抵御时间和遗忘的无休止冲击。像荷马式的艺术一样，它将前政治的混乱组织成一个持久的秩序，让政治得以可能。然而，与诗歌记忆不同的是，它拥有强化集体记忆的所有暴力工具。尼采在《希腊城邦》和《荷马的竞赛》中都断言，希腊邦国的起源不仅在于征服、篡夺和暴力，也在于它们的赎罪。"事实上，希腊法律的概念正是从谋杀和谋杀的赎罪中发展起来的；同样，更高尚的文化也是从谋杀的赎罪祭坛上摘取它的第一个胜利花环"（HC 34）。虽然从无差别的畜群中形成政治共同体，暴力是必要的，但它不足以产生政治共同体持续存在所必需的集体记忆。为了持续下去，国家依靠神话，用虔诚的幻想来掩盖其血腥的起源。①

尼采在《悲剧的诞生》中主张，神话的起源、身份和权威密不可分：因为"国家不知道还有什么比神话式基础更强大的不成文法，这些基础保

---

① 虽然尼采在《道德的谱系》中会断言，"国家"是源于"金发野兽"的暴力但具有创造性的意志行为的艺术作品，但他的措辞表明，这是由一个已经"为战争而组织"的群体实现的（GM II, 17；强调是后加）。在《道德的谱系》第二篇文章的第19节中，尼采提出，在"国家"创建之前，这种组织的基础是集体记忆，是当代人对祖先的亏欠感。事实证明，战争和征服是偿还这种亏欠的手段。

证了它与宗教的联系以及它从神话的概念中成长"(BT 135)。神话将经验浓缩为共同的愿景,为年轻人提供美德行为的模式,并为确定政治生活的合法范围提供集体判断。①尼采认为,神话将激情文明化为习惯性的行为模式,或者他后来所说的"本能的确定性"(WP 430)。此外,神话编纂了等级排序,使低等阶层(劳工)从属于高等阶层(统治者和战士)的"法律和道德",并灌输了对英雄牺牲的崇敬和热情(GrS 8—9)。简言之,国家权威取决于对古代事物的虔诚,并预示着将过去组织成集体崇敬的对象。②因此,在他后来的作品中,尼采强调了"对时代和传统的深刻敬畏",这构成了主人道德的基础(BGE 260)。

祖先的权威使国家得以延续;但它只能掩盖而不能消除其暴力起源的不公正性。事实上,尼采指出,希腊人从未完全解决"主人和奴隶"之间的紧张关系(GrS 9)。这种紧张关系对赫西俄德来说显而易见,他把希腊神话的往事分为两个时代,从而处理了"荷马那光荣但又是可怕的暴力世界所呈现的矛盾"(GM I, 11)。鉴于这种反面记忆的出现,对祖先权威的崇敬很难成为政治不可动摇的基础。它也不足以平息狄俄尼索斯式激情(不仅是仇恨、嫉妒、消灭的欲望、复仇,还有普罗米修斯"对人的提坦之爱"和俄狄浦斯的"过度智慧"的驱力),这些激情在地下涌动,暗中向阿波罗式的约束发动战争。阿波罗精神一次次地被迫在自己的战争中征召狄俄尼索斯式激情,以对抗时间性和遗忘性。尼采描述了

---

① 在《权力意志》的一个注释中,尼采指出,辩证法对于希腊传统的、植根于共同判断和约定俗成的身份的权威概念是多么陌生。"在苏格拉底之前,辩证法的方式在良好的社会中是被摒弃的;人们认为它损害了自己。……对抗他人,人们拥有权威。一个人指挥:这就够了。在自己人中,在同伴之间,一个人拥有传统,也是一种权威:最后,一个人'相互理解'!"(WP 431)

② See GrS, pp.8—9. 文化的权威,体现于品位和生活方式中的"好",只作为"世世代代劳作积累的最终成果"而出现。见 *Twilight of the Idols*(以下简称为 TI)in *The Portable Nietzsche*, ed. Walter Kaufmann, p.551.

完成这一任务的三种方法：（1）斯巴达式的解决方案，通过这种方法，神话般的身份被固化在国家中；（2）在个人之间的争斗中把敌对行为精神化；（3）对公正的热情，这种热情打造了前苏格拉底时期的希腊智识精神。

希腊人在他们自己被卷入的复杂关系网中理解政治。他们通过激情相互联系又相互分离。①虽然有可能在共同先祖神话的基础上将激情组织成崇拜形式，但正如我们所见，即使这种规定也被证明是不足的。个人和阶级在城邦围墙内保持着文明准则、相互约束和一定程度的共同目标，会恢复到残忍和"虎视眈眈地想要消灭"他们之外的人（HC 32）。对尼采来说，战争并不是因为希腊人没有建立起权威性的身份而产生的；相反，战争是需要对他人宣称身份的直接结果。对他人的胜利是一种从与自己身份相关的不安全感和模糊性中获得安慰的手段。因此，尼采写道："战争是……阿波罗，是圣化和净化国家的真正神祇。"（GrS 15）②就个体化法则让彼此的政治身份相互分离和区分而言③，他人的生存总是代表着潜在的敌人。每个政治共同体都想通过支配他人来确认自己的身份。

这种在国家中巩固身份的驱力与一个更深层的逻辑有关，它驱使希

---

①　Friedrich Nietzsche，*Human，All Too Human：A Book for Free Spirits*（以下简称为HH），trans. R. J. Hollingdale，Cambridge：Cambridge University Press，1986，Vol. II，Part 1，Section 220.

②　在评论伊索克拉底的《海伦颂》时，尼采指出，美，而不是单纯的力量，是对英雄德性的最大激励。因此，宙斯偏爱海伦而不是赫拉克勒斯，"因为他给了他力量，但她的美貌，甚至能征服力量。由于不是和平，而是战争和斗争导致的名声，他让她的美貌成为斗争的对象"。尼采，《古修辞学的历史》（"History of Ancient Rhetoric"），载于 *Friedrich Nietzsche on Rhetoric and Language*，ed. Sander L. Gilman，Carole Blair，David Parent（New York and Oxford：Oxford University Press，1989），p.145（以下简称为 RL）。

③　尼采在《查拉图斯特拉如是说》中提到这一点，他将一个民族的特殊敬意描述为"任何使他们统治、胜利和发光的东西，让他们的邻居感到敬畏和羡慕。"*The Portable Nietzsche*，trans. Walter Kaufmann（New York：Viking Penguin，1982），p.170（以下简称 Z.）。

腊人去征战。战争是当前一代的人重申其对祖先认同的主要手段。在这方面,战争涉及不断重演英雄父辈的光荣事迹——这是当代人通过鲜血和神圣事迹对祖先的一种自愿回报(GM II, 19)。因此,恢复集体记忆的周期性需要促使希腊人"不断重现特洛伊的那些斗争和恐怖场景"(GrS 12)。沿着这些路线,政治的发展最终导致了国家身份的僵化。斯巴达通过建立一个"阿波罗式的永久军营",将这一趋势推向了逻辑极端。它产生了"一个如此好战和严格的训练,一个如此残酷和无情的政治结构",以约束狄俄尼索斯,一劳永逸地解决身份问题(BT 47)。

然而尼采反对斯巴达范式,因为它以政治统一的名义牺牲了个人的天才。①对他来说,"没有对个人个性的肯定,国家和爱国主义就无法生存"(BT 124),因此也就没有使希腊人能够公开将自己与他人区分开来的激动人心的精神。尼采在《偶像的黄昏》中指出,作为个人,希腊人被"感觉自己在上面,显示自己在上面"(TI 559)的欲望驱动。竞赛代表了希腊人将这种热望转化为有组织的政治和文化竞争的能力。它依赖于 *eris*[不和]与第二种 *eris* 的区别,前者导致人们陷入毁灭的斗争,后者则是"作为竞争的斗争活动"。②这种争斗利用了希腊人的激情和恶习,还有美德。尼采在《荷马的竞赛》中说,希腊人嫉妒的对象正是那些可以支配他的人,包括神话中的诸神和英雄。对不朽名声的追求似乎是竞赛的核心,"即使是一个死人的名声也能刺激一个活人的嫉妒心"(HC 35)。神话中的英雄不只是虔诚崇拜的对象,也产生了让后人超越他们的欲望。

―――――――――――

① 尼采在《希腊城邦》中描述了城邦的逻辑,认为它导致了斯巴达模式:城邦的基本理念是军事天才的创造。尼采认为柏拉图的理想国家是为了支持哲学天才而试图重塑斯巴达。我在本文中的论点是,尼采最终拒绝了斯巴达的模式,而选择了雅典的模式。

② Nietzsche,"Homer's Contest," in *The Portable Nietzsche*,trans. Walter Kaufmann, p.35.

　　尼采强调竞赛的公共功能，它不仅抑制了个人对权力和名声的追求，还保留了希腊政治的核心的多元条件。它需要"几个天才，他们互相激励，甚至把对方限制在一定的范围内……它厌恶一个人的统治，害怕它的危险；它希望有另一个天才，作为对天才的保护"（HC 36—37）。虽然竞赛主义预示着一个公认类型的成员之间的竞争，但它排除了基于僵化种姓结构的政治制度。①

　　将自己与他人区分开来，获得同侪的认可和荣誉的激动人心的动力，与维护社会所需的克制、互利互惠的美德存在矛盾。获得公众认可的可能性意味着按照典型的行为模式生活，这些模式划定了"个人的边界"（BT 46）。②此外，竞争式的比赛有赖于一种基于对手相互尊重和荣誉的高尚理念，这是尼采后来将其与免于怨恨（ressentiment）的自由王国联系在一起的特征（GM I，10）。简而言之，竞赛预设了人们了解自己在"公正界限"（BT 72）内的位置，这种界限从纯粹时间性存在的无差别现实中划分出人类生活的类型。政治美德是通过"那种有分寸的克制，那种从狂野的情感中解脱出来的自由，那种雕塑家的平静"（BT 35）来实现的。从阿波罗德性的角度来看，过度的行为本质上是自我毁灭的：没有限制，就不可能从培养自我所需的粗暴的生存斗争中获得自由。然而，这种界限不断受到它试图遏制的同一种狄俄尼索斯式驱力的威胁。

---

　　①　尼采在《人性的，太人性的》中的一段话明确指出这一点："这种程序的整个系统被包含在国家中，国家的构成不是为了容纳个别的人或种姓，而是为了容纳人类的普通品质。……国家和国家宗教的构成不是由限定的牧师或种姓主导的道德准则决定的，而是由对所有人类现实的最全面的考虑决定的。"HH，Vol.II，Part 1：Assorted Opinions and Maxims，p.220.

　　②　在《权力意志》中收录的一份笔记中，尼采强调了阿波罗本能的伦理以及审美内涵："对完美自足的冲动，对典型的'个人'的冲动，对所有简化、区分、使之强大、清晰、毫不含糊、典型的冲动：法律下的自由"（WP，♯1050）。

　　尼采进一步强调了竞赛的政治语境,他指出,如果比赛是一场寻求定义希腊身份的文化竞赛,而不是简单的生存斗争,那它就需要有风格的约定。尼采在其关于希腊修辞学的讲课中,将修辞学描述为最典型的政治技艺,政治领袖通过控制"'对事物的看法',从而控制事物对人的影响"(RL 213)以获得对他人的权威。修辞者的说服力取决于他能否"优雅地"获胜。这暗含了,人们不仅拥有统一的风格,而且对自己的判断力有足够信心,可以容忍异见。①

　　最后,竞争式的比赛只有在这一语境下才有意义:希腊人压倒性地感到一种晦暗,那是所有人类事务都被时间的力量抛入的。晦暗只能通过集体纪念来消除,而诗人用歌声颂扬英雄事迹,公众将他们留在记忆中,历史学家为后人记录他们的事迹,都使这种纪念成为可能。对于历史学家、诗人和演说家来说,谁能得到合法的承认和纪念是至关重要的问题。在尼采看来,它产生了对"中立"描述的探究,即具体的个人行为和事件如何揭示人的普遍性。荷马、索福克勒斯、伯里克利、德谟克利特和修昔底德都是这种文化的一部分,他们对"人和事件中的典型事物表现出最全面和最不偏不倚的喜悦"。②他们试图将"伟大的东西引入他们所处理的所有事物和人物中"。因此,希腊历史学家和诗人不仅试图使希腊人永垂不朽,还试图使"各种实际和活跃的人",包括野蛮人、亚洲人、前希腊人,甚至动物世界永垂不朽(HH II, Part 1, ♯220)。在这样做时,他们表现出一种超越了复仇或否定本能的正义感。这不仅需要

―――――――――

　　① 尼采指出,"一个人必须习惯于容忍最不寻常的意见和观点,甚至在他们的反击中获得某种乐趣:一个人必须像说话一样愿意倾听;而作为一个听众,必须能够或多或少地欣赏所应用的艺术"(RL 3)。

　　② Nietzsche, *Daybreak*: *Thoughts on the Prejudices of Morality*, trans. R. J. Hollingdale, Cambridge: Cambridge University Press, 1982, ♯168 尼采将描述"典型"的能力视为一种审美品位和一种智力美德。见 WP 819。

对自己（传承而来）的观点进行强烈自制，还需对反对观点给予一定量的善意的宽厚。①非偏倚性超越了将荣耀和胜利简单地联系在一起；被打败者的高贵也将值得不朽。这种对对立观点的崇敬，在尼采看来，构成了古代世界的"道德自由心态"。②因此，竞赛式的多元性奠定了尼采后来在提到修昔底德时所描绘的"那种强烈、严厉、坚硬的事实性，即古希腊人的本能"（TI 557—559）。

竞赛仍然是一个极其脆弱的机构，既受到维持它的创造性激情的耗尽的威胁，也受到胜者僭政的威胁，这些胜利者如果不受约束，就会"通过肆心（hybris）的行为自取灭亡"（HC 38—39）。因此，一个有活力的公共生活取决于在僭政和精疲力竭地退缩到私人生活之间维持空间。此外，竞赛只有在一个远离彻底时间性的世界中才能维持。一旦"希腊人放弃了对不朽的信仰；不仅放弃了对理想的过去的信仰，而且放弃了对理想的未来的信仰"，政治解体就会到来。失去了对有保障的过去和未来的定向，希腊人就失去了他的身份感，并变成一个私人的存在，其"没有什么后果需要负责，没有什么伟大的目标需要争取，他对过去或未来的价值不比现在高"（BT 78）。

三

狄俄尼索斯崇拜为希腊的政治生存提供了另一种选择，它不是将个人与城邦的祖先渊源联系起来，而是联系于人类的普遍共同体。阿波罗主

---

① *Daybreak*，♯168；HH，Vol.II，Part 1，♯220；TI，558. 尼采在 UA 36—37 中举了一例来说明历史"客观性"。

② HH，Vol.II，Part 1，p.220；TI 558. 阿伦特对希腊历史客观性的讨论，呼应了尼采的许多观点。见"What Is History，" in *Between Past and Future：Six Exercises in Political Thought*，Cleveland：World Publishing，1963，pp.51—52。

义要求克制和适度(Mass),而狄俄尼索斯主义则喜欢过度(Uebermass)和对生命多样性的无拘无束的开放和参与。希腊人的阿波罗力量使他们能建立"一个基于种姓和等级的金字塔结构,创造一个由法律、特权、从属关系和边界组成的新世界"。①相比之下,狄俄尼索斯力量提倡的是一种彻底的无政府主义和自发的共同体主义,在这种共同体主义中,"所有由剥夺和专制权力建立的种姓区分都消失了;奴隶是自由人,贵族和低贱者都团结在同一个巴克斯(Bacchic)歌队里"。②整个阿波罗文化的建构基于"人是万物的尺度"这一观点,人是用一句"应当就是如此!"使自己的言行达到不朽的存在。狄俄尼索斯文化认识到,如果从"超越所有现象的永生,尽管所有的毁灭"(BT 104)的角度来看,所有这些人类标准都是暂时的固着物。

狄俄尼索斯式的生活节奏对希腊人来说代表了欧本(J. Peter Euben)所谓的"反政治时刻"。③狄俄尼索斯仪式不仅使希腊人从政治生活的紧张和痛苦中解脱,而且提醒他们政治无法吸纳生命的多样性。希腊人回到萨提尔的简朴生活中,他以"敬畏的惊奇"(BT 61)来看待生命的创造性能量。狄俄尼索斯所象征的是,生命尽管有痛苦,但还是应当被赞美,而不是被谴责,这位神同时代表着自然界无差别的统一性被撕成碎片,以及"自然界的性全能",它承诺现象的永恒重生(BT 61,73—74)。因此,狄俄尼索斯式的希腊人不是在过去,而是在从迷狂时刻诞生的新生命前景中找到了保证。

---

① 转引自 Tracy B. Strong, "Nietzsche's Political Aesthetics," in *Nietzsche's New Seas*: *Explorations in Philosophy*, *Aesthetics*, *and Politics*, ed. Michael Allen Gillespie and Tracy B. Strong, Chicago: University of Chicago Press, 1988, p.159。

② 转引自 Peter Bergmann, Nietzsche, "The Last Anti-Political German," Bloomington and Indianapolis: Indiana University Press, 1987, p.75。另参见 BT 37。

③ J. Peter Euben, *The Tragedy of Political Theory*: *The Road Not Taken*, Princeton: Princeton University Press, 1990, p.147.

在尼采看来，希腊人的关键问题是，如何既尊重狄俄尼索斯又不破坏城邦的阿波罗根基？这样做迫使希腊人去面对通常被他们排除在既定身份之外的生命的各个方面。妇女在城邦中的地位就是这样的一个挑战。在他的未刊文章《希腊妇女》①中，尼采断言，通过分娩，女人以最直接的方式体验到狄俄尼索斯特有的经由痛苦而获得的快乐。然而，这种体验被主要基于男性武德的阿波罗城邦贬低到家庭的私人领域（事实上，希腊贵族认为性行为和生育是可耻的，是需要被隐藏起来的）。然而，这种本能并不容易被掩盖。女性的美德不断地弥补与调节城邦所征用的男性本能的侵略性；为政治斗争下的物种统一性提供了具体体现；在政治衰败时期，通过爱来推进家庭教育和育儿。阿波罗和狄俄尼索斯之间的张力彰显于两性之间的创造性张力。②

狄俄尼索斯被整合入城邦的第二条途径是，通过"音乐的赫拉克勒斯式力量"来表达和组织共同体的情感生活。在《悲剧的诞生》中，尼采指出，"在歌声和舞蹈中，人把自己作为一个更高级的群体成员来表达"（BT 37），"一个民族的狂欢活动在其音乐中使自己不朽"（BT 53）。那些可能很容易被贬为疯狂并被排除在共同体之外的无意识本能，不仅在音乐中得到表达，还被用来活跃基于神话的身份。交流并非仅仅基于共同的思想和概念，还有基于与文字、图像和声音相关的情感的相似性——即尼采所谓的"关于情感的相互同意"（WB 215）。音乐中表达的根深蒂固的情感纽带，而不是基于共同利益的契约关系，为城邦提供了共同体基础。因此，他在《瓦格纳在拜洛伊特》中写道，希腊人理解"在

①　英译本见 *The Complete Works of Friedrich Nietzsche*，Vol. II，ed. Oscar Levy，New York：Russell and Russell，1964。

②　与更"女性化"的希腊人相比，罗马人制定了法律来限制妇女和狄俄尼索斯："罗马人最害怕的是不时困扰南欧妇女的狂欢和狄俄尼索斯崇拜……它似乎是对罗马的叛逆，是对外国事物的纳入。"（GS 43）另见 BGE 248。

音乐上建立国家意味着什么"（WB 217）。

然而，狄俄尼索斯主义同样能释放出政治解体的力量。由于狄俄尼索斯试图将每个人从个体生存的束缚中解放出来，它不仅破坏了既定习俗的稳定，还暴露了这些习俗试图掩盖的不合法的起源。在这方面，狄俄尼索斯不仅与遗忘有关，而且与记忆的恢复有关：它回忆了关于国家犯罪起源那被深深埋藏的真相，从而激起了人们的罪恶感。早期希腊狄俄尼索斯主义和内疚感之间的联系，早已存在于西勒努斯的智慧，以及所有个体化生存都是对生命原初统一的非法反叛的信念中。在《荷马的竞赛》中，尼采指出内疚感是如何诞生自这一可怕的认识：政治秩序的根基是浸泡在血泊中的。通过刺穿保护个体生存的永恒之美的荷马面纱，狄俄尼索斯向希腊人揭示了"生存与罪的同一性"（HC 34；BT 74）。

从这个角度来看，政治记忆变成了罪恶的记忆，而政治是一种最终徒劳的救赎尝试。在这里，一种不受约束的狄俄尼索斯主义转而反对政治，并产生了这样的信念："在事物的永恒本质中，行动无法改变任何东西。"（BT 60）每一个政治身份都掩盖了它对无差别生命的侵犯。认识到这种侵犯，围绕着神话般的过去的崇敬，就会和这种崇敬所带来的行动一道被摧毁。孤立的行动无法获得任何东西；事实上，它们只是通过延续行动以某种方式救赎人类的幻觉，增加了人类在生命的自我矛盾中的共犯。生命本身似乎是不公正的、无益的，而政治只是对时间毫无意义的抱怨。

关于狄俄尼索斯式希腊人对生存的根本时间性问题的解决，尼采的描述是暧昧不明的。一方面，狄俄尼索斯信徒的快乐崇敬表明，他们把现实理解为有别于自我侵蚀的时间的东西，即理解为与自然节律密切相关的更新时刻。狄俄尼索斯信徒的这种经验模式涉及自我的开放，超越常规的界限，拥抱生命的创造过程。另一方面，通过代表人对原始存在的吸收，狄俄尼索斯使公民完全远离公共生活，走向一种"禁欲的、否定意志的情绪"（BT 60）。鉴于这种模糊性，狄俄尼索斯对城邦来说既是一种威胁，也是一种祝福：它释放了拆解和分裂共同体记忆的力量，但也释放了公民复兴所需要的创造性能量。

因此，尼采在《悲剧的诞生》中描述的政治问题源于两种衰落，这两种衰落都与阿波罗和狄俄尼索斯本能的破裂有关。对阿波罗式约束的过度聚焦，导致了"对世俗权力和世俗荣誉的消耗性追逐"，这要求一个日益僵化的社会结构和政治权威形式；斯巴达和最终的罗马都遵循这一发展路线，试图去掌控狄俄尼索斯。另一方面，不受约束的狄俄尼索斯主义会导致对行动和世俗事务的厌恶，并最终予以拒绝，如印度佛教特有的"狂喜沉思"。我们可以说，前一选项代表了人类试图通过一种文明来掌握时间性，这种文明试图给人强加一个普遍身份；后者则是一种完全摆脱时间性重负的尝试，一种"对虚无的渴望"（BT 124—25）。

四

阿提卡悲剧提供了尘世生存的"第三种形式"（BT 125）。它不是通过将希腊文化的矛盾解决为一个理性统一体，而是以戏剧形式来阐明这些本质上矛盾原则之间的悖论关系。对限制和边界的阿波罗式需求与对超越一切限制的多样性的狄俄尼索斯式肯定，悲剧的能力正是在于修复这两者的裂痕，这为政治复兴提供了基础。①因此，尼采用了疗愈

---

① 悲剧的公共功能不应该被低估。尼采将阿提卡悲剧与恢复"最简单的政治情感、最自然的爱国本能和原始的男子汉的战斗欲望的统一有力的流露"联系起来（BT 124）。

术语来描述悲剧。"悲剧是所有预防性治疗力量的精髓,是在一个民族最强大而本身又最关键的品质中起作用的调解者。"(BT 125)具体来说,尼采指出了集体身份得以重构的四个悖论:肯定的悖论、表象的悖论、正义的悖论和超越的悖论。

肯定的悖论

尼采声称,只有在揭示了时间性存在的可怕破坏性后,悲剧才恢复了希腊人对生命的肯定立场。换句话说,悲剧性的希腊人只有在他们面临"渴望像佛教徒一样弃绝意志的危险"(BT 59)时,才实现了真正肯定。最透彻的欢乐诞生于最深刻的痛苦。"在狂喜的高潮处,会响起惊恐的呐喊,或对不可挽回的损失的渴望哀叹。"(BT 40)悲剧是对这种痛苦的肯定,并将其转化为对生命的激情。

在狄俄尼索斯崇拜中,所有个性都被湮没在巴卡斯狂欢者的狂欢结合中,但与此不同,悲剧的狂欢时刻迫使个人面对自己的命运。狄俄尼索斯不是被体验为回归无差别的生活,而是以"错误的、挣扎的、痛苦的个人"的形式出现,他被驱赶着打破"个体化的僵硬魔咒",以成为"欠世界的人"(BT 73,71)。就英雄对自我认识(俄狄浦斯)或创造性行动(普罗米修斯)的寻求都不可避免地导致自我毁灭而言,悲剧提出了一个艰难的教训,即人类的特性包含了人对自我作为凡人的认识。因此,看着英雄的命运,悲剧观众认识到"所有的存在都必须为悲伤的结局做好准备"(BT 104),死亡、痛苦和限制不是在自我的"外部",不是作为可以控制或操纵的事项,而是自我的有机组成部分。面对自己的死亡和被遗忘的前景,面对显然是冷漠的自然界,这是一个痛苦的教训,并导致了"恶心"(nausea)(BT 60)。

悲剧将这种恶心转化为"可以生活的概念"(BT 60)。它试图将生活视为一个整体来证明生存的合理性。然而，这种承诺是矛盾的，因为戏剧赖以肯定生命的激情也可以摧毁生命的激情。认识到死亡和损失的不可回避，悲剧的希腊人通过在觉醒的生命中寻求意义来回应。使这种转变成为可能的，不仅仅是一种孤立于个人生活中其他部分的有意的肯定行为，而是对整个生命的整全看法所唤醒的激情强度。事实上，在尼采看来，悲剧的本质不是"有意识的行为和欲望"（BT 68）的特殊性，而是激情的展开。"一切都为激情奠定了基础，而不是为行动奠定了基础"（BT 84）。①激情（*pathos*）不是一种简单而明确的情感状态。相反，它涉及情感状态的整个复杂活动，通过这种活动，"痛苦产生快乐"（BT 40）。尼采的观点是，迷狂时刻必须作为激情运动的一部分，呈现在将生活视为一整体的戏剧性叙述中。人必须"从悲剧中学习，在宏大的激情及其受害者的节奏中获得快乐"（WB 212）。

这种肯定的悖论是索福克勒斯悲剧的基调。俄狄浦斯强行从自然界夺取了他自己身份的秘密，这个过程不可避免地导致了"自然界在他本人身上的消解"（BT 69）。因此他了解到，每个身份不仅掩盖了自己过去的罪行和过错，还掩盖了在构建的身份背后没有自然基础。然而，只有在他被扔进"毁灭的深渊"后，老俄狄浦斯才获得一种世俗的救赎（BT 69）。这不是通过知识、美德或意志来实现的，而是通过俄狄浦斯的"被动姿态"来实现的，这使他向生命的基本神秘性开放（BT 68）。肯定自己的身份意味着肯定自己的道德性。肯定死亡意味着肯定超越自己身份的生命多样性。从这种体验深处，俄狄浦斯的生命变成了一种"祝福"，足以重塑破碎的身份。"尽管每一条法律、每一个自

---

① 尼采在《瓦格纳事件》中自己添加的脚注中强调，古代戏剧来自"神圣的故事"或"发生"，"旨在表现伟大的激情场景——它预先排除了行动……"（CW 174）

然秩序,甚至道德世界都可能因他的行为而消亡,但他的行为也产生了更高的神奇效果,在被推翻的旧世界的废墟上发现了一个新世界"。(BT 68)

在尼采看来,索福克勒斯是一位"宗教思想家"(BT 68),他的作品试图恢复雅典人的集体身份,其基础既不是对祖先的虔敬,也不是自我确定的知识,而是智慧和激情的混合。智慧只有通过苦难才能获得,而人的生命也只有通过"在看了一眼深渊之后,愈合的自然在我们面前投射出的光明形象"(BT 68)才得到救赎。索福克勒斯悲剧所产生的迷狂性质与希腊人的阿波罗主义形成鲜明对比,后者则肯定了一个与死亡相对立的身份。与这种防御性的身份建构相比,尼采在索福克勒斯身上发现了一种自我的概念,它植根于对超越死亡的生生不息的宗教敬畏。通过对死亡的戏剧肯定,自我学会了智慧(作为对世界的整全观点)是如何与追求智慧的热情相结合的,"伴随着同情的爱的感觉,把永恒的痛苦作为自己的痛苦"(BT 112)。这样的智慧仍需要人类的英雄主义,但它的存在方式在于感恩的表达。①

表象的悖论

就像原始的狄俄尼索斯崇拜一样,悲剧也具有通过"消灭生存的普通界限和限制"来消除社会差异的效果(BT 59)。歌队以及与他们产生认同的观众会成为"被改造的人物,其公民的过去和社会地位已被完全遗忘"(BT 64)。然而,与狄俄尼索斯对无差别自然的仪式性回归不同,悲剧最终将其观众带回一个人为创造的表象世界。毕竟,集体和个人的身份只有在共同生活的背景下才能获得其意义。但问题是,若

---

① "古希腊人的宗教信仰令人惊奇的是它所散发的巨大感激之情:以这种方式面对自然和生活的人,是非常高尚的。"(BGE 49)

不加以控制，这些既定的界限和自我概念往往会"凝固在埃及的僵硬和冷漠中"（BT 72）。①因此，悲剧所提供的"集体身份的创造性更新"是对这种僵化的自我概念的突破，它不是为了简单揭开表面身份背后的真实或真正的身份，而是为了提醒希腊人身份的虚构性。"每当真相被揭开时，艺术家总是全神贯注地注视着那些即使在揭开后仍被覆盖的东西"。（BT 94）

关于表象的不可或缺，我们需要说明两点。第一点是关于其本质上的公共性质。②个体观众与苦难、死亡的现实的私密接触，是在剧场的公共环境中进行的，这一接触共享了图像、文字和声音。事实上，悲剧构成了一种"公共崇拜"（BT 74），它将狄俄尼索斯的所有模糊性纳入了政治共同体的结构中。通过提供"安静的间隔"（WB 212），从而避开了公共冲突的喧嚣和来自有目的、有意图行动的压力，悲剧表演关注政治生活中更具表现力的一面。它试图加深共同体成员间的情感关系，而不受之前可能将他们团结或分裂的目标和目的的影响。因此，悲剧的目的不是让个人转向私人生活，而是让他们成为能反思自己传统定义的友爱和敌意的公民。③剧场为这种自我反思提供了制度化的空间，一个"理想的领域"（BT 58），在这里，公众不是作为主人和奴隶走到一起，而是作为诗人、观众和演员，通过挑战希腊政治的等级结构，集体寻求重新阐

---

①　Tracy B. Strong, "Nietzsche's Political Aesthetics," p.162. 我关于通过悲剧而复兴集体身份的部分论证，受惠于 Strong。

②　尼采意识到在公共空间中表象的重要性，以及以公众为中心行事的重要性。他在《道德的谱系》中指出，古代人类无法忍受英雄主义和苦难没有见证者的想法。"古代的整个人类都对'观众'充满了温柔的关怀，作为一个本质上是公共的、本质上是可见的世界，它无法想象离开奇观和节日的幸福"（GM II, 7）。

③　"与波斯人作战的是具有悲剧神秘的人；而参与这些战争的人又需要悲剧作为必要的药水来恢复。"（BT 124）

明他们身份的意义。

此外，通过复原表象的善意，悲剧也重燃了政治共同体的情感基础。面对悲剧中产生的深藏的私人恐惧，剧场的公共体验提供了一种公共担保。因此，尼采在他讨论瓦格纳的文章中指出，悲剧产生了一种对"有限的和熟悉的东西的清醒回归：回到我们现在丰富的仁慈的地方，无论如何都比我们以前更高贵"（WB 225）。即使在超越传统幻想的悲剧艺术家身上，尼采也发现了一种"从高处下降到深处的渴望，对大地的活生生的渴望，对融为一体的快乐的渴望"（WB 226）。但悲剧的前提是对人的理解，即人既是孤独的，也是有共同体的，共享着通过传承下来的神话而形成的共同身份，并作为流亡者生活在一个集体身份被认为是肤浅的、永远不完整的世界中。像俄狄浦斯，那些看似最不政治的人成了真正的政治教育家，因为正是他们在揭示普遍的政治身份的人为性时，发现了一个困难的事实，即人类既不能脱离一个人为创造的世界，但也不能在其中完全自由自在。

如果我们将悲剧解读为城邦的核心成就，那么尼采对希腊公共生活的概念就要从治疗性而非竞争性的角度来理解。正如我们所看到的，竞赛主义将城邦定义为争夺认可、荣誉和不朽名声的空间。相比之下，悲剧的治疗性在于它有能力揭示隐藏在旧习俗背后的差异，但也有能力通过将这些差异再次隐藏在新习俗背后来弥合这些差异。这种改变可见的表象世界的能力，对于艺术那建立主体间交流的能力至关重要。特别是戏剧艺术，尼采声称，它加深了情感和想象的能力，"看到自己在自己的眼前转变，并开始采取行动，好像自己真的进入了另一副身体，另一个角色"（BT 64）。这种转变的效果不仅是无差异的理想化统一，还会通往对人类多元性的热情开放的获取。尼采在另一背景下提出这一点，他将悲剧的审美效果描述为"参与其他灵魂和他们的命运［以及］获得通过许多眼睛看世界的能力"（WB 223）。因此，戏剧所复原的"世界"与个人能力的一种复原有关，即分享他人的判断，参与到一个多元观点被承认和肯定的世界中。

关于表象世界，要说明的第二点是，使人类处于传统习俗和智力晦暗的，不仅仅是柏拉图洞穴墙壁上那些事物的影子。在尼采看来，表象背后并没有隐藏着本质。世界是一套对事件、文字、图像、身份的不断变化的视角。因此，我们需要的不是哲学家对身份的揭穿，而是悲剧诗人揭示既定身份背后之悖论的能力。因此，公众"希望看到悲剧，同时又希望超越所有的视觉"（BT 141）。正是这种有意义的政治所需的限制与以生命不竭之名来约束这些限制本身的需要之间的张力——即阿波罗式的克制（使政治身份得以可能）与狄俄尼索斯式的过度（证明超越所有这些身份的生命是合理的）之间的张力，代表了悲剧所要阐明的政治悖论。因此，公民所更新的基础，并不是毫无疑问地恢复身份，而是热情地决心保持其矛盾的——或如尼采所说的"成问题的"——特性。①悲剧的目的在于教育其观众能够在可怕的、成问题的生存中不带着固定答案去生存。尼采认为，这种对表象世界的开放姿态是思维最自在的地方。如果说悲剧回顾了表象世界的不可逆性，那么它这样做是为了赋予它深度。思考本身是从尼采后来所说的希腊人的"力量的悲观主义"（BT 17）中生长出来的。事实上，希腊人把身份问题建立在"对生存的艰难、可怕、邪恶、成问题方面的智识偏爱上，而这种偏爱是由福祉、

---

① 　Tracy Strong 将尼采对希腊公民复兴的理解描述为建立"一种对希腊人的权威理解，并将其制造得非常深刻，以至于无法遭受质疑"的尝试（Tracy B. Strong, "Nietzsche's Political Aesthetics," pp.158—159），在此我提出异议。事实上，悲剧是一种话语模式，它挑战了既定的希腊身份，尽管没有破坏它们，并暴露了生存的可疑基础。

健康的溢出、存在的充实所致的"(BT 17)。①

尼采后来在《快乐的科学》序言中强调,希腊人必须善于不知道,以便能够生活在一个表象不可或缺的世界中。"哦,那些希腊人!他们知道如何生活。他们知道如何生活。这需要的是勇敢地停留在表面、褶皱、皮肤上,崇拜外表,相信形式、音调、语言,相信整个外表的奥林匹斯山。那些希腊人是肤浅的——出于深刻的考虑"(GS,序言,4)。身份存在于一个表象的世界中,而这些表象本身就是对无限复杂的现实的艺术简化,这个现实以多种方式呈现给人类。艺术的任务不是为人类困境提出道德上的解决方案,而是提高对矛盾内部化的耐受力。"艺术的存在是为了让弓不至于折断"(WB 213)。

正义的悖论

在尼采看来,悲剧恢复了神话的生命力,而它要质疑的正是神话的权威。然而,它的目的并不是要重建过去的道德权威,而是要恢复现在的健康和活力。尼采声称,每一个神话的命运都会逐渐"被后来者当作具有历史意义的独特事实来对待"。当神话的宗教前提被"系统化为历史事件的总和"时,神话就变成一种"正统的教条主义","反对任何对其自然活力和成长的延续"(BT 75)。集体身份因此被困于僵化的过去,使这一代人背上了债务。尼采对《被缚的普罗米修斯》的简要分析表明,埃斯库罗斯是如何寻求恢复神话中的过去,但又不使其成为压制当代的神圣起源。

---

① 尼采对希腊政治的描述既是话语性的,也是竞赛性的;它不仅从激情游戏的角度看待政治,也从希腊人揭露和阐明其集体存在中固有的悖论的方式来看待政治。在这方面,他对悲剧的看法类似于欧本的描述:"从城邦内部来看,悲剧质疑了内与外的划分。作为城市秩序的一部分,它将秩序的概念'问题化',对它所构建的东西提出质疑,对它所帮助维持的东西提出挑战,并提出越轨行为、悖论和陈旧观念来破坏公民的目的论,而这些目的论最终又得到重申。"(*The Tragedy of Political Theory*,p.29.)

在尼采看来，普罗米修斯戏剧化地表现了"活动的荣耀"，人类通过自己的聪明才智强行创造文明。侵略性地打破公正的边界，似乎是对过去的神圣要求的蔑视性亵渎，因此是通过抵制旧的身份来创造新的形式的尝试。尼采认为，人类遭受普罗米修斯式的命运，并不是因为他违反了神圣的命令，而是因为他受制于相互矛盾的正义原则，这两种原则都无法得到完全的满足。"世界核心的矛盾……显示为不同世界的冲突，例如神的世界和人的世界，其中每一个世界作为一个个体，都有其正确的一面，却不得不为其个体化而受苦，只是在另一个世界旁边的一个个体。"（BT 71）政治的悲剧状况来自凡人和神灵的要求，来自现在和过去的要求，来自对超越旧视野的创造行动的呼唤和对维护共同意义世界的权威的需要。

埃斯库罗斯对"人类之恶的辩护"（BT 71），需要在这些矛盾主张的背景下加以理解。当人类试图从自然和神灵那里夺取更高的生活条件时，僭越伴随着每一个新的举措。然而，虽然这种僭越对文明的进步是必要的，但它们必须通过被侵犯的神灵所施加的痛苦来赎罪。作为惩罚的行为和苦难都是正当的。由于对英雄的惩罚是合理的，而约束的合法性也被肯定，埃斯库罗斯很难被视为一个颠覆者或革命者。①然而，他也没有重建一个权威的往昔神话。在尼采看来，埃斯库罗斯通过戏剧化这种观点的冲突，试图削弱创新者和过去神圣权威的辩护者对正义的绝对主义主张。正义最终植根于权威的必要性和行动的特殊性之间的对立关系。"所有存在的东西都是正义的，也是非正义的，而且在这两方面都同样合理。"（BT 72）尼采认为，如果理解得当，悖论中所揭示的权

---

① 在尼采看来，悲剧诗人践行了一种艺术节制，既避免了对神话的教条式坚持，又避免了超越既定品位和风格界限的革命性创新。他们的权威在于他们有能力将旧神话重新定义，从而使一个民族的自我定义问题保持开放和活力（HH II, Part 1, p.221）。

威与创新之间的张力可能会导致一种"联盟"(BT 74),在这种联盟中,双方都承认自己的"相互依赖"(BT 70),并为对方提供一个限制。最后,居住在"莫伊拉[命运]高于神和人"的正义承认了不公正的不可避免性(BT 70)。

悲剧诗人将悖论视为政治话语的核心特征。悖论显示了正义本身如何成为政治生存的一个必要但成问题的基础。尼采认为,这种话语模式最有价值的地方在于,它拒绝采用与道德谴责相关的内疚机制。尼采在《道德的谱系》中明确了这一点,他指出,希腊人不是把他们的神作为评判人类生存的道德标准,而是作为抵御坏良心的一种"权宜之计"。"在那个时代,诸神以这种方式在某种程度上为人类辩护,甚至为他的邪恶辩护,他们是邪恶的始作俑者。……他们不是承担了惩罚,而是承担了更高尚的罪过。"(GM II,23)悲剧抑制了罪感(schuld)的增长,它使希腊人恢复了他们的无辜(unschuld)。

尼采在谈到希腊人时提到了两种无辜。正如我们所看到,第一种无辜与阿波罗式希腊人试图通过战争和英雄事迹获得与祖先的良好地位有关。因此,在《道德的谱系》中,尼采将主人种族称为"回到猎物的无辜良知"(GM I,11)。然而,事实证明,这种回归本身是源于"对祖先和他的力量的恐惧,对他的亏欠意识"(GM II,19)。正是这种恐惧造成了对过去的道德上的亏欠,并要求在新的荣耀行为中得到补偿。然而,这种与过去的关系是矛盾的,因为每一代人都在秘密反抗祖先,用更大的荣耀来回报他们。普罗米修斯和宙斯是行动和权威之间的同一辩证法的不同方面(GS 300)。

悲剧有助于克服对祖先的恐惧,因为它揭示了这样一个事实:即使是祖先,本质上也是当代人的艺术建构。虽然过去通过传承来的记忆、图像和符号制约着现在，但它本身并不代表一种道德上的优越性，而现在的人是"有所亏欠的"。尼采在他对历史的沉思中声称，一个民族的健康总是取决于他们"限制过去记忆"的能力（UA 7）。然而，如果一个民族要恢复他们对现在和未来的认同感和信心，他们也必须恢复对共同过往的感觉。这需要"专门从自己身上生长出来的力量，使过去和陌生的东西与近在眼前的东西成为一体，愈合伤口，取代失去的东西，修复破碎的模具"（UA 7）。从这个角度看，悲剧似乎是一种恢复过去的模式，它不依赖于既定传统的权威框架。相反，它尝试恢复过去的神话片段，并将其纳入自己的叙事结构。因此，它用狄俄尼索斯音乐的力量恢复了"垂死的神话"，为集体身份提供新表达（BT 75）。

因此，悲剧试图恢复的无辜不是与补偿回受惠于祖先的无辜，而是艺术家的，他能够"把所有智力问题、生活的严肃性、必要性，甚至危险性都视为游戏"（RL13）。游戏是一种态度，它不是从过去本身，而是从过去的严肃性中解放出来。恰恰是艺术家的游戏使希腊人能够保持他们的记忆，摆脱对古老权威的恐惧和亏欠。因此，埃斯库罗斯《被缚的普罗米修斯》中所呈现的新旧问题，在限制僭政冲动的能力中得到暂时解决：要么创造一个主宰现在的过去，要么创造一个否定过去的现在。人类的政治状况是过去和现在永远处于紧张状态，这种紧张在力量的戏剧性游戏中找到唯一的释放。

戏剧本身代表了阿波罗和狄俄尼索斯之间的竞赛式游戏。然而，这种竞赛通过建立临时的"联盟""和平条约"和"兄弟联盟"实现了"和谐的时刻"（BT 39，74，130）。这种脆弱的时刻是艺术家的调解能力的结果，是对生活中冲突的要求的公正处理。尼采在《悲剧的诞生》中对这种调停的术语是明确的"政治"，这表明，狄俄尼索斯和阿波罗本能之间的这种调和不仅是艺术游戏的结果,而且,艺术游戏本身与在相互冲突的原则间进行谈判妥协所需的政治判断并无不同。这种调和本身就是不稳定和脆弱时刻,因为希腊人自身的悲剧综合之短暂就证明了这一点。然而,衡量悲剧成就的标准不是它的持久性,而是它建立正义关系的能力。事实上,悲剧艺术跟阿波罗式的统治、狄俄尼索斯式的界限破坏都是对立的;相反,它试图展示这两种艺术神灵如何"必须根据永恒的正义法则,以严格的比例展开它们的力量"(BT 143)。悲剧艺术家的任务是创造"伟大的以弗所哲学家所理解的世界的形象:由冲突产生的和谐,正义和敌意的统一"(WB 242)。

超越的悖论

《悲剧的诞生》以援引正义的标准来描述希腊艺术驱力之间的关系而结束,这似乎很奇怪。这并不意味着悲剧诗人试图用理论上的综合或基于存在的理性统一来超越必要的矛盾。相反,尼采认为,正义的关系只体现在艺术家的实践判断中。①对于尼采的希腊人来说,正义归根结底与艺术带来的生存的合理性有关。这意味着,生存不应该被理解为使其"有罪"或"亏欠"于外在于它的现实。在"生成"(becoming)的背面或之上没有"存在"(being),没有超越时间存在的永恒领域。艺术要证明的世界是赫拉克利特的世界。"它一次次向我们揭示个人世界的游戏性建构和破坏,作为一种原始快乐的溢出"(BT 141—142)。世界既不是朝向一个最终状态的运动,也不是一个初始原因或创造性行为的结果。它是一个自我创造的世界,其决定性的品质是"生成的无辜"。②

----

① 在 *Nachlass* 中,他将悲剧艺术家定义为"那些在每一次冲突中都能发出和谐之声的强势艺术家",并"将自己的力量和自我救赎赋予事物"(WP 852)。虽然尼采似乎认为这种和谐的时刻是罕见而脆弱的,但他的态度是肯定的,而不是讽刺的。

② 参见 *Philosophy in the Tragic Age of the Greeks*, trans, and intro. Marianne Cowan(South Bend,IN:Gateway,1962),p.62(下文引用简称为 PTAG)。

　　人类只有像赫拉克利特一样，把自己提升到"对宇宙游戏的审美感知"中所涉及的"超人的尊严"（PTAG 65），才能达到超越的时刻。悲剧是对这种感知的戏剧性表达。就其试图"使我们相信生存的永恒快乐"（BT 104）而言，它也为人类提供了一种超越的形式，在其中，个人成为"短暂的原始存在本身，感受其对存在的狂热欲望和存在的快乐"（BT 104）。这种"永恒"的超越时刻是最短暂的体验，是"最罕见的幸运事件"，尼采在《快乐的科学》（GS 339）中这样描述。它们打破了时间，打断了过去和未来之间的平稳连续性，只是再次消逝于遗忘中。由于遗忘是经验本身的特征，尼采坚持认为，任何试图在概念上对超越性进行适当处理的做法，不仅注定要失败，而且最终会扭曲经验本身。但是，如果不能从概念上占有超越性，那么超越性的可能性就会被戏剧性地预留。尼采在悲剧中发现了一种抵制理论封闭的表达方式，以保持存在于时间中的神秘性。它拒绝了教条式的"解决方案"，试图掌握这种经验的短暂性。悲剧只能以戏剧的方式让人类参与到狄俄尼索斯的创造与毁灭的游戏中。因此，它不是把人定义为理性的动物，而是把人定义为诗人、受难者和观众，他们通过把永恒的苦乐变成属己的，从而参与进超越中——哪怕只是一瞬。悲剧揭示了超越的脆弱性，从而告诉人们，"最深的悲情确实可以只是审美游戏"（BT 132—133）。

　　超越性没有揭示任何形而上学的绝对性，无法为人类的身份提供安全和保证，也无法让人在此基础上攻击生成的世界。从尼采的角度来看，西方政治哲学作为政治教育的一种形式是失败的，因为它只是把哲学的僭政放在了政治僭政的位置。在《悲剧的诞生》中，苏格拉底想要用哲学去替代悲剧的努力，被描绘成通过科学事业使世界合理化来掌握时间性的尝试。尼采指出，这种"纠正"生存的尝试是基于对科学积累性和科学笼罩于世界的概念网的稳定性的乐观评估。它意味着对人类的贪婪征服。然而,"苏格拉底主义"只会使人类更易受到它试图掌握的那些时间力量的伤害。分析摧毁了保存文化的不朽神话的幻想,从而使人类陷入对历史起源和自我确定的身份的不安求索。科学事业不可避免地导致现代人的历史主义,他们"看到一切都在永恒的继承中飞逝,并在变成的流变中失去自我"(UA 6)。然而,尼采并没有反驳苏格拉底,而是将苏格拉底视为一个悲剧人物,他最终预见到了可怕的逻辑,即"科学在其强大的幻觉的刺激下,不可抗拒地走向它的极限,在那里,它的乐观主义,隐藏在逻辑的本质中,遭受了船难"(BT 97)。西方的历史,只要是由苏格拉底理性主义驱动的,对尼采来说就是一个宏大的历史悲剧,最终以虚无主义和人类必须再次承认生存的根本时间性而告终。①

尼采最终认为,整个西方政治哲学传统,在试图将人类从痛苦和禁忌中拯救出来的过程中,从根本上说是由意志对"时间和它的'过去'"的报复所驱动的(Z 252)。在传统中,每一次试图将身份建立在一个永恒的领域中,或在历史的尽头,或在一些所谓的神的起源中,都是人类为了克服身份的不可避免的模糊性及其在时间中的不安全性而做出的最终徒劳的尝试。在这方面,传统试图将政治身份建立在一个"真实的世界"上,发挥了最"暴虐"的权力意志。身份的偶然性被哲学家对真理的自我肯定取代,这在尼采的精辟言论中得到了总结。"我,柏拉图,就是真理。"(TI 485)从尼采的角度来看,传统背叛了自己的悲剧性狂妄,即使它试图否认悲剧世界观的有效性。

---

① 因此,从这个角度看,尼采的思想可以被视为试图对《查拉图斯特拉如是说》中展现的苏斯泰尔智慧找出一个有意义回应:"一切是空的,一切是相同的,一切都已经存在!"(Z 245)。

五

我认为，尼采对希腊悲剧的理解集中在希腊人如何在时间中建构身份，如何通过竞赛政治来挑战这些相同的身份，如何通过不断诉求生命那狄俄尼索斯式的丰裕来暴露英雄表面下的暴力和脆弱，并最终通过悲剧创造了一个公共空间，在其中肯认了身份与生命的绵延不绝之间的矛盾关系。在这方面，悲剧是一种政治教育的形式，用康纳利（Connolly）的话来说，它为尼采提供了一个机会去实践"实验性地将自我与安置在其中的身份分离的艺术"。①悲剧艺术肯定了身份的必要性，也承认了身份的脆弱性、模糊性和偶然性。

在尼采后来的思想中，对希腊人这种看法的政治含义仍然暧昧不明。尼采最初希望瓦格纳的音乐剧能够重振悲剧精神，并在原子式的个人身份和国家的集体身份之间提供一个公共空间，让德国人能够了解"通过爱的转变"如何促进"与众不同"的愿望（WB 252）。当这些希望破灭后，尼采首先被引向自由精神的个体的非政治理想主义方向，然后在他的晚期作品中被引向一个更成问题的立场，即他强烈主张反自由主义政治。后者的立场似乎是基于这样的认识，即集体身份的构建是一项不可或缺的政治任务，是提供一个相对持久的、超越个人生命的世界所必需的。因此，政治需要"对传统的意愿，对权威的意愿，对未来几个世纪的责任的意愿，对世代相传的团结的意愿，向前和向后无限的意愿"（TI 543）。当尼采追求这一思路时，他的思想倾向于一种自称是激

---

① William Connolly, *Identity/Difference: Democratic Negotiations of Political Paradox*（Ithaca and London: Cornell University Press, 1991）, pp.8—9.

进的贵族主义,强调基于敬畏和传统的等级制度的必要性。然而,尼采找不到可用的支持者来主张这种贵族制,于是他想把艺术政治化,作为强加新基础的一种手段。在这里,很难避免得出阿伦特同样的结论,她认为,从美学的角度来理解政治的尝试相当于用制造来代替行动,因此,艺术家的暴力就侵入了政治。①

但是,把尼采的政治降低到那些本能的创造者的水平,他们像传说中的猎物野兽一样把身份强加给无形的大众,则忽视了尼采自己的见解,他清醒地知道,不仅是古代贵族制的没落,而且腐朽本身也是不可避免的。②现代人不再把自己的身份建立在传统和权威的基石上,而只是建立在埃斯库罗斯式的"数不清的笑声的波浪"(GS 1)上。虽然现代的历史感并没有摒弃身份的必要性,但它揭示了这种建构是多么的脆弱,而且最终是有限的。当尼采提出他应该被置于修昔底德和马基雅维利的现实主义传统中来阅读时,他这样做并不是因为他们无意识地寻求通过统治来强加身份,而是因为他们明白,完全掌控对手与竞赛的观念是不兼容的。政治现实主义是一种有悲剧性限度的学说,需要政治行为者有足够的实力来玩弄时间性生存的偶然性。"最温和的……最健康的人,他们能承受大多数的不幸,因此不那么害怕不幸"(WP 55)。从这个角度来看,政治成为一种媒介,在这种媒介中,从免于怨恨的有自我意识的历史行动者,在面对死亡和损失的记忆时,不断地寻求更新他们的身份。③

此外,在尼采的思想中,竞赛政治和悲剧之间有更深的联系。悲剧

---

① Arendt,"What is Authority?"in Between Past and Future,pp.113—114.

② 罗马帝国是"最令人钦佩的宏伟风格的艺术作品",旨在"通过数千年的时间"证明自己,但它最终没能足够坚定地抵御基督教对不朽救赎的承诺的腐蚀(《敌基督》,见 *Portable Nietzsche*,第 648—649 页)。

③ 尼采在《快乐的科学》中又提到了这种可能性。未来的英雄将不得不忍受"这巨大的各种悲伤的总和,同时又是一个在战斗的第二天迎接黎明和财富的英雄"(GS 337)。

是竞赛理想所需的一种教育形式。然而，恰恰由于缺乏可以容纳悲剧的公共机构，最终导致尼采提出了反政治（尽管不是"非政治"）的悲剧哲学家的理想。尼采并没有为我们提供一种政治理论，试图在现代社会为悲剧构建一个新家园。相反，他试图阐明悲剧哲学家的作用，其"距离的激情"是破坏现代集体认同形式的基础。悲剧哲学家确信没有任何政治结构能最终声称穷尽人类身份的意义。这项任务并不排除在尼采自己的文本中出现那种让人想起希腊悲剧的政治教育。事实上，尼采自己的晚期作品从希腊悲剧中得到的启发似乎并不比《悲剧的诞生》少，特别是它们也旨在戏剧化地描述最"暴虐"的驱力是如何转化为一种"也许更不确定、更温柔、更脆弱、更破碎、更充满希望"（BGE 295）的意志。在《偶像的黄昏》中，尼采与19世纪政治和文化身份的僵化形式的斗争，是以一种重视"内部对立"（TI 488）的创造性竞赛主义的名义进行的。这种内部对立不是在主宰中，而是在悲剧中，在那些人类能够同时将自己视为艺术家、受难者和演员的时刻，找到了最快乐的表达。在这方面，正如伽达默尔论证的，尼采的思想不是以权力意志的形而上学或永恒轮回来结束，而是以在人类死亡面前人类纯真性的持续更新的戏剧性肯定来结束。①对尼采来说，这正是悲剧艺术所表达的激情："对生命说'是'，即使是在它最强烈和最困难的问题上，生命意志为它的生生不息而欢欣鼓舞，甚至牺牲它的最高类型……以成为自己的永恒快乐"（TI 562—563）。通过溯及希腊人，尼采不仅希望调解身份与差异之间的政治悖论，还希望发展出一种悲剧哲学，以挽救西方对时间的"病态意志"（ill will）。

---

① Hans-Georg Gadamer，"The Drama of Zarathustra，" trans. Thomas Heilke，in *Nietzsche's New Seas*.

一 般 论 文

人心之危

——对《荀子·宥坐》孔子诛少正卯说三要素之分析

洪 涛

引子:孔子诛少正卯说之四要素

　　不论以孔子诛少正卯之叙事为客观实录,还是为设事言理、以事见义的寓言,都可以以一种叙事文本视之。任何有关文本之历史背景、上下文及显隐义的研究,都不能取代对本文本身的研究,而且要以本文研究为出发点和基础。

　　在先秦至西汉的传世文献中,较为翔实地记载了孔子诛少正卯一"事"的,有《荀子》、《尹文子》、《孔子家语》、《说苑》、《史记》五种书。我们可以就其叙事的差异,将这五种书分为两种叙事系统:其一为《荀子》叙事系统,包含《荀子·宥坐》、《尹文子·大道下》、《孔子家语·始诛》、《说苑·指武》四种;其二为《史记》叙事系统,包含《史记·孔子世家》一种。两种叙事系统在对孔子诛少正卯一"事"的记述上差异明显,简言之,凡属《荀子》系统的孔子诛卯叙事,都具备"四要素"(详下),而在《史记》叙事系统中,四要素则付诸阙如。①

笔者以为,孔子诛少正卯之说,不仅在《荀子·宥坐》中为传世文献之首见,而且此说在与荀子政治思想之整体的关系上,可谓严丝合缝,故《荀子》是我们了解孔子诛少正卯说的最佳文本。本文将主要由《荀子·宥坐》入手,辅之以对其他文本的分析,以阐明此说之政治意蕴。

这里不妨再录《荀子·宥坐》中相关文字,以便了解作为该说之基本结构的四要素:

> 孔子为鲁摄相,朝七日而诛少正卯。门人进问曰:"夫少正卯,鲁之闻人也,夫子为政而始诛之,得无失乎?"孔子曰:"居!吾语女其故。人有恶者五,而盗窃不与焉:一曰心达而险,二曰行辟而坚,三曰言伪而辩,四曰记丑而博,五曰顺非而泽。此五者有一于人,则不得免于君子之诛,而少正卯兼有之。故居处足以聚徒成群,言谈足以饰邪营众,强足以反是独立,此小人之桀雄也,不可不诛也。是以汤诛尹谐,文王诛潘止,周公诛管叔,太公诛华仕,管仲诛付里乙,子产诛邓析、史付,此七子者,皆异世同心,不可不诛也。《诗》曰:'忧心悄悄,愠于群小。'小人成群,斯足忧也。"

据此可得作为孔子诛卯叙事之基本结构的四要素:

① 对《史记》系统的孔子诛少正卯之叙事的分析,详见笔者《史家书法之古今》一文(收于《心术与治道》,上海人民出版社 2013 年版)。

一、"先诛"论：所谓"朝七日而诛少正卯"。"先诛"，此处作"始诛"，《孔子家语·始诛》亦作"始诛"，《尹文子·大道下》、《说苑·指武》则作"先诛"，《荀子·非相》也作"先诛"。《韩非子·外储说右上》则有"首诛"一词。"先诛"、"始诛"、"首诛"同出一辙，意义上无甚区别。《孔子家语》且将"始诛"一词作为载有孔子诛少正卯之说的第二篇篇名，足见其为孔子诛少正卯之说的核心概念。

二、"闻人"身份："鲁之闻人也。"《尹文子》、《孔子家语》、《说苑》与此无异。

三、"五恶论"："有恶者五。"《尹文子》、《孔子家语》、《说苑》与《荀子》在表述上大同小异。

四、"七子之证"：《尹文子》、《孔子家语》、《说苑》亦皆举历史人物为证，唯所举之具体人物与人数与《荀子》稍异。

"《荀子》系统"之四要素，及其与"《史记》系统"之异，详见下表：

	《荀子》系统				《史记》系统
	《荀子·宥坐》	《尹文子·大道下》	《孔子家语·始诛》	《说苑·指武》	《孔子世家》
先诛概念	始诛	先诛	始诛	先诛	—
闻人身份	闻人	闻人	闻人，乱政大夫	闻人	大夫乱政者
五恶之因	心达而险、行辟而坚、言伪而辩、记丑而博、顺非而泽	心达而险、行僻而坚、言伪而辩、强记而博、顺非而泽	心逆而险、行僻而坚、言伪而辩、记丑而博、顺非而泽	心辨而险、言伪而辩、行辟而坚、志愚而博、顺非而泽	—
七子之例	汤诛尹谐、文王诛潘止、周公诛管叔、太公诛华仕、管仲诛付里乙、子产诛邓析、史付	汤诛尹谐、文王诛潘正、太公诛华士、管仲诛付里乙、子产诛邓析、史付（六子）	汤诛尹谐、文王诛潘正、周公诛管、蔡、太公诛华士、管仲诛付里乙、子产诛史何	汤诛蠋沐、太公诛潘阯、管仲诛史附里、子产诛邓析（四子）	—

由诸文献所载孔子诛少正卯之说所共同具备的四要素，不能不让

人推测,假托孔子的该叙事或寓言,乃是某种规范性政治观念的载体或表达,简言之,即:为政当先诛(或,始诛、首诛)闻人,原因有五(五恶论),古今一也(七子之例)。以下分别对"七子之例"、"五恶论"和"闻人"等要素略加分析。

一、七子之例:来自《韩非子·外储说右上》的启示

中国古人讲究即事即理、以事见义,先例是证成义理的主要方法之一,孔子诛少正卯这一"事例"的运用,便是此一方法之一例。而在此叙事中,孔子亦以诸多"先例"证成其诛卯之行。在《荀子》版孔子诛卯说中,孔子所举史上受诛之先例有七人:尹谐、潘止、管叔、华仕、付里乙、邓析、史付。其中四人,尹谐、潘止、付里乙、史付,如杨倞所云:"事迹并未闻也。"后人通过文献可获若干了解的,是另外三人:管叔、邓析、华仕。

周公诛管叔一事,《尚书》、《孟子》、《史记》俱有载。如《尚书·周书·金縢》:

> 武王既丧,管叔及其群弟乃流言于国,曰:"公将不利于孺子。"周公乃告二公曰:"我之弗辟,我无以告我先王。"周公居东二年,则罪人斯得。

《史记·周本纪》:

> 成王少,周初定天下,周公恐诸侯畔周,公乃摄行政当国。管叔、蔡

叔群弟疑周公,与武庚作乱,畔周。周公奉成王命,伐诛武庚、管叔,放蔡叔。

看起来,作为一桩史实,周公诛管叔应无疑问。至于周公诛管叔之正当性,后人则未尝无疑问。管叔系文王第三子,武王大弟,周公之兄。武王封之于管,以治殷遗民。武王崩,成王少,管叔疑周公不利于成王,挟武庚叛乱,为周公所诛杀。较之孔子诛少正卯,周公诛管叔之性质更为严重,因是兄弟相残,且发生于儒家所推崇之圣人周公身上。①故为周公诛管叔辩护,是先秦儒者的一个重要课题。孟、荀之书都有关于此诛之正当性的讨论,如《孟子·公孙丑下》:

(陈贾)见孟子,问曰:“周公何人也?”

曰:“古圣人也。”

曰:“使管叔监殷,管叔以殷畔也,有诸?”

曰:“然。”

孟子意在表明,管叔反叛在先,故周公诛之不失为正当。《荀子·儒效》开篇即书周公“杀管叔,虚殷国,而天下不称戾焉”,又为周公辩曰:“以枝代主而非越也,以弟诛兄而非暴也,君臣易位而非不顺也”,荀子以周公之所为正合“大儒之效”。倘若无人质疑周公此行之正当性,荀子本不必作如是之声明。

①　职是之故,孙星衍撰《周公不诛管蔡论》一文,力辩不曾有周公诛管蔡之事,原因是圣人“不忍残其骨肉也”。孙氏并且指出,“自有周公诛管蔡之文,为自残骨肉者之所借口,后世令主,甚至有元武门射兄杀弟之事”。(《孙渊如先生全集》,商务印书馆,第376—377页)

至于子产诛邓析，即便就事实而言，也并非无疑问。杨倞《荀子》注引刘向之说，以为诛邓析乃非子产所为。刘向《七略别录》云：

> 于《春秋左氏传》昭公二十年而子产卒，子太叔嗣为政。定公八年太叔卒，驷歂嗣为政，明年乃杀邓析，而用其《竹刑》。……子产卒后二十年而邓析死，传说或称子产诛邓析，非也。

据此，邓析被杀在鲁定公九年（前 501 年），杀之者乃子产之继任者驷歂。子产于鲁昭公二十年（前 522 年）殁，邓析被诛杀时，子产已死二十一年。据汪中说，《左传》为荀子所传，那么，何以《荀子·宥坐》将驷歂诛邓析，误作子产诛邓析呢？[①]

其实，要解开这一疑问，刘向《别录》已提供了若干线索：

> 邓析者，郑人也。好刑名，操两可之说，设无穷之辞。当子产之世，数难子产为政，记或云子产执而戮之。

这是在说，邓析被诛之因，子产身前已埋下，驷歂诛邓析，实为子产而诛邓析，故云"子产诛邓析"。

关于邓析的"数难子产为政"，从《吕氏春秋·离谓》的记载中可以获得更为丰富、翔实的信息：

---

① 对产生这一错误的原因，有不少推测。有人以为这是孔子在鲁误听传言，这一误听后来一直传到荀子。这一推测殊难成立。孔子修《春秋》，于列国重大事件，断然不会漠不关心，尤其对子产。《左传·昭二十年》记："及子产卒，仲尼闻之，出涕曰：'古之遗爱也。'"因此，以为孔子将诛邓析之人误栽去世已二十多年的子产头上，不可信。钱穆说："《左传》驷歂杀邓析而用其《竹刑》，正值鲁定公九年，孔子为司寇之岁。岂少正卯乃由邓析误传与？"（氏著：《先秦诸子系年》，商务印书馆 2001 年版，第 31 页）钱穆之推测亦难以断定。

郑国多相县以书者。子产令无县书，邓析致之。子产令无致书，邓析倚之。令无穷，则邓析应之亦无穷矣。是可不可无辨也。……

洧水甚大，郑之富人有溺者。人得其死者。富人请赎之，其人求金甚多，以告邓析。邓析曰："安之。人必莫之卖矣。"得死者患之，以告邓析。邓析又答之曰："安之。此必无所更买矣。"……

子产治郑，邓析务难之，与民之有狱者约，大狱一衣，小狱襦袴。民之献衣襦袴而学讼者，不可胜数。以非为是，以是为非，是非无度，而可与不可日变。所欲胜因胜，所欲罪因罪。郑国大乱，民口谨哗。子产患之，于是杀邓析而戮之，民心乃服，是非乃定，法律乃行。

《吕氏春秋·离谓》所记邓析三事，正合刘向的"设无穷之辞"、"操两可之说"和"好刑名"的说法。由这些记载来看，邓析似乎是一个好寻衅滋事、专与政府作对的人。

邓析在《荀子》中也屡次被提及，与惠施相提并论，被当作名家的代表，如《非十二子篇》①：

不法先王，不是礼义，而好治怪说，玩琦辞，甚察而不急②，辩而无用，多事而寡功，不可以为纲纪；然而其持之有故，其言之成理，足以欺惑愚众，是惠施、邓析也。

又如《儒效篇》：

————————

① 本文如只出篇名者，皆出自《荀子》一书。
② 原作"甚察而不惠"，据王念孙改。

> 不邺是否然不然之情,以相荐撙,以相耻怍,君子不若惠施、邓析。

赋予邓析以名家之代表的地位,在先秦传世文献中,除《荀子》外,不曾有过。

或许由《吕氏春秋》、《荀子》所得之印象,一些研究者也将邓析仅仅视作一个麻烦制造者,如冯友兰《中国哲学史》以为,邓析"其人以诡辩得名"①;孙次舟以为,邓析只是郑国一大讼师,以教讼名于世。②无论如何,在上述文献及一些研究者那里,邓析都被赋予了一种"诡辩派智术师"的形象。但是,《左传》对邓析却颇表同情,且质疑他的被杀:

> 郑驷歂杀邓析,而用其《竹刑》。君子谓子然于是不忠。苟有可以加于国家者,弃其邪可也。《静女》之三章,取彤管焉;《竿旄》何以告之,取其忠也。故用其道,不弃其人。《诗》云:"蔽芾甘棠,勿剪勿伐,召伯所茇。"思其人,犹爱其树,况用其道而不恤其人乎!子然无以劝能矣。

对于邓析的受诛,《左传》记载了"君子"的一段评论。显然,《左传》作者对驷歂诛邓析的做法,是批评的。

《左传》杜预注云:"邓析,郑大夫。欲改郑所铸旧制,不受君命,而私造刑书,书之于竹简,故云'竹刑'。"鲁昭公六年,子产已铸刑书于鼎,杜预的"郑所铸旧制",是否指子产所铸之刑书;若然,则邓析所造之《竹

---

① 冯友兰:《三松堂全集》,河南人民出版社 2001 年第 2 版,卷 2,第 426 页。
② 孙次舟:《〈邓析子〉伪书考》,见罗根泽编著:《古史辨》第 6 册,上海古籍出版社 1982 年版,第 213 页。

刑》，是欲改郑子产之刑书，这合乎《吕氏春秋》所记邓析好难子产之政一说。驷歂卒用邓析所作之《竹刑》，表明邓析的《竹刑》或优于子产的刑书。这样看来，邓析就不只是一名"诡辩家"，而且也是一名立法者，即便视其为敌之人，也不能不承认他的《竹刑》更好。

大概子产所铸刑书，有不周全之处，故邓析难之。《汉书·刑法志》云："子产相郑而铸刑书……媮薄之政，自是滋矣。"刑书一旦公开，稍有头脑者便可依据所公开之刑书，自行判断行为之罪与非罪。邓析的设无穷之辞、操两可之说、好刑名，大概都与刑律之公开成文有关。①

《左传》"君子"的评论，直指诛邓析这一做法的"心术"：这可由"用其道，不弃其人"一语见出。此语与韩非"阴用其言显弃其身"（《韩非子·说难》）之法家权术形成鲜明对照。看来，邓析之罪，可谓"怀璧"之罪。《左传》批评驷歂，暗示其运用法家权术。

《荀子·宥坐》以子产之诛邓析，与周公之诛管叔、孔子之诛少正卯相提并论，也表明了荀子对此诛的看法，是与《左传》不同的。由《荀子》一书可见，荀子视邓析为其重要的思想对手。《汉书·艺文志》列邓析、惠施和公孙龙于名家，曰："名家者流，盖出于礼官。古者名位不同，礼亦异数。"名家原出礼家，或许是一部分礼官，后来成了所谓"名家"。荀学以重礼著称，亦属礼家。但是，礼家与名家有别：礼家重分辨、别异、等差，名家似乎不太把分辨、别异、等差当回事，以为它们只是出于暂时性的特定的视角，在根本上，分辨、别异、等差是可以被消弭的。看起来，名家对礼似乎带着一点不太严肃的态度，这也可证之以荀子对惠

---

① 《左传·昭六年》载叔向致子产之信，云："民知有辟，则不忌于上，并有争心，以征于书，而徼幸以成之，弗可为矣。……民知争端矣，将弃礼而征于书，锥刀之末，将尽争之。乱狱滋丰，贿赂并行。"叔向已预料刑律之形诸文字且公之于众的后果。

施、邓析的批评：

> 山渊平，天地比，齐、秦袭，入乎耳，出乎口，钩有须，卵有毛，是说之
> 难持者也，而惠施、邓析能之；然而君子不贵者，非礼义之中也。
> （《不苟篇》）

惠施、邓析消除了高下、远近、人我、男女、寿夭之别，所以被荀子认为不中礼义。[①] 在荀子看来，无分别等差，秩序便无从建立。对名家，荀子的高弟韩非亦继承了其师的态度："坚白无厚之词章，而宪令之法息。"（《韩非子·问辩》）荀子并且以为，"名"虽为约定，却也是"圣人成之"，而在名家那里，一切有"智识"者，似乎都可以自己解释或设立"名"。这两种不同的"名论"，当然会有不同的政治后果。

在七子中，第三个于文献有征者，是华仕。有关华仕的最翔实的记载，在先秦文献中可见于《韩非子·外储说右上》：

> 太公望东封于齐，齐东海上有居士曰狂矞、华士昆弟二人者，立议曰："吾不臣天子，不友诸侯，耕作而食之，掘井而饮之，吾无求于人也；无上之名，无君之禄，不事仕而事力。"太公望至于营丘，使吏执而杀之，以为首诛。周公旦从鲁闻之，发急传而问之曰："夫二子，贤者也，今日飨国而杀贤者，何也？"太公望曰："是昆弟二人立议曰：'吾不臣天子，不友诸侯，耕作而食之，掘井而饮之，吾无求于人也；无上之名，无君之禄，不事仕而事力。'彼不臣天子者，是望不得

---

① 参见孙次舟：《〈邓析子〉伪书考》，罗根泽编著：《古史辨》第 6 册，上海古籍出版社 1982 年版，第 215 页。

而臣也；不友诸侯者，是望不得而使也；耕作而食之，掘井而饮之，无求于人者，是望不得以赏罚劝禁也。且无上名，虽知不为望用；不仰君禄，虽贤不为望功。不仕则不治，不任则不忠。且先王之所以使其臣民者，非爵禄则刑罚也。今四者不足以使之，则望当谁为君乎？不服兵革而显，不亲耕耨而名，又所以教于国也。今有马于此，如骥之状者，天下之至良也；然而驱之不前，却之不止，左之不左，右之不右，则臧获虽贱，不托其足。臧获之所愿托其足于骥者，以骥之可以追利辟害也。今不为人用，臧获虽贱，不托其足焉。已自谓以为世之贤士，而不为主用，行极贤而不用于君，此非明主之所臣也，亦骥之不可左右矣，是以诛之。"

一曰：太公望东封于齐，海上有贤者狂矞，太公望闻之，往请焉，三却马于门而狂矞不报见也，太公望诛之，当是时也，周公旦在鲁，驰往止之，比至，已诛之矣。周公旦曰："狂矞，天下贤者也，夫子何为诛之？"太公望曰："狂矞也，议不臣天子，不友诸侯，吾恐其乱法易教也，故以为首诛。今有马于此，形容似骥也，然驱之不往，引之不前，虽臧获不托足以旋其轸也。"

《韩非子·外储说右上》并录有关华仕及/或其兄狂矞的两种说法，其中，都引人瞩目地包含了一个关键概念——"首诛"，这很难不令人联想到荀子的"先诛"或"始诛"一语，尤其在荀子处，华仕正与少正卯被相提并论。

韩非所记的这两种说法看上去大同小异，但异虽小，却并非不重要。第一种说法体现了纯粹的法家观念。法家主张以农战立国，以法治民，人主以刑、赏二柄驱民于农、战，隐者既无法以赏劝，又无法以罚禁，不能驱之于农、战,遂为"无用之民"。法家以臣民为遂人主意欲之工具,有用则存,无用则废,故素有诛隐之论,盖因隐者无用之故也。①

第二种说法则与第一种说法有细微而重要的差别:太公的理由,不再是隐者"无用",而是其"乱法易教"。"乱法易教"就不止与法家相关,而且亦是"重教者"如荀子之辈所尤其关注之事。推测此处之"一曰"来自荀子,并非全无依据。在《荀子》中,可以明显看到对隐者的敌意,如《非十二子篇》:

> 忍情性,綦谿利跂,苟以分异人为高,不足以合大众,明大分;然而其持之有故,其言之成理,足以欺惑愚众,是陈仲、史鳎也。

陈仲即孟子谓其"以兄之禄为不义之禄而不食也,以兄之室为不义之室而不居也,避兄离母,处于於陵"(《孟子·滕文公下》)的陈仲子,《淮南子·泛论训》称其"立节抗行,不入洿君之朝,不食乱世之食,遂饿而死",故而是与华仕同类的隐逸之民。②荀子对陈仲的批评,不是在法家的无用而是在"易教"的意义上的。③

---

① 《韩非子·难一》:"是隐也,宜刑。"(旧注:德修而隐,不为臣用,故宜刑也。)又,《韩非子·说疑》云:"若夫许由、续牙、晋伯阳、秦颠颉、卫侨如、狐不稽、重明、董不识、卞随、务光、伯夷、叔齐,此十二人者,皆上见利不喜,下临难不恐,或与之天下而不取,有萃辱之名,则不乐食谷之利。夫见利不喜,上虽厚赏无以劝也;临难不恐,上虽严刑无以威之。以之谓不令之民也。……有民如此,先古圣王皆不能臣,当今之世,将安用之?"法家诛隐传统,后世流风余韵不绝。司马光《资治通鉴》(卷 19 武帝元狩三年)记载汉武帝与汲黯的一次对话。汲黯以汉武虽时时下诏求贤,然群臣虽素所爱信者,或小有犯法或欺罔,辄按诛之,无所宽假,曰:"以有限之士恣无已之诛。"汉武笑而答之:"夫所谓才者,犹有用之器也,有才而不肯尽用,与无才同,不杀何施!"

② 隐者、隐逸之民,《荀子》又称"无方之民",或与《庄子·大宗师》"游方之外者"一语有关。荀子号召:"学者学为圣人也,非特学为无方之民也。"(《礼论篇》)

③ 《韩非子·外储说左上》载宋人屈毂见陈仲,以其不恃人而食,亦无益人之国,亦为坚瓠之类无用之物。此所表现者为法家之功用论,与荀子的不同。

关于陈仲子，《战国策·齐四》亦载有与之相关的一则故事。齐王派使者赴赵国，赵威后对使者说：

> 齐有处士曰钟离子，无恙耶？是其为人也，有粮者亦食，无粮者亦食，有衣者亦衣，无衣者亦衣。是助王养其民也，何以至今不业也？叶阳子无恙乎？是其为人，哀鳏寡，卹孤独，振困穷，补不足。是助王息其民者也，何以至今不业也？北宫之女婴儿子无恙耶？彻其环瑱，至老不嫁，以养父母。是皆率民而出于孝情者也，胡为至今不朝也？此二士弗业，一女不朝，何以王齐国、子万民乎？于陵子仲尚存乎？是其为人也，上不臣于王，下不治其家，中不索交诸侯。此率民而出于无用者，何为至今不杀乎？（《战国策·齐四》）

于陵子仲即陈仲。此处赵威后以陈仲为"无用"，也不是在法家意义上的，而是指他不能像钟离子、叶阳子和北宫之女那样于教化有助益——"率民而出于孝情"——，故以为该杀。赵威后与其说与法家，毋宁说与荀子为同道。

综上，七子之例中有文献可考之三子，正代表了三个阶层：管叔为王室亲贵，邓析为大夫或士，华仕为隐逸之民。三者地位悬殊，性质各异，或为政治人，或为非政治人，然其作为"先诛"之对象，则无不同。原因似乎在于，如叙事所说，三者"异世同心"。①

---

① 历来都有研究者以为，三子并列为不伦不类，故以孔子诛卯说为虚构。王若虚："如管、蔡王室之亲，敢为叛逆，罪孰大于是者？而卯与之同罚，无乃不伦乎？至于华士，尤非其比。"（胡传志、李定乾：《滹南遗老集校注》，辽海出版社 2006 年版，第 25 页）钱穆："周公诛管叔为不类，子产诛邓析为误传，此外则为虚造。"（氏著：《先秦诸子系年》，商务印书馆 2001 年版，第 30 页）唐君毅亦持此论，见氏著：《中华人文与当今世界》，第 2 册，广西师范大学出版社 2005 年版，第 652 页。

何以地位悬殊、身份迥异之三人，却"同心"？

要解开这一难题，荀子之高徒韩非，或许能助我们一臂之力。上引华仕之故事，见于《韩非子·外储说右上》。此篇之主题为君术——君治臣之术。韩非认为，君治臣之术有三：一、势不足以化则除之；二、能独断；三、能忍。在《经文》部分的"势不足以化则除之"一条下，韩非便举太公杀狂矞为例。而观其《经解》之相应部分，亦释以："赏之誉之不劝，罚之毁之不畏，四者加焉不变，则除之"，这表明，"势不足以化则除之"，是以治隐为主题的。只是细观《经解》该条之下所举之事例，又不止于治隐。在该条下，韩非系以故事四组。

第一组，含故事两则，都与齐景公有关。其一，齐景公之弟公子尾、公子夏"甚得齐民"，拟于公室。师旷劝齐景公行惠民政策，齐景公悟以与两个弟弟争夺民心。其二，齐田成氏"甚得齐民"，晏子劝齐景公"近贤而远不肖，治其烦乱，缓其刑罚，振贫穷而恤孤寡，行恩惠而给不足"，以与田成氏争夺民心。可见，第一组故事的主题，都涉及如何对付甚得民心的权臣。师旷、晏子皆主张以儒家之道——行仁政，使近安远来——应对之。韩非对此表示明确反对，认为不处势以禁诛擅爱之臣，而必德厚以与天下齐行以争民，是不知用势之君，师旷、晏子为不知除患之臣。韩非的主张是，齐景公在乱有渐见之时，应凭君势诛杀拟君之臣，"早绝奸之萌"。

第二组，含故事一则：

> 季孙相鲁，子路为郈令。鲁以五月起众为长沟，当此之时，子路以其私秩粟为浆饭，要作沟者于五父之衢而飡之。孔子闻之，使子贡往覆其饭，击毁其器……子路怫然怒，攘肱而入，请曰："夫子疾由之为

仁义乎？所学于夫子者，仁义也；仁义者，与天下共其所有而同其利者也。今以由之秩粟而餐民，其不可何也？"孔子曰："由之野也！吾以女知之，女徒未及也，女故如是之不知礼也？女之飨之，为爱之也。夫礼，天子爱天下，诸侯爱境内，大夫爱官职，士爱其家，过其所爱曰侵……"言未卒，而季孙使者至，让曰："肥也起民而使之，先生使弟子止徒役而飨之，将夺肥之民耶？"孔子驾而去鲁。

此则故事之主题亦明显关涉民心之争夺。君主不怕贼，不怕盗，最怕得民心者。子路之善举，无意中使孔子置身于与君主（季孙）争夺民心之境地，孔子遂不得不出奔。

第三组，即前引太公诛狂矞、华士之故事，亦与得人心有关。不臣天子、不友诸侯之狂矞、华士，不仅"自谓以为世之贤士"，且周公亦以之为"天下贤者"，有贤者之名，却不由君主，此为韩非所以为断不可为君主所接受者。狂矞、华士之受诛，固然与其不为君用有关，却更与其虽隐居不仕而为贤者关系甚大。

第四组，包含故事两则。其一，卫嗣公不以如耳为相，盖因"如耳万乘之相也，外有大国之意，其心不在卫，虽辩智，亦不为寡人用"。其二，言魏昭侯之相薛公田文如何收服人心。两则故事亦都与人心相关。

"势不足以化则除之"，是韩非所主张的君治臣之术的首条法则，实质都关乎对民心之争夺。在韩非看来，民心乃君主之最大利益，臣民若有任何赢得民心之处，便侵犯了君主之"固有权力"，是对君主之权威的侵害。由四组故事之结构，可见编者之苦心：第一、四组讲拟于公室之臣，其一旦"行久而成积，积成而力多，力多而能杀"，便为"弑臣"，公室之臣之或亲贵或世臣身份，类于七子之例中的管叔；第二组言孔子师徒行仁义而遭忌于季氏,孔子、子路之身份类于能立法、能论辩之邓析(以及少正卯),为大夫或士;第三组的狂矞、华士即七子之例中的华仕,乃隐逸之民。故《外储说右上·解说之一》头三组故事中的三组人物,与"七子之例"中有文献可考的三子身份,彼此相对应,见下表:

	《荀子·宥坐》之孔子诛卯说	《韩非子·外储说右上》经解一
亲贵世臣	管叔	公子尾、公子夏、田成氏
贤智之士	邓析	孔子、子路
隐逸之民	华仕	狂矞、华士昆弟

可见,《荀子·宥坐》"七子"中的"管叔、邓析、华仕"的结构,在《韩非子·外储说右上》的相应故事中几乎被原样复刻,而且,它们都围绕着同一个核心概念:先诛(《荀子·宥坐》中为"始诛"、《韩非子·外储说右上》为"首诛")。

由上述《韩非子》相关篇章的分析,可以得出如下结论:"异世同心"之所"同"之"心",乃是能争夺"人心"之"心"。公子尾、公子夏、田成氏、孔子师徒、狂矞、华士兄弟,地位悬殊,身份迥异,却有一共同之处:有可能从人君处夺走民众对人君之"爱",故为人君视作现实或潜在之敌。

《韩非子·八说》开篇便列举了有"私誉"的八类人:不弃、仁人、君子、有行、有侠、高傲、刚材、得民。狂矞、华士昆弟之类虽"离世遁上",却有所谓"高傲之誉";子路、公子尾、公子夏、田成氏之类行惠取众,乃是所谓"得民之人"。"高傲者民不事也……得民者君上孤也",而"匹夫之私誉,人主之大败也",因为,"私誉"并非来自君上,而是来自民心。是以八类人,或有意或无意地在与君主争夺民心,在韩非看来,"毁"此八类人之私誉,乃人主之"公"利。因此,即便在法家韩非那里,诛隐也不只关涉能不能用的问题,还关涉权力者对"名"的垄断,尤其是对人心之垄断。

　　人心问题,原本为孔门儒学所尤其关注的,却在被视作法家思想之集大成之作的《韩非子》中反复出现,或许正表明了这一主题如何经由荀学而进入法家思想。在《韩非子·外储说右上》中,韩非刻意强调了他的主张与儒家主张之异。师旷、晏子、子路之惠民、爱民、仁政的儒家式主张,成为了被否定的方面,而在韩非笔下,孔子、子夏则成为他的思想的认同者或表述者:人君应以其势,诛灭一切可能从人君那样夺走人心的力量。当然,韩非的这一主张,与其师荀子的思想有共通之处:这正是他通过"首诛"一词、荀子通过"始诛"一词想要表达的。①

二、"五恶论"之意蕴:心之罪

　　对"七子之例"中文献可证的"三子"的初步研究,已使我们对诛少正卯之因,有一初步的了解:有一些人,能"欺惑愚众",夺走本应属于——且被认为当唯一属于——君主之人心,让人民不爱(或不只爱)君主,而(而且)爱他们。那么,这一初步结论,是否可以在该叙事所提出的正面理由——"人有恶者五"——中得到验证呢?

　　所谓五种"恶",并不是一种正式的罪名,因为,"盗窃不与焉"。《晋书·刑法志》云:"……秦汉旧律,其文起自魏文侯师李悝。悝撰次诸国法,著《法经》。以为王者之政,莫急于盗贼,故其律始于《盗》《贼》。"可见,"盗贼不与焉"的所谓"有恶者五",并非刑律所规定的一般意义上的

---

　　①　在韩非的孔子和子路的故事中,子路讲"仁义",孔子却讲"礼",以礼释仁,正是荀学的一大特征。这则故事,后来又现身于《孔子家语》和《说苑》,只是这二本书都删去了季孙氏这一人物(季孙以子路为郈令,故为子路之君,此为封建观念之余绪,不合秦汉形势)。而无论是韩非,还是《孔子家语》和《说苑》,都有明显的荀学色彩。

罪。否则,以少正卯之类闻人,倘有必诛之罪,孔子为司寇时便可诛之,且以司寇身份行诛,不失为正当,门人亦不必进问。由"孔子摄相"及"门人进问"可知,少正卯之"罪",并非一般意义上的罪;且从所举之例看,邓析、华仕均未见有通常意义上的罪行,甚至管叔,后人亦有认为只是"将"之罪。故从门人进问,且孔子并非以司寇、而是以摄相身份行诛,足见诛少正卯不是一桩司法事件,而是一桩政治事件。①

虽非一般意义上的罪,却远胜于一般意义上的罪。此"罪"实有超出"法治主义"法家对"罪"的认识,也超出儒家对"罪"的认识。②

那么,何以"盗贼不与",却要先事设诛?要回答这一问题,必须对叙事所提出的正面理由——"五恶"——细加剖析,正如赵纪彬所指出的,"五恶"是正确理解诛卯问题的关键。③

"五恶"之中的每一"恶",都包含两方面内容,其一为某种知、能,其二为对知、能的褒贬或价值判断。具体如下:

㈠ "心达而险"。杨倞注:"谓心通达于事而凶险也。""通达于事",属于知、能;"凶险",属价值判断。

㈡ "行辟而坚"。杨倞注:"辟,读曰僻。"按《论语·先进》"师也辟"之"辟",马融释作"邪僻文过",是价值判断。坚,《说文》:"刚也。"属于知、能。

㈢ "言伪而辩"。"伪",诈伪,属价值判断。"辩"属知、能。

㈣ "记丑而博"。博,《说文》:"大通也。"属知、能。丑,杨倞注:"谓

---

① 《说苑》版"孔子诛卯说"有这样一句:"所谓诛之者,非谓其昼则攻盗,暮则穿窬也,皆倾覆之徒也。"(《说苑·指武》)这就使受诛者之"政治犯"而非"刑事犯"的性质,更为显豁。

② 后人对孔子诛卯说的质疑,以不罪之罪诛,为其重要之点。如王若虚:"诬其疑似,发其隐伏,逆诈以为明,径行以为果,按之无迹,加之无名"。(胡传志、李定乾:《滹南遗老集校注》,辽海出版社 2006 年版,第 25 页)

③ 赵纪彬:《关于孔子诛少正卯问题》,人民出版社 1973 年版,第 41 页。

怪异之事。"傅山:"怪异非丑类,似记人之秽行耳。"①属价值判断。

㈤"顺非而泽"。杨倞注:"泽,有润泽也。"黎翔凤《管子校注》引尹桐阳注:"泽,饰也。"属知、能。"非",属价值判断。

总之,达、坚、辩、博、泽,都指知、能上的擅长;险、僻、伪、丑、非则是对这些知、能的否定性评价。"五恶"之中,"心达而险"居首,为"五恶论"之核心。

荀子"五恶论",是否有其渊源? 如能找到它们的源头,或许对"五恶"能够有进一步的、深入的理解。

荀子年五十始游齐,后于稷下学宫三为祭酒,"最为老师",对作为齐稷下学之集大成之作的《管子》②,必定不陌生。在《管子·法禁》一篇中,我们可以发现,在所谓"弱君乱国之道"一条之下,一气布下了一十七条"圣王之禁",其第十五条曰:"行僻而坚,言诡而辩,术非而博,顺恶而泽者,圣王之禁也。"与荀子"五恶"大同小异,只是在荀子那里,多了一条"心达而险"。

《管子·法禁》的主题,正是君主如何防范臣下猎取人心,与上节所分析的《韩非子·外储说右上》相关内容的主题完全一致。在《管子·法禁》一篇的作者看来,王道之失的根源,在于"大臣之赘下而射人心者"多,因为,王道的根本就在于人心的齐一:

《泰誓》曰:"纣有臣亿万人,亦有亿万之心。武王有臣三千而一

---

① 《傅山〈荀子〉〈淮南子〉评注》,吴连城释文,上海古籍出版社1990年版,第266页。

② 顾颉刚怀疑《管子》一书,"竟是一部'稷下丛书'"。(见氏著:《周官辨非序》,载《顾颉刚古史论文集》,卷11,中华书局2011年版,第416页)冯友兰也认为,"《管子》就是稷下学宫的'学报'","就是稷下学术中心的一部论文总集……这部书中,各家各派的论文都有,但中心是黄老之学的论文。"(《中国哲学史新编》,载《三松堂全集》,河南人民出版社2001年第2版,第103、427页)

心。"故纣以亿万之心亡,武王以一心存。故有国之君,苟不能同人心,一国威,齐士义,通上之治,以为下法,则虽有广地众民,犹不能以为安也。

荀子思想与该篇的关联,是显而易见的。荀子也主张"一人心",与该篇主旨如出一辙;荀子还主张学当止于礼义,也默契于《管子·法禁》的学当止于圣王之令的看法:

昔者,圣王之治人也,不贵其人博学也,欲其人之和同以听令也。
〔房注:博学而不听令,奸人之雄也。〕

尽管荀子与《管子·法禁》有"礼义"与"令"之别,但目的都在于"一人心"。可以肯定,《管子·法禁》是荀子思想的重要来源之一,甚至可以说,是荀子的"圣王先诛论"的母本。①

后人往往将荀子的孔子诛少正卯说,视作法家思想的体现,或者,是受法家思想影响的产物,其实,更确切地说,由他的"五恶论"可知,此说实脱胎于黄老之学著作——《管子》。

荀子最初似乎只单纯接受了《管子·法禁》的"四恶",尚无加入"心达而险"一条,根据是,在《非十二子篇》中,荀子以"奸事"、"奸心"、"奸说"之"三奸"为"圣王之所禁也"。他的所谓"奸心",指"劳知而不律先王";"奸说"指辩说而不顺礼义,对此,荀子又进一步解释道:"行辟而坚,饰非而好,玩奸而泽,言辩而逆,古之大禁也",除文字稍有出入外,

---

① 《管子·法禁》中的圣王之禁的第二条,是"其身毋任于上者,圣王之禁也",即"不容隐",黎翔凤注《管子》便引《荀子·宥坐》"太公诛华士,管仲诛付里乙"解说之。

与上引《管子·法禁》"圣王之禁"第十五条的四点基本一致。可以说，《宥坐篇》的"五恶论"，是《非十二子篇》中的"奸心"与"奸说"四点的综合。有理由推测，加上了"心达而险"一条以成"五恶"的《宥坐篇》，当作于《非十二子篇》之后，标志着荀子"心论"成熟。这样看来，《宥坐篇》的孔子诛卯说，对理解荀子的政治学说，具有极为重要的意义。

　　荀子"心论"的基本主张是，"心"为天赋，"思"为心之官能，"伪"——善——是心之思虑的产物。荀子心论的一个重要特征，是认为，"心"本身并无"善"内蕴于其中。相反，"心"作为"性"的一部分，沾染了"性"的天生之"恶"，如利欲、贪欲等等。《修身篇》云："凡用血气、志意、知虑，由礼则治通，不由礼则勃乱提僈。"在此，"知"（心之思虑）与"情"（血气）、"意"（志意），由于它们统统属于"性"，同样地成为倘没有礼治，便不免于恶的待治对象。在荀子看来，人心之思虑未必能合于善（合乎圣王礼义），善只是心作了正当运用——善的"心术"——的结果。荀子区分了"知"与"智"，以为唯有合乎圣王礼义之"知"，才是"智"；唯有合乎圣王礼义之"能"，才是真正的"能"。凡合于圣王礼义者，荀子名之为"中"：

　　　　凡事行，有益于治者立之，无益于治者废之，夫是之谓中事。凡知
　　　　说，有益于治者为之，无益于治者舍之，夫是之谓中说。（《儒
　　　　效篇》）①

---

　　①　"治"本作"理"，据王天海《荀子校释》改。荀子的"中"异于孔子。孔子之"中"指中道、执两用中、无过无不及，有弹性，不合中道，也未必不可取，如孔子所称许的狂与狷。荀子之"中"，指对圣王礼义这一标准的符合，所谓"先王之道，仁之隆也，比中而行之。曷谓中？曰：礼义是也"，是刚性的。郝懿行说："陈仲之廉，史鳅之直，虽未必合于中行，衡之末俗，固可以激浊流、扬清波。荀之此论，将无苛与？"他这里的"中行"，不是荀子意义上的。荀子之所以不能容忍"廉、直"，是因为一切要以圣王礼义为准。

凡不合于"中"者,荀子名之为"奸"①:

> 行事失中谓之奸事,知说失中谓之奸道。奸事奸道,治世之所弃,而
> 乱世之所从服也。(《儒效篇》)

在荀子看来,人心极端重要——"伪"、"善"皆源于此——,却又极度危险:因为,作为"心"之所"思"之结果的人的知、能,很可能不是"中",而是"奸"。那些善于"心"之"思"者,极有可能因"心"而生"恶"。在《非十二子篇》中,荀子对"十子"一概许以"持之有故,言之成理",可见,其"知"、"能"都不缺乏,但是,在他看来,他们的"知"都适成其恶。人的知、能愈高,危害愈大。"持之有故,言之成理",倘不合圣王礼义,恰"足以欺惑愚众"。《儒效篇》云:

> 人无师无法而知则必为盗,勇则必为贼,云能则必为乱,察则必为
> 怪,辩者必为诞。

因此,在荀子看来,最大、最危险之"恶",源于其心之所知不合甚至有悖于圣王礼义的才智之士。②此类才智之士,荀子称作"奸"、"奸人"或"奸民"。奸是非同寻常的"罪"——因为其重心在于"心"而不在于"行"——,故重于"盗"。荀子"先事设诛"的对象,不是作为行为罪的"盗",而是作为心罪的"奸"。

---

① "奸"为荀子重要概念之一,在《荀子》一书中出现不下 60 处。
② 少正卯等为"才智之士"这一点,王充已点出。《论衡·定贤》:"孔子称少正卯之恶曰:'言非而博,顺非而泽。'内非而外以才能饰之,众不能见则以为贤。"

荀子的"心"是一种纯认知性的能力,本身无所谓善恶。但是,"心"的运用则有善、有恶,为善、为恶端视其是否转向圣王礼义。"心达而险"所指,乃是"心"运用之恶,即"心"未能转向对圣王礼义的认知。"心"可以是一切善之"伪"的源头,也可以是一切奸说、奸行的源头。在孟子处,"心"是善端,善的发动者,人欲善,只须将"心"扩而充之即可。但在荀子看来,"心"是不可靠的,"心"之所"思"无法保证其内容之善。可以说,荀子一方面继承了作为轴心时代哲学突破的核心的"心"的概念,另一方面,他的"心"又不同于古典之"心",不是天所赋予的能通天人、出善行的在人自身之中的"祭坛",而是染有经验论色彩的、因而驳杂不纯的在人身上的一种重要却又无定向的能力。

显然,在方向选择和运用上的自由是荀子的"心"的概念的重要特点。但是,这样的"自由"对荀子来说,仅仅意味着"心"具有"恶"的天然倾向。在他看来,要使"心"作善的或正当的运用,就必须将心的无限制的自由认知,转向对圣王师法礼义的认知:

> 凡以知,人之性也;可以知,物之理也。以可以知人之性,求可以知物之理而无所疑止之,则没世穷年不能徧也。其所以贯理焉虽亿万,已不足以浃万物之变,与愚者若一。学,老身长子而与愚者若一,犹不知错,夫是之谓妄人。故学也者,固学止之也。恶乎止之?曰:止诸至足。曷谓至足?曰:圣也。圣也者,尽伦者也;王也者,尽制者也。两尽者,足以为天下极矣。故学者,以圣王为师,案以圣王之制为法,法其法,以求其统类,以务象效其人。(《解蔽篇》)

这种心向着圣王礼义的"转向",可称作"变心"。"心"唯有转向圣王之制,以之为认知对象,才不会陷入方向性错误,才符合荀子所说的"中"。不然,心便不免为"奸心",愈使用,恶愈甚。①限制心之自由运用,以圣王礼义为其唯一的认知对象,就是荀子所谓的"治心"。在荀子看来,治心是治身乃至于治天下的根本。

荀子的"化性起伪",确切地说,所化的不是"性",而是"心"。"性"无从变,《大略篇》曰:"虽尧、舜不能去民之欲利,然而能使其欲利不克其好义也。"可见,民之性,虽尧、舜不能去。《性恶篇》:"凡性者,天之就也,不可学,不可事。"对得之于"天"的"性",人不能改变之,故"性"虽恶,亦天功所就,不可变。②因此,尽管荀子也讲"性也者,吾所不能为也,然而可化也"(《儒效篇》),但是,真正要"化"、能"化"的,其实是方向不定的"心"。"心"是身的主宰,化心是化性的关键,如张岱年所指出的,"荀子更认为性之改变皆由于心的作用;化性起伪,乃心的作用之结果。"③"性"在方向上是固定的,唯有作为"性"的一部分的"心"是例外:具有运用方向上的自由。"心"的危险在于它的自由;"心"之被当作"治"或"化"的重点对象,也在于它的自由。真正可"化"者,不是一般意义上的性,而是性中之"心"。④

"化性"并不是改变自然人性,而是使所化之心主宰性,使后者合乎

---

① 知识越多越反动,在 20 世纪 70 年代颇为流行,而当时荀子的声望,也达到了有史以来的顶峰。

② 常与荀子心有戚戚焉的《吕氏春秋》,有时讲得更为显豁:"天使人有欲,人弗得不求。天使人有恶,人弗得不辟。欲与恶所受于天也,人不得兴焉,不可变,不可易。"(《吕氏春秋·仲夏纪》)只是《荀子》比集体创作的《吕氏春秋》在理论逻辑上更一致。譬如,荀子断然主张"天人二分":"天地生之,圣人成之。"(《荀子·富国》)"成"全凭人为制作。《吕氏春秋》则云:"始生之者,天也;养成之者,人也。"(《孟春纪》)虽也强调人为,却也有"顺应"天地之性的意味。

③ 张岱年:《中国哲学大纲》,商务印书馆 2015 年版,第 370 页。

④ 《郭店楚简·性自命出》:"凡人虽有有性,心无定志,待物而后作,待兑而后行,待习而后定。""四海之内,其性一也,其用心各异,教使然也。"荀子之心性学说,当得之于《性自命出》甚多。

圣王礼义。化性的实质是"变心",而非"变性"。唯有"心"变,"性"才可能摆脱恶:

> 心之所可中理,则欲虽多,奚伤于治!……心之所可失理,则欲虽寡,奚止于乱,故治乱在于心之所可,亡于情之所欲。(《正名篇》)

因此,"化性起伪"的实质不是"变化情性",而是"变化人心"。心化,性为心所节制,则性亦化也。①

　　荀子最重"人心":不仅因为"心"是善之"伪"的源头,而且因为"心"之运用有其不定性或自由性,惟有"治心"才能确保"心"的运用的正当。因"心"是人身的主宰,故而治人以治"心"为本,这是一种源头治理。在荀子看来,为治的根本在于变化人心。②王者之治,就是使人心都一之于圣王礼义,即所谓"王者之政"的一人心。《王制篇》:

> 王夺之人,霸夺之与,强夺之地。夺之人者臣诸侯,夺之与者友诸侯,夺之地者敌诸侯。臣诸侯者王,友诸侯者霸,敌诸侯者危。

此处"夺之人",久保爱、梁启雄、王天海都释作得人心也。《仲尼篇》也指出,王道与霸道之别,在于"服人之心"。《议兵篇》云:"以德兼人者王,以力兼人者弱,以富兼人者贫。古今一也。"其《富国篇》云:"仁人之

---

　　①　因此,唐君毅指出:"谓荀子之思想中心在性恶,最为悖理。以吾人之意观之,则荀子之思想之核心,正全在其言心。"(氏著:《中国哲学原论·导论篇》,九州出版社2021年版,第91页)张岱年也指出,"先秦哲学家中,论心最详者,为荀子。"(氏著:《中国哲学大纲》,商务印书馆2015年版,第368页)

　　②　《儒效篇》讲武王克商后,"四海之内,莫不变心易虑,以化顺之"。可见,真正变化的,是能思虑的心。

用国，非特将持其有而已矣，又将兼人。"佐藤将之将"兼人"之术，解释为求为天下之君王的"获得人心之术"。①因此，一人心是王者之道。王者最关注的是人心，是人心之齐一。《王霸篇》云："聪明君子者，善服人者也。人服而势从之，人不服而势去之，故王者已于服人矣。"杨倞注："王者之功尽此也。"

荀子的人心政治，与儒家的人心政治，存在着重要区别。儒家以心言性，心、性不分，故孟子主张"体民之情、遂民之欲"。荀子则心性相分，以心治性，治心又是以心治性的前提。由此区别便可解释，何以荀子主张"化民之性"，何以在荀子那里，凡不同心者，有二心者，更不用说有可能从王者那里夺走人心者，被视作最大之敌。显然，不论有意无意，凡心不同于圣王之心，却又能赢得人心者，便违背了心之"一"，犯了心之"罪"。

这样，我们或许可以了解了，"五恶论"的根本，在于心之"罪"，即心未能以圣王礼义为认知对象，未能找到圣王礼义这一唯一的准绳。少正卯、"七子"、"十二子"，虽身份各异，然其"罪"相同。②他们的"心"都没有一之于圣王之心，他们都可能使民心不"一"而"二"。他们之存在本身，即便不言，也表明了"二心"的存在。对重"心"的荀子来说，心之"罪"甚于盗贼之"罪"。

三、"惑众"之"闻人"乎？

少正卯，《荀子》、《尹文子》、《孔子家语》、《说苑》都记载为鲁之"闻

---

① 佐藤将之：《荀子礼治思想的渊源与战国诸子之研究》，台大出版中心 2013 年版，第 53—54 页。

② 《韩诗外传》抄撮《非十二子篇》时，删去子思、孟子，改十二子为十子，称"此十子者，皆顺非而泽，闻见杂博"，将"五恶"之第二条（"闻见杂博"类似"记丑而博"）用于十子，可知荀子视少正卯与十子为同类。

人"。杨倞注:"闻人,谓有名为人所闻知者也。""闻人"有影响力,能"惑
众"。王充《论衡·讲瑞》记:"少正卯在鲁,与孔子并。孔子之门,三盈
三虚,唯颜渊不去,颜渊独知孔子圣也。"无论王充之说是否为向壁虚
造,都表明在他看来,少正卯之获诛,与其影响力有关。这一点,还可以
从王充指斥韩非认同太公诛华士之不是见出。王充以为,如华士之类的
隐逸者,其影响力不足挂齿,故不必诛:

> 性行清廉,不贪富贵,非时疾世,义不苟仕,虽不诛此人,此人行不可
> 随也。太公诛之,韩子是之,是谓人无性行,草木无质也。太公诛二
> 子,使齐有二子之类,必不为二子见诛之故,不清其身;使无二子之
> 类,虽养之,终无其化。尧不诛许由,唐民不皆巢处;武王不诛伯夷,
> 周民不皆隐饿;魏文侯式段干木之闾,魏国不皆闭门。由此言之,太
> 公不诛二子,齐国亦不皆不仕,何则?清廉之行,人所不能为也。夫
> 人所不能为,养使为之,不能使劝;人所能为,诛以禁之,不能使止。
> 然则太公诛二子,无益于化,空杀无辜之民。赏无功,杀无辜,韩子
> 所非也。太公杀无辜,韩子是之,以韩子之术杀无辜也。……且不
> 仕之民,性廉寡欲;好仕之民,性贪多利。利欲不存于心,则视爵禄
> 犹粪土矣。廉则约省无极,贪则奢泰不止。奢泰不止,则其所欲,不
> 避其主。案古篡畔之臣,希清白廉洁之人。贪,故能立功;憍,故能
> 轻生。积功以取大赏,奢泰以贪主位。太公遗此法而去,故齐有陈
> 氏劫杀之患。太公之术,是劫杀之法也。韩子善之,是韩子之术亦
> 危亡也。(《论衡·非韩》)

王充以为,华仕等二人没有什么影响,诛之属于空杀无辜之民,有悖于

法家功赏罪诛的原则。王充此说的目的是劝权力者放"隐者"一码,不要赶尽杀绝。这当然是出于好心。只是他的批评,只适用于《韩非子》所载太公诛狂矞、华仕之说的头一则故事——这则故事所体现的原则,是主张"诛隐"的法家观念——,却不适用于以荀子的"一人心"思想为主导的第二则传说。

不言、不行,居海上,或处岩穴,于人伦之外,遗世独立,不授徒的隐士,何以"乱法易教"?

王充以为,"不仕之民,性廉寡欲;好仕之民,性贪多利",而在荀子看来,寡欲、无欲,不仅更难制,而且恰表明有异于"一"之"心"存在。名、利、荣、辱,皆为人主操纵他人之"天然"资源,只能出自人主之手。隐者独立于人主之权力,却有令名,无异是对人主所垄断之资源的"盗取",是对人主独有之毁誉、赏罚之权的侵犯,隐者盗名之"罪",甚于盗货:

> 人之所恶者,吾亦恶之。夫富贵者则类傲之,夫贫贱者则求柔之,是非仁人之情也,是奸人将以盗名于晻世者也,险莫大焉。故曰:盗名不如盗货。田仲、史鰌不如盗也。(《荀子·不苟》)

"不如盗"即其恶有甚于盗。故隐者亦奸人也。太公至齐,召请狂矞而不得。周公谓狂矞乃"天下贤者",则知有贤者之名;有贤者之名,则虽隐亦有影响,召请而不至,则示于政治之上(或之外),有与之相异的(或更好的)生活,故太公以其"乱法易教"而诛之。隐逸之民的生活,隐示有超越于政治、权力之人生,故于"一人心"不利。

荀子以为,人、兽之别在于"人能群",故一切均应以"成群"为准。

荀子之视角且唯一之视角，是治之视角。隐逸之民义不臣天子、不友诸侯、得志不惭为人主、不得志不肯为人臣，其存在本身表明了在"群"之外，尚有"不群"之生活；在王者之心外，尚有隐者之心。隐者不以王者之心为心，从而使世上竟有"二心"乃至于"多心"。荀子最重人心之齐一，屡云"上下一心"，隐者之存在不仅意味着人心不一，倘其还有民望，则无异于盗走本属人主之心。法家不容隐，主要在于隐者之不能为德、刑二柄所驱使；荀子之不容隐者，而且在于隐者之名、隐者之存在本身，便是对人主"一人心"的异议。隐士而竟然有名，便有可诛之处。在"一人心"者看来，法家只是治"末"（人的言行），而他们却是治"本"——源头治理。因此，荀子不容隐，不单出于功利考量，其思虑实超出一般法家眼界。①

如果说，邓析之获诛，在于参与政治而对人心产生影响；隐者之获诛，在于他们自外于政治之生存方式对人心之影响；那么，作为王亲贵戚之管叔之获诛，是否与前者不同，仅仅因为单纯的刑事事件即叛乱、而与人心之影响无关呢？

管叔系文王三子，武王之弟，周公之兄。武王殁后，诸兄弟中，管叔

---

① 孔、孟对隐者都礼敬。孔子"谓虞仲、夷逸：'隐居放言，身中清，废中权。'"（《论语·微子》）孟子以陈仲为齐之"臣擘"。（《孟子·滕文公下》）荀子与法家是典型的"政治人"，与孔、孟迥异，在他们眼中，生活无非政治，政治无非受制于君主。凡非政治、非权力的活动，一概目之为反政治、反权力的活动。在将人生等同于政治、政治等同于权力的人看来，最大之敌，不是走另一条路线的政治人，而是非政治人。隐士之存在，无形指示了政治或权力之边界，指出在此之外还有一个更真实的、深厚的和广阔的生活世界。后者的存在本身，是对以拥有权力、以权力操控一切而沾沾自喜者的否定，是对政治之限度、权力之限度的揭示。这是何以隐者这一非政治人，却成为政治人之大敌的根源。不容隐是政治人为满足其权力化世界的主观想象和任性的一种作为，即便未能使一切非政治的、即真正的生活世界悉数权力化，却足以破坏、毁灭非政治的生活世界。

最长①,然而周公摄政,"管叔、蔡叔群弟疑周公"(《史记·周本纪》)。其实,疑周公者,还包括召公。②值得注意的倒是司马迁在《周本纪》中的叙述:

> 成王少,周初定天下,周公恐诸侯畔周,公乃摄行政当国。管叔、蔡叔群弟疑周公,与武庚作乱,畔周。

这里的逻辑很奇怪:原本被当作防范诸侯畔周的"公乃摄行政当国"的做法,反招来诸侯之畔,而诸侯之畔,又反证了原先的防范("恐")有"先见之明"。③这种由原因招致结果,又由结果反证原因之正当的政治逻辑,后世并不少见,如刘邦之于韩信、英布、彭越;汉景帝之于七国;汉武帝之于淮南王;等等。因此,周公的所为,颇引发后人的疑惑:周公究竟是不智——举措失策,还是不仁——有意为之?《孟子·公孙丑下》就记载了陈贾的疑惑:

> 周公使管叔监殷,管叔以殷畔。知而使之,是不仁也;不知而使之,是不智也。仁、智,周公未之尽也。

孟子的回答是:周公"不知也"。

---

① 周公与管叔,孰长孰幼,自来有两说:管叔为兄,周公为弟,为《孟子》、《荀子》、《史记》等所主张;刘向《列女传》、班固《白虎通》、《吕氏春秋》高诱注,则以周公为兄。看起来,文献愈晚出,愈倾向于主张周兄、管弟。

② 《史记·燕召公世家》:"周公摄政,当国践祚,召公疑之。"

③ 是管叔作乱、畔周在先,还是周公疑其欲作乱而先发制人,历来有不同说法。《后汉书·樊鯈传》载樊鯈治广陵王荆之狱,欲诛荆,曰:"《春秋》之义,'君亲无将,将而诛焉'。是以周公诛弟,季友鸩兄,经传大之。"这里,将周公诛管叔与季友鸩公子牙相提并论,都属"将而诛",是"防范于未然"之举。

宁可不智，不可不仁，二者有泾渭之别。然而，孟子何以知周公"不知也"？

周公被后世儒家奉作圣人，《荀子·儒效》列于大儒之首，却兄弟相残，要获得圆满解释，颇费周章。

春秋时兄弟相残之事不少，以"郑伯克段"一事最为著名。此事《春秋·隐公元年》有载。《左传》、《公羊》、《穀梁》皆有传，以《左传》最翔实。《左传》曰：

> 书曰："郑伯克段于鄢。"段不弟，故不言弟；如二君，故曰"克"；称"郑伯"，讥失教也：谓之郑志，不言出奔，难之也。

杜预注："段实出奔，而以'克'为文，明郑伯志在于杀，难言其奔。"孔颖达《正义》亦云："公伐诸鄢，段即奔共，既不交战，亦不获段，段实出奔，而以'克'为文者，此非夫子之心，谓是郑伯本志，不欲言其出奔，难言其奔，志在于杀，故夫子承其本志而书'克'也。"不过，孔颖达以为，郑伯初无杀心，及段谋欲袭郑，祸将逼身，自念友爱之深，遂起初心之恨，由是志在必杀。而服虔则以为："公本欲养成其恶而加诛，使不得生出，此郑伯之志意也。"故对郑伯之志，有两说，一如服虔，以为郑伯本有杀段之意，故意助成其恶；二如孔颖达，以为郑伯初无杀心。①二者的分歧在于

---

① 孔颖达于《春秋左传正义·隐元年》反驳郑庄公对段本有杀意、故意养成其恶之说，以为若其真欲杀段，不必待其叛意成为事实之后，因为，"君之讨臣，遏其萌渐，恶虽未就，足得诛之，何须待其恶成，方始杀害？"孔颖达此说不确。"将而诛焉"之原则，被承认且付诸实践，至早在战国。胡安国反驳孔说，以为纵有"君亲无将"之原则可作援引，但是，"姜以国君嫡母主乎内，段以宠弟多才居乎外，国人又悦而归之"，"故授之大邑"，"纵使失道以至于乱"，"然后以叛逆讨之，则国人不敢从，姜氏不敢主，而大叔属籍当绝，不可复居父母之邦，此郑伯之志也"。（胡安国：《春秋胡氏传》，浙江古籍出版社2010年版，第4页）

郑伯是否"先事设诛"。孔颖达唐人，其不能认同服虔之说，不难理解。《公》、《穀》二传则谓《春秋》大郑伯、甚郑伯之恶，尤其《穀梁传》，以为郑伯"处心积虑，成于杀也"。

郑伯之"后发制人"，是否为"先事设诛"，亦是一个陈贾式的见"仁"还是见"智"的问题。郑伯杀心何时起及因何而起，《春秋》经传未能明确，故后人说法不一。不过，由《诗经》，或可瞧出一些端倪。

《诗经·郑风》有诗二首，均以叔段为主角，即《叔于田》和《大叔于田》。不同于受《春秋》经传影响的对段"好勇而无礼"、"有勇而无谋"之印象，在这两首诗中，段的形象可谓既武且仁、既美且善。如《叔于田》反复咏唱：

> 叔于田，巷无居人。岂无居人？不如叔也。洵美且仁。
>
> 叔于狩，巷无饮酒。岂无饮酒？不如叔也。洵美且好。
>
> 叔适野，巷无服马。岂无服马？不如叔也。洵美且武。

《诗序》以为，《叔于田》和《大叔于田》两首，皆为"刺庄公也"。其论《叔于田》云："叔处于京，缮甲治兵，以出于田，国人说而归之。"论《大叔于田》云："叔多才而好勇，不义而得众也。"一曰"归之"，一曰"得众"。可见，段叔亦为"惑众"之"闻人"。欧阳修同意《诗序》的看法，谓《叔于田》："诗人言大叔得众，国人爱之。"（《诗本义》卷四）在"得众"之外又加了"爱之"。朱熹《诗集传》承《诗序》及欧阳修之说，注《叔于田》云："段不义而得众，国人爱之，故作此诗。"注《大叔于田》云："盖叔多材好勇，而郑人爱之如此。"且不论义或不义，从《诗序》至朱熹《诗集传》，都极言太叔段之得众。至此，答案已甚为显豁：叔段问题的关键，在于国人"归之"，"得众"，或者，"国人爱之"。

孔颖达《正义》曰："国人注心于叔,悦之若此,而公不知禁,故刺之。"孔颖达可谓精于韩非之术,韩非曰:"凡奸者,行久而成积,积成而力多,力多而能杀,故明主早绝之"(《韩非子·外储说右上》)。然而,诗作者是否以"君人南面术"暗示,恐怕未必。历代所谓儒家之经传注疏之中,何尝无黄老、申、韩之术? 是以儒家可以"独尊"。

孔颖达释"洵美且仁",一方面云:"叔乃作乱之贼,谓之信美好而又仁者,言国人悦之辞,非实仁也。"另一方面,却又怀疑太叔段未必真叛乱也,故疏第三章曰:"今言美且武,悦其为武,则合武之要,故云有武节。言其不妄为武。"意思是,就诗恉而言,太叔段并非如《左传》所述,秣马厉兵,图谋不轨。事实是,如上所述,叔段之罪,在于"郑人爱之如此"、"国人说而归之"。郑伯克段之心,应起于段之得人心、孚众望。《韩非子·外储说左下》记:"费仲说纣曰:'西伯昌贤,百姓悦之,诸侯附焉,不可不诛;不诛,必为殷祸。'"统治者之心,何其相似也! 故叶适《习学记言序目》道:"叔段二诗,美其于田于狩,劝其释弸弢弓,智者知其入于死亡之地矣,非为庄公忧也。"①

因此,以为二诗是刺庄公之"不知禁",恐怕不确。庄公并非"不知禁",只是行的是欲擒故纵之策。郑伯之举颇合黄老之术。《老子》云:"将欲歙之,必固张之。将欲弱之,必固强之。将欲废之,必固兴之。将欲夺之,必固与之。是谓微明。"《黄帝四经》之《十大经·正乱》言太山之稽(陈鼓应以为即指黄帝)欲对付蚩尤,谋曰:"予之为害,致而为费,缓而为[衰]。忧桐(恫)而窘(窘)之,收而为之咎;累而高之,部(踣)而弗救也。"②《吕氏春秋·行论》引诗曰:"将欲毁之,必重累之;将欲踣之,

---

① 叶适:《习学记言序目》,中华书局 1977 年版,第 67 页。
② 陈鼓应:《黄帝四经今注今译——马王堆汉墓出土帛书》,商务印书馆 2007 年版,第 249 页。

必高举之。"

荀子有"欲观千岁,则数今日"之"以近知远"法,那么,由后之"郑伯克段"一事,是否可使我们对周公诛管叔之事,有更多的了解呢?的确,要确切了解在周公与管、蔡之间,究竟发生了什么,今天几乎不可能了,正如顾颉刚所说:"春秋以下人对于这事件完全模糊一片,串不成一个系统来。"①不过,通过一些间接的材料,我们或许有可能对当时所发生的事件的真实情况,有所推测。

有关周公东征的资料,现存的主要为《尚书·大诰》,而这篇文献,据司马迁之说,乃周公所作,②故是一面之词。不过,在《诗经·豳风》中有《东山》、《破斧》二首,是以周公东征为背景的。《诗序》云:"《东山》,周公东征也。周公东征,三年而归,劳归士,大夫美之,故作是诗也。""《破斧》,美周公也。"但是,稍读二诗,不难发现毛《序》之说之不可信。崔述《丰镐考信录》已道出二诗皆"绝无称美周公一语",然崔氏依然认为二诗表现了东征之士的"劳而不怨"。③细读《破斧》的"哀我人斯,亦孔之将"等句,何曾有崔氏所说的"绝无一毫怨意"和"盛世景象"。还是顾颉刚说得好,《破斧》和《东山》二诗实则在诅咒周公,表明周公东征的不得人心。④

由《诗经·郑风》之《叔于田》、《大叔于田》二诗述段的得人心,到《豳风》之《东山》、《破斧》二诗述周公的不得人心,二者之间,难道不曾透露出一些古人对段与周公的不同于通常正统论调的隐微之义?

---

① 《顾颉刚古史论文集》,卷 10(下),中华书局 2011 年版,第 704 页。
② 《史记·周本纪》:"初,管、蔡畔周,周公讨之,三年而毕定,故初作《大诰》。"《鲁周公世家》:"管、蔡、武庚等果率淮夷而反。周公乃奉成王命,兴师东伐,作《大诰》。"
③ 《崔东壁遗书》,上海古籍出版社 1983 年版,第 208 页。
④ 《顾颉刚古史论文集》,卷 10(下),中华书局 2011 年版,第 707 页。

结　语

赵纪彬研究孔子诛少正卯一说,以为"儒家言'心',……使'心'字与政治、伦理问题相连,从不离事空言'心'义"①,并由此引出路线斗争、阶级斗争之义蕴。赵氏所言,至少对荀子是说得通的。荀子之"心",尽管从其本性来说,是一"认知心",但是,他恰恰是要使这一"认知心",化作一种"政治心",即蔡锦昌所谓"清明理智治乱心"。②

荀子的政治学,一言以蔽之,是"治心"之政治学:治之本在于人心之治。具体而言,便是认为人心当囿于圣王礼义,以王者之心为心。否则,便是有异于王者之心的"二心"。鉴于一人心被视作王者之治的标志,二心遂成为乱政之源。荀子以为,对凡无法通过教化而使其心与王者之心齐一者,除而去之,以此确保作为王者之治之目标的人心齐一。

至此,本文可以暂时获得如下结论:管叔、邓析、华仕、少正卯之所以"异世同心",其所同之心,在于有不同于王者之"二心",在于他们非王者而能得民心。他们之所以获诛,不必是其行动之有悖于法,而首先是其有不同于圣王之心的心,且能有对人心之影响。

他们的"罪",是心之"罪"。

---

① 赵纪彬:《关于孔子诛少正卯问题》,人民出版社 1973 年版,第 41—42 页。
② 蔡锦昌:《拿捏分寸的思考》第 2 章,唐山出版社 1996 年版。

古今内外之间：
黄宗羲与明清之际思想研究的方法与视角[*]

顾家宁^{**}

明清思想转型一直是学界研究的热点问题，而黄宗羲则是明清之际诸子中最具"近代"色彩，同时评价上也最具争议的一位思想家。20世纪以来的黄宗羲研究可谓成果迭出，就其问题意识与理论框架而言，大体皆着眼于"传统—现代之辨"这一焦点。正因为这一问题的复杂性，使得相关研究在观察视角、理论方法乃至价值结论等方面都呈现出多元差异。

"黄宗羲问题"之所以重要，在于其论域与意义已经远远超出了一般人物、学派的个案性考察，而与明清之际的思想转向乃至东亚

　* 本文系北京市基金青年项目"理学政教意义问题研究"（项目编号：20ZXC007）的阶段性成果，并得到北京航空航天大学人文社科拔尖人才计划的支持。刘莹、周磊等学友为本文的修订提供了宝贵建议，特此致谢，文责作者自负。
　** 顾家宁，北京航空航天大学人文与社会科学高等研究院哲学系副教授。

文明的近代转型议题密切相关，因此对其思想意义的探讨也并非单纯个体文本的考索探究所能穷尽，而需要在晚明清初直至清末的长时段历史发展脉络中来理解。明清之际思想家的重要性，相当程度上在于其承担的"传统—现代"历史结合点角色，对此的把握离不开背景性的理论支撑。从侯外庐学派的"早期启蒙说"，到日本学界有关东亚世界"近世—近代"思想转型问题的讨论，为此提供了极具代表性的研究典范。本文将以侯外庐、岛田虔次、沟口雄三的黄宗羲与明清思想研究为例，首先介绍其明清思想研究的基本特质，而后以黄宗羲研究为焦点，反思其理论、视角与方法层面的问题。

一、历史结合点：侯外庐与"早期启蒙说"

侯外庐《中国早期启蒙思想史》创作于 20 世纪 40 年代，原名《中国近世思想学说史》，50 年代中期修订更名，并作为《中国思想通史》（第五卷）出版。[①]该书堪称大陆学界明清思想研究的典范之作，尤其是对"早期启蒙"学说的系统阐释，产生了巨大的学术影响。[②]其特质可以从历史视野的宏观性、思想解释的整体性、思想发展的内生性与矛盾性、思想意义的阶级性与普遍性四个方面来把握。

一是历史视野的宏观性。作为五卷本《中国思想通史》的末卷，全书的论述建立在对中国古代思想与社会发展的整体把握之上。侯著将中国思想史分为三大阶段：第一阶段是古代思想史（先秦诸子），主题是国民阶级取代氏族贵族阶级统治，建立符合国民阶级利益的哲学思想。第

---

①　参见杜运辉：《侯外庐先生学谱》，中国社会科学出版社 2013 年版，第 139 页。

②　关于"早期启蒙说"的意义与影响，参见田云刚：《早期启蒙说的当代使命》，《中国哲学史》2015 年第 2 期，第 120—129 页。

二阶段是中世纪思想史（秦汉—明中叶），以中唐为界又可分为前后两期，前期思想的主题是通过改造儒学，利用佛学和道家解决中央集权与豪族地主之间的矛盾；后期思想的主题是进一步吸收佛道两家思想成果，完善国教化的儒家哲学，解决中央集权与庶族地主的矛盾。第三阶段是近世思想史（明清启蒙），包括 17 世纪启蒙思想、18 世纪汉学运动以及 19 世纪中叶到 20 世纪初的文艺再复兴三个阶段，思想主题是利用传统哲学的形式反对封建专制的统治哲学，表达民主自由的近代启蒙要求，完成封建社会向资本主义社会的过渡。

二是思想解释的整体性。"早期启蒙说"立足于中国历史发展的宏观脉络，在思想解释上体现出多维度的综合性与整体性，尤其注重思想与社会经济基础的联动。中国 17 世纪启蒙思想激发于新的社会经济关系及其矛盾，在经济方面表现为反对封建土地国有制和大地产所有制，在政治方面表现为反对特权和等级制度，同情人民利益，在社会方面表现为拥护教育、自治和自由。早期启蒙的哲学思想也与现实主张相通，"虽然隔着许多层环节，使人难以捉摸，但二者的联系是存在的"。① 在整体性视野下，启蒙主义观念被运用于经济、社会、哲学乃至文艺等各个领域的分析，构成立体的早期启蒙思想与社会图景，体现了对思想意义的整体性把握。

三是思想发展的内生性与矛盾性。早期启蒙说源自西方近代原理的比照，试图在中国历史思想中发现近代线索。由此，内生的启蒙思想线索与未能独立步入近代资本主义的历史事实之间就不能不构成一种矛盾，中国"既在封建社会的母胎内产生了资本主义的萌芽形态，又在

---

① 侯外庐：《中国思想通史》（第五卷），人民出版社 1956 年版，第 30 页。

发展过程中未能走进近代的资本主义世界"。①"早期启蒙"强调中国传统社会解体与资本主义萌芽的内生性，这种内生性同时也伴随着新旧思想的交织与纠缠，启蒙萌芽既为旧的所苦，又为新的发展不足所苦，正所谓"死的抓住活的"。"资本主义萌芽"与"封建主义传统"之间的新旧矛盾，构成了思想叙事的一条主线。

在这一思路下，"传统"与"近代"的思想性质被予以明晰的二元界分，虽然二者在语言与思想的形式上具有千丝万缕的联系。侯著指出，"思想史的变化，不是依存于基础而创造意识形态，而是依存于基础而改变过去的传统意识"。②在他们那里，"旧的和新的既和平共处，而又不共戴天"。③从启蒙视角看，这种新旧二重性包含着对旧传统叛变的不彻底性，故而呈现出幼稚、矛盾的面相，"新生的东西既然在旧社会的母胎内是微弱的，所以在他们的理论中常保留着旧的内容，而且常显出矛盾的体系。"④

这种新旧二元对立的模式止体现了侯著的一般方法论，即从对立斗争之中发现思想史发展的内在动力。"思想史以'正宗'与'异端'、唯心与唯物的对立或斗争为其发展规律"。⑤正宗与异端之别，在于前者利用思想材料为统治阶级说教，后者则改造思想材料来反抗统治阶级。⑥而唯物、唯心之别的实质则在于前者对社会经济运动采取实事求是的认识态度，后者的哲学态度则违背社会经济运动的发展趋势。⑦在启蒙叙

---

① 侯外庐：《中国思想通史》（第五卷），人民出版社 1956 年版，第 16 页。
② 同上书，第 34 页。
③ 同上书，第 32 页。
④ 同上书，第 30 页。
⑤ 侯外庐：《中国思想通史》（第二卷），人民出版社 1957 年版，第 254 页。
⑥ 参见同上书，第 2 页。
⑦ 参见方光华：《侯外庐的中国哲学史研究》，《中国哲学史》2010 年第 1 期，第 76—83 页。

事下,明清之际思想史中新与旧、传统与近代的二分获得了最大化的呈现。研究者的工作,就是通过史料的拣选与辨析,去发掘思想史上那些具有异端与反传统属性的面向。

四是思想意义的阶级性与普遍性。基于马克思主义史学观点,侯著高度重视思想发展的社会史分析,尤其是从哲学思想的社会经济取向判别其阶级属性。比如将东林派定位为城市中等阶级反对派(士民群体),将泰州学派定位为城市平民阶级反对派(平民群体),前者的结社自由思想和后者的市民思想都直接间接地反映了城市平民的要求。①至于黄宗羲,则将其定位为吸收了中等阶级反对派主张而进一步提出平等要求的城市平民反对派异端,亦即富民阶层的代表。其主张"自私自利",客观上即是富民阶级的权利,"工商皆本"是对富民阶层的积极期望,"齐之均之"土地改革论则表现出土地制度上的富民民主思想。②

需要注意的是,早期启蒙说注重对思想人物进行社会阶级分析,但是这种分析并不是教条化、绝对化的。侯著指出,思想家的阶级出身虽然对思想属性有一定影响,但这种影响并非决定性,"分析某一学派的思想却主要不能依据阶级出身,而应依据其思想的实质"。③在对思想进行阶级分析的同时,并未将其简单化约为某一阶级自身特殊利益的表达,而是在社会阶级背景之上更看到其普遍意义。启蒙学者既代表着资产阶级的先辈寻求资产阶级的世界观,但同时也一般地追求原始素朴的大同理性。正如西欧启蒙者没有挑出任何一个居民阶级作为自己特别注意的对象,"在十七世纪的中国思想家的用语上也没有特别注意到

---

① 侯外庐:《中国思想通史》(第五卷),人民出版社 1956 年版,第 145—146 页。
② 参见同上书,第 160、146、154—155 页。
③ 同上书,第 36 页。

那一种居民"。①

从问题意识看,早期启蒙学说聚焦于晚明清初这一本国思想文化转型关键期的探究,意在寻找传统与现代化的"历史结合点"②,归宿于对中国文化近代转型开端的探寻,从而揭示中国文明在走向近代过程中体现的人类历史一般特性。就理论建构而言,其以宏观的历史视野、整体性的思想解释,建构起一套完整、系统的内生思想启蒙图景。《中国早期启蒙思想史》诞生至今已有半个多世纪,随着研究的深入,其中的诸多理论方法和具体结论得到了越来越多的讨论和修正,但就理论关怀与研究典范而言,仍有其颠扑不破的重要价值。早期启蒙说的具体论断和方法不乏商榷的余地,但其提出的问题却不容为后人轻易绕过。

二、内生与屈折:东亚近世的普遍与殊异

早期启蒙说立足于启蒙主义的普遍与进步视角,将明清之际这一本国历史转型的关键时期置于世界历史的大背景中加以考察,以之作为世界史的有机组成部分,"揭示了古老的中国在走向现代过程中既具有人类历史的一般特性,也表现出自身的特点以及二者交互的复杂性"。③早期启蒙说注意到了世界历史的一般特性与中国历史特殊经验的张力,但在理论侧重上实际更倾向前者。由于其普遍性理论图式基于

① 侯外庐:《中国思想通史》(第五卷),人民出版社 1956 年版,第 35 页。
② "历史结合点"说,参见萧萐父、许苏民:《明清启蒙学术流变》,人民出版社 2013 年版,第 18 页。
③ 罗传芳:《传统如何走向现代——重温"早期启蒙说"和"历史结合点"的理论》,《周易研究》2021 年第 5 期,第 36 页。

西欧历史经验,因而难免受到过于"外在性"的批评与质疑。①事实上,这种源于西欧的世界历史普遍性与本国经验殊异性的张力,正是所有后发现代化国家面临的共同问题。从中古向近世的转型本身是具有世界史意义的事件,因此明清转型不仅是中国学界讨论的焦点,也是整个东亚世界共同关注的问题。就此而言,20 世纪日本学界对于东亚近世思想转型的相关研究,为我们提供了一个基于东亚世界的比较视角。

作为文化背景相似的后发现代化国家,中国和日本在现代性冲击之下面临着相似的问题与焦虑,即如何处理源自西方的近代文明普遍性与自身历史文化独特性的关系。其中又包含了两个彼此相关的问题:东亚世界是否蕴含着近代性的内生动力? 东亚文明能否对源自西方的现代性经验构成某种创造性补充,进而走出自己的现代之路?

(一) 宫崎市定与"东洋近世说"

宫崎市定(1901—1995)指出,长期以来人们在思考世界史的发展体系时习惯以西洋为主体而视东洋为附属,这种立场必须从根本上纠正。东洋不应是通过西洋的眼睛眺望到的存在,而应该放在与西洋对等的位置上来看待。所谓"普遍的世界史"并非以一方为尺度来裁量另一方,而应当是东西洋视角相互观照、克服自身局限而造就之物。②东洋世界与西洋世界同属对人类历史发展有推动之功的"历史性地域",在历史发展阶段上经历了相似的三阶段,即从古代帝国的大一统,到中世大一统破裂后的分裂,再到近世国民意识整合之下的再统一。③

---

① 对于"早期启蒙说"的批评与回应,参见许苏民:《晚霞,还是晨曦?——对"早期启蒙说"三种质疑的回应》,《江海学刊》2010 年第 3 期,第 13—23 页。

② 参见宫崎市定:《东洋的近世》,张学锋译,上海古籍出版社 2018 年版,前言第1—4 页。

③ 同上书,第 1—7 页。

　　具体到东洋世界的历史，其古代史的发展始自春秋都市国家格局，经战国小统一迈向秦汉大帝国。汉朝覆灭后中国历史进入了南北朝长期分裂的时代，隋唐王朝重建了表面的大一统，但其并非汉民族社会向前发展的必然产物而是北方民族融合的结果。唐中叶以后离心割据势力抬头，中世色彩再度浓厚，直至五代迎来彻底的大分裂。宋朝统一标志着东洋近世的开始，表现出与前代的诸多不同之处，比如中央集权的巩固，商业活动中的资本主义倾向，人性自觉意识的萌发，国民意识的强化等等。①

　　在宫崎看来，欧洲近世史无疑具有普遍意义，可以作为世界史的一般参照对象。倘若以东洋世界的特殊性为理由拒绝比较，不啻于一种自我地方化。宫崎指出，对欧洲近世史不宜作过度狭隘的理解，即将其严格限定在工业革命之后的资本主义隆盛期。倘若放宽视野，将"近世史"理解为从文艺复兴（1300 年）至工业革命（1750 年）的历史，而将"近代史"理解为工业革命以后的历史，就能更好地把握东西历史发展中的普遍性。文艺复兴是对古代的重新发现，也是对近世的创造，是人类社会文化发展史上的一个具有里程碑意义的重要阶段。东洋在宋代以后进入了具有近世历史特征的发展阶段，宋元明清可称为东洋的近世史。在文艺复兴现象上，东洋很早就到达了近世而领先于西洋，但始终没有飞跃到下一个阶段（近代）。东洋历史上有文艺复兴和宗教改革，但没有工业革命和平民革命。②

　　宫崎市定试图用对等的观点对待东西洋历史，"东洋近世说"意在将东亚世界置于世界史的普遍视野下加以理解考察，其对欧洲近

---

　　①　参见宫崎市定：《东洋的近世》，张学锋译，上海古籍出版社 2018 年版，第 1—10 页。

　　②　同上书，第 11 页。

世史普遍意义的肯定蕴含着对东亚民族历史文化之普遍意义的抉摘。由"近世"与"近代"之分而提供的东西洋历史比较框架,在呈现人类历史演进趋势普遍性的同时,也体现出不同地域历史文明演进的殊异性。

(二)岛田虔次:极限与挫折

如果说"东洋近世说"奠定了东西历史比较的宏观结构,那么岛田虔次(1917—2000)则聚焦于思想史领域的专门研究。通过对以阳明学为典型的明学基本原理与基本特征的探讨,岛田试图找出儒家思想的"极限",进而为中国近世思维发展的挫折寻找内在原因。

岛田继承了"东洋近世说"的基本观点,主张利用西欧历史模型来把握中国。在他看来,这一态度并不能简单地归结为所谓西方中心论,而是基于近代世界发展的既定事实。"对生活在今天的我们来说,除此以外没有别的方法。与其从最初就把中国的独特性悬挂起来不予理解,不如把已经非常完备的欧洲式学问的诸概念作为 Index(指标、参照项)来实行;也就是说,首先要尝试着在中国之中领会欧洲的因素"。[①]惟其如此,方能有效树立一种具有普遍意义的"近代"典范。以之参照于中国,一方面能够映照出诸多或明或暗、粗线勾勒的相似性表现,另一方面,也必然会发现相似的表象背后蕴含的性格差异。以宋以后的中国思想史为例,岛田指出:"如果把欧洲史作为典型来衡量的话,那么我认为可以承认从文艺复兴期前后开始到几乎触及启蒙期为止的诸现象,是异常慢地、极其散发性地,然而不一定是无体系地,又在根本上常常被中国文明赋予了性格地表现出来的。"[②]

---

① 岛田虔次:《中国近代思维的挫折》,甘万萍译,江苏人民出版社 2010 年版,第208 页。

② 同上书,第 182—183 页。

在方法上，岛田明确反对将中国与西方作截然二分的性质判定，而主张通过比较发现其共通之处。这种重在求同的态度必然需要面对普遍性与特殊性的矛盾张力，为此，他主张首先经由西欧典范发现中国思想的普遍精神，然后在普遍性的指引下探究文化的独特性。以晚明思想为例，岛田认为，"在从阳明到黄宗羲、顾炎武等的思想史中，马丁·路德式的、洛克式的、卢梭式的等等的思想，是片段的、变形的、错杂着的。但它绝不是不具有与之相适应的一定的体系的，是能够感到其存在的"。①文化特殊性的论述不能脱离普遍性的历史框架，唯其如此，中国思想的独特性甚至优点才能够在普遍视野下真正浮现出来。岛田并不讳言自己的工作是"在中国的思想和文化中想要解读出欧洲精神来"②，因为这样的努力自有其价值。

通过对明代心学运动的剖析，岛田试图从思想的内在视角探究中国近世思维的极限与挫折。他将近世思维理解为"站在确信人的根本能动性的立场上的不可遏止的自我扩充的热情以及与之互为表里的合理主义这两种特殊的精神态度"。③在以自我意识、理性主义为中心的近代思维视野下，明代正是在中国近代精神史上提出独特问题的时代。中国的近代精神在明学中已经尖锐化到了极限，几乎要突破儒学传统自身的藩篱。岛田指出，明学的本来面目是心学而非朱子学，其根本精神是强调自然、自得。这一导源于白沙学的精神特质在阳明及其后学那里达到顶点。阳明学的本质是内优于外、本优于末，身心之学优于口耳、词章、功利之学。事物、人伦、社会、政治、文化等等外在的修饰和规范都被划入"外"的范畴，"相对于这个'外'的'内'的确立，加之后者的根源性、优

---

①②　岛田虔次：《中国近代思维的挫折》，甘万萍译，江苏人民出版社 2010 年版，第180 页。

③　同上书，序言第 3 页。

越性,这才是他常常不停地强调的东西"。①所以心学的根本课题,就是
"要在政治人伦都要超越的最终极的本来面目上把握人"。②

　　然而,阳明学"内先于外"的立场又是不彻底的,因为其虽然主张
"内"相对于"外"的优位,但实际上依然原封不动地承认传统的"外"的
诸权威,只不过强调这些权威成立的根据需要在"内"中寻找。岛田将
上述特质称为阳明学的"诡辩性境位",即形式上属于传统的"封建性",
但内容上却蕴含向"近代性"开启的可能。③因此阳明心学也可以视为儒
家思想的"极限"。从对"儒家极限"的讨论,自然引出另一个问题,即对
儒家思想本质的理解。在岛田看来,儒家传统可视为一种适应贵族社会
精神性格的"中世的态度",其核心是对经传的笃信、对名教社会与等级
关系的恪守。所谓儒家矩矱,实际上就是"在一个健全而又安定的社
会、阶级中存在着固有的人的感受方式,人的行为举止的方式,而且它
们成为一个体系,成为自明的统一"。④就社会阶层而论,士大夫是儒家
性格的主要承载者。"以古为师而不自专自用的'戒惧'的态度,才正是
士大夫存在类型的原型。士大夫之存在,在其所有方面,都希望以传统
的东西作为媒介而拒绝直接性的、原模原样的、不加修饰的东西,即与
'直心而动'正相反"。⑤在此意义上,心学的内外之辨又可看作自然人性
(本质性)与士大夫性(非本质性)的矛盾。而阳明学"内先于外"的性
格,至少在形式上蕴含了对"儒学"的超越。

　　正是在阳明学的"诡辩性境位"与儒家思想的"极限"中,岛田发现了

------

　　①　岛田虔次:《中国近代思维的挫折》,甘万萍译,江苏人民出版社 2010 年版,第
19 页。
　　②　同上书,第 84 页。
　　③　同上书,第 205 页。
　　④　同上书,第 62 页。
　　⑤　同上书,第 88 页。

中国近代思维的挫折所在。既然近世哲学的根本课题本质上立足于士大夫以前的"人"的概念，那么儒学强调的制度文为、礼乐名物就都是需要被超越的对象。然而阳明学尚未冲破士大夫存在性的约束，个人和社会尚未真正决裂，结果是客观（外）被主观（内）吸收，丧失了主体作为自身原理的实在性。①

　　岛田将士大夫性与庶民性作为对立的比较对象。从社会属性看，士大夫几乎毫无例外地是地主和特权阶级；在精神上，他们又是儒家观念形态的把持者，表现为一种智与情、自然与人文、存在与价值未分的礼教性格。由于缺乏精神的分化与自我否定，士大夫性格正是停滞、不开放的中世性社会意识之体现。与之相对，在明代心学激发的庶民性格之中则表现出更多的近世特质，包括纯粹、内在、本然的人之观念，对情与人欲的肯定等等。

　　在晚明思想中，士大夫性与庶民性的关系并非新旧事物之间的截然对立。庶民性始终未能取得与士大夫性等量齐观的地位，而毋宁被看作后者的欠缺形态。无论是公安竟陵的个性主义文学观，还是泰州学派的自我意识展开，抑或李贽的儒教批判，"都不是觉悟了的新兴阶级的意识之反映，实际上它只不过是在原来界限就活动着的士大夫阶级内部统制极度弛缓时所发生的异端现象"。②庶民性的能量相当程度上潜流于士大夫意识之中，而非从其自身一方提出的对士大夫性的反抗。比如"庸夫小童皆可以反求以入道""人人皆可共学"的庶民性观念，即潜含于强调"为己之学"的宋学传统，进而激发于高标"圣可学而至"的明代心学。因此所谓庶民性的精神意识与其说是新阶级势力的反抗与颠覆，

　　① 参见岛田虔次：《中国近代思维的挫折》，甘万萍译，江苏人民出版社2010年版，第41—42页。
　　② 同上书，第168—169页。

不如说是士大夫意识的下贯与变异。士大夫性笼罩之下的中国近世思维缺少精神的自我否定与分化，最终不能不归于挫折而停滞。在近世中国，庶民最终只能是士大夫的欠缺形态。在历史的普遍意义上具有近世性的东西在明代达到其顶点，然而在根深蒂固的士大夫理念衡量之下，它们只能被认为是颓废的、空疏的，因而难得进展。所以"中国从总体上说，归根结底不能不是停滞之国"。①

　　至此，岛田走到了自己的结论，即在西欧近代典范之下，中国的近世思维之路不能不是挫折而停滞的，原因在于传统儒家士大夫文化的内在阻碍。不过，在这一清晰的结论背后其实蕴含着思想的悖论。一方面，从中国思想文化中解读近代欧洲精神的尝试在结果上并不圆满，中国历史没能独自达到所谓的"近代"阶段。这一事实似乎有其内在的命运必然性，"不知神的精神，没有否定逻辑的民族——在这种土壤上开放的近世之花，当用欧洲近世作为尺度来衡量时，应该说它最终还没有盛开，就凋谢了"。②但另一方面，岛田的思路并未因此停留于欧洲中心的优位批判，而是开始思考作为普遍近代模型的西欧原理自身的局限。在他看来，没有发展出机械文明、资本主义、市民社会三位一体的近代文明，并非中华文明的无能，而是文明本身的性质、方向问题。没能独立走入西欧典范的"近代"文明，并不意味着中国文明与近代历史演进的普遍趋势绝缘，"中国文明归根结底必须被作为一个独立的自体，作为一个活生生的孕育着无限可能性的文明来进行评价"。③

　　《中国近代思维的挫折》出版于 1949 年。在二十年后再版的后记中，岛田用一长段文字表露了对于儒学的复杂态度：

---

　　①②　岛田虔次:《中国近代思维的挫折》，甘万萍译，江苏人民出版社 2010 年版，第 168 页。
　　③　同上书，第 183 页。

　　我不能像战后很多所谓的科学的东洋史学论者那样，对儒教只是站在诅咒的、否定的立场上；现在也不能。我直率地说，我不太有那种只能把儒教放在教育敕语的阴暗感觉上来思考的体验。不用说，我没有感到过儒教是完全明亮的、自由解放的思想。但是同时，不能否认，我对例如孟子、王阳明、黄宗羲等热烈的儒教徒们怀着满腔的共鸣。这种共鸣的强烈性，屡屡使我连我们学界的礼节——对儒教思想家的赞词，必定马上会由于指出他们的局限性而被抵消——都要忘掉了。……我强烈地感受到，自己对中国文明没有像欧洲（方式的近代）那样开花的懊丧之情是不容怀疑的。纯粹精神性的心灵恋爱、绝对超越者的灵魂的沸腾，这样的东西究竟在中国有吗？中国所具有的，不就是那极其明智的东西吗？而且同时，我抹不掉对中国文明、儒教文化以及它那具有深厚根基的文化之深深的敬畏之念。①

　　上述文字不仅仅是个人情感与思想的独白，同时也是东亚文明在欧洲原型的近代模式的比照冲击下势所必至的矛盾困惑。如果说"在中国之中领会欧洲的因素"②是发现中国乃至东亚历史演进普遍性时必然要迈出的第一步，那么接下来的出路，或许就是在中国历史文明自身的脉络机理中探究其具体演进轨迹与方式的个性殊异。

（三）沟口雄三：中国作为方法

　　沟口雄三（1932—2010）与岛田虔次具有相同的问题意识，即通过对宋以来儒学思想的阐释来打破亚细亚停滞论的成见。不过在方法上，

---

　　①　岛田虔次：《中国近代思维的挫折》，甘万萍译，江苏人民出版社 2010 年版，第210 页。
　　②　同上书，第 208 页。

不同于岛田依据西欧模式而在中国历史思想中寻找近代因素的做法，沟口更试图发现中国自身的近代原理。①在他看来，岛田的本意是要解明中国的独特性，然而由于采用了西欧历史模型而试图在亚洲发现欧洲，结果难免落入扦格之境。事实上，既然通过欧洲可以看到中国的独特性，那么通过中国同样也可以看到欧洲的独特性。从欧洲观点看到的中国图景是片段、扭曲、驳杂的，反过来从中国的观点看欧洲，恐怕也会得到同样的观感。换言之，欧洲是完备的又是不完备的，中国亦然，二者各具有自性的原理。岛田的问题正在于缺少这种相对的视点，"从一开始就放弃提出中国的独特性来理解（中国）"。②

对于沟口而言，中国原理的独特性正是其研究的基本预设。以欧洲近代史观为标准，不能不说"近代"在明末清初遭遇了挫折，问题在于，在中国思想中或许存在着不同于欧洲的独自的近代展开进程。正如《中国前近代思想的屈折与展开》这一与岛田著作颇为相近的书名所提示的，倘若用自身视角来考察中国的近代，那么发现的与其说是中国近代思维的"挫折"，不如说是它的不同于西欧模式的"屈折与展开"。进一步地，在中国、欧洲思想史的各自展开之间，或许能够发现也可称为人类的普遍性的共同性。③

---

①　需要指出的是，岛田与沟口对于"近代"概念的把握有所不同。岛田所言之"近代思维"主要指向哲学上的现代性，即内在自我的确立（个我的自立）和对外部世界的客观、合理的掌握。沟口所理解的中国"近代思维的展开"主要立足于封建秩序原理向共和秩序原理的转变。（参见沟口雄三：《中国前近代思想的演变》，索介然、龚颖译，中华书局2005 年版，第31—32、34 页。）可以说，在对"近代"的把握上，岛田侧重哲学层面，强调传统性与现代性的差异；沟口关注历史秩序演进，凸显传统与现代的连续。反映在概念上，就是沟口着意以"前近代"指称 15 世纪末阳明学兴起到鸦片战争这一历史时期，既表明其与"近代"有所差异，亦彰显其与"近代"的基底意义与连续性。

②　沟口雄三：《中国前近代思想的演变》，索介然、龚颖译，中华书局 2005 年版，第30 页。

③　同上书，"致中国读者的序"，第 3 页。

在沟口看来，中国近代思维具有其独特性。种种来自欧洲或日本的"近代"思想指标，比如脱离自然的人为、与神人分裂相应的天人分裂、和全体对立的个体（自我）的自立，对于中国的近代而言几乎完全不适用。①中国近代思维的展开动力，并非作为封建桎梏的"天理"和作为其对立面的"人欲的自然"的斗争，而是表现为"理"自身的变革，"从封建秩序原理自我转变为清末的共和秩序原理，这里就存在着中国的近代——作为天理的开展——的相对独自性"。②

从理观变化的角度看，阳明学的变革意义主要体现在三方面：首先是从心即主体方面来看待现实。阳明学的产生，源于朱子学君臣上下一元式的理观已不能应付明代中后期的各种社会矛盾，于是转而探究适应现实状况的秩序伦理（事上磨炼），并把判断权让给实际面对问题的当事者。由此，"理"就不再是外在的定理，而是存在于个体心中各自的道德的主体（心即理、致良知）。其次是理的多元化与相对化。阳明学摆脱了宋学以士大夫之德风自上而下地感化民众的乐观主义（新民），而把自己置于与民众同等的地位（亲民、万物一体之仁），寄希望于发挥民众现有的良知，把道德的承担者从士大夫、官僚、地主扩大到商人、农民、劳动者。由此使儒家秩序意识形态（孝悌）浸透到下层民众，同时也唤起了各阶层的主体的觉醒，使之共同担负起理的责任，其结果是承认理的多样性，开辟了理的相对化道路。最后，阳明学排除那种从外部推入现实的"定理"而主张"我心之是非"，使"心即理"发挥作用于现实之中，从而开辟了欲望进入理中的道路。③

①　参见沟口雄三：《中国前近代思想的演变》，索介然、龚颖译，中华书局 2005 年版，第 49 页。

②　同上书，第 32 页。

③　参见同上书，第 39—40 页。

从朱子学到阳明学理观的变化,反映了儒学相应于宋明近世社会之内在机理的调适。由此,沟口发现了两种不同的"儒学"观念,即"体制儒学"与"儒理学"。前者是作为礼教正统进行思想统治的儒学,以明清两代成为统治意识形态的朱子学为代表,其特点是固守严格的上下身份等级秩序。后者则具有理想化、变革性的特征,是对各时代学者的理学流派及其理观发展的总称。相对于体制儒学的静态、保守、自上而下性,儒理学更多地表现出动态、变化、自下而上的特征。①需要注意的是,"体制儒学"与"儒理学"并非泾渭分明,而是相互纠缠且具有演化性的概念。一方面,二者的差异指向儒学的体制形态与思想形态,比如朱子学既是儒理学的开端,其官学化形态又是体制儒学的典型。另一方面,儒理学是一个动态概念,用来描述儒家理观变革的相关流派,"概括地说,就是理观的纠纷和对立,结局牵涉到理观的变革"。②朱子学以理的世界观为基础而体系化,被称为新儒学或理学,树立了宋代的理观;阳明学则一方面继承理的观念,另一方面又改革宋代的理观而树立了明代的理观;清代的学者则在否定地继承明代理观的同时将其发展改造为清代的理观。

此外,二者的不同也不能简单理解为体制与反体制的对立。儒理学能够对体制儒学进行再编和补强,体制儒学则对儒理学的发展产生规制和指向,二者相互作用,恰如绳之两缕,反映了儒学自身形态的演进历程。总体而言,体制儒学体现既有秩序的要求,"是完全自上而下的专制的、父家长制的意识形态"③;而儒理学则具有动态活力,密切联系各自时代的现实或与现实的矛盾作斗争,使之反映在理观中从而进行

---

① 参见沟口雄三:《中国前近代思想的演变》,索介然、龚颖译,中华书局 2005 年版,第 46—48 页。

② 同上书,第 47 页。

③ 同上书,第 48 页。

自身的变革。随着时代的发展，体制儒学的僵化必然造成其与儒理学的隔阂，最终由于后者的"近代成熟"，使前者成为了其变革的对象。从儒理学角度，沟口对理学中的"气学"一脉给出了新的理解。所谓"气的哲学"并非意味着气相对于理占据优位或否定理而确立气，而是由于理气关系中气对理的比重加大或气浸透于理，进而要求变革理的内涵。①

透过理观的演进，沟口发现了不同于西欧原型的中国近代思想的独特性。"理"所带出的"天理自然之公"的天、自然、公等诸概念，构成了中国独特的近代思维概念。比如，"自然即本然"的自然观阻止了道德与政治的分离倾向，同时允许并承认理的许可范围内的社会性欲望，把欲望的调和看成是先验性存在，从而造就出从道德上把握政治的独特的近代政治观（公理性政治观）。又如由于"天人合一"的思想，中国人将"天则"认作内在于自身的自然，这种思维阻碍了将政治视为理性制作的欧洲式近代自然法。天具有理的意味，由于理之内涵的展开，人们把平等当作天赋人权来把握。在天的整体性、普遍性背景之下，平等也不仅被看成政治权利的平等还包括了经济平等。至于"公"的观念，在中国的道德原理上与"私"是二律背反关系，故而并未产生出自我的领域性自立，而是产生出反私、反专制的国民性之"公"。通过对思想概念的内涵提炼，沟口指出了中国近代思维发展的独特模式。虽然无法从中国的近世思想中分析出"个人自立"的完整思想线索，但却可以看出，中国近代史呈现出的独特的共和革命、人民革命，其思想渊源来自共同体式的、例如万物一体之仁——大同思想的潮流之中。天、理、自然、公诸概念，就是上述共同体式思想的体现。②

---

① 参见沟口雄三：《中国前近代思想的演变》，索介然、龚颖译，中华书局 2005 年版，第 48 页。

② 参见同上书，第 49—50 页。

《中国前近代思想的屈折与展开》出版于 1980 年。在沟口看来，20 世纪 60 年代以前，东亚世界中国研究的问题意识在于克服亚洲停滞论，而克服的方法则是在亚洲历史中寻找欧洲历史的发展阶段。而在 70 至 80 年代，东亚经济的腾飞特别是中国的开放与崛起促使人们开始思考东亚世界尤其是中国历史自身的原理，反思欧洲一元论的思想方法，而代之以多元的世界观。对于宋代以降思想文献的钻研考索，使沟口深信"在有着长久历史的民族的历史中，必定有自己独特的同时也遵循着人类历史的发展规律的展开。"①当然，这种对于特殊性的强调是建立在人类历史向近代发展的普遍规律之上的。换言之，不是要在价值定向上用文化特殊性来对抗近代普遍性，而是在近代转型的大前提下探究中国历史文化路径的独特性，进而丰富对于普遍性的理解。正如他所指出的，东亚世界应当一方面利用市场原理完成经济发展，一方面再度检讨基于市场原理的欧洲近代原理，并且再度发掘中国思想文化的深厚传统中蕴藏的仁爱、调和、大同等原理，从而为回答 21 世纪的课题而构筑新的原理。②

三、问题与反思：古今内外之间

以上以侯外庐、岛田虔次、沟口雄三为例，勾勒了晚明清初思想研究的重要典范。侯外庐提出早期启蒙说，立足于马克思主义社会史观的普遍视野而在启蒙视角下对明清思想史作出长时段的整体性解释，岛田虔次聚焦于明代心学本身，试图从近世精神世界的内部发现其近代因

①　沟口雄三：《中国前近代思想的演变》，索介然、龚颖译，中华书局 2005 年版，"致中国读者的序"，第 3 页。
②　参见同上书，第 4—5 页。

子与极限，沟口雄三则更进一步尝试从中国思想中发掘其自身的近代原理。上述研究的聚焦点都在于对中国思想传统中如何发育出近代思维与原理的探索，寻找古今之间的历史结合点。

由"古今之间"的问题意识引出的，是"内外之际"的方法问题。这里的"内外"有两层含义，首先是指作为研究对象的中国（内）与作为"近代"典范与参照系的欧洲（外）。西欧是近代世界的先发地，在中国发现近代，就必须借助根植于欧洲历史的近代原理，然而一旦运用了前者的框架与原理，那么由此所发现的中国的"近代"又必然是不完全的。由于"近代"典范本身的外在性，在以之研究、描述中国思想时便不能不表现出高度的选择性，而与其自身实相拉开距离。这种"内外两难"之境，构成了研究中的难点。其次，从研究进路上说，"内外"对应于"内在理路"与"外在理路"两种思想史研究的典型路径。①此处的内、外有两个层面的含义，一是文本与理论形态，二是思想与社会结构。

就第一个层面而言，内在理路将思想史作为思想的逻辑发展而从内部加以把握，重视文本、史料理解的准确与自洽，外在理路则凸显理论的构造逻辑，关注思想的意识形态功能。前者的长处是能够以历史主义的态度深入其中，通过文本分析把握研究对象的内在逻辑，理解其精神世界的整体性，不足在于易被研究对象牵引，成为一种认同式的"理解叙事"而遮蔽思想问题。后者长于明确的问题意识与化繁为简的理论穿透力，所短则在于对理论构造的强调可能导致游相对于研究对象本身

①　"内在理路"（inner logic）概念与方法出自余英时先生对明清思想转型问题的研究，其主旨是强调学术思想变迁有其内在的自主性，与强调政治、经济、社会变动等外在环境对学术思想发展影响的"外缘解释"相对。参见余英时：《论戴震与章学诚：清代中期学术思想史研究》，三联书店2012年版，增订本自序，第1—5页。本文所用的"内在理路"与"外在理路"概念受是说启发而来，而在内容上有所扩大，"内外"既指向思想与社会的关系，也指向文本与理论的关系。

的游离,进而造成理论的失焦乃至错位。

第二个层次涉及思想与社会的互动关系,方法上接近于文本研究与知识社会学的分异。前者探究思想文本的内在逻辑,后者"致力于理解处于历史环境的具体背景下的思想"。①文本研究无疑是一切思想研究的基础所在,不过单纯的文本、概念分析同样有其限制,尤其对那些对历史进程产生重要影响的思想人物而言,我们根本上无法将其思想从具体的历史环境与行动语境中剥离。思想观念本身既非内在自足,也并非纯然决定于外在环境,知识社会学的洞见在于提示对孕育文本思想的社会土壤的关注,以及一种思想在不同时代被重新激活并产生影响的社会环境。

在明清之际思想史研究中,黄宗羲研究可以说集中呈现了上述"古今内外"的张力。在前两节讨论侯外庐、岛田虔次、沟口雄三等人研究方法与特质的基础上,本节以黄宗羲为例,进一步分析其各自研究中呈现出的问题与困境。

(一) 侯外庐:理论与史料

侯外庐及其早期启蒙说无疑是"外在理路"研究的典型代表。"早期启蒙说"突破了传统上以"经世之学"对清初诸子的学术史定位而具有强烈的理论构造取向。②在凸显理论构造的同时,也自然需要面对来自文本与学术思想史脉络的张力与反抗。

如前所述,侯著思想史的一大特质是将新旧矛盾作为思想发展的内

① 卡尔·曼海姆:《意识形态与乌托邦》,姚仁权译,中国社会科学出版社 2009 年版,第 3 页。

② 在侯外庐看来,传统学术以"经世之学"为黄宗羲等清初诸大家定位,并未真正指出其价值。关键的问题是其所经者为何世,其世又系于何经。"世如变世,所变者安在?经非常经,应经者安指?"(参见侯外庐:《中国思想通史》(第五卷),人民出版社 1956 年版,第 145 页。)这样的问题,显然无法从仅仅传统学术的内在视角中寻找答案。

在动力，凸显正统与异端的对立斗争。在中国后期封建社会，理学作为统治意识形态发挥着类似中世纪教会经院哲学的作用，所以正如西欧启蒙学者对封建制度的总攻始于教会，中国启蒙学者对旧制度的批判则首先指向理学，"进步的理论形成了经学异端，修改古代经学的内容，来代替不廉价的道学。"①在新与旧、正统与异端二元对立的启蒙主义视角下，明清思想中反传统、反理学的一面被强调和放大。在与心学传统关系紧密的黄宗羲那里，这种倾向性也就体现得最为明显，具体呈现为两个层次的刻画：一是在黄宗羲学术思想的整体描摹中，强调其重经世实学而反思理学的面向；二是在对其理学特质的把握上，突出重实践、反本体面向，由此进而切断其与儒学传统的关联。

首先，侯著在对黄宗羲基本学术性格的描述中着重刻画其反理学、重实学的面向。这种强调不同于传统学术史写作中对于其经史、经世之学意义的凸显，而是在一种二元对立的视角下，将黄宗羲学术思想中的复杂性解释为新旧时代思想的矛盾斗争。在此视角下，阳明心学接踵象山、白沙，承续思孟一系的主观唯心主义传统，哲学上属于先验主义形而上学体系，实质是把封建道德律先验化。所谓在良知上做功夫，并非面向客观世界探求事物及其规律的知识，而是一种"向内用力的安眠剂""企图把人引向死寂心理状态的蒙昧主义"。②启蒙思想家强调经世实学，正是对阳明心学代表的主观唯心主义正宗理论的反叛。虽然黄宗羲的哲学始终受到心学传统的束缚而表现出唯物、唯心论交战的特质，难免留连于道学的"余技"和"枝叶"，但实则已经树起了反宋学的旗帜，"已经扬弃了王守仁的玄学，在许多方面已经是一位反宋明理学的导源人了"。③

①　参见侯外庐：《中国思想通史》（第五卷），人民出版社1956年版，第143页。
②　侯外庐：《中国思想通史》（第四卷），人民出版社1957年版，第267、275页。
③　侯外庐：《中国思想通史》（第五卷），人民出版社1956年版，第178页。

　　其次,在对黄宗羲所"留连"的理学思想的处理上,则凸显其重实践、反本体的取向。侯著指出,黄宗羲哲学的特质是为反对空虚焦绝的本体,而主张在万殊中证得物自身,"离器而道不可见",体现出近代推论的思维方法。在其对理气关系的辨析中体现了三个层次的内涵:一是现象(气)丰富于本质(理),现象是活的,本质、条理、法则是现象浮沉升降中的抽象,因而也是活的。二是本质依附于现象,现象变化,本质也随之变化为更高级的条理法则。三是性心关系与理气关系一样,都属于本质现象关系范畴,前者是道德伦理法则,后者是自然条理法则,自然条理法则日新不已,那么"道德规范也是活的,变化的,仁义礼智四端也有其历史性"。①由此,经过层层递进的推论解释,侯著将黄宗羲哲学的内涵从反理学一路推进到对儒学基本观念(性善与四端)的颠覆。

　　这样的解释路径无疑相当大胆激进,所以侯著亦坦承黄宗羲并未明白讲出此意,此路径是根据其哲学观点的推论引申。②不过这样的推论是否合理,则需要相关文本的支撑,为此我们可以做一个针对性的文本分析工作。《明儒学案·河东学案》关于"小德川流""大德敦化"的讨论,是侯著引用的一段重要材料:

　　　　其谓"理气无先后,无无气之理,亦无无理之气",不可易矣。又言:"气有聚散,理无聚散。以日光飞鸟喻之,理如日光,气如飞鸟,理乘气机而动,如日光载鸟背而飞,鸟飞而日光虽不离其背,实未尝与之俱往。而有间断之处,亦犹气动,而理虽未尝与之暂离,实未尝

---

① 侯外庐:《中国思想通史》(第五卷),人民出版社 1956 年版,第 189 页。

② "他既把理气与心性比类等观,则按自然条理法则之'日新不已'而言,道德规范也是活的,变化的,仁义礼智四端也有它的历史性。此义,宗羲没有明白讲出,然就'小德川流'而言,毕竟这是'实地',在川流而上的'大德敦化'却是'余技'。"侯外庐:《中国思想通史》(第五卷),人民出版社 1956 年版,第 189 页。

与之俱尽而有灭息之时。"

　　羲窃谓：理为气之理，无气则无理，若无飞鸟而有日光，亦可无日光而有飞鸟，不可为喻。盖以大德敦化者言之，气无穷尽，理无穷尽；不特理无聚散，气亦无聚散也。以小德川流者言之，日新不已，不以已往之气为方来之气，亦不以已往之理为方来之理。不特气有聚散，理亦有聚散也。①

　　该段文字是黄宗羲对明初朱子学者薛瑄（1389—1464）思想的评语。侯著从存在与思维的关系对其进行解说，"理为气之理，无气则无理"意味着气（存在）是第一序的，理（思维）是第二序的，理的实在是反映气的运动。理气关系中的"小德川流，日新不已；气有聚散，理有聚散"是新气扬弃旧气、新理代替旧理。因为理气关系（自然条理法则）的逻辑同于心性关系（道德人伦法则），所以道德规范也是活动与变化的，仁、义、礼、智四端自然也具有历史性。②

　　上述解说从理气关系推论到心性关系，着力凸显"小德川流"日新不已的变动一面，由此彰显黄宗羲哲学对于儒学传统的突破。此种解释面临极大的文本挑战，其中一大关键问题就是"小德川流"与"大德敦化"的关系。侯著强调新气扬弃旧气、新理代替旧理，以"小德川流"代表了黄宗羲思想的"实地"，而"大德敦化"为其残留的心学"余技"。③然而这样的解释与文本是否贴合，则是颇成疑问的。如前所述，该段文字出自《明儒学案》对薛瑄思想的评论，讨论的核心问题是理气关系，即基于心

----

　　①　《明儒学案》卷7《河东学案一·薛瑄传》，吴光主编：《黄宗羲全集》第13册，浙江古籍出版社2012年版，第113页。

　　②　参见侯外庐：《中国思想通史》（第五卷），人民出版社1956年版，第187—189页。

　　③　同上书，第189页。

学理气一元论观点批评朱子学的理气二元论。"气有聚散,理亦有聚散",正是针对薛瑄"气有聚散,理无聚散"的朱子学观点而发,强调理气相伴相生,理为气之理,无气则无理,理的实在是在反映气的运动。就这一点来说,侯著对黄宗羲理气关系论的理解无疑是成立的。

那么,从理气论的观点能否推出心性论方面道德规范也是活动变化的结论呢,这里的关键在于对"大德敦化"与"小德川流"的讨论。对此问题,上引《河东学案》并未展开详细分析,但在他处多有论及。首先看《甘泉学案·杨时乔传》:

> 先生学于吕巾石,其大旨以天理为天下所公共,虚灵知觉是一己所独得,故必推极其虚灵觉识之知,以贯彻无间于天下公共之物,斯为儒者之学。若单守其虚灵知觉,而不穷夫天下公共之理,则入于佛氏窠臼矣。……夫天之生人,除虚灵知觉之外,更无别物。虚灵知觉之自然恰好处,便是天理。以其己所自有,无待假借,谓之独得可也;以其人所同具,更无差别,谓之公共可也。乃一以为公共,一以为独得,析之为二,以待其粘合,恐终不能粘合也。
>
> 自其心之主宰,则为理一,大德敦化也;自其主宰流行于事物之间,则为分殊,小德川流也。今以理在天地万物者,谓之理一,将自心之主宰以其不离形气,谓之分殊,无乃反言之乎? 佛氏唯视理在天地万物,故一切置之度外。早知吾心即理,则自不至为无星之秤,无界之尺矣。①

围绕天理与个体知觉的关系,黄宗羲将杨时乔(1531—1609)思想

---

① 《明儒学案》卷 42《甘泉学案六·杨时乔传》,吴光主编:《黄宗羲全集》第 16 册,浙江古籍出版社 2012 年版,第 1120 页。

概括为两大要点：一是以天理为"天下所公共"，以虚灵知觉为"一己所独得"；二是以天理为外在，以虚灵知觉为内在。在他看来，杨说的根本问题在于天理之公共性与人心（虚灵知觉）之个体性的紧张。若以天理在外为公共，心知在内为独得，则"析之为二，终不能粘合"，必将导致个体性与公共性的断裂。天理并非外在于人心，而是人心虚灵知觉的自然中节。虚灵知觉是人所自有，无待于外，故谓之"独得"，而虚灵知觉之"自然恰好处"又是各人皆有的共通意识，"人所同具，更无差别"，故亦可谓"公共"。因此，天理既内在又公共，前者是就其来源而言，后者则指向其普遍性，由此解决天理之公共性与人心之个体性的张力。在理之公共性与个体性、外在性与内在性之辨的问题背景下，黄宗羲展开了第三个层次的讨论，即"理一分殊"之辨。天理内在于人心，故心之主宰即是"理一"（大德敦化）；其流行于事物，则是理之分殊（小德川流）。从理的源头与支流意义上理解"大德""小德"之辨，意味着"分殊"的差异性、变易性，是以"理一"的公共性、恒常性为前提的。

　　至此，由《甘泉学案》相关文本分析可知，"川流""敦化"之辨，实质是对理的公共性与个体性、内在性与外在性、本源性与支流性的辩证。这一问题，就思想意义而言实则关乎对儒学本质的理解。《泰州学案·罗汝芳传》云：

　　　　盖生生之机，洋溢天地间，是其流行之体也。自流行而至画一，有川流便有敦化，故儒者于流行见其画一，方谓之知性。……夫儒释之辨，真在毫厘。今言其偏于内，而不可以治天下国家，又言其只自私自利，又言只消在迹上断，终是判断不下。以义论之，此流行之体，儒者悟得，释氏亦悟得，然悟此之后，复大有事，始究竟得流行。

今观流行之中，何以不散漫无纪？何以万殊而一本？主宰历然。释
氏更不深造，则其流行者亦归之野马尘埃之聚散而已，故吾谓释氏是
学焉而未至者也。其所见固未尝有差，盖离流行亦无所为主宰耳。①

黄宗羲认为儒释皆言流行、言变易，但儒家不同于释氏之处，正在于
认定流行之中有画一、川流之中有敦化。在"小德川流"的个体性、变易
性之上，依然有"大德敦化"的公共性、恒常性，后者是儒学的本质特征，
而前者则意味着时代发展中开拓出的儒学自身的多元化空间。

由此，综合《河东学案》《甘泉学案》《泰州学案》的论述，可见黄宗羲
在"小德川流""大德敦化"相关讨论中的核心观点有三：一是理为气之
理，理气不可割裂；二是理在于人心而非外物；三是理一不变而分殊可
变。上述观点，都是在儒学内部理学、心学之辨的语境和脉络中展开
的，所反映的根本问题是"理"从外在的标准向人心之中的"自然恰好
处"转移，其所反映的与其说是对儒学传统的超越，不如说是对儒学本
质的再确认，即突破外在、僵固之理而重新回到人心的本源之处，由此
进而为新的制度论奠基，反映出宋明思想、社会变迁进程中儒学自身的
内在调适与转型。

通过这一具体案例分析，不难发现侯著的问题在于过度追求外在理
论解释效力的完备性，以致削弱了理解历史思想的客观性要求，这一点
集中呈现在对黄宗羲思想与儒学关系的评价上。②在启蒙主义的整体视

---

① 《明儒学案》卷 34《泰州学案三·罗汝芳传》，吴光主编：《黄宗羲全集》第 15 册，
浙江古籍出版社 2012 年版，第 833 页。
② 需要指出的是，理论原则与历史性原则皆为侯著所强调，但在实际使用中，理论
原则居于主导地位，而历史性原则居于从属地位。正如论者指出，侯著"作者的基本立场
是用前者的理论框架去描述和规范所谓的历史范围、社会土壤，对于历史性的追求基本
上从属于前者，被当作第二位的原则。"参见任锋：《政治思想史家的道与术：宋代理学领
域的省思》，《中国社会历史评论》第 9 卷，2008 年，第 373—391 页。

野下，着意刻画其哲学思想中的反理学色彩，而有意淡化、忽视其儒学特质特别是心学渊源。这种"异端化"诠释取向的背后，是对于儒学传统（尤其是作为"中世纪意识形态"的宋明理学）的负面性预设。为了凸显启蒙框架，自然需要强调其"变"的一面，忽视其"常"的一面。这样的视角，一方面对如其所是地理解历史人物思想造成了遮蔽，另一方面，也限制了从中国文化自身的内在视角探索近代性展开的可能性。①

（二）岛田虔次：内生与自我否定

相比于"早期启蒙说"的宏观视角，岛田虔次对于中国近世思想的考察聚焦于中晚明的中距离视野，尤其是从王阳明、泰州学派到李卓吾的思想演进线索。需要指出的一点是，岛田虔次的代表作《中国近代思维的挫折》内容上分别考察了王阳明、泰州学派、李贽的思想以及近世士大夫的生活和意识，并未直接涉及黄宗羲，但后者始终是岛田学术生涯的重要关注点与热情所系。其在京都大学文学部的毕业论文（即《中国近代思维的挫折》一书的底稿），原先即计划以黄宗羲《明夷待访录》作为主题，而以阳明心学的概观作为导论，甚至在预报论文题目时仍然选择以《从王阳明到黄宗羲》为题，只是由于写作过程中发生的变化，才使得最终成书并未完全实现其初始意图。在全书序言中，岛田直陈其对黄宗羲的关注一直毫无衰减，几乎阅读了其全部著作，并对当时学界尚未有人进行关于黄宗羲的概括性研究而感到遗憾。②职是之故，全书虽未直接涉及黄宗羲思想的专门研究，但就其研究主题、问题意识以及思想史脉络的关联性而言，则完全可以被看作一部广义上

---

① 这一问题，在"早期启蒙说"的后续研究中得到改观。参见萧萐父、许苏民：《明清启蒙学术流变》，辽宁教育出版社 1995 年版。

② 参见岛田虔次：《中国近代思维的挫折》，甘万萍译，江苏人民出版社 2010 年版，"序"，尤见第 4—8 页。

的黄宗羲研究著作。①

从方法上看,《中国近代思维的挫折》注重对近世士大夫生活与精神意识的考察。岛田将相对于士大夫性的庶民性意识作为近世精神的代表。然而由于这种庶民性本身即脱胎并包含于近世士大夫存在性格之中,因此并没有能够作为独立的势力获得成熟,"中国的近世"也不能不陷于停滞和挫折。近世意识源于士大夫性而又阻滞于士大夫性,这一悖论式结论不妨称之为"岛田难题",其中包含一系列相关问题,如士大夫性的原型、近世士大夫性的转型特征、转型的原因与限度等等。

岛田将士大夫性的原型理解为一种立足于中世贵族社会的保守精神气质,具体表现为师古、重文、守礼。这种重秩序、重修饰、不为已甚的性格气质既与封闭的中世社会特质相适应,也与士大夫阶层作为专制君主之下的官僚的社会身份相为表里。经过历史的洗礼,士大夫性转而成为孕育近世意识的母胎。宋代臻于完善的科举制造就了来自庶民阶级、不同于中世贵族性格的科举士大夫,吸收了大量庶民要素。元代入主带来文化秩序的颠覆,士人胥吏化和白话文兴盛带来"俗"势力的扩张。明代虽然恢复了科举与儒教社会,但来自庶民阶层的文化影响已经深入内里。心学运动的兴起,正为上述社会历史背景所酝酿。

虽然如此,明代士大夫意识终究未能突破自身而走向近代。从社会阶层角度分析,岛田认为士大夫的存在具有一种"自我矛盾的构造",一方面,其作为学问、政治的担当者,内部是一个区别于庶民阶层的封闭

---

① 在岛田虔次此后的研究中,也能看到其对黄宗羲思想的持续关注,如《黄宗羲和朱舜水》(1983)、《黄宗羲·横井小楠·孙文》(1997)。参见岛田虔次:《中国思想史研究》,附录《岛田虔次著作目录》,邓红译,上海古籍出版社 2009 年版,第 455、457 页。

统一体，以教养和文雅为标志；但另一方面，从人员构成上看，其构造原则又是开放的，保持着对庶民分子的广泛吸收能力。①这种流动性抑制了独立的、具有近代意义的庶民性意识的产生，而使之始终处于士大夫性的亚状态。

从思想角度分析，问题就更加复杂。岛田对近代精神的定义包含两个要点，一是纯粹、内在、本然的人之观念，其反面是讲求教养文雅、作为既成社会规范的士大夫性格；二是与道德主义相对的现实的合理主义精神。从强调自得之学、身心之学，贬斥辞章、记诵、功利之学的明学性格中，似乎蕴含着一条否定旧的士大夫性而指向近代意识的通路，"在士大夫把教养作为唯一标识的同时，另一方面又形成了对之加以否定的、如此严格的学的概念，这个问题是值得注意的。"②然而，这种指向又因为明学自身内在的儒学性格而受到内在限制。就反对既成社会中虚假、因袭、僵硬的"文"的规范，重回良知本源而恢复身心一体之学而言，这样的思想取向显然蕴含于从王阳明到泰州学派，再到李贽、黄宗羲的思想脉络之中。更深一步看，这也可以视作是儒学传统中内与外、仁与礼之张力的时代呈现。③但是，对于外在之文的反对在明儒那里并没有进一步激进为对儒家文明的摒弃。④因此与其说明学走到了"文"的反对面，不如说是在推倒僵硬虚假的旧文，而重建与自心真性相一致的

①　参见岛田虔次：《中国近代思维的挫折》，甘万萍译，江苏人民出版社 2010 年版，第 169 页。

②　同上书，第 153 页。

③　《论语·八佾》："人而不仁，如礼何？人而不仁，如乐何？"

④　正如岛田指出，即便是被目为"异端"的李贽也并没有怀疑儒家文明的终极价值。"对他来说，把'我周孔之学'从儒家士大夫性的歪曲虚伪中救出来然后回复其合理性，或者说然后回复其有效性——这才是阳明学的中心课题。"岛田虔次：《中国近代思维的挫折》，第 179 页。也正是在这一点上，岛田对明儒思想的解说较之侯外庐更加贴近其本然面貌。

新文,其意并非颠覆儒学本身,而是时代发展所引致的儒学自身内在张力的调适。就此而言,与其纠结于对儒学自身"极限"的叹惋,不如调转视角,重新思考关于儒学本质特性的前提预设。

在岛田那里,从近代思维的立场上看,明代儒学最终没能实现充分的自我否定进而彻底走向近代。近代精神意味着发现比伦理道德更早的本质的人、纯粹的人,将政治、历史、文学从伦理中一一区别开来,承认其独立的原理和领域。①如此则不能不分解内在统一的士大夫精神意识整体世界。就此而言,彻底的近代的精神就不能不是反儒学的(至少消解了整全的儒学世界观),根植于近世儒学的近代精神必然挫折于其自身的内在限制。换言之,中国文明的近代转型,必然需要以其自我否定为前提。这样的终极结论令岛田本人亦深陷困惑。事实上,这也正是东亚世界近代转型过程中所面对的一道难题。②

(三)沟口雄三:社会与政治

某种意义上,岛田的困惑之处也正是沟口思想的起步之地。在他看来,岛田虔次(也包括侯外庐)研究方法上最大的问题,在于未能把欧洲的近代原理彻底相对化,放弃了探索中国自身近代原理的可能。真正以中国为中心研究,"不是沿着预先准备好的框架和主题来斟酌历史的种种事实,而是从历史的种种事实当中提炼出历史的轮廓和主题"。③

---

① 参见岛田虔次:《中国近代思维的挫折》,甘万萍译,江苏人民出版社 2010 年版,第 135—136 页。

② 正如岛田虔次在《中国近代思维的挫折》一书后记中所写:"我对儒教采取了那样'暧昧'的态度,这在当时是反动的,或者说即便在今天也是反动的。如果对我有这样的评价,我对此也没有办法。可以说正是基于这样的基础直观、基础心情给本书进行了根本性的着色;同时,它还与一个倾慕于欧洲的近代的基调相交错。因此我不得不承认,实际上这使得人们不能容易地马上理解拙著。"岛田虔次:《中国近代思维的挫折》,甘万萍译,江苏人民出版社 2010 年版,第 211 页。

③ 沟口雄三:《作为方法的中国》,孙军悦译,三联书店 2011 年版,第 198 页。

较之偏向于精神文化路径的岛田，沟口则更多采取思想与社会历史分析的视角，而与侯外庐颇为同调。①沟口认为，侯外庐的问题在于对马克思主义历史观公式化、教条化的使用，这一点典型地体现在对黄宗羲思想的定位与评价中。针对侯著将黄宗羲定义为代表资本主义萌芽的城市平民反对派，进而纳入"近代民主思想"范畴，沟口指出，其"近代"和"民主"观念都过于以欧洲为母胎，所以上述结论虽然有一定的社会、经济基础分析作支撑，但仍然不具备充分的说服力，因为其定位根本上偏离了中国历史思想的自身脉络，因而"看不到黄宗羲思想在 17 世纪以后中国的继承、发展脉络的主线。"②

如果说对欧洲一元化历史模式的批评构成了沟口对侯外庐的反思，那么在注重思想的社会经济基础与阶层分析这一点上，则体现出二者的共通处。对于中晚明思想的开展与变化，沟口并未仅仅停留在概念层面凌空蹈虚的思辨，而是在明代中后期里甲制度解体、乡村秩序再编的社会经济背景下予以立体把握，这一方法与侯著可谓异曲同工。不同在于，沟口试图摆脱欧洲历史模型限制而在中国历史思想中探寻内在原理，因而能够进行更加贴近历史脉络的分析。

在方法论上，沟口的明清思想研究具有鲜明的历史语境主义特色，表现为重视分析思想观念背后的现实问题，揭示思想展开与社会存在之间的关系。首先，沟口高度重视对思想观念背后的现实问题背景分

---

①　侯外庐的《中国思想通史》（第五卷）等著作在沟口著作中被多次提及，参见沟口雄三：《中国前近代思想的演变》，索介然、龚颖译，中华书局 2005 年版，第 168、254、255、271 页。相比之下，岛田虔次对侯外庐著作的阅读则在其《中国近代思维的挫折》初版成书之后。参见岛田虔次：《中国近代思维的挫折》，甘万萍译，江苏人民出版社 2010 年版，第 201 页。

②　沟口雄三：《中国前近代思想的演变》，索介然、龚颖译，中华书局 2005 年版，第 254—255 页。沟口指出，这种将欧洲的近代直接地运用于中国的一元思想方法在更早的梁启超、陈天华那里即有体现，反映出近代中国学者对自身历史落后于欧洲的焦虑感。

析。在他看来,阳明学兴起的深层背景在于宋代朱子学所构建的一元化"定理"的破碎。所谓一元化定理,即"从上到下被一个秩序体系、一个秩序的意识形态所统合的乐观主义的观念。"①朱子理学的治政作用方式是一元化的,即在"君—臣—民"序列中,君臣、士大夫通过合乎条理的修养来影响政治,并且自上而下地教化民众。到了阳明学兴起的时代,社会的发展已非一元化的定理所能统摄,需要在思想上寻求新的出路。无论王阳明、李贽、张居正,还是东林派与无善无恶派,其思想皆根源于此,如何在旧的一元化定理日渐破碎的现实中塑造新的秩序原理,构成了他们看似纷繁复杂的思想取向背后共同的问题意识。

由此,沟口对东林派、无善无恶派、李贽等重要思想流派(人物)之间错综纠缠的思想关系作了新的分疏,描绘出一幅有别于一般哲学史概念叙述的更加立体思想图景。在他看来,东林派与无善无恶派并非截然对立,其争论亦不能简单理解为道德肯定派与道德否定派的冲突。无善无恶论本身同样是思想革新的命题,就革新思想、排除形骸化的定理而言,无善无恶派其实与东林派具有相同的变革诉求。二者的区别在于,前者着力于探究内心的真实,主张把理变成无,而后者的重心则在变革社会现状方面,力求突破旧理而确立新理。②

对于东林派与李贽,沟口认为二者的分歧体现了前近代转换期之中思想龃龉与继承并生的复杂关系。就对既成之理的否定而言,李贽与东林派在思想上毋宁是先导与后继的继承发展关系,至于东林对李贽的批评,要害在于后者将佛教真空观念引入现实世界,进而产生了舍欲即无理、肯定无限定之欲望的思想,这一思路必然突破前者坚持的以纲常

①　沟口雄三:《中国前近代思想的演变》,索介然、龚颖译,中华书局 2005 年版,第 182 页。

②　参见同上书,第 380—381、516 页。

伦理为内实的天理框架。换言之，二者的根本对立在于东林派把人的本性措定在纲常伦理之上，而李贽则要破除此限定而在包含欲望的一般真情中指认人性。① 又如东林派与朱子学的关系，沟口指出，透过其尊朱的表象，东林派在理气一元、性之气质本然合一的方向上较朱子学有明显跨进（意在破除既成定理而确立新的理观），因此东林派实际上是比阳明更彻底的对朱子学破坏者。无论是阳明派批朱还是东林派尊朱，实质都是依据各自所处的不同历史状况而对理观进行的新的探索。所谓批朱、尊朱不过是表层现象，并未触及思想史的本质，真正应当被关注的是其力求创造的理观的内容本身。②

其次是对思想展开与社会存在之间关系的揭示。在揭示思想论争背后的现实动因的基础上，沟口进一步在历史语境中建立起思想作用于社会存在的立体图景。同样以"李贽—东林—黄宗羲"的思想发展线索为例，沟口指出，晚明政治斗争的实质是坚持旧的一元化专制体制的皇帝宦官派和与之对抗的东林派等新体制志向派之间的对立，其社会背景则是里甲体制的崩溃与乡村主导权的重塑。从社会阶层看，东林派大多出身于与工商阶层有联系的中小地主阶层（即所谓"富民阶层"），因其处于豪强大地主与佃农、雇农之间，故而在里甲制崩溃过程中承受着上下两端的矛盾冲击。出于对自身整体利益的维护，东林派主张对己勤俭、对下厚施、对抗豪强，由此可以理解其对道德的强调。就政治实质而言，其特点是对皇帝一元化专制采取批判态度，在朝对抗皇帝一元专制体制，在乡则以中坚地主身份谋求自身主导下地主制结构的安定和强化。

基于上述背景，则东林派与李贽的思想对立可以进一步具象为经营

---

① 参见沟口雄三：《中国前近代思想的演变》，索介然、龚颖译，中华书局 2005 年版，第 228—231 页。

② 同上书，第 520—521 页。

性地主阶层观点与一般民众观点的不同,前者把对欲望的肯定限定在地主的视野之内,强调地主、佃户之间利欲的调和,而后者则主张无限定地容忍一般民众的欲望,对欲望予以一般而普遍的肯定。在政治构图上,东林派向上主张君主分权公治,突破一元专制,向下谋求以富民阶层为主轴建立新的乡村共同体,将下层民众置于富民主导的纵向秩序之中,取代以里甲制为载体的"君—官—民"一元专制秩序。相比之下,李贽的政治构图仍然延续"君—官—民"一元秩序,并未打破旧体制的框架,其所设想的民乃是里甲体制下贫富无别的平列之民。沟口指出,李贽肯定了一般意义上的民欲,其构想"以共同体中的民的欲望为政治主体,使原来的君臣—民的政治秩序来一个逆转,成为民—君臣。"①从近代观点看,这一点甚至在政治观念上比东林更领先一步,虽然其政治构图仍然是旧式的。

作为思想转换期两种不同政治构图的代表,从李贽到东林的思想关系毋宁是排斥中的继承,反映了前近代思想发展的曲折,而黄宗羲的政治思想正处在这一发展线索的延长线之上。沟口指出,黄宗羲思想中最具高度的两个要点是对自私自利之民的明确主张和对家产官僚的否定,由此产生出"主体兼客体"的民的自觉,即认识到民作为依自身之力而存在的自觉的主体,从而形成君主主观仁德意识所包容不了的、具有独立之私而与君主相抗衡的实势的、俨然的客体存在。这种具有主体客体自立意识的民的观念,是较之以往民本思想的根本不同之点。②"自私自利之民"的主张,构成了《明夷待访录》的主眼,其打破旧民本思维的新政治思想,正是以具有明末特征的、自私自利的民的自立意识为根

---

①　沟口雄三:《中国前近代思想的演变》,索介然、龚颖译,中华书局 2005 年版,第241 页。

②　参见同上书,第259 页。

柢。需要注意的是，所谓自私自利之民并不能作一般化理解，而是特指富民阶层，亦即"当时视为有力量的、包括自耕农在内的地主阶层与他的伙伴都市工商业者。"①如果说自私自利之民的观念导源于李贽，那么富民主导的秩序观念则是东林的遗产。在此意义上，可以把《待访录》看作是东林思想主张的集约之作，亦即把其中个别的、片段的、局部的东西加以理论整理并予以体系化。

沟口指出，只有将其置于晚明思想与社会背景的发展脉络之中，方能更准确地评价黄宗羲思想的先进性，同时也能对这一历史先声在清代的"销声匿影"做出更有力的解释。在他看来，清代之所以没有产生第二、第三黄宗羲，恰恰是由于统治者对其社会经济主张的吸收，亦即通过容认富民阶层在乡村、城市中的主导地位，以之作为政权的基础而进行体制再编，消解了其中激烈的反君主因素。由此，清代社会的主要矛盾不再是民与君的对抗，而转向新的富民之间，以及富民与贫民阶层之间的矛盾。虽然迟至晚清，随着民权观念的传入，黄宗羲思想方才作为接受近代思想的本土资源而重新浮出水面，但其社会经济主张其实一直在清代历史中发挥作用。由东林导其源、黄宗羲集其成的富民主导的乡村秩序被清代统治者所吸纳，促进了民间社会、政治、经济力量的增强，构成了晚清地方分权化，进而展开辛亥革命的各省独立运动的源头活水。除此之外，就"井田论"（土地均分）"学校论"（知识人）等贯穿明清与近代中国的历史叙述线索而论，也可以看到黄宗羲与《待访录》的历史意义与影响。②

通过扎实细致的思想与社会史分析，沟口在"晚明—清代—晚清"的

---

① 沟口雄三：《中国前近代思想的演变》，索介然、龚颖译，中华书局 2005 年版，第 264 页。

② 参见沟口雄三：《俯瞰中国近代的新视角》，《清史研究》2001 年第 1 期。

历史连续视野中对黄宗羲思想予以脉络化还原,勾勒出内发式近代视角下的近世思想理解进路。由于通贯式的研究体裁,沟口并未对黄宗羲进行完整的思想个案研究,而是将其置于思想与社会的长时段互动中予以脉络性的把握。就思想人物研究而论,通贯式、脉络化的处理固然能够更加贴近历史脉动,但在个体思想厚度的呈现上则难免有所不足。比如黄宗羲固然继承了东林的社会经济政策主张,但其政治主张则较后者有极大突破,并不能完全为前者所包容。①又如对黄宗羲思想之清代命运的解释,沟口认为根本原因在于其政治经济诉求在清代基本得到了实现,所以历史不需要第二个黄宗羲。这一独辟蹊径的解释路径固然揭示了历史脉动中的深层动力结构,但毕竟忽略了《待访录》与清代政治在理念、结构上的巨大隔阂,因此也难以充分解释黄宗羲在晚清被重新发现的思想意义。

如学者指出,沟口"始终把社会史的视角作为自己的思想史前提。"②其对黄宗羲思想的关注焦点不在多数研究者侧重的政治原理层面,而在地方社会、经济政策的具体方案,重视社会层面的形而下之理的探究。此种社会重于政治、实践分析优先于理论辨析的研究取径,就对黄宗羲思想的完整把握而言不免显得有所未尽。相比于鞭辟入里的社会史结合思想史分析,其在政治理论方面的探讨则相对简略,提出的

---

① 关于这一点,侯外庐的评价与沟口可谓截然相反。他指出,"《明夷待访录》一书是东林、复社的自我批判。因为东林党争虽然具有市民的自由思想,但其思想方法只局限于君子与小人的分类,其党争方法是所谓清议。""单恃主观的'仁人君子心力之为'和做臣的气节,实在是东林的旧传统。宗羲在《明夷待访录》中所论的经国大计,正是东林党以来的自觉批判。……他的'创革之方法'所以成为'近代的',就因为超越了过去'仁人君子心力之为',而以勇敢的'异端'精神,'无所顾忌的态度',设计将来的新世界。"(侯外庐:《中国思想通史》(第五卷),人民出版社 1956 年版,第 157—158 页。)按黄宗羲思想是否属于"异端"姑且不论,但其对皇权的批判剖析则的确远远超过东林派。

② 参见孙歌:《中国历史的"向量"——沟口雄三的中国思想史研究》,《山东社会科学》2014 年第 7 期。

诸多概念、论断既富于新意，同时也留有进一步探讨的余地。

比如，沟口将《明夷待访录》的政治主张概括为相对于以往君民一元化的专制体制的"专制分治"。①所谓分治，指突破"君—臣—民"自上而下的单线向量，将君主一元的专制权力空洞化，而以富民阶层为核心进行权力的再编和再生。因为其并未突破君主制框架，"民"的范围亦有所限制，故谓之"专制分治"或"富民分权的专制"。②倘若细加分析，那么"专制分治"这一概念本身不免含混，因为专制的基本含义是权力的独断③，那么分治之后的权力为何仍然是"专制"的？事实上，沟口也曾多次使用"公治分权式的君主主义"或"分权公治式的君主主义"来描述从东林到黄宗羲的政治理念，更凸显了这种概念上的矛盾性。④

在"分权公治"概念中，"分权"包含君主向富民阶层的权力委让（而非自上而下的委任）之意；"公治"则是在伸张个私之后形成的更高层次的公。⑤在沟口那里，"专制分治"也就是"分权公治"，公治、分治对应富民对君主权力的分有，而专制则指向君主制的保留。这一充满张力的概念描述也影响了其对黄宗羲政治思想的评价。一方面，基于思想的社会史还原，沟口反复强调黄宗羲所谓的自私自利之民绝非清末人士宣扬的共和民权主义之民，其主张只能"限定为反明朝专制（反里甲专制），而决不能说他是一般的、超时代的反君主专制。"⑥但另一方面，又指出

---

①　参见沟口雄三：《中国前近代思想的演变》，索介然、龚颖译，中华书局 2005 年版，第 258 页。

②　同上书，第 261 页。

③　现代汉语中"专制"一词的概念十分复杂，就其一般意义而言，正如萧公权所论，"所谓'专制'大约包含两层意义。（一）与众治的民治政体相对照，凡大权属于一人者谓之专制。（二）与法治的政府相对照，凡大权不受法律之限制者谓之专制。"萧公权：《宪政与民主》，清华大学出版社 2006 年版，第 70 页。

④　参见沟口雄三：《中国前近代思想的演变》，索介然、龚颖译，中华书局 2005 年版，第 408、483 页。

⑤　同上书，第 474 页。

⑥　同上书，第 260 页。

其在主张自私自利之民与否定家产官僚等问题上具有思想史高度，从而超越了特殊个别性而获得了普遍性，并且由于其高度和对历史的超出性，作为清末反君主制的民权、共和思想而得以复苏。①

这样的表述显然颇为矛盾。这种矛盾一方面来自思想的社会史还原与政治理论抽象之间的方法张力，另一方面也隐含了中国思想史研究的一个普遍性问题，即西方概念的对照与使用。如前所述，对岛田虔次、侯外庐等人依赖、套用西方近代模式的批评，构成了沟口中国思想研究的一个重要出发点。为此，他试图通过对长时段的历史视野中思想与社会、政治关联的细密考察来发现中国历史自身的脉动，而对于西方概念的使用始终保持高度警觉。正如学者指出，沟口敏锐意识到在西方理论框架中，中国思想史不可能具备自己的理路和有机生命力，而仅仅是支离破碎地满足其框架要求的一堆论据而已。正是这个中国思想史研究中最大的困境，促使其一生毫不妥协甚至稍显过激地对于各种形态的挪用进行抨击。②

得益于上述理论方法的自觉，沟口从内生视角出发对晚明到晚清三百年前近代思想发展的脉络历程作了独辟蹊径的精彩解释。就思想解释的深度力度与立论的坚实性而言，可谓超越前贤而罕出其右。当然，基于对西方理论知识霸权化的反思与批判，其在某些具体问题上的处理难免表现出矫枉过正的倾向。就黄宗羲研究而言，《明夷待访录》的政治理念究竟是"专制分治"还是"分权公治"？其是否具有一般性的反君主思想而可与后世的民权共和思想类比？沟口对于上述问题的讨论不能不说具有一定含混性。造成这种含混性的原因，一方面在于其强调

---

① 参见沟口雄三：《中国前近代思想的演变》，索介然、龚颖译，中华书局 2005 年版，第 265 页。

② 参见孙歌：《中国历史的"向量"——沟口雄三的中国思想史研究》，《山东社会科学》2014 年第 7 期。

中国原理的方法论，而对民权、共和等概念的使用采取严苛态度。对于西方概念的严辨固然有助于中国自身原理的发掘，但同样不容忽视的是，近代以来的汉语思维本身是受到外来文化深度影响的产物，在思想、学术概念层面尤其如此。离开外来概念，我们甚至可能无法运用现代学术语言去充分地描述自身思想传统。更进一步说，对于中国思想传统的现代诠释，本身源自西方思想的挑战与现代生活的问题意识，而后者在很大程度上亦为前者所塑造，所以今天对中国思想传统的解释，不可能避开西方的概念和分析方式。问题的关键或许不在于是否使用，而在于运用的方式和限度。①

另一方面的问题，在于社会史、政治史不同视角所见的异同。比如"专制分治"概念主要着眼于上层政治视角尤其是君主制的基体，而"分权公治"则侧重乡绅富民在基层乡治维度的社会权力行使。就沟口研究的着力点而言，其显然更重视下行的社会史进路，因而能够在"乡治"的脉络中发现黄宗羲、顾炎武等人思想在清代直至清末民初的延续线索，但就思想家个体本身的理解而言，这样的视角并不完整。正如近代转型本身是一个整体性问题，如果从社会、政治两个层面把握黄宗羲思想的历史命运，可以看到两幅近乎截然相反的历史图景，前者被吸纳入清代体制并使之巩固，后者受到严格压制却在湮没两百余年后成为埋葬王

---

① 比如"共和"概念，正如金观涛指出，republicanism 在西方语境中原本含有重视参与政治事务时的道德以及强调公领域、私领域区分，视政治为有别于私领域活动的公共事务之意。这一含义与中国传统政治文化中视政治为道德的延伸，道德精英参与政治的观念若合符契，因此 20 世纪初在中国成为比"民主"更有市场的政治概念。"共和"一词再被赋予现代意义之始，就含有强调精英治国的意念。参见金观涛、刘青峰：《观念史研究》，法律出版社 2009 年版，第 266—275 页。在此意义上，将明末士人为主体的政治观念理解为现代共和的先声，并非完全属于一种混淆名相的时代错置。其中的关键在于，在使用现代或外来概念描述传统思想时，应当对概念本身的内含所指以及描述的限度作出明晰的界定与说明。

朝体制的历史先声,这种复杂吊诡的图像本身即是中国近代转型过程
艰难性的注脚。乡治与社会维度的挖掘固然有助于理解黄宗羲等明季
思想在清代的历史展开,但这一面向毕竟是不完整的,其思想潜能直到
清末才获得充分激发。换言之,对于黄宗羲思想乃至儒学近代转型本身
的完整理解而言,包括社会、政治的整体性视角依然不可或缺。

四、小结:近代转型与儒学的多重面向

思想家个案研究与思想史脉络研究原本相辅相成,这一点在黄宗羲
研究中深有体现。其一方面是近世(宋—明)的历史思想发展的总结与
批判者,另一方面又是近代思想转型的开启与承接者,这一“历史结合
点”的角色在决定其思想史地位的同时也增加了理解的复杂性。除了需
要对个体思想文本有完整把握,也离不开一种中长距离的视角,在古今
(近世—近代转型)、内外(文本与理论、思想与社会)的问题结构中做一
立体理解。就此而言,侯外庐、岛田虔次、沟口雄三的研究无疑为后来
者提供了重要典范。

侯外庐将近代转型视角系统引入明清思想研究,采取传统的人物罗
列式写作方式,在马克思主义理论框架下,通过史料的细密搜集与爬
梳,勾勒出中国早期启蒙思想的发展线索,对中国思想的古今之变予以
完整勾勒。由于理论框架的外在性和通史体裁,“早期启蒙说”强于宏
观理论脉络的勾勒,对于个体思想人物的把握则颇有点到为止之憾。此
外,由于理论框架的外在性导致过强的以论带史倾向,在文本解读上存
在过度诠释乃至误解错读,也极大影响了其解释力。相比侯外庐早期启
蒙说的宏观理论框架,岛田虔次更加聚焦于精神思想层面的探讨。在严

格的模式比照之下，明代儒学与近代思维终有一间之隔，"彻底的近代精神"与儒家传统之间似乎横亘着一条难以跨越的鸿沟，根植于近世儒学的近代萌芽必然挫折于其自身的内在限制。

　　基于对上述困境的反思，沟口雄三将欧洲近代理论模型彻底相对化，尝试从自身视角来考察中国的近代。在方法上，通过思想史贴合社会史的缜密分析，以理观的转化以及乡治空间的形成为思想、社会基点，刻画出中国近代思想与历史演进线索，进而发现其自身原理。由此，黄宗羲不再是近代的先知与传统的异端，而是被脉络化为中国前近代思想曲折演进过程中一个承前启后的标志性节点。由于视角的转化，沟口在成功提炼出前近代思想发展的社会史脉络的同时，也间接承认了其政治脉络上的断裂性。换言之，其所勾勒的思想史脉络是连续的，但并非是完整的。如何理解这种连续与断裂的张力，对于晚明思想研究乃至中国思想的近代转型问题而言，也许是另一个值得思考的问题。

　　在明清乃至宋以降近世思想的中长时段脉络中考察，方能凸显黄宗羲思想的真正价值，即古今之变与近代转型过程中各方面问题集成汇聚的焦点与枢纽。因此，其思想研究就不仅仅是一个点状的个案，而是脉络中的连续，需要在其之前所由来、之后所开启的思想脉络中作线性考察，从中探究传统思想融入现代的内在线索与动力。点、线结合的研究，在方法上需要内外理路的综合。首先，就文本与理论的关系而言，思想家个体文本的钻研无疑是基础性的工作。同时，对个体思想文本的解读又必须结合思想史的问题脉络展开，如此方能实现有效的理论提炼与深化。①其次，从思想与社会存在的关系上看，思想的发展有其内在

---

　　①　在此方面，沟口雄三对于宋明儒学理观演进的探讨可谓典范，而侯外庐对黄宗羲哲学文本的分析定性则可供反思。

逻辑,同时也深受社会条件的塑造,历史发展带来的社会结构变迁,反过来又会孕育思想的变化。在与社会结构的互动中,思想乃呈现出自身的立体性与多重面向。在晚明以降的思想转型进程中,儒学自身的复杂性与多重面向被不断凸显,如侯外庐对"正宗"与"异端"的划分,岛田虔次对"士大夫性"与"庶民性"的辨析,沟口雄三对"体制儒学"与"儒理学"的区分,都是从不同维度针对儒学自身的复杂性所展开的描述,彰显了转型时代中对于儒学的本质特征与时代形态的叩问。对于历史延长线上的今人而言,这同样是一个值得深思的问题。

思想史研究

亚里士多德中的人之为政治动物[*]

沃尔夫冈·库尔曼　著　　郭悠乐　译^{**}

一

在亚里士多德的诸多名言之中有这么一个命题：人①是政治动物（*zôon politikon*）。和其他所有名言的命运一样，人们对这个命题的

---

* 本文译自 Wolfgang Kullmann，"Man as a Political Animal in Aristotle"，in *A Companion to Aristotle's Politics*，ed. David Keyt and Fred D. Miller，Jr.（Oxford：Blackwell，1991），pp.94—117。该文是"Der Mensch als politisches Lebewesen bei Aristoteles"（*Hermes*，108（1980），pp.419—443）一文的英译。原作者 Wolfgang Kullmann 对英译文做了审订，并另加了一些注释。中译文的个别语句参考了德文原作。原文中的斜体中译改用楷体。为避免繁琐，英译者后来追加的注释，本文不再另行标明，中译者补充说明的内容则用方括号标示。文中凡涉及亚里士多德著作原文的翻译，中译首先遵循英文译者的译法，但也参考了通行的汉译，主要涉及的有吴寿彭译《政治学》（商务印书馆，2014年）、《动物志》（商务印书馆，2019年），颜一译《动物志》（苗力田主编《亚里士多德全集》卷4，中国人民大学出版社，1996年）、颜一、秦典华译《政治学》（苗力田主编《亚里士多德全集》卷9，中国人民大学出版社，1994年）。中译者也参考了希腊文本，对一些关键语词做了修改（首先依据牛津版 *Oxford Classical Texts*；牛津版中没有的内容，如《动物志》，则依据贝克版（Bekker）*Aristotelis Opera*）。

** 沃尔夫冈·库尔曼（Wolfgang Kullmann，1927—2022），德国古典语文学家，曾任马堡大学、弗莱堡大学教授。郭悠乐，美国加利福尼亚大学洛杉矶分校哲学系在读博士研究生。

① "人（man）"是德语词"Mensch"的翻译，其所指称的是人这物种（human species）。

运用也独立于它原本出现时候的那种用法。而这情况不仅仅发生在古
典学界以外。即使在古典学界内部，人们也经常会很宽泛地使用这个命
题。按照一种特别流行的用法，该命题的意思是，人是或者应当是这么
一种存在者：他作为一个公民是在政治上有所行动的，这似乎就是说，
该命题所暗示的主要是民主政体，而其所指涉的是一种局限于一个特
定历史时期的生活方式。①这种用法流传很广，但也有人对此表示反对，
特别是来自奥洛夫·纪贡(Olof Gigon)的反对。他指出，如果我们以为
对古希腊人来说，人之存在与公民之存在是可以当作恰好一致的，那我
们就大错了。纪贡从该命题中看出来的是这位哲学家的个人论点：这位
哲学家反对那种普遍的对于城邦＊的厌恶，而他用以反对的理由，是人
从来不曾没有城邦而生存过这个历史事实。②本文接下来的讨论不会处
理这个一般性的问题，并且本文也不会宣称说，对这个命题进行一番自
由的发挥就是不正当的。然而，这句亚里士多德式的格言竟有如此之
"结局"，这情况便表明，我们仍需要对于该命题出现的那些段落作出一
番更为精确的诠释。此外，这一命题无疑在亚里士多德的整个人类学之
中占据着重要的地位；故而有意思的地方也不仅仅在于人参与日常政

---

①　例如，参见 B. H. Bengtson, *Griechische Geschichte*(Handbuch der Altertumswissenschaft：
3. Abt., Teil 4)(3rd edn., Munich, 1965), p.143："在那个时候[也就是公元前 6 世纪以
来的城邦时代，希腊公民变成了"政治动物(*zôon politikon*)。]" V. Ehrenberg. *The Greek State*
(Oxford, 1960), p.38："奴隶、外侨以及其他一些人在城邦的经济生活中发挥了如此活
跃又独立的作用，而很大程度上正是这一情况，才使得公民能够把他的生活奉献给城邦，
也就确实成了一个 *zôon politikon*。" J. Christes, *Bildung und Gesellschaft*(Darmstadt, 1975),
p.18："在亚里士多德这里，我们见证到了最后的关于 *paideia*(教化)的理念，而它全然是朝
向着对于 *zôon politikon* 的塑造。"

＊　这个名词对应的德语原文为"Staat"(英译作"state")，以此来指代古希腊各政治共同
体，英译也没有将其与"city"、"polis"相区分。除非特别指出，本文对这几个词都译作"城
邦"。但若遇到必须分别"state"与"city"的语境，中译者就将前者改译为"国家"，后者仍译
为"城邦"。——译者注

②　O. Gigon, *Aristoteles Politik*[Munich, 1973(Zurich, 1955, 1st edn., 1971, 2nd
edn)], pp.13 ff.

治的这个角度。因此，这个命题值得我们详加申述。我会特别考察，这一命题在何种程度上具有一种定义性的意涵（正如它常被理解的那样）；我也会再次尝试探讨一个聚讼纷纭的问题：在亚里士多德式的对于人的概念的思想架构之中，哪里才是政治这一要素的确切位置。①

最为重要的那一段文本——在亚里士多德的全部作品里，含有该命题的共七段文本，而我们会看到，也正是那一段文本最成问题——在《政治学》I.2.1253a1ff.。为了理解那一段文本，我们有必要先来考察它之前内容的思路。在第一章里，亚里士多德对于这种看法提出反对：主人（*despotês*）、治家者（*oikonomos*）、政治家（*politikos*）以及君王（*basilikos*）之间的差别仅仅是一个量上的差别，也即被统治者人数的差别。亚里士多德解释说，他想依据先前引导了他的方法（*kata tên huphêgêmenên methodon*）②，把城邦这一复合物（*to suntheton*）分析为它的那些"非复合"要素（*ta asuntheta*）。在第二章里，亚里士多德就接着对

---

①　此处我要特别指出 Günther Bien 在他那本重要著作 *Die Grundlegung der politischen Philosophie bei Aristoteles*（Freiburg-Munich，1973）里提出的论点，这一论点显然代表了一条极为重要的对于亚里士多德《政治学》的诠释思路。Bien 从那个命题里看到的是"对于人之自然——作为一种在本质上取决于城邦与公民共同体的、理性的自然——的定义"（p.70）。政治的对象不是《动物志》里描述的那种在自然状况之中的人（p.121）。借用黑格尔的表述，政治的领域是伦理的宇宙（the ethical universe），是精神（*logos*）与正义（*dikaion*）的基础。Bien 论道，"人的"、"政治的"（在其广义上）、"正义的"、"有言说的"这些属性，是可以通用互换的。把这些属性加之于人的那些语句都是在同义反复（p.72）。在 *Metaphysik und Politik. Studien zu Aristoteles und Hegel*（Frankfurt/M.，1969），pp.76ff.中，J. Ritter 也以类似的方式假设了，对亚里士多德来说，人的理性自然与他的政治性之间有一种很紧密的联系。

②　如果这一翻译是正确的话（参见 S. Everson，*Aristotle*，*The Politics*（Cambridge，1988）里 B. Jowett 的译文："按照先前就引导了我们的方法（according to the method which has hitherto guided us）"），那么亚里士多德在想着的，肯定是对那方法的前一次的应用。那次应用最有可能就是指对于 *eudaimonia* 的定义所做的阐释，而这也是通过考虑其部分，尤其是 *aretê* 这个概念来做的，我们可以在《优台谟伦理学》和《尼各马可伦理学》里找到这种考虑，W. L. Newman，*The Politics of Aristotle*（Oxford，1887—1902），Vol.II，p.101 所指的也是这样。

城邦做了一番生成论 * 分析（genetic analysis）。首先，必然会有夫妻共同体与主奴共同体。从这两个关系中，最先产生的是"家"（house）**或者说"家庭"（household）（oikia，oikos—家族（family）），而这也就是被亚里士多德定义为，为了日常需要而存在着的、依据自然组建起来的共同体。由几个"家"或"家庭"组建而来的第一个共同体——那并非仅仅为了日常需要而存在着的共同体——便是村落；而如果村落是"家"的一个"聚居"（colony），由子辈与孙辈组成，那么这样的村落就是最合乎自然的；并且，村落和家一样，它自身也是被最年长者如君王那般来统治的。因此，城邦里都有过一种古代王制。为了证明古代王制是以"家族王制"（这尤其体现在对于子辈的统治之中）为其特征的，亚里士多德引用了《奥德赛》（IX. 114 ff.）里关于圆目巨人（the Cyclopes）的描述：*themisteuei de hekastos paidôn êd'alochôn*（各人为他的孩子们与妻子们立法）。亚里士多德继而论述道，那随处可见的、对于诸神之间的王制所做出的表现（the ubiquitous representation of kingship among the gods），是对于当前或原初之政治处境的一种拟人化反映（an anthropomorphic reflection）。①***然后亚里士多德转向了城邦。那从几个村落而来的、完全的共同体，就是城邦；此时，城邦也大体上达到了完全自足的限度。城邦是为了活着而生成的，但城邦是为了"活得好"（ousa de tou eu zên）而存在的。所以，既然那些最初的共同体都是由于自然而存在的，每个城邦也就都是由于自然而存在的。这是因为，城邦是这些共同体的目的，而一个事物的自然（也即本质）（essence）是该事物的目的。各事物之所

---

 * 通常译为"发生学"。——译者注

 ** 下文随语境也会将"house"译为"房屋"。——译者注

 ① 关于 1252b19-27 处的论述，比较 Gigon，*Aristoteles. Politik*，p.266。

 *** 1252a24-1252b27。——译者注

是（What each thing is），在该事物完全生成了的时候，被称为该事物的自然（本质）。亚里士多德进一步论道，目标或者说目的是至善，并且自足就是目的与至善。由此便清楚了：城邦是那些由于自然而存在的事物（*tôn phusei hê polis esti*）之中的一个；人由于自然（也即在本质上）而是一个政治动物；任何由于自然而非由于机运便没有了城邦的人，要么是个低劣的人，要么强过了人。*

　　由此引发出来的第一个问题是关于这番生成论分析的特征。**毫无疑问，亚里士多德心中联想到的是柏拉图，后者在《理想国》（II.369 aff.）和《法义》（III.676 aff.）这两部著作中也对城邦的生成有所关注。①在《理想国》里，柏拉图想要让城邦在言说中（in *logos*）生成，从而提供一个比单个人的灵魂更好的模型，来研究正义与不义的本质：*ei gignomenên polin theasaimetha logôi*（如果我们用言说来观看城邦之生成）。这句话得到了《政治学》I.2.1252a24 的呼应：*ei dê tis ex archês ta pragmata phuomena blepseien*（如果来看看那些从本原上自然而来的事物）。这两句话用了同一种潜在祈愿式（potential optative）***，而在其他地方，这种语法形式是对于思想实验的一种标示。在这两个例子中，关于生成这个内容的讨论都从属于一个目的，也即要让那［城邦的］结构变得清晰可见这样一个目的。这一点也是柏拉图在《政治家》里提到的神话以及他在《蒂迈欧》里提到的宇宙生成神话（cosmogonical myth）所具有的特征。然而，柏拉图和亚里士多德的分歧在于城邦生成的具体方式上。他们的起点大体一致：城邦得以出现，是由于每个人都在自足性

---

　　* 1252b27-1253a7。——译者注

　　** 德文原作中对此有斜体强调，英译无。——译者注

　　① 比较 Newman, *The Politics of Aristotle*, Vol.I, pp.36 ff.；Vol.II, p.104。

　*** 这是古希腊语里关于动词的一种语法形式。——译者注

上有所欠缺。但柏拉图解释说，城邦如此生成的原由在于不同行业的成员之间受到了劳动分工的制约；而亚里士多德却发现，城邦起源于家族，或者更准确地讲，城邦起源于 oikos（家庭），因此城邦是来自那些由夫与妻、主与奴所组成的自然共同体。

《法义》第三卷里也有一段与此相关的论述。同样，《法义》里的历史叙事也不是该论述的目的本身，这一论述是用来寻找最佳政体的。这段内容［与亚里士多德《政治学》中的内容］尤其相似的地方在于，人的原初状态——按照《法义》中的论述，这一状态是在洪灾浩劫以后——是以荷马式的圆目巨人社会为模本而构造出来的；用诗人的话说，这一社会里没有为了议事而举办的集会，没有法令规章，也没有公共生活；这里有的只是一家之长给他的妻子们与孩子们宣布律法（《法义》III. 680b）。①柏拉图的《法义》所描述的历史进程中有一些更加具有现实性的特点——比如洪灾便是其中一项——但是这些特点都被亚里士多德舍去了，取而代之的是一番抽象的阐发，其所关乎的是城邦形成之中牵涉到的那些要素。柏拉图的描述，尤其是《理想国》里的描述，背后肯定是德谟克利特关于文化起源的理论，而我们也可以在希波克拉底的作品《论古代医学》里找到该理论的另一个版本。②但是与德谟克利特相比，柏拉图在《理想国》里的描述没什么严肃的意思。《理想国》的目标显然是要去展现城邦的"本质"，而不是其生成。③而另一方面，《法义》里

①　自荷马以来，圆目巨人就是"野蛮人"的原型（比较柏拉图《法义》III. 680d3 agriotêta）；参见欧里庇得斯《圆目巨人》118ff.。荷马的这段文本是我们最重要的证据之一，它证明了《奥德赛》时代所达到的相对发达的"政治"意识与政治组织的水平。

②　比较 H. Herter, "Die kulturhistorische Theorie der hippokratischen Schrift von der alten Medizin," Maia, NS 15(1963), pp.464ff., Herter 据原始材料而做出的研究令人信服又详尽全面。

③　又，另有较晚近的 O. Gigon, Gegenwärtigkeit und Utopie. Eine Interpretation von Platons Staat (Zurich-Munich, 1976), p.144。

的这番表述却不是毫无历史严肃性的。

那么《政治学》的这段文本呢？*oikos*（家庭）的结合是来自两个原初的共同体，也即夫妻共同体与主奴共同体，而从这一结合中，亚里士多德显然没有看出来什么"发展过程"（development）。他只是在分析 *oikos*，直至它的各个构件。不过，如果亚里士多德认为村落是"家"的聚居，并且这种聚居会通过子辈与孙辈的出现而以一种自然的方式产生，那么至少，亚里士多德还是想到了一种具有典型性的*发展过程，哪怕这多半不是一个历史性的发展过程（也即不是一个一次性事件）。我们本可以假定说同样的情况也适用于城邦的起源，但是亚里士多德——依照了柏拉图的《法义》——在引用完荷马谈论圆目巨人家族统治的内容后说道，这些人是散居的（*sporades gar*），并且"古时候的人就是这般居住的"。这显然是在暗示，人确有一个历史性的**原初状态。为了不使人觉得那个通向了城邦的历史进程是偶然发生的，亚里士多德就采用了一组比较，而这组比较是从自然与技艺的领域得来的。一个事物之所是，在该事物完全生成之后，就是该事物的 *phusis*，也即该事物的自然、本质；人、马、房屋便是这样的例子。城邦的发展过程，一种要经过许多代人的发展过程，也因此显得可以同生物性的过程或者技艺性的过程相比较，这种过程的结果，或是一只成熟了的动物，或是一件完成了的造物。可是这种比较能够延伸得多远？对于这种发展过程的理解又要有多具体？

不管怎样，我们只能在很有限的意义上谈论一种生物学的视角，因为亚里士多德除了在人和马之间作了比较之外，还提到了一个人造的

---

　*　德文原作中对此有斜体强调，英译无。——译者注
　**　德文原作中对此有斜体强调，英译无。——译者注

产物,也即房屋。①所以这似乎是说,城邦就其本身那样,既不是生物性的产物,又不是技艺性的产物。因此,当亚里士多德提到城邦之 *phusis*(自然)的时候,我们倒是要去考虑另一种比喻性的表达模式,这种表达模式近似于《诗学》(4.1449a14ff.)里的一个讲法:悲剧在达到了它的 *phusis* 之后就会停止变化。②但是既然 *phusis* 也可以指称一个实体(substance),我们就要另行研究,亚里士多德是否认为城邦是一个实体性的存在(见后文第 III 节)。我们还要进一步追问:在亚里士多德看来,更能证明其论点的,究竟是城邦的自然发展过程(且不论此城邦如何构建起来)这个维度,还是城邦由自然构件结合而成这个维度。后一种理解有证据支持,因为亚里士多德明确说过,城邦是为了活着而生成的——换言之我们可以假定:城邦是为了存活(survival)而生成的,而那种对于 *eu zên*(活得好)的有意识的目标,起初并不在场。在一定程度上,这一论断会与那种认为在城邦之前还有一段漫长历史的假定相矛盾,而其实我们也会[对后面这种假定]感到奇怪:人们在还没有城邦的时候又怎么能够存活下来? 按照亚里士多德的看法,那里至少得有过一个暂行性的城邦(a provisional polis)。

这就回到了一个早已有之的学术争论之中。爱德华·迈耶(Eduard Meyer)认为,亚里士多德的论点蕴含的思想是,政治性的联合不仅在概念上是人类共同体的首要形式,而且在历史上也是如此。③但是 M. 德富尔尼(M. Defourny)对此提出了强烈反对。他认为,亚里士多德的意思

---

① 比较下文第 242 页。

② 比较 W. Fiedler, *Analogiemodelle bei Aristoteles. Untersuchungen zu den Verglelchen zwischen den einzelnen Wissenschaften und Künstell*, Studien zur antiken Philosophie, Vol.9, Amsterdam,1978, pp.162ff.。

③ *Geschichte des Altertums* I.1,1884,1st edn;1907,2nd edn;Darmstadt,1953,6th edn, pp.11ff.

是，只有当人性对那些形式更加原始的共同体感到心满意足了很久以后，政治文化才会产生出来。①我们现在应该能看到，困难是在于亚里士多德的文本本身。亚里士多德确实没有说到过城邦在历史上的恒常性。就此而言，德富尔尼是对的。但至于亚里士多德有没有刻意强调，在人类历史上的生存状态之中还有一个前政治的阶段，这一点似乎仍然存疑。那种认为有一个漫长的、前政治的发展过程的假定，也更加难以与另一个命题——也即紧随着"政治动物"论点之后的那个命题——彼此协调一致：后者认为，一个由于自然而没有城邦的人，要么是个低劣的人，要么超过了人，因为这样的人在本质上是爱好战争、爱好不和的；我们几乎无法设想，亚里士多德会把早先时代的人看成是低劣的人或者超越之人。

接下来的 1253a7ff. 的这段文本具有决定性的意义；那里宣称，相比于蜜蜂或者其他群居动物，人更是一种政治动物。为了证明这一命题，亚里士多德提及了他在自然科学著作里的准则：自然所作无虚废（nature does nothing in vain）；* 只有人拥有 *logos*、言说。**其他动物也拥

---

① Aristote, *Études sur la "politique"* (Paris, 1932)，p.383. "因此，亚里士多德在表明了城邦是一个自然的事实以后便用那句著名的命题——ho anthrôpos Phusei politikon zoon esti（人由于自然而是政治动物）——做了总结，而此时他的意思并不是说，人类自始至终一直处在了政治文明之中；与之相反，亚氏的意思是，当人类已然在这种文明之外生活了某一段不定的时间、并已然对于那些更为原始的联合形式感到心满意足了很久以后，人类才终于达至了政治文明而将自身建立于其中，以之为应许之地，并且，对于它的征服正是人类的全部创制力量所要求的。"

* 亚氏原文为"οὐθὲν γάρ, ὡς φαμέν, μάτην ἡ φύσις ποιεῖ"。值得注意的是，这个表述里的主语是"phusis"即"自然"，而谓语动词是"poiei"（此处译为"所作"）；这个词的意义很广泛，通常指的是产生、带来某个事物，也可以指一般的做事，但在古希腊哲学（包括亚里士多德）的语境里，这个词往往会被用来表示与某项技艺相关的制造、制作活动，此时"制作/poiesis"就会与"自然/phusis"严格区分开来——然而亚氏在《政治学》这段文本里的表述，却恰恰就是把这两者合在一起。——译者注

** 亚里士多德原文为"λόγον δὲ μόνον ἄνθρωπος ἔχει τῶν ζῴων"。这里的关键是如何理解"λόγον...ἔχει"这个表述。后面这个词是一个用法比较宽泛的动词，通常指的是拥（转下页）

有声音来表示痛苦与快乐。它们的自然所达到的程度，使得它们拥有了对于苦乐的感知，并且可以将此互相表示。但是，言说是用来表明利益和损害的，从而也表明了正义与不义。唯独人拥有对于好与坏、正义与不义的感知。* 在这段文本里，至少这一点是清楚的：亚里士多德要得出的观点是，人——只要他是一个生物性的** 存在者——的特征在于，他由于自然而是政治的。在此语境中，亚里士多德之所以运用他动物学里的那个基本命题——自然所作无虚废——是为了阐明下面这个观念：从那个关于人这物种的"构造安排"（the "plan"（Bauplan）*** of human

---

（接上页）有、占有、把握、抓住、保持等含义（英译者译作"have"）。而对于前面这个词即"logos"的含义，历来众说纷纭。德文原作在此处保留了"logos"一词，未将其翻译成现代语言。英译者补充了这个词的翻译，但没有保持前后一贯：此处，这个表述里的"logos"被译为"speech"，而在之后的段落里，又将其翻译为"reason"。这两种译法也都有各自的来历和理由。如果遵照后一种译法的解释传统，那么亚里士多德在《政治学》的这段文本里阐述的是"人是理性的动物"这个著名的命题，与"人是政治的动物"相呼应。然而，如果我们考虑这句话的语境，亚里士多德随后讨论的是动物之间会发出声音，来表达自身的痛苦与快乐，那么这里提到的"logos"似乎应该是一种与声音、语音和彼此之间沟通交流相关的东西，因此将其理解为"言说"更为准确。不过亚里士多德在之后又谈到，人可以用logos来表达利与害、好与坏、正义与不义，这些内容似乎又与"理性"相关，因为这些内容可能都需要人们进行某种"说理"活动，要在彼此之间"讲道理"——而"logos"在这一层的意思，也还是会回到其在"言说"这一层的意思上去。如果将"logos"翻译为"reason"或"理性"，容易使人将其理解为人类心灵的某种能力，也即与感性能力相对的、运用理智的能力，而这恐怕是对"logos"一词的误解。为了尊重英译者的两种译法，中译者在英译者译为"speech"的地方，都翻译为"言说"，在其译为"reason"的地方，都翻译为"道理"。此外，"人是理性的动物"这句常见的表述，恐怕也不是一个准确的理解和译法，因为"logos"本身并不是人的一个属性或特性，而是人们拥有、把握的某个事物（因此在原文中被表述为名词），"logon echon"即"拥有 logos"才是亚里士多德用来刻画人的特征的表述；与此相对，"人是政治的动物（zôon politikon）"这句话中的"politikon"、"政治的"，其本身就是用来描述或界定某个事物的一个属性或特性（因此在原文中被表述为形容词）。因此这两句名言不能一一对应（两句名言的差别还在于，并非"仅仅只有"人才是政治动物）。亚里士多德的这句话可能至少需要表述成"人是有理性的动物"或者"人是拥有理性的动物"，才更加符合原文。而为了避免误解，将其表述为"人是唯一拥有言说的动物"或"人是唯一拥有道理的动物"，可能更加准确。——译者注

　* 1253a7-18。——译者注

　** 德文原作中对此有斜体强调，英译无。——译者注

　*** 此为本文作者 Kullmann 所用的德语名词，英译者随文附注。——译者注

species)之中可以预见，人要借由 logos 这一灵魂-身体属性（the psycho-somatic property of logos），来履行那些界定了人之特征的、政治性的工作与功能。①我们知道，还有一些动物也是政治性的，然而人却尤其是政治性的，这是因为人拥有言说。②既然或隐或显地，亚里士多德把动物的种（species）当成是不变的，那么那个关于人在历史早期的很长一段时间里可以没有国家、没有城邦的观念，就与亚里士多德的思想相去甚远。因此可以说，按照亚里士多德的这一论断，人的政治冲动是其生来固有的。而这样回想起来我们便不得不认为，1253a1ff.的那句话也肯定是这个含义。因为即使在那段讨论里，zôon（动物）这一表述的含义也只能是关于生物学维度的。此处［1253a7ff.］以及 1253a2ff.的生物学视角，当然不同于 1252b32ff.的生物学视角；在后者那里，亚里士多德谈到了城邦的发展过程，并且他仅仅是将这一发展过程与自然的（或技艺的!）发展过程作了比较。但是在此处——此处提到了蜜蜂与群居动物这一情况便表明了——人的确是*被理解成了一个生物性的物种。

在亚里士多德就此问题所做的最后一些评论里（1253a18ff.），他的想法更为显著地偏离了那种认为人类有一前政治生存状态的观念。亚

---

① 关于"内在目的论"在其中的作用，比较 W. Kullmann, *Wissenschaft und Methode. Interpretationen zur aristotelischen Theorie der Naturwissenschaft*（Berlin-New York，1974），pp.194ff.，318ff.；"Der platonische Timaios und die Methode der aristotelischen Biologie"，in *Studia Platonica*，Festschrift Gundert（Amsterdam，1974），p.157 with n.2；"Die Teleologie in der aristotelischen Biologie. Aristoteles als Zoologe Embryologe und Genetiker，" *Sitzungsberichte der Heidelberger Akademie der Wissenschaften*：Phil.-Hist.Kl.（Heidelberg，1979），pp.16ff.；"Different Concepts of the Final Cause In Aristotle，" in *Aristotle on Nature and Living Things*. Philosophical and Historical Studies presented to D. M. Balme, ed. A. Gotthelf（Pittsburgh-Bristol，1985），pp.169ff.，esp.173ff.。

② 这一点意味着，"政治的"这个性质，它之为"政治的"并不是基于人的理性或 logos，正如 Bien（*Die Grundlegung der politischen Philosophie bei Aristoteles*，p.72）那本各方面都很精彩的著作里所转译的那样。

* 德文原作中对此有斜体强调，英译无。——译者注

里士多德说,城邦由于自然而先于(tēi phulsei proteron)"家"和个人,正如整体总是先于部分。为了解释这一点,他再次运用一组生物学上的比较:脱离了身体的手或足,只能在同名异义(homonymous)的意义上称之为手或足,因为这些手足一旦分离开来,便失去了得以履行其功能的处境;①这也同样适用于孤立的个人相对于整体的关系。孤立的个体肯定就要么是一只野兽,要么是一位神祇。*这一点就与亚氏在本章开篇的讨论有着尖锐的冲突,因为亚氏在那里确实是把孤立的人放在城邦发展过程的一个自然阶段之中来理解的。

由此我们看到,亚里士多德在《政治学》第二章里的论述起于两个截然不同的出发点。在第一部分里,他的论述从人类的社会发展过程出发,一直讨论到城邦。这样的论述是处在柏拉图的传统之中(《理想国》《法义》),而柏拉图又很可能受到了德谟克利特的启发;②不过在亚里士多德的语境里,他只是附带性地讨论了发展过程这个主题。此处关注的焦点,仍然是城邦的那些基本要素。而在第二部分里,亚里士多德显然是从生物学的角度出发来展开论述的。③

但还有一种观点认为,当亚里士多德主张人是 zôon politikon 的时候,他也许是把生成这个维度当作了具有本质规定性的、原初性的维度,而把城邦在历史上的生成与灭亡理解为了一个具体的实体的生成

---

① 比较《论动物部分》I.1.640b35 ff.;《论动物生成》II.1.734b25 ff.。

* 1253a18-29,1253a29-39。——译者注

② 在《政治学》VII.4.1326b2 ff.,亚里士多德似乎批评了柏拉图在《理想国》II. 369aff.的阐述,他注意到,只有当一个城邦的人数多到能够使其自足,从而让这些人在一个政治共同体里生活得好,城邦才会存在。这段文本里缺失了《政治学》I.2 里的历史—生成维度。亦比较 Newman, *The Politics of Aristotle*, Vol.III, p.346;E. Schütrumpf,"Kritische Uberlegungen zur Ontologie und Terminologie der aristotelischen 'Politik'," *Allgemeine Zeitschrift für Philosophie*(1980), pp.26 ff., p.41。因为作者的好意,我得以见到了这份未刊稿。

③ 第一个部分并非如此;在那里,生物学主题的特性是纯粹比喻性的。

与灭亡。如果要能够彻底性地驳倒这种观点,我们还需要考虑剩下那些产生了这种观点的段落。

不过,我们所考虑的这段文本[1253a7 ff.]已经显示出亚里士多德人类学里关于"政治"(the political)的意涵。政治是一个必然产生的特性,它来自人所特有的生物性的自然。由于这层关系,亚里士多德在继续推进其论述的时候似乎就把这一点当作是不言自明的了:政治这一概念与人这个概念并不具有同等的外延,前者的范围更广。只不过是说,与其他某些动物比较起来,人在一个特别高的程度上是政治性的。无论亚里士多德将人类与某些野兽做了多少对照,他仍然假定了,"政治"这一原本来源于人类领域的概念也适用于其他动物。并且我们从人是 zôon[动物]这个描述之中还可以得出,"政治"首先是用来描述一群动物所具有的生物性的状况。如此说来,人的这一特性与人的本质之间的确切关联——那定义[即人是政治动物]表达的便是此关联——也就变得清楚了。人的定义包含两项:类(genus)——也就是动物(zôon)——,以及差(differentia)——也就是拥有道理[言说](having reason)(logon echon)。依据在此之前的那部分文本[1253a7-18],只有政治这个要素在人类中所达到的那种特别的程度,才可以追溯到人所特有的[种]*差

---

*　中译者希望以这种表达方式(例如"所特有的[种]"、"[在种上]所特有的")来对应英语"specific"(德语原文为"spezifische")一词。该词与"species"相关,后者源自拉丁语"speciēs",而这个词通常又对应于古希腊语中的"εἶδος"(eidos)。在亚里士多德哲学中,"speciēs"或"εἶδος"一词若与"γένος"(拉丁语作"genos",英语作"genus")一词相对而使用,往往是要说明一种特定的逻辑学关系:前者表示的是相对较低一级的、被包含于其中的"种",后者表示的是相对较高一级的、包含前者于其中的"类"。(另外,为避免混淆亚里士多德本人的逻辑学、生物学思想,与现代在林奈的影响下所采取的生物学分类方式,中译者未将"γένος"或"genus"翻译为更为常见的"属",而是将其翻译为"类"或"类别"。)故而英语中"specific"一词的含义,除了日常用语中涉及的"特别的,特有的"以外,也涉及表达这一层逻辑学关系的"种"。中译者首先按照该词的通常用法来翻译,而凡是遇到"种"这个含义的语境,中译者便加入方括号中的内容来补充语义。——译者注

（specific differentia of man）［即追溯到"拥有道理/言说"］。所以，
Politikon［政治］既不是人所特有的［种］差——因而并非按某些人原先
所想的那样①——，也不能与这个差通用互换。②按文本所示，人之所以
在是政治的这点上达到了较大的程度，是由于人作为一个被赋予了道
理［言说］的存在者，拥有对于利益与损害的感知，并且按亚里士多德的
推论，人也就由此拥有对于正义与不义的感知。③不言自明的是，人具有
的仅仅是趋于正义的倾向；人并不必然地就总是正义的。不过，这段文
本的生物学背景会引起这样的疑问：我们是否还可以把亚里士多德的
意思理解为，他想要把人放置在一个伦理与政治的自主性领域之中？而
这一问题也就变得紧迫了：生物学的维度在人之为政治动物这个命题
里究竟发挥了怎样的作用？

二

现在让我们来讨论剩下那些包含了这个命题的文本段落。

在《政治学》III.6 中，亚里士多德要把正宗政体与偏离政体＊之间的
差别展现出来。他想要首先确立的基础，是关于城邦为什么存在，以及
人的统治有多少种形态（1278b15ff.）。我们在这里关心的是这两个问

---

①　Meyer 错误地谈道（*Geschichte des Altertums*，p.11），"亚里士多德那个著名的定义是
说，人……由于自然而是一个生活在城邦里的存在者"。

②　关于这方面，Bien 的那些论点（见上文第 215 页注释①）应该以一种更有差别性
的方式来表述。

③　*Politikon* 与 *agathou kai kakou kai dikaiou kai adikou aisthêsin echon* 也就因此是《后分析
篇》I.4 与 I.6 中关于科学的理论的那个意义上的、人的 *sumbêbekota kath' hauta*，也即，必然而
非定义性的特点，这些特点可以从他的定义里推出来。比较 Compare Kullmann，
Wissenschaft und Methode，pp.181 ff.。

＊　此提法出现于 1279a19-21，亚里士多德原文分别称其为 "ὀρθαὶ τυγχάνουσιν οὖσαι κατὰ τὸ
ἁπλῶς δίκαιον" 与 "ἡμαρτημέναι πᾶσαι παρεκβάσεις τῶν ὀρθῶν πολιτειῶν"。——译者注

题中的前一个：*tinos charin sunestêke polis*（一个城邦是由于什么而存在）。对于这个问题，亚里士多德提及了他在《政治学》开篇讨论的关于人由于自然而是政治动物的内容，并且又在此处追加了一些进一步的思考。他首先说道，人们即使不需要什么帮助，也仍然追求一起生活（*ton suzên*）。此处，亚里士多德似乎是在有意识地反驳柏拉图在《理想国》里阐发的那种原子论者的观点；①该观点以为，起初是由于 *chreia*（需求（need），需要（want））的存在，人们才想到了要在某种社会契约 *的基础上把城邦组建起来。②无论如何，依照亚氏所说，人有一种内生的社会性本能，而这是人类社会行为之自然性的最好标志。但另一方面，亚里士多德也不想排除对于利益的有意识的追求这个因素；于是他补充说（1278b21ff.），共同的利益也会把人们聚到一起，只要那一份美好的生活（*meros...lou zên kalôs*）会被每个人所获得；而其实这才是共同体以及各个人的目的。③亚氏所讲的这个目的，指的肯定是对于 *eudaimonia*（幸福）的追求，而幸福只能被人获得，因为只有人可以使用 *logos*（言说），并且又拥有 *nous*（理智）（参见 1280a31ff.，b40ff.）。④因而，这目的就是一个有意识的、自愿择取出来的⑤目的。

我们看到，亚里士多德是把城邦的存在，解释成了两个因素的混合

---

①　在《法义》第 3 卷里，柏拉图没有提供城邦为何出现的理由。不过，城邦一开始也没有特别贫乏（679b3ff.）。

＊　德文原作中对此有斜体强调，英译无。——译者注

②　比较 Herter（"Die kulturhistorische Theorie der hippokratischen Schrift von der alten Medizin," pp.472ff.）论德谟克利特中的 *chreia*。进而参见 Fritz Steinmetz, "Staatengründung—aus Schwäche oder Geselligkeitsdrang? Zur Geschichte einer Theorie," in *Politeia und Res Publica*, Gedenkschrift R. Stark（Palingenesia Vol.4）（Wiesbaden, 1969），pp.195ff.。

③　这里明确不把 *suzên*［共同生活］算作一种目的。

④　比较 F. Steinmetz（"Staatengründung—aus Schwäche oder Geselligkeitsdrang?" p.184）论此段文本。

⑤　比较例如 1280a34 的 *tou zên kata prohairesin*。

所导致的结果。生物性的因素是首要的,其体现在于那个内生的、对于一起生活的 *orexis*(欲求(desire))。这或许代表了政治的一个方面,也就是将人与群居动物关联起来的那个方面(比较 1253a7ff.)。①第二个因素则是那有意识的、人[在种上]所特有的、对于利益与幸福的追求,其表现在于差异化的城邦构造形态。* 我认为,这段分析意义非常重大,因其进路平衡适当,故而胜过许多现代以来的国家理论。

接着,亚里士多德以下面这番考虑(III.6.1278b24ff.)总结了他的思路:不过,人也会为了生活而聚在一起并组成政治共同体;如果生活并非过于艰难,那么也许仅仅是活着本身,就包含了某个积极美好的因素(a positive element)(*ti tou kalou morion*);显然,大多数人宁可忍受许多,也竭力争取要活着,似乎在活着之中,就含有某种怡悦与自然的甜蜜。** 在这些说法之后,亚里士多德没有提出第三个关于城邦之兴起的原因,但很明显,亚里士多德又回溯到了他的思路在一开始所考虑的,那个首要的、对于共同生活的本能。这一点也在 I.2.1252b29ff. 的对应段落中得到了揭示,那里以同样的方式指出,城邦的首要原因就是"活着"本身(即,城邦是为了活着而生成,但它是为了活得好而存在)。如果把《政治学》I.2 与明确指向了 I.2 的 III.6 放在一起,那么就可以得出,对于共同生活的原初本能之所以被激发起来,肯定不是由于人们察觉

---

① 比较下文第 234 页亚氏所描述的人的社会本能,这一描述在现代常被误解:见 W. Kullmann, "Aristoteles' Staatslehre aus heutiger Sicht," *Gymnasium*, 90(1983), pp.456ff.; "L'image de l'homme dans la pensée politique d'Aristote," *Les études philosophiques* (1989), pp.1ff., esp. pp.13ff.。而关于亚里士多德哲学的人类学基础,比较 W. Kullmann, "Equality in Aristotle's Political Thought," in *Equality and Inequality of Man in Ancient Thought*, ed. I. Kajanto, *Commentationes Humanarum Litterarum*, 75(1984), pp.31ff., esp. pp.32ff.。

* 德语原文为"der differenzierten Ausgestaltung des Staates";英译为"the detailed shaping of the state",似乎不准确。——译者注

** 1278b24-30。——译者注

到了需求的存在——因为就算没有任何需求存在，这种原初本能也是在场的——，不过，这一本能与个人对于自足性的缺乏，仍然有一种自然的关系。自然的冲动也具有一个特定的目的（即，按那个亚里士多德式的比喻所表达的那样，这种冲动不是"虚废地"被自然做出来的）；其所导向的，就是让人们能够自足并且能够活着（或存活）。①而另一个因素，是那种有意识的目标设定。②

亚里士多德所认为的、对于城邦之建立起到决定性作用的那些因素里，没有一个符合于那或许是德谟克利特给出的、关于城邦之起源的原由。虽然从某种意义上说，原初本能也是目标导向的，但是这种本能是无意识的，并且是在一开始就被自然所赋予了的。而第二个因素的目标是对城邦做出有意识的构造*；城邦不是一个为了生存的目标而结成的同盟。对于这两个因素的知识，便是政治家以及政治科学得以运作施用的预设（presupposition），或者说，前提（hypothesis）（*hupotheteon*，1278b15）。

在更为早期的《优台谟伦理学》里探讨亲爱**这一主题的VII.10.1242a22ff.部分也提到了我们所考察的这个命题，尽管那里只是

---

①　当亚里士多德说，人所导向的是 *zên*（活着），他心里想到的是某种非常初等的、无意识的东西，这一点可由下面这个情况阐明：在其生物学著述里，他把仅仅是 *zên* 与 *threptikê psuchê*（营养灵魂）关联了起来，而后者为人、动物与植物所共有。比较 Kullmann, *Wissenschaft und Methode*, p.316。

②　当亚里士多德在《尼各马可伦理学》VIII.9.1160a11ff.解释说，按照通常的看法政治共同体原先的出现与存续是为了利益的目的，他对这问题如此省略的原由是在于这段文本所处的特别的语境，它是处于专论 *philia* 的章节之中。此后不久，在《尼各马可伦理学》IX.9.1169b18ff.，亚里士多德又用 *suên pephukos* 来解释 *politikon*，也就是说，他在那里暗指的是人那原初的、无意识的社会冲动。

*　德文原作中对此（"Gestaltung"）有斜体强调，英译无。——译者注

**　即古希腊语中的"*philia*"（英译为"friendship"），通常译为"友爱"，但在古希腊，"*philia*"的适用范围超出了现代人所理解的朋友关系，此处亦是一例，亚里士多德将其用于描述家庭成员之间的关系。中译者试译为"亲爱"。——译者注

顺便提到的。这段文本有一些损坏,我所依照的是弗里切(Fritzsche)和迪尔迈尔(Dirlmeier)采取的读法:①"人不仅是一个政治动物,也是一个家庭动物,并且和其他动物不同,人不会时而与某个机缘偶合的伴侣配成一对(couple with any fortuitous partner)——无论其是雌是雄——,时而却又独自一个地生活"。这段文本显然是有所指涉的,而其所指涉的或者是《优台谟伦理学》里另一段现已佚失了的文本内容,或者是另外一部谈论到了人是 zôon politikon 的著作。不管怎样,[人是政治动物]这一观念,并且也许还包括了对于这一观念的证成,都是预设在这里了。这段文本还指出,那个由 philia(亲爱)所定义的"家庭"制度——即婚姻与家族的制度(这显然不同于政治性的行为)——是人[在种上]所特有的某种事物。②亚里士多德补充说:人们会有一个共同体,即使人们没有城邦(不过这一处境显然是被假定为不真实的);因而夫与妻的结合具有一种在先性,尽管这并不是时间上的在先性(这一点仍有待讨论)。虽然《优台谟伦理学》的这段文本没有在"人是政治动物"这话里面添上"由于自然",但这个意思仍然蕴含在其中。亚里士多德用这一命题(1242a40ff.)对本章做了总结:"因此,正是在'家'里最先有了亲爱、politeia(政体)以及正义的本原和源泉*。"这一表述意味着,亚氏并不主张"家"在时间上先于城邦。换言之,人是政治动物而且也同样多地是治家动物(man is as much a political as an economic animal)。城邦的历史发展过程没有被论及。而同时值得注意的是,生物学的维度却又有

---

① ὁ γὰρ ἄνθρωπος οὐ μόνον πολιτικὸν ἀλλὰ καὶ οἰκονομικὸν ζῷον, καὶ οὐχ ὥσπερ τἆλλά ποτε συνδυάζεται καὶ τῷ τυχόντι καὶ θήλει καὶ ἄρρενι, ἀλλοτε δ'ἰδιάζει μοναυλικόν. 比较 F. Dirlmeier, Aristoteles. Eudemische Ethik in Aristoteles, Werke in deutscher Übersetzung, ed. E. Grumach, Vol.7(Darmstadt, 1962), p.442。

② 《动物志》IX.37.622a4(大多数人以为是伪作的一卷)甚至把章鱼称作是 oikonomikos,尽管这是在另一个意义上:章鱼会收集(或储藏)食物。

* 亚里士多德原文为"ἀρχαὶ καὶ πηγαι"。——译者注

所提及。这段文本强调的,是人这物种的配对(the coupling (*sunduasmos*) of the human species)所具有的特殊性质。这段文本写就大抵较早,所以尤其重要。

现在我们来看《尼各马可伦理学》里的相关段落。I.7.1097b11 提出了这么一个问题:在 *eudaimonia*[幸福]——也即完满的善好与人之最高目的——的定义之中,人的自足性可以扩展到什么程度。按那里的说法,幸福这个概念不适用于一个孤独者的生活,这个概念必须包括那种有着父母、孩子、妻子以及一般来说的朋友和同邦人的生活,这是因为,人由于自然而是政治的(动物)。在这段文本里也一样,政治这个要素是一个恒常的人类学因素。

接着在《尼各马可伦理学》VIII.12.1162a17ff.的这部分内容,是与上文论及的《优台谟伦理学》的段落相对应的一段文本。亚里士多德谈到了下面这个情况:按照普遍意见,夫妻之间的结合是自然的。为了解释这一点,他说:相较于政治的存在者,人更是配对的存在者(man is even more a coupling than a political being);而且,正如"家"比城邦更在先、更必然,又正如繁衍后代是动物的一个更为普遍的特性,那么[人更是配对的存在者]这一点也就更加是如此;人的这种共同体[即夫妻共同体]所达到的程度不止是为了繁衍后代,而且也是为了满足生活需要。如此我们必须要问,这段文本与《政治学》I.2.1253a19 具有怎样的关系,因为那里的说法是:依据自然,城邦先于"家"。实际上,我们如果考虑到这两段文本的语境,那么两者就并不矛盾。城邦对于 *oikia*[家]有在先性,因为 *oikia* 不能没有城邦而存在——而这是由于家庭缺乏自足性。这一论断是在政治科学的立场上得出的。不过我们也已经看到,人＊是

＊ 德文原作中对此有斜体强调,英译无。——译者注

zôon politikon 这个命题原本是一个生物学的命题（也就是说它起源于自然科学），是这个生物学命题被纳入了对于政治的科学研究。同样的情况也适用于人是 *zôon sunduastikon*（配对动物（coupling animal））这一命题。有一群动物是 *politika*［政治的］，而又有更大一群动物——这包括了绝大多种动物，尽管不是所有动物①——是 *sunduastika*［配对的］。只要 *sunduastika*［配对的］物种比 *politika*［政治的］物种数量更多，那么人由于自然而是"配对的"就比人由于自然而是"政治的"更为原初（也即 *proteron*［在先］）。这两者都是本质上的特性，但"配对的"更加具有一般性。这一点再次让我们注意到了人是政治动物这个命题所具有的生物学背景。②性（sexuality）被当作是自然的赋予（natural endowment），这就表明，夫妻之间的 *philia*［亲爱］也是自然地赋予了的。③

随后，亚里士多德提到了人的配对［在种上］所特有的特性：人的配对不仅是为了繁衍后代，而且也包含了一种相互扶持——通过劳动分工以满足生活之必需的相互扶持。而在《优台谟伦理学》里，这一观念体现在 *oikonomikon*（治家（householding））这个概念之中。所以，［伦理学的］这种探究所达到的精确性便是那界定了政治科学（*politikê epistêmê*）之特征的精确性，而且在［人的配对］这个例子中，这一精确性超过了生物学的精确性。

最后，我们所考察的这个命题出现于《尼各马可伦理学》

———————

① 亚里士多德把下面这些当成是例外：两性体的动物，通过分裂来繁殖的动物，自发地生成出来的动物，以及单性（仅通过雌性）繁殖的动物。比较 D. M. Balme, *Aristotle's De Partibus Animalium I and De Generatione Animalium I*（Oxford，1972），p.128。

② 比较亚里士多德对 *sunduazein* 与 *sunduasmos* 这两个词的用法，参 H. Bonitz, *Index Aristotelicus*（Berlin，1870（repr.1955）），725a3 ff.，a60 ff.（其例子主要就出自生物学著作）。

③ 也就是说，该处境——与 Dirlmeier, *Eudemische Ethik*, p.442 所论相反——在原则上和《优台谟伦理学》VII.10 里的是同样的（见上文第 229—231 页）。

IX.9.1169b16ff.。这里又一次探讨了《尼各马可伦理学》第一卷中的问题:那些幸福的人抵达了人类存在的最高阶段,那么对于他们来说,作为其本质特性的自足性达到了怎样的程度? 亚里士多德认为,让幸福的人成为一个孤独之人肯定是荒唐的;这是因为,没有人会选择完全由自己来拥有全部的好处;同时也是因为,人是 *politikon*[政治的],并且生来就是要一起生活的。大体上说,这段文本没讲出什么新的东西。它没有超出《尼各马可伦理学》I.7 的内容。

我们对上述诸段文本所做的这番诠释表明,政治的维度被视作是人在生物—生成的基础上所拥有的一个本质特性。除了《政治学》I.2 之外再没有另外一处,对于那个以城邦为终结的、人类社会行为的历史发展过程有所讨论。[①]因此我们现在可以说:在《政治学》的这个基本命题的概念之中,历史的维度没有起到任何作用。对于人是政治动物这一命题的运用,独立于历史上的各种各样的政体形式。

这个结论得到了《动物志》I.1.487b33ff.的佐证。这部作品的开篇表明,亚里士多德关心的主要是动物的形态特性与身体特性(morphological and somatic characteristics),借由这些特性,那些野兽的样子与类别(the kinds and genera of beasts)[*]便可以区分开来(而这些特性也就是 *moria*(诸部分)的 *diaphorai*(差))。这么做的原因在于,这些特性具有一种定义性的意涵,因而也就可以用于将那些物种区分出来(见《动物志》491a14ff.;《论动物部分》I.4.644b7ff.;I.3.643a5ff.)。[②]更进一步说,亚里士多德想要做的——按他在我们这段文本的开头部分明确提出的讲法——是考察[各种动物]在生活方式上的差别以及在行为上的差别;

---

① 关于《政治学》VII.4.1326b2ff,比较上文第 224 页注释②。

* 德语原文为"Tier-arten und -gattungen"。——译者注

② 比较 Kullmann, *Wissenschaft und Methode*, pp.66, 76。

他是从一般性的概述开始的。其文如下：①

　　不过，依据他们的生活和行事[*praxeis*]，还有这样一些差别[*dia-phorai*]：有些动物群居，有些独居——这既适用于有足动物，也适用于有翼动物与凫水动物——还有些动物位于居间两可之处（occupy an intermediate place）。*群居动物中，有些是政治的[*politika*]，有些是分散的[*sporadika*]。有翼动物中的群居动物有：鸽类、鹤，以及天鹅（弯嘴钩喙（crooked beaks）**的鸟无一群居）；凫水动物中的有：许多鱼类，例如所谓的洄游鱼、金枪鱼、贝拉米鱼、鲣。②而人则位于居间两可之处（也就是在群居动物与独居动物之间）。***政治的动物是那些有着某一样共同的功用[*ergon*]的动物，并非所有群居动物都是如此。这样的动物有：人、蜜蜂、胡蜂、蚁、鹤。而在这些中，有些在一位统领[*hegemona*]之下，有些则是无统治的[*anarcha*]。例如，鹤与蜂类是在一位统领之下，蚁和许许多多其他动物则是无

---

　　①　487b33ff. 的希腊语原文如下：Εἰσὶ δὲ καὶ αἱ τοιαίδε διαφοραὶ κατὰ τοὺς βίους καὶ τὰς πράξεις. Τὰ μὲν γὰρ αὐτῶν ἐστιν ἀγελαῖα τὰ δὲ (488a) μοναδικά, καὶ πεζὰ καὶ πτηνὰ καὶ πλωτά, τὰ δ' ἐπαμφοτερίζει. Καὶ τῶν ἀγελαίων (καὶ τῶν μοναδικῶν) τὰ μὲν πολιτικὰ τὰ δὲ σποραδικά ἐστιν. Ἀγελαῖα μὲν οὖν οἷον ἐν τοῖς πτηνοῖς τὸ τῶν περιστερῶν γένος καὶ γέρανος καὶ κύκνος (γαμψώνυχον οὐδὲν ἀγελαῖον), καὶ τῶν πλωτῶν πολλὰ γένη τῶν ἰχθύων, οἷον οὓς καλοῦσι δρομάδας, θύννοι, πηλαμύδες, ἀμίαι· δ δ' ἄνθρωπος ἐπαμφοτερίζει. Πολιτικὰ δ' ἐστὶν ὧν ἕν τι καὶ κοινὸν γίνεται πάντων τὸ ἔργον· ὅπερ οὐ πάντα ποιεῖ τὰ ἀγελαῖα. Ἔστι δὲ τοιοῦτον ἄνθρωπος, μέλιττα, σφήξ, μύρμηξ, γέρανος. Καὶ τούτων τὰ μὲν ὑφ' ἡγεμόνα ἐστὶ τὰ δ'ἄναρχα, οἷον γέρανος μὲν καὶ τὸ τῶν μελιττῶν γένος ὑφ' ἡγεμόνα, μύρμηχες δὲ καὶ μυρία ἄλλα ἄναρχα. (488a2 καὶ τῶν μοναδικῶν del. Schneider, Peck). （译按：本文对这段文本的翻译，参照希腊语原文，对英译的翻译有所改动。）

　　*　亚里士多德原文为"ἐπαμφοτερίζει"。商务本译为"兼具两种习性"，人大本译为"兼涉两种生活"。——译者注

　　**　亚里士多德原文为"γαμψώνυχον"。商务本译为"钩曲利爪"，人大本译为"钩爪"，参照希腊原文，这两种译法似乎有误。——译者注

　　②　*pelamudes* 与 *amiai*（鲣）是金枪鱼的种。比较 D'Arcy W. Thompson, *A Glossary of Greek Fishes*(London, 1947)，pp.197, 13ff.。

　　***　括号中内容为本文作者所加，亚里士多德原文中无此说明。——译者注

统治的。

　　这段文本清楚地表明，*zôon politikon* 是一个生物学的描述。当然，"政治"这个概念本身并不是一个生物学概念。这一概念之所以可以被纳入到生物学①之中，根据的是亚里士多德式的生物学的解释原则：如果要衡量动物各个物种之间的差别，那么作为衡量标准的，就是那种最高程度地发展了的动物——人（见《论动物部分》II.10.656a7ff.）。②《动物志》里的这则解释具有很重要的意义；对于那些作为一个群体而有一项共同功用的动物来说，"政治"这个概念就是它们的标志。既然群体性的存在是所有群居动物都具有的特性，那么［若要理解群居动物，］就这一特性本身而论便是不充分的。而只要涉及的是动物，亚里士多德所指的肯定是蜂窝、胡蜂巢、蚁丘，还有鹤的社会性行为，特别是关于鹤的迁徙南飞。③这让人想起《政治学》III.6，那里特别指出，活得好是城邦存在的真正目的，并且共同利益也是其中的一个因素。上文所引的这段文本，与人类有一原初孤独状态的假定全然相悖。因而我们可以看到，与这一假定相关的想法是如何经由了柏拉图《理想国》和《法义》里那几段

　　① 不幸的是，《动物志》导论章节与《政治学》及其各部分之间的时间先后关系尚无定论。不过我们应该记得，《政治学》的大部分都是在生物学著作之前写就的，这便表明它与生物学之间一个很强的关系，所以，关于上文所引这段文本的写作时间的疑问，并不是个紧迫的事情。

　　② 因此我不能同意 Bien(*Die Grundlegung der politischen Philosophie bei Aristoteles*，p.122，note 26)，他说，该语境中"政治的"这概念的运用是模棱两可的、同名异义的。但如果我们考虑到，对希腊人来说，或者无论如何对亚里士多德来说，他们并不会如现代人那么强烈地去强调人与兽之间的不同（见下文第 236—237 页），那么我们也就更可以理解，此术语会在不同的语境中得以运用。我想到的还有 R. G. Mulgan，*Hermes*，102(1974)，pp.438ff.，他也坚决强调，亚氏对 *politikon* 这个词的运用稍有些不太一贯。不过，尽管可能是如此那般，他还是得出了一个有说服力的结论，即，亚氏是有意于把他的政治理论同他那些一般性的生物学原则关联起来的。

　　③ 古代的材料可见于 D'Arcy W. Thompson，*A Glossary of Greek Birds* (1st edn，Oxford, 1936；Hildesheim, 1966)，pp.70ff.。

文本的影响,才得以进入亚里士多德的思路之中。在《政治学》里,对亚里士多德来说更为重要的,肯定还是要和下面这种理解相对抗:城邦是由于礼法(nomôi)(by convention)①而出现的,并且城邦所基于的是社会契约。亚里士多德的那些生物学考察提供了很好的论据来驳斥这种观点,而这种观点可以回溯到德谟克利特,并且它多半也是智者们所提倡的。

　　这段文本引出了一个问题:亚里士多德到底如何设想兽与人之间的关系?②海德格尔曾给出过一个负面的评论:当希腊人把人理解为 zôon(动物)的时候,他们在原则上就总是把人设想为 homo animalis[动物的人],而这意味着,希腊人对于人的自然持有一种很低的看法。③然而海德格尔并没有真正超出现代人关于兽与人的二分法,这种二分法起源于基督教传统,并且很大程度上影响了晚近的社会研究。亚里士多德的构想更为精密细致。人确实和兽一样是一种 zôon,但人也如此这般地立于 scala naturae[自然阶梯]上最高的那一级。④一方面,人总是被

---

　　①　Gigon(*Aristoteles. Politik*, p.267;前揭,第 214 页注释②)首先是认为,亚氏的对手主要是苏格拉底学派的,尤其是昔勒尼的阿里斯提普斯(Aristippus of Cyrene)以及犬儒主义者;不过我们也会回想起那些更老的来源,而这是考虑到了那按推测是属于德谟克利特的观点以及柏拉图《普罗塔戈拉》中的讨论。

　　②　比较 U. Dierauer, *Tier und Mensch im Denken der Antike*; *Studien zur Tierpsychologie*, *Anthropologie und Ethik*, Studien zur antiken Philosophie, ed H. Flashar, H. Görgemanns, W. Kullmann, vol.6(Amsterdam, 1977), pp.121 ff.。

　　③　M. Heidegger, "Über den Humanismus," in *Platons Lehre von der Wahrheit. Mit einem Brief über den 'Humanismus'*(2nd edn, Bern, 1954), p.66. Bien(*Grundlegung*, p.123 note 27)已经正确地反驳道,zôon 所意指的并不是"兽"(这有些贬义的意思),而是"有生命的存在者"或"活物"("animated being" or "living creature")[译按:德语原文为"Lebewesen"]。

　　④　除《论动物部分》II.10.656a7 ff.以外,亦比较《动物志》VIII.1.588b4 ff.,《论动物生成》II.1.732b15 ff.,以及 H. Happ, "Die *scala naturae* und die Schichtung des Seelischen bei Aristoteles," in *Beiträge zur Alten Geschichte und deren Nachleben*, Festschrift für F. Altheim(Berlin, 1969), pp.220 ff.。

认为是与兽有某种关联的，但另一方面，人又明显高过了它们。这一切都表明：亚里士多德在"政治科学"里的视角，基本等同于他在生物学里的视角。这一点尤其适用于亚氏的这个说法：任何一个人，或者是因为他并不处于要在共同体里生活的境地，或者是由于他的自足性的缘故而使其不需要其他任何事物，那么这个人就不是城邦的一部分，并且也因此，他要么是一只 *thêrion*（野兽），要么是一位神祇（《政治学》I.2.1253a27ff.）。按照这个命题，人与兽之间的本质关联与人与神之间的本质关联一样多。①

《动物志》这段文本不仅是亚里士多德自己的一个考察，它也处在柏拉图的传统之中。柏拉图在《政治家》里（276e10ff.）说道，对自愿的两足动物待之以自愿的牧养的技艺＊，就是"政治"，就是"君王与政治家的技艺"。②

这番表述肯定有些幽默的意思。不过我们也不该高估了它的反讽意味。正如《智者》里的情况，这些划分里面包含的生物学成分确实是有严肃性的，对此我们只要想想柏拉图的学生斯彪西波以及斯氏的生物学著作 *Homoia*（《论相似》）。虽然柏拉图的全部思路是从政治家——而不是就其本身而论的人——出发的，但是我们可以看到，对柏拉图来说，政治这个要素出现的时候是作为对于群居性的一个特别说明（specification），并且柏拉图那里也第一次触及到了生物学上的界定，这种界定随后就由亚里士多德和盘托出。

———————

① Dirlmeier, *Aristoteles. Nikomachische Ethik*, in Aristoteles Werke, ed. E. Grumach, Vol.6（Berlin, 1956）, p.476（comment on 141, 3）对此有很好的表述。

＊ 英译为"the art of free shepherding over free two-footed animals"，对于"自愿(ἑκούσιος)"的译法有误。——译者注

② ...τὴν δὲ ἑκούσιον καὶ ἑκουσίων διπόδων ἀγελαιοκομικὴν ζῴων προσειπόντες πολιτικήν, τὸν ἔχοντα αὖ τέχνην ταύτην καὶ ἐπιμέλειαν ὄντως ὄντα βασιλέα καὶ πολιτικὸν ἀποφαινώμεθα.

　　再补充一段《动物志》VIII.1.589a1ff.的文本。此处,"政治"这个概念也以某种比较宽泛的方式被带入到了动物学的语境之中。亚里士多德说,那些较为聪明的(intelligent)*并且具备了记忆的动物,会以一种更加"政治的"方式来对待它们的孩子,也就是说,它们对于孩子的关心会更加热切。这一点表明,此处所论的"政治"这个概念,是一个一般性的、关于动物的社会性行为的动物学描述。

　　我想可以恰当地说,我们在考察亚里士多德那个命题的时候所面对的,是一个根本性的生物学或人类学意识,这种意识从一开始就把亚氏对于政治的探究放置在了一个非常坚实的基础之上,而这一基础比晚近以来的许多其他基础都更为坚实。现在我们便理解了亚里士多德的平和泰然与开明公允(tranquility and open-mindedness)**,正是通过这种方式,亚里士多德才能够把各式各样的政体都当成是同等地正宗的政体来加以解说,甚至还能够按照当下的社会情势来推荐与该情势相适宜的政体(见《政治学》III.7.ff.)。各种政体的分类,只不过是改进了生物学里区分出来的那些差别。同时我们也可以发现,亚里士多德无意于将"政治"这个概念限定在"城邦(polis)"——即那希腊所特有的城市国家——之中,正如事实上,他并没有完全把那些非希腊的事例从《政治学》里排除出去。①于是我们就清楚了,为什么亚里士多德不会把政治参与本身当作是教育的目标。我们也理解了,为什么亚氏认为不同政体中的政治教育具有不同的目的,而这根据的是各种政体——例如民主政体和寡头政体——自身所特有的需求(见 V.9.1310a12ff.)。

---

　　*　亚里士多德原文为"συνετώτερα"。亦参见《论动物部分》II.4.650b24。——译者注
　　**　德语原文为"Gelassenheit und Vorurteilslosigkeit"。——译者注
　　①　Ritter(*Metaphysik und Politik*,p.71)追随了雅各布·布克哈特(Jacob Burckhardt)而显然持有着不同的看法。

三

人是政治动物这个观念有着生物学的起源，这一点使得我们对于国家或者说城邦本身的特性产生疑问。毕竟在《政治学》I.2 的开头部分，城邦就被拿来与生物性（或技艺性）过程的最终产物进行了比较。就城邦本身来说，它是否具有任何实体性的特征？要回答这个问题并不容易。亚里士多德没有在《政治学》以外的其他地方还有过对于"城邦"进行范畴上分类的尝试。["城邦"]这词是一个抽象物；一方面，它指出了一个共同体，也即一群公民，但另一方面，它的意思也可以是指一个限定的地理场所（place），一个 chôra。按照亚里士多德在《政治学》以外的论述，城邦作为一个公民共同体，并不能是一个种。按照亚氏的生物学，人之一般（man in general）是一个 eschaton eidos（最终的种（an ultimate species））；它在动物王国的架构里占据的位置，是在有血动物（即脊椎动物）之中的一个孤立的种（an isolated species）（比较《动物志》I.6.490b18，II.15.505b28；《论动物部分》I.4.644a31）。按照一个一般性的亚里士多德式的主张，任何个人或任何一群人——也即任何一个低于"人"种这一级的单位——都不能被理观科学＊（theoretical science）充

＊ 通常译为"理论科学"。按现代人的理解，"理论"（theory）与"实践"（practice）相对立，然而对于古希腊人来说，"theoria"作为观看，其本身就是一种"praxis"，即某种实践活动，因此方有"bios theoretikos"，即"从事观看活动的生活"这么一说。同时，亚里士多德讨论这种观看活动又和一般的诉诸感官视觉能力的观看不同，它需要运用的是最高的理智能力。也曾有学者借用佛学术语，将这个词译为"理观"。在本篇论文中，凡涉及这个词的地方都试译为"理观"。中译者不揣浅陋，将亚里士多德的这部分研究称为"理观科学"，这一译法确实显得相当别扭，还望读者见谅。此外还有一个有意思的地方，也体现了将"theoria"译为"理论"并不合适：在日常的中文语境里，"理论"一词有时也会作为动词使用，表达的含义是辩论是非、争论和讲道理（与"实践"相对立的"理论"，也因此而引申为是在徒说空话），这一层含义倒是与 logos 相近，而作为观看活动的 theoria，却恰恰不需要诉诸言说。——译者注

分地设想(又,从生物学的角度比较《论动物部分》I.4.644a23ff.)。但亚里士多德是否在《政治学》里做了不同的思考?这个问题不只是因为其本身的缘故而显得重要,如果从现代政治理论的角度来看待,它更值得我们多加关注。亚里士多德是否也像许多现代政治理论家那样,从城邦里发现了一个更高的自然存在者,而个人就是一种较之[即相较于"城邦"这个更高的存在者而言]更为低下的存在者?对于这个问题,一些研究者给予了肯定的回答,另一些研究者也至少暗含了这个意思,而他们之所以有这般回答,是因为他们主张,亚氏形而上学的四因说对于城邦的情况也是适用的。具体来说,最近一次给出了这般回答的研究者是 M.里德尔(M. Riedel)①,从许多方面来看,他对于这一主题的讨论都是很值得考虑的;然而他的讨论遭到了 E.许特伦普夫(E. Schütrumpf)的反对②,后者从语言学的证据出发,给出了很有力的反对观点。我们可以把争论的细节放在一旁,转而从文本里那些潜在的线索开始;下文讨论的这些线索或许可以作为支持 *城邦具有一种实体性特征的证据。

亚里士多德无疑是在《政治学》I.2.1252b32 谈到了城邦的 *phusis*(自然),*phusis* 要达到一个发展过程的目的,而 *phusis* 这个词的一个可

---

① "Politik und Metaphysik bei Aristoteles," in *Metaphysik und Metapolitik*(Frankfurt/M., 1975), pp.63ff.(*Philosophisches Jahrbueh*, 77(1970), pp.1ff.).

② "Kritische Überlegungen zur Ontologie und Terminologie der aristotelischen 'Politik'," pp.28ff.(前揭,注释 18)。Schütrumpf 提到的那些支持将四因说应用于《政治学》的研究有:W. F. Forchhammer, *Verh. d. Vereins dt. Philologen und Schulmänner*(Cassel, 1844), pp.81ff.;W. Siegfried, *Untersuchungen zur Staatslehre des Aristoteles*(Zürich, 1942), pp.4ff.(Schriften zu den Politika des Aristoteles(Hildesheim-New York, 1973) pp.242ff.);A. Stigen, *The Structure of Aristotle's Thought*(Oslo, 1966) pp.392ff.;Ada B. Hentschke, *Politik und Philosophie bei Plato und Aristoteles*(Frankfurter Wiss. Beitr. Kulturwiss. Reihe Vol.13)(Frankfurt, 1971), p.394;还应加上 Riedel, "Politik und Metaphysik", Newman, *The Politics of Aristotle*, Vol.I, pp.44ff.。

* 德文原作中对此("für")有斜体强调,英译无。——译者注

能的含义,就是"实体(substance)"。①还有,亚里士多德把城邦看成是一个 holon(整体),而把单个的"家"以及个人看成是[整体的]一个部分(1253a20ff.)。更为突出的一点,是他在 IV.4.1290b21ff. 作的一组比较,也即比较这两种可能性:[1]将现有动物的物种的数量规定出来的可能性(the possibility of determining the number of existing animal species),与[2]将可设想到的政体的数量确定出来的可能性(the possibility of establishing the number of conceivable constitutions)。[1]我们若要确定动物的物种的数量,就可以通过计算动物的那些必要部分所呈现出来的不同形式之间,各种可能的组合方式的数量;而同样地,[2]我们若要得出政体的数量,也可以通过计算城邦内的不同类型的部分之间,那些可能的组合方式的数量。有学者正确地评论道,这段文本推荐的方法,与亚里士多德在其生物学作品里实际用到的方法没什么干系,并且我们也可以试着用亚里士多德的发展论,来把这两个方法之间的差别给解释掉。②然而仍应强调的是,在这里,城邦的结构被比作了一个活着的动物的结构。亚里士多德在 IV.4.1291a24ff. 提出的想法也是如此,那里是说,如果把灵魂当作是比身体更重要的一个动物的部分,那也就必须把战士、法官与谋划者这些,当作是比那些生产着生活日常需要的职业群体更为重要的群体,而这一点是柏拉图在《理想国》里没有考虑到的。类似的情况还有 III.4.1277a5ff.,在那部分文本里,动物的灵魂——身体结构也被当作是示例,以此来表明城邦是由那些并不相似的成分

---

① 实际上,Ada B. Hentschke(*Politik und Philosophie bei Plato und Aristoteles*,p.394)相信,这里的意思显然就是实体,也就是 *hulê*(质料)与形式的统一体。

② 比较 Compare G. E. R. Lloyd, "The Development of Aristotle's Theory of the Classification of Animals," *Phronesis*, 6(1961), pp.69ff., 79ff.; W. Fiedler, *Analogiemodelle bei Aristoteles*, pp.165ff.。

组合而成的。在 V.3.1302b34ff.,政体之稳定性对于政体诸部分之匀称性的依赖关系,与身体之稳定性对于身体诸部分之匀称性的依赖关系,恰相对应。而据此,在《政治学》V.9.1309b23ff.,亚氏就将政体所涉及的正确比例的含义,与鼻子之形式所涉及的正确比例的含义,进行了比较。同样,VII.4.1326a35ff.也强调了城邦与有机体之间的结构相似性。城邦的大小有其尺度,正如"所有其他事物",无论是动物、植物还是工具。

尽管如此,我们并不能就此得出结论说,亚里士多德确实是把城邦当作一个有机体,因为除了第一段文本,他在其他的讨论里仅仅是在比较这两者。即使是第一段文本——也即 I.2.1252b32——用到了 *phusis*(自然)这个概念,它对这一概念的使用也显然是非常笼统与模糊的。*Phusis* 指定出了一个发展过程所达到的那个目的,而为了说明这一点,亚里士多德提到的不仅有(如我已谈到过的)人和马,而且还有房屋,也即 *technê*(技艺)的产物。类似的情况还有 VII.4.1326a35ff.这部分文本,其中,工具这样一种人造的事物,也同动物、植物一起,被拿来与城邦作了比较。所以,这种比较的要点并不在于有机体的性质。此外,《诗学》里与 I.2 相对应的文本——即提到了悲剧之 *phusis* 的那段文本①——也显示出,*phusis* 这个术语并不必然意味着某个实体性的事物。在 VII.8.1328a22,亚里士多德的措辞则更为小心;城邦仅仅被算作是 *kata phusin sunestôta*(那些依据自然而组合起来的事物)之中的一个(而这一点也是预设了,与城邦相对照的是 *tôn allôn tôn kata phusin sunestôtôn*(其他那些依据自然而组合起来的事物),换言之并不是那些

①　见上文第 220 页。

一般来说的由于自然而存在的事物,尽管后者在语法上还是可能的)。①无论如何我们应该注意到:亚里士多德没有谈到过城邦的 *eidos*(形式)和城邦的 *ousia*(实体)。

假如亚里士多德曾经按照术语的严格用法,写到过关于城邦的 *hulê*(质料)的内容,那么[在他的著作里]就会有某个关于城邦之实体性特征的标示。但是如许特伦普夫所表明的那样,亚氏显然没有这么做。只有一次,也就是在 VII.4.1325b40ff.,*hulê* 这个概念是被用在了相关的语境之中。亚里士多德将政治家及立法者,与工匠进行了比较:工匠为了将其工作做好,必须使用合适的质料(*hulê*)。而对于他[即作为工匠的政治家及立法者]来说,这包括了人和土地。正如许特伦普夫所看到的那样,在这段文本里亚里士多德并不是在讨论城邦,而是在讨论政治行动的前提。②*

所以,对于城邦具有实体性特征这样一个假定来说,不仅 *eidos* 这个概念无法算作是支持这个假定的证据,*hulê* 这个概念也要被排除出去。

还有一段有待考察的文本是《政治学》VII.8.1328a21ff.。这段文本提出了城邦的必要(也即不可或缺)的条件与城邦本身之间的区分(*hôn aneu lo holon ouk an eiê*, *toutou heneken*—*hou heneken*)。紧接着的比较则又一次指向了 *technê*(技艺),并且也以此作为上面所说的这一区分的可能来源。正如对于待建的房屋来说,建筑工的技艺和那些建筑工具是房屋的必要条件[,但不是房屋本身的一部分],因而根据亚里士多德的看法,城邦需要财产[作为城邦的必要条件],这包括许多有生命的部分

---

①　比较 Newman, *The Politics of Aristotle*, Vol.I, p.39, Vol.II, p.343.

②　"Kritische Überlegungen zur Ontologie und Terminologie der aristotelischen 'Politik'," pp.28ff.(前揭,第 224 页注释②)。

*　亚里士多德原文为"ὑποθέσεις"(1253a35)。——译者注

（农民、工匠、劳力），但他们并不是城邦——或者说理想城邦——的一部分。这样一种在必要条件与那个产物之间的目的论关系，常常可以在他的生物学著作里发现（而在那里，这一目的论关系常常会从 *technê* 的例子中转用到关于动物的分析上）。比如说，可以比较《论动物部分》I.1.639b19ff.及 642a7ff.，《物理学》II.9.199b34ff.（亦参见《形而上学》V.5.1015a20ff.）。不过，如果我们从［《政治学》与生物学著作之间的］这种对应就得出结论说，亚里士多德把城邦看成是一栋房屋或一只动物那样的一个独立的实体性存在者，那么这一结论就有些轻率了，因为这种比较的有效性其实非常有限。在 *technê* 和 *phusis* 的情况中，［某物之必要条件与其本身之间的］区分通常会被应用到质料与产物的关系之上，而且质料也总是整体的一部分；可是建筑工却并不被看成是一个必要的条件，他只是被当作了房屋的始动因（efficient cause）*。而对于农民、工匠或劳力在理想城邦中的地位，亚氏肯定不想做［建筑工之为房屋的始动因］这样的主张。十分值得注意的是，这种目的论术语只出现于第七卷的前部，《政治学》里别处皆无。其他政体［也即除第七卷讨论的理想政体以外的各种政体］中也有对于各个民众群体在阶层上的分类，但是缺失了一个直接的目的论关系。

颇具启发性的是，在现有的那些关于城邦的定义性命题之中，即使城邦会被称作为一个 *holon*［整体］①，它也仍然仅仅是被规定为"某一数量的公民"（III.1.1274b41：*politôn ti plêthos*；比较 VII.4.1325b40，VII.8.1328b16）。而 *ti plêthos*［某一数量］这个非限定性的数目概念便

---

* 通常译为"动力因"；但此译法引入了"力"这个容易引人误解的概念。亦有学者译为"始因"、"来源因"、"启动因"、"推动因"等。有鉴于此，中译者试译为"始动因"。——译者注

① 比较 Newman，*The Politics of Aristotle*，Vol.III，pp.131 ff.。

揭示出,亚里士多德显然意识到了,他用城邦这一概念所讨论的是低于 *eidos*(种)这个层级的一群人。这一点也最清楚地符合于他对于科学理论的看法。政治学是一门实践科学;换言之,亚里士多德之所以著书立作,就是为了提供行动的指导;他写下这些 *pragmateia*[实务],不是为了理观(contemplation)(*ou theôritas heneka*;比较《优台谟伦理学》I.5.1216b16ff.;《尼各马可伦理学》I.3.1095a2,II.2.1103b26ff.,X.9.1179a35ff.)。①这一点不仅可以从两部《伦理学》里涉及 *politikê*(政治)的那些一般性评论中清楚地得知(与 *politikê* 关联在一起的伦理学,是人之哲学的一个固有组成部分),而且可以从《政治学》本身得知。因此,亚里士多德在 I.10.1258a19ff.说,*politikê* 并不"制作"人,它只是"从自然接收他们并使用他们"。所以,*politikê* 的目标就是政治家的行动。还有一段相关的文本,《政治学》III.8.1279b11ff.,亚里士多德辩解称,他之所以会稍有离题而要去寻找对于各种政体形式的本质性定义,是因为据他观察,一个对于各个领域有所哲思(philosophizes)、而不仅仅对于行事(action)有所关注的人,他的特征就是不会忽视或遗漏任何事物。*恰恰是实践科学这个概念的这一限度,表明了实践科学在原则上预设了一种实践的取向。既然 *politikê epistêmê*(政治科学)是一门实践科学,它就不会分担各门理观科学的任务,不会去探究那些普遍地、必然地归之于一个特定实体的属性。政治科学的领域是 *ta hôs epi to polu*,也即那些"大部分"如此这般的事物(things which are so-and-so "for the most part"),所以这些事物并不具备像实体之本质那样的必然性特征(比较《尼各马可伦理学》I.3.1094b11ff.)。

---

① 从政治科学这方面要首先比较 W. Hennis, *Politik und praktische Philosophie*(2nd edn, Stuttgart, 1977), pp.1ff.。进而亦参见 Riedel, "Politik und Metaphysik," pp.64, 85ff.。

* 1279b11-15。——译者注

那么从范畴的角度看,什么是那仅仅"大部分"如此这般的事物? 在《尼各马可伦理学》X.9.1181b14ff.,亚里士多德将伦理学与政治学称作 *hê peri ta anthrôpina philosophia*[关于人的哲学],意思是说,这门学科中的命题所指涉的主体首先是人,而非城邦,并且,这门科学的论题是人的某些属性*(*ta anthrôpina*)。显然,实践的 *epistêmê*(科学)有这么一个特点:它并不关乎实体,而是关乎属性。与此相对应的还有《政治学》导论章节里的思路,其高潮在于界定出了人之为 *zôon politikon* 这个特性。"政治"是人的根本特性①,《政治学》由此展开。这一点之成立,独立于下面这个情况:如果将城邦拿来与"家"以及不自足的个人相对照,那么城邦 *proteron têi phusei*(由于自然而是在先的)(1253a19)。仅仅是这样一个人类学的事实,就可以推出对于人之为 *zôon politikon* 这个特性的规定。而在其后,人之中的政治要素被进一步[在种上]特别表示为(specified)(*idion* 1253a16):拥有"对于'好'与'坏'、'正义'与'不义'的感知"。政治学的确切主题(《尼各马可伦理学》I.3.1094b14ff.)就是从人[在种上]所特有的这一属性上得出来的:*ta de kala kai ta dikaia*,*peri hôn hê politikê skopeitai*(美好与正义的事物,是政治学所探究的);换言之,这一学科所要研究的对象,是正义这种属性与伦理上的善好这种属性。另一个与此相关的内容是,《尼各马可伦理学》中的 *aretai*(德性)与《优台谟伦理学》中的 *dikaion*(正义),都是亚氏对于质这个范畴的例证(《尼各马可伦理学》I.6.1096a25,《优台谟伦理学》I.8.1217b31)。像这样的一些属性也组成了 *planê*(该词是"漂荡(wandering)"**这个词的变格,意思是"不规则")与 *hôs epi to polu*(大部

---

* 德文原作中对此有斜体强调,英译无。——译者注

① 即使这特征不仅仅局限于人。

** 该词对应的希腊语或为"πλανάω"。——译者注

分如此)的领域。而这意味着,那些可以由人所拥有的特性,具有不同程度的必然性、不同程度的精确的可确定性。我们从亚里士多德的那些动物学著作里会发现,只有动物的某些形态特性与身体特性具有一种定义性的意涵(比较《论动物部分》I.4.644b7ff.),而那些"灵魂—身体"活动——比如位移的模式(《论动物部分》I.3.643a35ff.)——并没有这种意涵。因此,在《动物志》收集的那些事实里,最为重要的是那些关于动物的"部分"的差别,也即关于动物的组织与器官的差别,而与此同时,那些关系到它们的生活方式与行为活动的特点(I.1.487b33ff. *kata tous bious kai tas praxeis*)就只有次一等的重要性,这既是由于这些特点无法被毫不含糊地、精准确切地规定出来,也是因为这些特点与其他动物物种的另一些特点之间有着为数极多的重合交叠。[①]这一情况也适用于"政治"这个特性(见上文第234—235页)。不过,那些关系到生活方式的特点是 *sumbebêkota kath' hauta*(属于事物本身的偶性),也即必然的、非定义性的属性。这一情况并不适用于"伦理上的美好"(*kalon*)与正义(*dikaion*)这两个特性。这两者与 *politikon* 以及 *agathou kai kakou kai dikaiou kai adikou aisthêsin echon*(拥有对好与坏、正义与不义的感知)的情况不同,如果将"美好"与"正义"这两个特性与后面两个特性分开来看待,那么这两个特性并没有一种必然性的品质。人之一般并不是"美好的"与"正义的"。这也部分解释了《尼各马可伦理学》在讨论这些特性时所提到的那种精确性的缺乏。这些谓项并不是必然的,而也恰恰是由于这一点,实践科学才得以可能。只有当人仍然有余地来对行为进行选择,人才有可能去做出影响这种行为的努力。而只有把这些特性同其相反者混合起来——例如把一个 *aretê*(德性)同那些与其相配的 *kakiai*

---

① 比较 Kullmann, *Wissenschaft und Methode*, pp.256ff.。

(坏)混合起来——，我们或许才能够去考虑把这整个析取（disjunction）［译按：或译为"选言命题"］解释成是必然的。《后分析篇》I.4 中的那些析取，比如直或曲、偶或奇、单一或复合、等边或不等边，都是"第二类型"的 *kath' hauta*（就其自身，或者说本身）的例证，也即 *sumbebêkota kath' hauta*（事物就其自身或属于其本身的偶性）的例证。按照《后分析篇》I.8.75b33ff.的论述，只要我们是从析取的某一边来考察我们所要探究的那些对象，那么从"时常发生的事物"之中也可以推出绝对、必然的结论。①然而亚里士多德并没有在任何地方说起过，他是否想要把《伦理学》与《政治学》里的 *aretê*（德性）和 *kakiai*（坏）当成是析取性的 *sumbebêkota kath' hauta*（属于事物本身的偶性），而不是把它们当成单纯的偶性；②即使前一种就是真实的情况，*aretai* 本身也不会是必然的属性。无论如何，政治科学关心的并不是实体性的存在者，而是人的那些要去实现出来的属性（伦理上的善好、正义、幸福等）。

尽管 *eudaimonia*（幸福）或 *eu zên*（活得好）被亚里士多德称作是政治的 *telos*（目的），但他明确探讨的内容是 *anthrôpinon agathon*（人的善好）（《尼各马可伦理学》I.7.1098a16；《优台谟伦理学》I.7.1217a21ff.），也即，一个适用于人的特性。《优台谟伦理学》I.7.1217a21ff.这段文本就很清楚地指出，其他动物——比如马、鸟或鱼——都不能被附加上"幸福"（*eudaimon*）这个谓项。这明显暗示了，伦理与政治的探究所指向的

---

① 比较 Kullmann, *Wissenschaft und Methode*, pp.271 ff.。

② Balme 给 *Aristotle's De Partibus Animalium I and De Generatione Animalium I* 做的注疏里面有一个很有意思的补充说明，他似乎倾向于走得远一些，以至于要把人的个体差异，从那对于［在种上］特有的形式所做的定义那里推导出来，而在他看来，这定义必须被表述成一个很长的析取（见：J. Longrigg, *Classical Review*, 27（1977），p.39）。然而有关于伦理属性的问题，他没说到过。无论如何，我们应该考虑在内的是亚里士多德把质料介绍成 *principium individuationis*［个别化原则］的那些说法，首先就有《形而上学》VII.8.1034a5 ff.；10.1035b27 ff.。

内容,始终是那些价值——那些适用于人而以人为其主体的价值——的实现;故而可能并非按我们所想的那样,这样一种探究所指向的并不是城邦,因为根据亚里士多德式的科学,城邦并不是一个能够被清楚地定义出来的事物。这些[伦理与政治的]探究都是一种人类学。对于政治做出的任何一种实体性的诠释,都与亚里士多德的想法相去甚远。①关于《政治学》中的生物学视角,我们无疑需要明确地区分这样两点:

　　1. 在很大程度上,人被看作是 *zôon*(动物)。人被拿来与其他 *zôa*(动物)进行比较,尤其侧重于在社会性行为这个方面进行比较。
　　2. 城邦被看作是某个自然的事物,并且也正是在这一点上,城邦被拿来与其他 *phusei sunestôta*(由于自然而组合起来的事物)进行比较。

上面第一点是本质性的、意义最为深远的一点。而对于第二点来说,生物学只是为城邦提供了一个"类比模型"(菲尔德(Fiedler))②,那些比较起到的作用纯粹是启发性的。*Politikê epistêmê*(政治科学)之所以能够与那作为自然科学(*phusikê*)之一部分的生物学或动物学区分开来,并不是因为前者所讨论的是另一个 *genos*[类](在《后分析篇》I.10.76b13的意义上)、也即另一个对象,而是因为,一旦有那么一些有待选择的可能性——这些可能性会被政治家的实践措施所影响——出现,政治科学就能够用一种比自然科学更有辨别力的方式,来探讨人的

---

① 比较 Riedel,"Politik und Metaphysik,"p.82.
② 见上文第 222 页注释②。见 A. Demandt, *Metaphern für Geschichte. Sprachbilder und Gleichnisse im historisch-politischen Denken*(Munich, 1978),这本优秀的著作里也有一个章节"Organische Metaphern im antiken und christlichen Geschichtsdenken",它是对那些材料的第一次收集,故而也情有可原,它还没能详细到为我们的问题提供信息。

一个特性[即"政治"这个特性]。

这样我们就清楚了,人由于自然而是政治动物这个命题(我们首先要在纯粹的生物学的意义上来理解它)蕴涵了哪些意思,或者呈现了哪些可能性,从而为政治家的创制意愿(creative intent)*敞开了门径——而这便是《政治学》的主题。

四

以上这些考虑表明,"政治"这个特性并不是一个构成了人之本质自然的特点。而由此我们就会遇到一个常被论及的问题:那种被亚里士多德设定为人之理想的 *bios theôrêtikos*(理观生活)(尤其参见《尼各马可伦理学》X.6-8),与人的"政治"特性之间有着怎样的关系。比如说,弗拉斯哈尔(Flashar)就正确地主张道,亚里士多德承认理观的生活方式对于政治的生活方式的在先性。①正是在纯粹的 *theôria*(理观)之中,人发现了自身的界限,并且也对神性有所接近;按照《政治学》I.2.1253a29 的论述,这一状态也就是那种由于无所需要而全然自足的状态。所以,人的真正的 *telos*(目的)就取代了"政治"这个特性——尽管该目的最终会超越那单纯的生物性存在之意义上的人的存在。此处我们无法细究这个亚里士多德伦理学中的观念,不过如果我们充分考虑到,人的政治性的一面与生物学的领域是紧密关联的,那么无论如何,这一观念也能变得更为明了。由此我们也可以理解,在《尼各马可伦理学》中,为何亚

---

* 德语原文为"Gestaltungswille"。——译者注

① H. Flashar, "Ethik und Politik in der Philosophie des Aristoteles," *Gymnasium*, 78 (1971), p.287,这反对了 G. Bien, "Das Theorie-Praxis-Problem und die politische Philosophie bei Platon und Aristoteles," *Philosophisches Jahrbuch*, 76(1968—1969), pp.264ff.。Flashar, "Ethik und Politik"里引了更进一步的文献。

里士多德在强调了城邦的 *eudaimonia*［幸福］与个人的 *eudaimonia* 之间的类比关系的情况下①，仍然仅仅是将伦理学视作为"一种政治的探究"（1094b10 ff.： *politikê tis methodos*），并且伦理学只有与那狭义的政治科学结合起来，才能构成"关于人之存在这个领域的哲学"（1181b15： *hê peri ta anthrôpina philosophia*）。②在亚里士多德的哲学中，伦理学与政治学之间存在着关联，若从历史的角度来看，或许可以将这一点解释成是柏拉图的传统；但另一方面，伦理学的领域与政治学的领域存在着差别，这一点最先是由亚里士多德看清楚的。正是因为人的灵魂里呈现出了一个其他 *zôa*（动物）的灵魂里所缺少的要素，人由此便拥有了离开政治的 *koinônia*（共同体）这个领域的能力。

五

还有一个问题需要解决。既然人类的文化发展过程中也包括了城邦的生成，那么我们所讨论的那个命题如何能够与人类文化发展过程这个概念保持协调一致？有学者注意到，发展过程这个概念来源于柏拉图。在柏拉图的哲学中，与这一概念有部分关系的，是那关于周期性的灾劫与历史循环发展的理论（比较《法义》III. 677 aff.；《蒂迈欧》22c）。③对于我们所讨论的命题，我给出的诠释显然预设了，在人之中有

---

① 关于这一点，比较 P. Weber-Schäfer, *Einführung in die antike politische Theorie II* (Darmstadt, 1967), pp.37 ff.。

② 对于这两者的区分有一个精彩的例子，它由现代政治科学家做出，见 A. Schwan, "Die Staatsphilosophie im Verhältnis zur Politik als Wissenschaft," in D. Oberndörfer, *Wissenschaftliche Polilik. Eine Einführung in Grundfragen ihrer Tradition und Theorie* (Freiburg, 1962), pp.153 ff.，这尤其是关系到了政治的任务，就是说要去承认并保护 *bios theôrêtikos* 的自主性。

③ H. J. Krämer, *Arete bei Platon and Aristoteles* (Abh. Heid., 1959), p.221.

一个生物性的恒常的政治因素；因此，会与我的诠释产生严重矛盾的观点，除了那种假定了人有一个线性的、独一无二的、目的论的发展过程——也即从没有城邦的生存状态发展成有城邦的生存状态——的观点以外，还有这种[柏拉图式的]循环往复发展的观点。然而在严格意义上，亚里士多德并没有支持过这一概念。① 他曾在《政治学》II.8.1269a4ff.论道，律法的古老并不意味着这些律法的善好，这是由于原始人（prôtoi）大概是挺不聪明的（unintelligent），"因为他们是土生的，或者因为他们是在某次灾劫之中幸免于难的"。此处，亚里士多德对于这两种理论的讲述都是保持了一段距离的。② "灾劫"这个说法肯定令人回想起柏拉图的循环理论，但是从例如《政治学》VII.10.1329b25ff.、《形而上学》XII.8.1074b10ff.的那几段文本来看，亚里士多德认为可以算作

---

① 就此比较 R. Zoepffel, *Historia und Geschichte bei Aristoteles*（Abh. Heid., 1975），pp.51ff.。

② 人是土生的这个假定无论在什么意义上都不是亚里士多德的。他自己是以之为"传说"（legend）（1269a7）的，并且，那些种的永恒性与它们特征的永恒性是亚氏哲学的核心要点。在他看来，这种恒常性出自于（例如可以从他对恩培多克勒的进化理论的批评中看出来）他关于形式之为首要的、非生成的、不可变化的那种教义。我们可以从生物学著作来比较，首先就是《论动物生成》II.1.731b35ff.，人、动物、植物的"永恒性"都得到了确认。对此有个常见的口号："人生人"（*anthrôpos anthrôpon gennai*）。就此，比较 K. Oehler, *Antike Philosophie und byzantinisches Mittelalter*（Munich, 1969），pp.131ff.。而要反对这一亚里士多德的诠释，也不该把《论动物生成》III.11.762b28ff.那段时而遭到误解的文本当作证据，在那里，亚氏是以思想实验的方式摆出了这个问题，即，如果说人是土生的，那么人是从幼虫而来的还是从卵而来。该处所做的这番假设不是亚里士多德自己的观点，对此已有正确的论述：J. Bernays, *Theophrastos' Schrift über Frömmigkeit*（Berlín, 1866），pp.44ff.；E. Zeller, *Die Philosophie der Griechen* II 2（Darmstadt, 5th edn, 1963），p.508 n.1；L. Edelstein, "Aristotle and the Concept of Evolution," *Classical Weekly*, 37（1943—4），pp.148ff. See also Reimar Müller, "Aristoteles und die Evolutionslehre," Deutsche Zeitschrift fiir Philosophie, 17（1969），pp.I 48ff.。

除此以外，显然正确的还有，出现在林奈（Linnaeus）与其他人那里的、关于种的恒常性的现代理论——正如 D. M. Balme 评论道（"Aristotle and the Beginnings of Zoology," *Journal of the Society for the Bibliography of Natural Science*, 5（1968—1971），p.281）——来源于一个远为教条的古代教义，也就是说，种是上帝心灵里的观念（此教义大概已为色诺克拉底（Xenocrates）所持有；比较 H. J. Krämer, *Der Ursprung der Geistmetaphysik*（Amsterdam, 1964），pp.22ff.）。

是灾劫的，显然只是那些即便经常发生、却仍然不合规则的灾劫，而不是那些反复出现的循环。这一点也符合他自己的历史知识和信念，正如亚里士多德在《解释篇》第九章指出的那样，历史事件的发生是不定的。如果在那样一种灾劫之后，城邦立刻就再次地出现了，那么这只不过是证实了，人的政治特性具有一种生物性的恒常性。不过这里还是有某种矛盾，因为亚里士多德在《政治学》I.2里认为，城邦的有机发展过程能够与一个动物的发展过程相比较。我们可以把这一点当成是意味着，政治性是潜在于人之中的，它只有在文化觉醒之后才会被实现出来。但是亚里士多德没有谈到，如果那并不自足的人在没有城邦的情况下也生存了许多个时代，这一状况该如何设想。所以这种矛盾还是不能被完全地解释掉。我们可以主张的是这样的观点：对于亚里士多德来说，那在永恒的形式下（*sub specie aeternitatis*）的人，如果是能够被设想的，那么就只有将其当作是一个恒常的（也即自然的）、政治性的、生物性的存在者。

洛克自然状态含义研究

谢 天 *

一、引 言

洛克《政府论》勾描的政治理想在今天被看作同西方世界的自由民主主义价值根基有很高的一致性。他在《政府论下篇》第二章中描绘了这样一幅自然状态的图景:

> 那是一种完备无缺的自由状态,他们在自然法的范围内,按照他们认为合适的办法,决定他们的行动处理他们的财产和人身……这也是一种平等的状态,一切权力和管辖权都是相互的,没有一个人享有多于别人的权力。①

---

* 谢天,复旦大学国际关系与公共事务学院博士。

① 洛克:《政府论》下篇,叶启芳、瞿菊农译,商务印书馆1964年版,第3页。

虽然洛克开宗明义提出了自然状态与平等，描绘了一幅美丽图景，但单在《政府论》下篇（简称《下篇》）中并没有对其哲学基础给出详尽的论证，而且在第二章描绘完自然状态之后接着在第三章提出了"战争状态"。拉斯莱特（Peter Laslett）在其《洛克〈政府论〉导论》中考证，洛克的政治理论不是他的哲学（主要呈现在《人类理解论》中）直接逻辑演绎的结果（与霍布斯形成鲜明对比），而且其前后修订时间较长，存在一定拼凑现象，所以《下篇》的不同章节会出现一些表面的矛盾。也因此，对洛克的自然状态的解读，不同学者的差异十分明显，而自然状态在洛克政治思想中占有极重要的位置，洛克认为自然状态是为了"正确地了解政治权力"。①所以，厘清自然状态在洛克政治学说中的含义和意义十分重要。而且，就今天来看，当代自由主义政治哲学家（如罗尔斯、诺奇克）的学说多建立在近代政治哲学家的自然状态、契约论等理论的基础之上，考察洛克的自然状态理论对于探讨当代世界的政治价值也很有必要。

二、几种不同的思路和意见

美国学者扎克特（Michael Zuckert）在《洛克政治哲学研究》中总结了洛克自然状态学说研究的争议所在：

洛克的自然状态是一种真实的历史境况，还是一种假象的建构；它是像某些人提出的那样，大体上很好战，还是像另一些人提出的那样，更为和平；洛克是否认可无限度的占用，因而体现了资

---

① 洛克：《政府论》下篇，叶启芳、瞿菊农译，商务印书馆 1964 年版，第 3 页。

本主义精神。①

根据扎克特的分类,我们可以分别审视不同学者的观点。

　　持自然状态是假想虚构观点的学者内部,观点也不尽相同。阿斯利夫(Hans Aarsieff)认为洛克描述的自然状态实际上暗含了两种自然状态,一种是"纯粹抽象的状态",它确认了一种自然法的存在,另一种是非抽象自然状态,指的是人们在处理他们的相互关系时的实际行为,这种状态既不是完全平和和理性的,也不是完全暴力、残忍和非理性的,而这一种状态说明对法律的知识并非人天生就有,必须经过理智上的努力。②沃林(Sheldon Wolin)则认为洛克举出和平的自然状态,但政治社会是从堕落的自然状态中产生的,政治社会至少表现出了恢复理想自然状态的意图。③阿什克拉夫特(Richard Ashcraft)则在一定程度上调和了"道德建构"和"历史事实"之间的张力,他认为自然状态确实是描述一种符合自然法的生活,不过这并不代表它是虚构,洛克在《下篇》第二章后半部分阐述的世界各国君主之间处于一种自然状态,以及一个瑞士人和一个印第安人在美洲森林中签订交换协议的例子是为了证明人类是可能遵循自然法生活的。阿什克拉夫特另外还从历史维度论证,虽然史籍难考,洛克的自然状态在历史上存在相当长的一段时间,他还很有创建性地论证了财产权和货币的产生是怎样使得政治社会成为必要并且使自然状态退出历史舞台。④

---

　　①　迈克尔·扎克特:《洛克政治哲学研究》,石碧球译,人民出版社 2013 年版,第 28 页。

　　②　*John Locke*,*Problems and perspectives*,ed. John Yolton,Cambridge:Cambridge University Press,1969.转引自迈克尔·扎克特:《洛克政治哲学研究》,石碧球译,人民出版社 2013 年版,第 28 页。

　　③　Sheldon Wolin,*Politics and Vision*,Boston:Little Brown and Company,1960,p.307.

　　④　参见 Richard Ashcraft.,Locke's State of Nature:Historical Fact or Moral Fiction,The American Political Science Review,Vol.42,No.3(Sep.,1968),pp.898—915.

　　把自然状态单单视为一种理想状态在文本证据上存在很多问题，洛克在《下篇》第101段里花大量篇幅，专门讨论自然状态曾存在过，而且语气坚决。如果兼具理想与现实的维度，把自然状态看作洛克对人类的理想，那么政治社会是什么呢？是次一等的理想吗？如果是这样，为什么在《下篇》的后半部分，洛克在讨论政府解体的情况时，并没有说政府的解体使人返回"理想的"自然状态，而仍然处于一种政治社会中？况且，我们看到在《下篇》第二章单纯讨论自然状态（并没有讨论战争状态）时，用力最多的文字都是关于违规和惩罚的，为何洛克要在一种理想状态中花这样多的气力去讨论它？这不是明显的非理想的特征吗？阿什克拉夫特也讨论过这一点，他认为罪行可以得到惩罚，恰恰体现了人是可能遵循自然法的，有运用法律的能力。可是问题在于，惩罚的自然法的实现的前提是有人违反了自然法，也就是说，在自然状态中违反自然法并不稀奇。这样一来，自然状态的理想性便大打折扣了。

　　与上述见解不同，另一条理路认为，洛克是一位隐微的霍布斯主义者，他在《下篇》第二章描述的自然状态和谐图景是一种高超的欺骗术，第三章描述的战争状态否定了第二章的自然状态。持这种观点的学者包括考克斯（Richard Cox）①（主要体现在他的《洛克论战争与和平》一书）以及列奥·施特劳斯（Leo Strauss）（主要体现在他的《自然正当与历史》第五章），其中，施特劳斯的观点极具代表性。施特劳斯考察了洛克的自然法学说，认为渴望幸福、追求幸福所引致的并非义务，而是必须容许他们去追求幸福，自然权利实际上取代了自然义务，成为自

---

　　①　Richard Cox, *Locke on War and Peace*, Oxford：1960.转引自 Richard Ashcraft. Locke's State of Nature：Historical Fact or Moral Fiction, The American Political Science Review, Vol.42, No.3（Sep., 1968），pp.898—915。

然法的基础①,自然状态中的人存在着自我保全的欲望,那么,在自然状态下,每个人都是自我保全的裁判者。施特劳斯还认为《下篇》第二章、第三章的理路是"提出了自然状态的图景之后,洛克又随着自己论证的深入将其破坏殆尽,而且把自然状态看作是匮乏而非富足状态。这样,洛克的自然状态实际上就等同于霍布斯的自然状态。在财产权和货币问题上,施特劳斯认为,财产权是洛克自我保全的自然权利的结果,货币的引入导致贪婪之徒不再对自然法感到恐惧,虽然在进入市民社会之后,人们不再以劳动为取得财产的手段,但是,由于之前货币的积累,在市民社会中财产所受的限制要比在自然状态中小很多。"②

把洛克看作隐微的霍布斯主义者,进而认为自然状态其实是战争状态的这一观点,是建立在对洛克的自然法及其基础的解读之上的,所以,考察这一说法是否得当,不单需考察洛克的自然状态,尚需考察整个洛克政治理论的基础所在。

三、以财产权为例看洛克学说中自然法与自然权利的关系

考察施特劳斯的洛克解读,即洛克政治学说的基础在于人的自然欲望而非自然义务,可以从财产权这一侧面加以审视。在施特劳斯看来,由劳动取得、由货币积累的财产权是通过洛克的自然欲望而非自然义务来解释的,他认为洛克的财产权学说之所以具有革命性,是因为"个

---

① Leo Strauss, *Natural Right and History*, Chicago: The University of Chicago Press, 1959, pp.226—227.

② 此段施特劳斯观点,参见 Leo Strauss, *Natural Right and History*, Chicago: The University of Chicago Press, 1959, pp.201—251。

人、自我成为了道德世界的中心和源泉"。①但是,我们审视洛克《政府论》上篇(简称《上篇》),便可发现这一解释不太完善。在《上篇》第九章中,洛克对继承制度提出其看法,认为继承并不是由父亲以遗嘱一类的东西自行安排其财产来得到证明的,洛克给继承权提出的证据是"由于自然的过程儿童生来幼弱,不能自己供养自己,上帝……就亲身给他们这种权利,要父母养育和扶持他们"。②这种理论对当时的长子继承制提出了重大挑战,沃尔德伦(Jeremy Waldron)对洛克的态度和其友人蒂勒尔(Tyrrell)的态度作了对比,发现后者急切地想避开哪怕一丝提倡变革当时财产制度的污名,而洛克却彻底批判当时盛行的长子继承制(其实哪怕是跟今天的继承制度相比也是革命的)。③根据这一点,我们就不得不怀疑洛克是不是像施特劳斯所说的那样采用隐微写作的手法。如果说这还是家庭之内的事情,洛克对慈善原则④的论述更可证明,洛克的财产学说乃至其自然法学说并非采用了自然欲望优先的观点。在《上篇》第四章中,洛克提出"仁爱也给予每个人在没有其他办法维持生命的情况下以分取他人丰富财物的一部分,使其免于极端贫困的权利"。⑤再考虑《下篇》第二章、第三章提到人类保存时所说的原则——"因为基于根本的自然法,人应该尽量地保卫自己"⑥;"当他保存自身不成问题时,他就应该尽其所能保存其余人类"⑦,足见保存在洛克自然法

---

① Leo Strauss, *Natural Right and History*, Chicago: The University of Chicago Press, 1959, p.248.

②⑤ 洛克:《政府论》上篇,叶启芳、瞿菊农译,商务印书馆1982年版,第76页。

③ 参见沃尔德伦:《上帝、洛克与平等——洛克政治思想的基督教基础》,郭威、赵雪纲等译,华夏出版社2015年版,第187—188页。

④ 叶启方、瞿菊农译本译作"仁爱原则"。

⑥ 洛克:《政府论》下篇,叶启芳、瞿菊农译,商务印书馆1964年版,第11页。

⑦ 同上书,第5页。

学说中固然居于核心地位,但它不是,或者说不单单是自然欲望抑或自然权利。保存更多体现了一种自然义务、自然法①,它虽和人的欲望大致相符(例外如《下篇》第二章提到的自杀),但是,它的决定权在于自然法的制定者上帝的意志。所以,洛克对继承权和慈善原则的论证,尤其后者,若不是从自然义务的解释,单用自然权利来解释,是解释不通的。洛克在 1677 年所写的《论学习》(*On Study*)中说:"任何霍布斯主义者以及其自我保存原则(人们认为他持有这一原则)无法轻易承认诸多质朴道德义务。"②可见,就是从财产权这一最有可能推向自然权利(欲望)的权利,也有着施特劳斯所主张的洛克是一个隐微的霍布斯主义者这一论断难以说通之处。自然义务、自然法在洛克理论中依然有其核心位置,而自然权利服从于自然法之下。

四、洛克政治思想的哲学根基

确立了自然法在洛克思想中的核心位置后,我们便可进一步思考洛克政治学的根基究竟何在。我比较赞同塔利在《论财产权:约翰·洛克与其对手们》一书中的观点,即上帝对人的制造物模式是人的义务和行

---

① 施特劳斯也注意到了洛克的继承权和慈善理论,但他认为"然当其专门讨论财产权(指《下篇》第五章——作者注)时,对慈善义务却不置一词"(引文见 Leo Strauss, *Natural Right and History*, Chicago:The University of Chicago Press, 1959, p.248。),这意味着施特劳斯认为洛克的财产权不包括这里的慈善理论。笔者认为,根据塔利的考证,《下篇》第五章的主要背景要置于格劳秀斯(Grotius)、苏亚雷斯(Suarez)、普芬道夫(Pufendorf)等人的学说语境下,洛克在此章是想针对以上学者的学说,论述自然状态下的人如何从一种自然共有的基础出发,发展出排他性权利,且又不损害这自然共有。这样说来,洛克在该章不提慈善原则也就不足为奇,这不代表他不认同他在《上篇》提出的原则。

② John Locke, MS. *The Lovelace Collection of the Papers of John Locke in the Bodleian Library*. Oxford. p.191.转引自 James Tully, *A Discourse on Property:John Locke and his adversaries*, Cambridge:Cambridge University Press, p.47。

动规则的基础。①

　　洛克在《关于一个绅士的阅读与教育的漫思》(*Some Thoughts Concerning Reading and Study for a Gentleman*)中明确提到了他对政治学的认识:政治学包括两部分,两者截然不同。一个包括社会的起源以及政治权力的起源和范围;另一个包括在社会中治理人的艺术。洛克主张后者需要通过经验和历史学习来获得。在另一处手稿中,洛克对政治学的第一部分作出如下解释:

> 一个人如若有关于上帝,关于自己作为上帝的制造物以及自己与上帝和同类的关系,关于正义、善、律法、幸福的真实观念,他就能明晓道德事物抑或对道德事物的解证的确实性。②

可见,洛克对于第一政治学,即自然道德义务的观点来自上帝造物的观念。显然,对于规范和善要从其"起源处"探讨。洛克在《人类理解论》第四卷第三章(人类知识的范围)中提到,"道德学是可以解证出的——所谓无上的神灵是权力无限的,善意无极,智慧无边的,我们是他的创造物,而且是依靠于他的。所谓人类,则是有理解、有理性的动物,这两个观念在我们既然是很明白的,因此,我想,我们如果能加以适当的基

---

① 参见 James Tully, *A Discourse on Property:John Locke and his adversaries*, Cambridge:Cambridge University Press, p.4. 施特劳斯在《自然正当与历史》中认为,洛克实际上背离了基督教的基本原则。本文主旨不在讨论洛克思想和基督教的具体关系,但从洛克《自然法论文集》中可看出,洛克(其实也包括当时牛顿在内的学人)是很难脱离"制造"这一观念(当时绝无进化论、自然演化一类学说)来探讨世界与人类形成,无论这个制造者是不是基督教中的上帝。

② John Locke. MS. *The Lovelace Collection of the Papers of John Locke in the Bodleian Library*. Oxford. pp.116—118.转引自 James Tully, *A Discourse on Property:John Locke and his adversaries*, Cambridge:Cambridge University Press, p.29。

础,以致使道德学列于解证科学之数。"①

在洛克看来,人的"原型观念"是被制造出来的,因此,人的实在本质只能为其制造者上帝所认识:

> 我们如果能知道,人的动作能力,感觉能力,推理能力,都是从什么组织流出的,并且能知道,人的有规则的形象依靠于什么组织(天使大概可以知道这一层,造物主是确乎知道的),则我们对于任何人所形成的观念,将大异于现在的观念,亦正如一个斯特拉斯堡那个大钟的人的观念,大异于一个张目四望的乡下人的观念一样。因为前一个人知道那个著名大钟内一切发条、轮制和机栝,而那个乡下人则只能看到针的动作,听到钟的声响,观察到一些外表的现象。②

由于人不是人的制造者,所以,人不能了解自己的原型观念,不能了解自己生命的"发条"、"机栝",笔者认为,这是洛克和霍布斯政治学的最根本的区别:霍布斯认为作为人的行动的原因的人的性情和利益可以被认知;洛克则认为这是不可知的,它们属于审慎的政治学的范畴,不是其政治学的第一部分:

> 公共或私人事务的良好安排取决于我们在世间须加以考虑的人的多种不为人知的性情、利益和能力,而非取决于认识物理性事物的确定观念。政治制度的设计及其审慎之道并不是解证性的。但是,

① 洛克:《人类理解论》,关文运译,商务印书馆 1959 年版,第 582 页。
② 同上书,第 456、457 页。

人在这方面受益于有关事实的历史以及人所拥有的机敏。①

从这个角度看,施特劳斯认为的洛克和霍布斯一样以为自然状态的人也受到某种欲望的支配的观点,也许就不能成立。洛克并不会从某种人性推出某种政治原则,他在人性方面,进而在"审慎的政治学"(第二政治学)方面是一个经验主义者。但是,道德学和第一政治学是可以解证出来的,因为道德学所研究的事物的原型观念是可知的,是人造的,在道德学和"第一政治学"方面,洛克坚持了理性主义的方向。阿伦特在《人的境况》中对17、18世纪的认识论作了如下总结:"为了知识的目的而对实验的应用,始终都是这一信念的结果——人只能知道他自己制造的东西。"②这段话能够帮助我们理解洛克的认识论,进而认识他的政治学说的根基。

基于上帝是人类的制造者这一观念,人类必须得到保全,这是最根本的自然法,正如洛克在《下篇》第二章所说:"既然他们都是全能和无限智慧的创世主的创造物……他要他们存在多久就存在多久,而不由他们彼此之间做主……就不能设想我们之间有任何从属关系。"③所以,保存人类是上帝之欲望而非人类之欲望,人在保存自己的同时也应该保存他人,这是一种自然义务。④

① James Tully, *A Discourse on Property*:*John Locke and his adversaries*, Cambridge:Cambridge University Press, p.4.
② 汉娜·阿伦特:《人的境况》,王寅丽译,上海人民出版社2009年版,第234页。
③ 洛克:《政府论》下篇,叶启芳、瞿菊农译,商务印书馆1964年版,第4页。
④ 沃尔德伦在其《上帝、洛克和平等》一书中提出洛克的平等观另有根据,即人相较其他生物有抽象能力,可以理解上帝的存在,唯有人类有资格服侍上帝,所以人不允许互相利用。但是,笔者认为这种抽象能力不代表人就能够实现,大部分人终生无法实现这种能力,因此,制造物模式更有说服力。

五、洛克学说中货币与自然状态堕落的关系：
自然状态是历史存在的根据

洛克在《下篇》第五章中给出了关于货币产生的论证,麦克弗森在其《占有性个人主义政治理论》(*Political theory of Possessive Individualism*)中认为,洛克是在为一种扩张性、占有性的资本主义和剥削辩护。这也是本文开篇提到扎克特所总结的洛克政治理论中引发争议的第三个要点中的一种重要意见。前文提到,施特劳斯对此也持相似观点,他曾明确提到他较为赞同麦克弗森的洛克解读。[①]但沃尔德伦和剑桥学派的拉斯莱特、邓恩(John Dunn)、塔利则对此表示反对。拉斯莱特认为,洛克既非社会主义者,也非资本主义者[②],有关资本的概念在洛克时代并不盛行。邓恩认为,麦克弗森和施特劳斯对洛克的阐释只是出于 20 世纪人的一种特定视角。沃尔德伦则认为平等主义在洛克财产权理论里比比皆是。[③]

考察《下篇》第五章,可以发现,洛克坚持认为"劳动所造成的占我们在世界上所享受的东西的价值中的绝大部分情况"[④],甚至十分肯定"在绝大多数的东西中,百分之九十九全然要归之于劳动"。[⑤]对于原初的世界,洛克主张为全人类所共有。劳动者以上帝恩赐的丰沛原料为材料,制造出某个对象。这种存在于自然状态的私有财产权,由于它是从自然

① Leo Strauss, *Natural Right and History*, Chicago: The University of Chicago Press, 1959, p.234 Note 106.

② 彼得·拉斯莱特:《洛克〈政府论〉导论》,冯克利译,三联书店 2007 年版,第133 页。

③ 沃尔德伦:《上帝、洛克与平等——洛克政治思想的基督教基础》,郭威、赵雪纲等译,华夏出版社 2015 年版,第 189 页。

④ 洛克:《政府论》下篇,叶启芳、瞿菊农译,商务印书馆 1964 年版,第 27 页。

⑤ 同上书,第 26 页。

材料中增加出来的,并不损害人们对世界的原初的共同占有,因为,"一个人基于他的劳动把土地划归私用,并不减少而是增加了人类的共同积累。"①上帝是人的制造者,而人则是私有财产的制造者,这之间的相似、可比的关系赋予了个人在自然状态中的财产权:"上帝模拟自己的形象和外貌,创造了人,使他成为了一种有智力的生物,因而有能力行使统治权。"②那么,在货币产生之后,是不是货币就会变成资本,去雇佣劳动力,进而改变上述情况呢? 在《下篇》第五章中我们并未读到有关货币被用于雇佣劳动、进行更大规模生产进而创造出更有价值之物的文字,货币所做的只是扩大拥有者的财产直至超过自己需要(主要是土地)和贪婪之心。洛克即使在论述货币时也是持有劳动价值论的观点。所以麦克弗森和施特劳斯的解读不免有离开文本的过分推演之嫌。

我们回来继续讨论货币给人类的影响。单看《下篇》第五章,会感觉有些混乱,洛克一方面说,"窖藏多于他能使用的东西是一件蠢事,也是一件不老实的事"③,"过多地割据归己,或取得多于他所需要的东西,这是既无用处,也不老实的"④,但是,另一方面,洛克又给出了货币一种合法的、经过默许承认的产生过程。沃尔德伦甚至认为,这段论证是整部《下篇》的最糟糕的论证。⑤

不过,在《下篇》第八章中,洛克在论证"人类的黄金时代"⑥时曾这

① 洛克:《政府论》下篇,叶启芳、瞿菊农译,商务印书馆1964年版,第24页。
② 洛克:《政府论》上篇,叶启芳、瞿菊农译,商务印书馆1982年版,第26页。
③ 洛克:《政府论》下篇,叶启芳、瞿菊农译,商务印书馆1964年版,第30页。
④ 同上书,第32页。
⑤ 沃尔德伦:《上帝、洛克与平等——洛克政治思想的基督教基础》,郭威、赵雪纲等译,华夏出版社2015年版,第218页。
⑥ 对于这一黄金时代究竟是属于自然状态,还是属于政治社会,不同学者观点不同。拉斯莱特认为是政治社会,阿什克拉夫特认为是自然状态。分歧的根源在于洛克没有说得很清楚。由于在《下篇》第九章中洛克对政治社会起因说得很明晰,因此笔者认为还是把这一状态归结为自然状态较妥。

样说:"一种简单而贫乏的生活方式下的平等既然把他们的欲望局限在各人的少量财产范围内,就很少造成纠纷。"①在没有货币的时代,"只要那里没有既耐久又稀少,同时还很贵重的东西值得积累起来,人们就不见得会扩大他们所占有的土地。"②《下篇》如果没有货币,"圈用这种土地不会合算,我们会看到他只保留一块能够供应他自己和他家属以生活用品的土地,而把多余的部分重新放弃给自然地旷野"。③货币的出现导致了贪婪、守财奴心态。④洛克对此后果的判断是,这种贪婪所引发的人与人之间关系的紧张,会直接导致自然状态中排他性私有财产权的失效:

> 而我敢大胆地肯定说,假使不是由于货币的出现和人们默许同意赋予土地以一种价值,形成了(基于同意)较大的占有和对土地的权利,则这一所有权的法则,即每人能利用多少就可以占有多少,会仍然在世界上有效,而不使任何人感到困难,因为世界上尚有足够的土地供成倍居民的需要。⑤

从这段文字我们可以判断,在洛克的学说中,货币导致的土地兼并会使相当多的人丧失土地,他在《教育漫话》中说,"贪婪,自己拥有并由自己占有超过我们所需之物的欲望是一切邪恶的根源"。⑥货币引入导致的贪婪,一方面会使人的自然权利很不稳定,人与人不断陷入争斗,洛克

---

①　洛克:《政府论》下篇,叶启芳、瞿菊农译,商务印书馆 1964 年版,第 66 页。

②③⑤　同上书,第 31 页。

④　塔利认为,洛克这方面的描写是对当时在英国盛极一时的重商主义的反应,直到 19 世纪中叶英国才放弃重商主义经济国策,这种贪婪在根本上异于资本家的贪婪。

⑥　John Locke. *The Educational Writings*. Ed. James Axtell. Cambridge: Cambridge University Press, 1968, p.213.

在《下篇》第九章中讨论人类离开自然状态迈向政治社会的原因时,给出如下理由:"虽然他在自然状态中享有那种权利,但这种享有是很不稳定的……而大部分人又并不严格遵守公道和正义,他在这种状态中对财产的享有就很不安全、很不稳妥。"①显然,在《下篇》第八章所描绘的人类的黄金时代中,不存在这个问题:这也是为何不把"黄金时代"看作政治社会的原因。只有在货币引入导致人的贪婪心爆发后,才会有这种危险。

另一方面,货币的引入导致自然状态中对自己财产享有排他性权利的自然权利,开始与保全、保存全人类的自然法相冲突,这一点,尽管洛克在《下篇》中并未明确提出,但这一分析理路于他的政治思想是合辙的。在写于 1685 年的《宽容书简》中,洛克表示:

> 人类的堕落指,人不愿辛苦地自力更生,而是选择恶意地祈求能获得他人的劳动果实。保有人能享有经诚实劳动已获之拥有物,并保存其自由及力量(使他们能获取他们接下来所想要的东西),这一必要性责成人们与他人一起进入社会。②

六、自然状态的含义归纳与结论

通过以上论述,笔者认为可以基本明确洛克的自然状态的含义了。洛克笔下的自然状态首先不应该是如施特劳斯、考克斯等人所认为的

---

① 洛克:《政府论》下篇,叶启芳、瞿菊农译,商务印书馆 1964 年版,第 77 页。

② John Locke. *A Letter concerning Toleration*. Latin and English texts, ed. Mario Montuori. The Hague:Martinus Nijhoff, 1963,p.83,转引自 James Tully, *A Discourse on Property:John Locke and his adversaries*, Cambridge:Cambridge University Press, p.151.

那样,是对类似霍布斯理论中的战争状态的隐微描写。因为,上帝对人类的制造者模式意味着洛克理论中自然义务要高于自然权利,而且,洛克理论中的慈善原则和继承原则也阐明了,财产权并不意味这是自然欲望的扩张。

至于那种认为描述自然状态是为了自然法能够通过自然状态得以认识的说法,笔者认为这是不必要的,正如洛克在其早年所著《自然法论文集》中所主张的:自然法的约束力是普遍的、永恒的,人的理性能通过感觉经验获得有关自然法的知识。①在洛克政治学中,自然法的部分不是通过历史经验获得的,自然法在自然状态下能被理性的人认识,在政治社会中也能,那么,要认识自然法,又何必追溯到自然状态去呢?更何况自然状态也不是天使般的状态。

因此,对那些把自然状态看作是虚拟的理想状态,或者是曾存在的理想状态以供政治社会去借鉴的观点,笔者认为可以作如下回应:毋庸置疑的是,自然状态确实挺不错,洛克也称之为"人类的黄金时代",但是,这不能是政治社会参考学习的榜样,因为政治社会的人与自然状态的人已经有相当大的变化,货币的使用,使人变得贪婪,人际利益的冲突加剧,人的心理和行为早已不再像在黄金时代的自然状态中的那样淳朴、友善。正因为自然状态中"每个人都充当自然法的执行者"已彻底无法拯救人的堕落,所以才需要政治社会。已经变得贪婪的人是无法和自然状态中的人等量齐观的,如果再用自然状态中的情况去衡量政治社会,是不合适的。洛克在《下篇》第十九章讨论政府解体时并不主张政府解体后回归自然状态,而是依然处于政治社会这

---

① John Locke, *Essays on the Law of Nature*, Ed. W. von Leyden, Oxford: Clarendon Press, 1954, p.147, p.191.

一点时,就多少可以反映出来。洛克在早年的《自然法论文集》第七篇论文中说:"自然法的约束力从未以任何方式终止过,而是事情本身的性质发生了改变。""仅有人生境况之不同,自然法却处处皆一。"①正如在自然状态下人可以通过劳动、慈善原则、继承获得排他财产权,而在政治社会下却需要法律加以规定那样。其实,正如上段所说,政治社会的唯一准则是自然法,自然法并非特别具体,而是一个大纲,执行它是相当灵活多变的,这属于洛克理论中的"第二政治学",即以审慎的原则来处理,它需要多多借鉴经验,没有必要树立一个自然状态的理想。

那么,洛克的自然状态是什么?笔者认为,自然状态在洛克学说里就是一种历史上曾经存在的状态。它昭示着,人类也曾存在一个不需要公共权力强制也能基本维护永恒的自然法的尊严的时代:尽管其中也会有违反自然法的事情发生,但基本都能通过个人的惩罚得到戒止,就像洛克时代不同君主国的君主之间的关系那样。这个时代没有货币所导致的人类的贪婪心,人们通过劳动获得维持生命之所需,由于没有货币,人对土地的要求仅仅为了满足自己的必要需求,土地对人是并不稀缺的,人际关系不会出现很多冲突,人较为淳朴。所以,在货币出现以前,人际关系的描述可能确实和《下篇》第二章中对自然状态看起来规范气息很浓的描述是相一致的。所以,可以认为,在洛克的理论思路中,自然状态是曾经存在的。货币出现是自然状态的最重要的转折点:随着物物交换的发展,人类通过一种默许的同意使货币得以诞生,货币的不朽性使人能够购买超过自己需要的土地,进而导致人的贪婪,于是

---

① John Locke, *Essays on the Law of Nature*, Ed. W. von Leyden, Oxford: Clarendon Press, 1954, p.201, p.198.

不复有往日的淳朴,进而产生争斗,一部分人失去了维生手段,这也就意味着自然状态失去了往日维护自然法的力量。所以,人们呼唤政治社会的来临,呼唤公共权力来整饬失衡的劳动财产权,进而保护保全人类的财产权,公共权力被用来惩罚日益滋长的争斗与犯罪。所以,洛克政治理论的历史维度也许不应该被忽视,尽管在他的理论中,从表面上看,历史维度的重要性不如在卢梭、马克思那里那样明显,但是,他的理论也不像霍布斯那样是彻底的机械唯物主义的。实际上,在《人类理解论》中,通过上帝和人的制造物模式,洛克判断由于上帝制造人类,人的实在本质并不能为人所知晓,这一点为洛克理论的历史维度奠定了一点可能性的基础。

如果笔者上述说法可信的话,那么还有一个问题:探讨洛克学说中自然状态之意义何在?洛克认为,"第一政治学"必须探讨权力的起源(见本文第四部分),洛克在《下篇》第二章开宗明义谈道:"为了正确地了解政治权力……我们必须考究人类原来自然地处在什么状态。"①笔者认为其原因在于:第一,探讨自然状态对于了解什么时候政治社会是必需的是十分必要的。只要货币没有产生,只要物物交换没有严重到激起严重的争斗和贪婪的程度,政治社会就没有必要。政治社会并非普世必需,诸如在《下篇》第八章中提到的美洲土著居民,就不需要政治社会;第二,探讨自然状态过渡到政府的原因对于探讨政府行事范围是必要的,由于自然状态的劳动财产权已被货币导致的土地兼并所摧毁,政治社会的职责就在于立法整肃已紊乱的自然状态下的财产,保护被法律固定下来的公民私有财产,所以,政府不经人民同意征税是没有正当根据的。探讨自然状态,对探讨政府行为的边界和必要性是必须的。但

---

①   洛克:《政府论》下篇,叶启芳、瞿菊农译,商务印书馆 1964 年版,第 4 页。

这并不意味着政治社会要借鉴自然状态，而是说，自然状态有助于我们了解政府的实在本质——鉴于政治社会、政府是人造的，所以，它的实在本质是可知可晓的。

纯自然状态、可完善性与自然善

——论卢梭的《论不平等的起源》*

克里斯托弗·凯利 著 曾誉铭 译**

到卢梭1754年写《论不平等的起源》的时候，他已经因《论科学与艺术》及戏剧《乡村占卜师》而名扬天下。甚至他的剧本《纳西斯》的失利都提供了额外的出版机会：该剧有一个重要序言的版本。在《忏悔录》中，卢梭称该序言为"我的优秀作品之一"，并且还说，在它里面，"我开始以比我到那时所做的更公开地表达我的原则"。①这个仅仅逐渐显露出来是为其思想奠基的这个原则的激进性的过程是卢梭有意为之的。这个过程的巅峰是《二论》的书写，关于它，卢梭接着说道："我很

  * 本文是Christopher Kelly教授2018年11月26日在中国人民大学哲学院的讲座稿，感谢Kelly教授授权翻译刊发。原题为："The Pure State of Nature, Perfectibility and Natural Goodness：On Rousseau's Discourse on Inequality"。

  ** 克里斯托弗·凯利（Christopher Kelly），美国波士顿学院政治学系教授，英文版卢梭著作全集主编之一。译者：曾誉铭，哲学博士，上海科技大学人文科学研究院研究员。

  ① Rousseau, Jean-Jacques, *The Collected Writings of Rousseau*（5）, R. Masters and C. Kelly eds., Hanover：University Press of New England, 1995, p.326.

快就有了在重要的一本著作中彻底提出它们的机会……我横扫了人类的小错误，我敢赤裸裸剥开他们的本性，遵循已使之变形的时间与事物的进程，并比较作为人的人与自然人，向他们证明自己的不幸与假装的完美的真正根源。"①这样，按照卢梭自己的说法，尤其是与他早期出版物相比，《二论》是非常勇敢而公开的著作。它甚至可以被视为其整个思想体系的核心。

　　然而，尽管《二论》勇敢，令人吃惊的是该著作甚少引起文坛和审查官们的注意。卢梭说道："在整个欧洲，它只找到几个读者，而且他们中无人想要谈论它。"他后来表达了愤怒，即像《社会契约论》这样的书也会被迫害，因为它里面一切勇敢的东西"之前就已存在于《论不平等》中了"。②因此，几乎所有它的早期读者都没注意到《二论》的意义，他们中许多人不可能分享伏尔泰对卢梭的"反人类的新书"的反应，当收到卢梭《二论》副本时，他答复道："当人们读你的书时，他们就想要四足行走。"③这个形象已被帕里索（Palissot）在其戏剧《咒语》（Le Cercle）中搞得流行了，该剧刻画了基于卢梭的一个人物，他一边在吃生菜，一边趴在地上。伏尔泰和帕里索明显错失了第一部分的开端——在那里，卢梭拒绝思考人是否曾四足行走——和后面的注释——在那里，他嘲笑认为他主张回到森林与熊一起生活的那些人。从那时起至今，首次阅读该书的许多读者发现它非常难以置信地表明人类极度反社会，然后认为似乎一种亚人（subhuman）的状况最适合人类。总之，这样的读者会认为《二论》是鲁莽而非勇敢的。

---

　　①　Rousseau, Jean-Jacques, *The Collected Writings of Rousseau*(5), R. Masters and C. Kelly eds., Hanover: University Press of New England, 1995, p.326.

　　②　Ibid., p.342.

　　③　Rousseau, Jean-Jacques, *The Collected Writings of Rousseau*(3), R. Masters and C. Kelly eds., Hanover: University Press of New England, 1990, p.102.

为了使卢梭的观点更清晰并使他的勇敢更明显,听从他的建议即该书完整地提出了他的诸种原则将会大有裨益,它解释了人类在假装的完美中的不幸根源,它史无前例地注意到了"时间与事物"在人性变形中的作用。为了论证(develop)这些观点,有必要对三个相互关联的概念——大量学者已着墨其上——有清楚的认识:自然状态、可完善性与自然善。没人可以否认,这三个概念对《二论》的论证至关重要,但它们彼此如何关联并不一目了然。

纯自然状态

《二论》的完整标题是《论人类不平等的起源与基础》。在给它这个标题时,卢梭遵循了他曾在《一论》采用的惯例,它也是参加第戎学院赞助的一个比赛。在这两本书中,为了适合他自己的目标,卢梭重新提出了该学院设置的问题。在这种情况下,该学院问道,"什么是人类不平等的起源,它是否被自然法认可?"在《二论》的主题中,卢梭的确提到不平等的"源泉"(source),它可能暗示他在自己的标题中变成"起源"(origin)并不重要。尽管这个标题的版本的确暗示了年代学的起源。更重要的是,卢梭的新标题暗地里将自然法的焦点转移到对"基础"的更多开放的讨论上了。

他用在序言中对这个主题的处理来为偏离第戎学院的自然法的兴趣辩护(justify)。①在那里,他坚持认为,可利用的自然法理论——古代的或现代的——没有一个是建立在好的原则基础之上的。这些理论没

---

① Grace, Eve., "Built on Sand: Moral Law in Rousseau's Second Discourse," In E. Grace and C. Kelly, eds., *The Challenge of Rousseau*, Cambridge: Cambridge University Press, 2012, pp.168—169.

能达成任何一致。用它们自己的方式是不连贯的并且——很明显地——只是假定了他们着手要证明的东西。

现代理论特别依赖"社会性"观点，它很含糊，不足以支持作者选择得出的结论。卢梭坚持认为，不是自然法，而是"自然正当法则"可以追溯到"前理性的两个灵魂原则"而不必然导入"社会性"[原则]，第一个原则"使我们热心于我们的福祉与自我保存"，而第二个原则"在我们心中激起看到任何有感觉的生命死亡或受苦的天生反感，主要是那些像我们一样的人"。这些原则简单明了，并且比社会性——模糊的概念更无可辩驳。正是出现在第一部分中的、卢梭对纯自然状态的这种叙述阐述了这些原则。大部分读者发现这些叙述是荒谬的（preposterous）。

没有人会反驳《二论》第一部分尝试不提及社会性来展示人性这个主张。最让卢梭研究者们分裂的问题是，他是否真打算将这些叙述作为人类前史真实存在过的状况来描述。①卢梭说出了自己的任务的困难："在当前人性中区分原初的与人为的并非易事，并且正确地知道不再存在的状态——它也许从未存在过，可能从未存在。关于这点仍有必要正确地判断我们当前的状况并具有精确的概念。"②从这种陈述中可以清楚地看到，自然状态当前并不存在——一个没有人会质疑的结论。但其他两种观点仍令人费解。为何说"它可能将永不存在"以及它"也许从未存在过"？它们中的第一个留下了极小的可能性，即自然状态将来会存在，但第二个问题是它是否的确在过去存在过。

---

①　Chritopher Kelly，"Rousseau's 'Peut-être'：Reflections on the Status of the State of Nature，" *Modern Intellectual History*，2006（3.1），pp.75—83.

②　Rousseau，Jean-Jacques，*The Collected Writings of Rousseau*（3），R. Masters and C. Kelly eds.，Hanover：University Press of New England，1990，p.13.

尽管他们之间存在严重的分歧，几乎所有学者都尝试过解决卢梭这个陈述提出的难题，即自然状态"也许从未存在过"，或者默认地假设或明确地声称卢梭所指的并不是他所说的。无疑被接下来关于自然状态的奇怪描述所震惊的一些学者坚持认为，卢梭真的指的是自然状态事实上从未存在过，并且他的"也许"仅仅混淆了这个问题。他的叙述并不具有任何历史意义，它是阐述两种灵魂原则的假设的建构（hypothetical construct）。根据这种观点，不仅自然状态的确不曾存在过，原则上它永远不会存在，就像物理学假设的无摩擦表面的存在一样。另外，因此当卢梭还说，它"可能将永不存在"，他实际上指，或至少应当曾说过，它肯定永远不会存在。第二群解释者——被卢梭的叙述的极端反伊甸园性所震惊——他明确呼吁注意——坚持认为他真的指自然状态的确存在，但他为避免过多得罪教会权威而谨慎增加了"也许"。第三种解释认为，卢梭指的是，纯自然状态既不是一种事实状态，也不是一种假设的建构，而是一种虚构或神话，意在激起人们对从未存在过的东西的怀念。所有这些解释都能指出文本中的其他证据来支持他们；他们仅仅一致同意的是，有意或无意，卢梭未清晰表达自己。他们试图重写《二论》来使他的立场更似是而非。

然而，也许人们不应这么快地驳斥卢梭的"也许"，它似乎暗示，与第一种和第三种解释相反，自然状态是一种可能状态，并不只是一个抽象概念或一种虚构；与第二种解释相反，它可能真的曾经存在过。这意味着什么？要领会它，重要的是思考"时间与事物的进步"，后来，卢梭在《忏悔录》中叙述《二论》时如此强调这种进步。在《二论》自身中，甚至先于引入"自然状态"这个技术性术语，卢梭提出了这个一般性问题:将人视为"自然构造了他,通过一连串时间和事物,在他的原初构造中一定造成的所有变化。"①他用柏拉图和奥维德早先运用的形象来阐述自己的观点,指的是"时间、海水和风暴已使它如此变形的格劳克斯的雕像"。这个形象强调外在于它自身的自然原因而不是内部的发展过程引起的雕像的变形。海水与风暴代表在时间中作用于人类本性的"事物"。

后来,在向一位批评者为《二论》辩护时,卢梭比较了自己对社会发展的叙述与个体的衰老(当然是内部发展的结果)。他表明了自己的类比的不完美之处,他说道,"整个差异是,老年状态源自人类本性,不像你说的那么直接,但正如我证明过的那样,仅仅在特定的外部环境的帮助下,这些环境可能或可能不发生,或至少或早或迟发生"。②换言之,在时间中发生的变形是偶然的,在它并不是人类本性内在的必然结果这个意义上来说的。至少他本来会被不确定地推迟,不像老年。类似地,在《爱弥儿》中,卢梭说道,教育来自三个要素:自然,人与事物。他用自然指"我们从自己关于影响我们的对象的经验中获得的东西"。③自然与事物之间的区别与《致菲洛普里斯的信》(Letter to Philopolis)中自然与外部环境以及自然与连续的时间与事物之间(引入了格劳克斯形象)的区别是一样的。那么,卢梭在《二论》中强调的是,随着时间的推移,外在于人性的环境因素的关键影响;相当于人类境况发展道路上的时间与事物的连续性。当然,早期思想家如孟德斯鸠甚或亚里士多德也注意过人类与其自然环境互动这个事实,但他们都没有像卢梭那样重视这

---

① Rousseau, Jean-Jacques, *The Collected Writings of Rousseau*(3), R. Masters and C. Kelly eds., Hanover: University Press of New England,1990, p.12.

② Ibid., p.128.

③ Rousseau, Jean-Jacques, *The Collected Writings of Rousseau*(13), R. Masters and C. Kelly eds., Hanover: University Press of New England,2010, p.162.

种互动。的确,他强调,这种互动是人类本性的核心。

只有外在于人性的原因使人类脱离纯自然状态这个事实意味着,这种状态的存在的可能性依赖于那些原因。在那里,人类能力当然在时间中发展了,曾经存在一种外部环境,它从开始就没有改变人类并将其保留在自然状态中吗?卢梭并没有声称知道并且这就是他的"也许从来不存在过"的理由。这样一种状态会持续多久?一方面,正如在《二论》第一部分中描述的那样,它似乎非常持久,因为人类的本性没有什么内在的东西会导致它的改变。这在第一部分的末尾得到了概括。在那里,卢梭说道,自然人潜在的能力"不会自身发展,为了发展,他们需要数种外因的偶然贡献,它们可能从未出现,而没有它们,他就将永远保留在它的原初构造中"。①

这给人留下了永恒的可持续性的印象。但是,它并未回答那些外因实际上何时会出现,或者它们怎样才是可以避免的这个问题。另一方面,正如在第二部分描述的那样,长期来看,自然状态是脆弱的,时间与事物的意外必然导致改变的外部压力。事实上,在第一部分的两段概括之后,卢梭开始第二部分的论证。说"困难很快出现"。②这些困难包括小的事情诸如树木的高度,也包括大事情如地形、气候、季节变化以及灾难性意外如火山爆发及闪电导致的山火。这样,卢梭的立场看似这样:纯自然状态是否存在了不确定的很长时间,或不过瞬间,取决于时间与事物的这些意外。如果它长时间存在,那么仅仅是因为没有第二部分中描述的这种自然灾难出来摧毁它。然而,完全可能的是,外部意外导致的人性破坏从一开始就存在。换言之,当卢梭说,也许纯自然状态

---

① Rousseau, Jean-Jacques, *The Collected Writings of Rousseau*（3）, R. Masters and C. Kelly eds., Hanover: University Press of New England, 1990, p.42.

② Ibid., p.43.

从未存在时，他在非常准确地表达自己的立场。卢梭的最后用词看起来清楚的是，后者更有可能——纯自然状态的确从未存在过——但即使前者是真的，他的自然状态的可持续性和脆弱性的解释仍有效。当考虑它自身时，它是持久的；当考虑与外部事件的关系时，它是脆弱的。

卢梭在《论语言的起源》（开始作为《二论》手稿一部分的一本书）中所说的东西可以说明这一点。在那里，卢梭说，可以想象地球有一个永恒的春天，在那里，人们过着分散的懒散生活。然而，这个假设要求地球的轴线不按（in relation to）绕日的轨道倾斜。这种倾斜意味着，事实上，地球的大部分地区都有季节性的变化而不是永恒的春天。因而卢梭说道："他想让那个人善于交际，就用手指触碰地球的轴线并使它与宇宙的轴线成一个角度。"①总之，人类本性并非社会性的，他们是通过可能不会发生的环境而变成社会性的。地轴的这种倾斜什么时候发生呢？也许，它一直在那儿，但是如果这样，那么就是这种倾斜而不是人性使人变成社会性的了。这就是《论语言的起源》与《二论》一致的原因，即使它没有暗示纯自然状态。卢梭用诸如地震、洪水或火山爆发等事件以及地球的倾斜来提出他关于人类社会化的观点这个事实强调了这种发展的偶然性。然而，正如第二部分开头提到的树木的高度所表明的那样，这些灾难性事件对他的论点毫无必要。他坚持认为"琐碎的事情，只要它们不间断地行动，就有惊人的力量"。②就像他坚持的大规模破坏一样。时间与事物都重要。

的确，《二论》第二部分也提供了同样的视角。在那里，卢梭讨论了

①　Rousseau，Jean-Jacques，*The Collected Writings of Rousseau*（7），R. Masters and C. Kelly eds.，Hanover：University Press of New England，1998，p.310.

②　Rousseau，Jean-Jacques，*The Collected Writings of Rousseau*（3），R. Masters and C. Kelly eds.，Hanover：University Press of New England，1990，p.42.

他所说的"新生社会",这种状态是社会性的,但在技术上仍处于缺乏政府和法律的自然状态——代表了对第一部分所描述的纯自然状态的替代和发展。它不能被描写为纯自然的,因为它是外部环境在其中对人类的生存产生改变作用的一种状态。在这种状态中,各地气候的影响形成了国家。然而,它是这种状态而不是"最幸福最持久时代"的纯自然状态。卢梭总结了他的描述,"人们越思考它,就越发现这种状态是最不受革命影响的,对人来说是最好的,他一定只是因为某种致命的意外才从中出来的,而这种意外对公共事业而言是永远不会发生的"。(Rousseau 1990—2010,3:48)这种状态提供了《二论》卷首插图的主题。重要的是,与其说它属于意外倒不如说它属于自然状态。不像也许从未存在过的纯自然状态,这种状态持续存在于欧洲人正在探索的大部分世界中。

卢梭将新生社会而非纯自然状态称为"世界的真正青年"。这一提法的意义部分地由卢梭对其衰老的叙述所表明。这种衰落是由冶金和农业产生的"革命"导致的,某种"特殊环境"而不只是人类的创造力导致的一种革命。①在第一部分,卢梭将农具与耕作土地的知识的缺乏当作纯自然状态的显著标志。②前面这段话提供了这种印象,先于冶金和农业的发展的任何东西都可以说近乎纯自然状态。

总之,卢梭对纯自然状态的描述回应了自然法家们对模糊而无法证明的社会性学说的依赖。他在对语言起源的困难所做的叙述之后,马上就说出了这一点。他总结道:"从大自然对他们的漠不关心到通过相互的需要把他们结合在一起,再到帮助他们使用语言,人们至少可以看

---

① Rousseau, Jean-Jacques, *The Collected Writings of Rousseau*(3), R. Masters and C. Kelly eds., Hanover: University Press of New England, 1990, p.49.

② Ibid., pp.28—29.

出,这对他们的社会性的准备是多么不足。"①他的观点与其说是否认人类一直生活在或这或那的社会状况下,不如说是坚持认为,随时间变化的环境因素而非人性才是他们曾生活于其中的任何状况的最重要的贡献者。在第二部分,卢梭发现语言的起源并不那么令人费解,他说道,实际上有可能推测"特定原因是如何传播语言并加速其进程的"。②这些特定原因包括洪水、地震及地球的转动。外在于人性的这些重要的环境因素仍是关键的。不管人类开始在无限长的时间里作为孤立个体生活,还是环境因素从开始就使他们生活在前农业的社会群体中,无论哪种情况,人类的本性不太注意将人类结合在一起,这是卢梭的自然状态理论的真正意义。

可完善性

从对卢梭的自然状态的这种解释中,我们可以看到,他描述的自然状态中最令人费解且与众不同的部分之一的意义是:他声称"自我保存的能力"或"可完善性"是区分人类与其他物种的非常具体而不可争议的品质。他说道,正是这种能力"在环境的帮助下,成功地发展了所有其他的[能力]"。③他接着继续推测,"正是这种能力,借助于时间,把他从自己在其中度过平静而天真日子的原始状态中拉出来,正是这种能力使几个世纪以来,他的启蒙与错误、他的恶习和他的美德开始绽放,从长远来看,使他成为自己与自然的暴君"。④这一段话似乎赋予可完善

---

① Rousseau, Jean-Jacques, *The Collected Writings of Rousseau*(3), R. Masters and C. Kelly eds., Hanover: University Press of New England, 1990, p.33.

② Ibid., p.46.

③④ Ibid., p.26.

性巨大的力量。这似乎也使人们质疑上述对自然状态的描述,即依靠人性的能力来解释社会生活的发展。然而,重要的是要记住,卢梭说可完善性"在环境的帮助下"做了这些。在接下来的一段中,他说得更严格了,人类灵魂将受限于他与所有动物共有的东西,"直到新环境在它里面导致新的发展"。①在这第二个陈述中,是环境而不是可完善性才是关键的,这似乎暗示,可完善性只不过是易受环境影响,在这个意义上它是被动的,当且仅当它受自己回应的外部因素的影响时,它才变得主动。人们并不必须成为一个卢梭式的人才关注环境问题,但不能否定的是,卢梭的可完善性学说将与环境的互动放在理解人性的中心。

正如自然状态稳定而恒久——除非环境迫使人离开它,可完善性是静止的,除非环境迫使它变得主动。远非自然状态描述中的偶然或异常元素,可完善性是卢梭描述中的必要部分。实际上,它就是这种描述的意义。人类特有的是一种独特的受环境影响或对环境作出反应的能力,它本身对人性来说是偶然的。对其他物种来说,外部障碍可能要么被直接克服要么他们不可克服,在后一种情况下物种灭亡了。对人类来说,外部阻碍能激发可完善性,从而改变人类,他反过来改变环境,它结果又改变人类。正如卢梭所说,长期来看,可完善性使他们成为自己和自然的暴君。应该强调的是,这意味着可完善性本身并非这个暴君的自然动力。如果它是的话,那么将它放在其稳定性只会被意外破坏的自然状态的叙述中就没有什么意义。相反,可完善性是回应环境的能力。再一次,也许原初环境是从可完善性那里一无所获的那种永恒的春天,更可能的是它并不是。这就是卢梭比较人类与其他物种时,他强调它们的适

---

① Rousseau, Jean-Jacques, *The Collected Writings of Rousseau*(3), R. Masters and C. Kelly eds., Hanover: University Press of New England, 1990, p.27.

应性或顺应性的原因。但是当他比较自然人与社会人时，他看到的却是他们本性的稳定性。

卢梭的下一段解释了可完善性如何作用的重要内容。他坚持认为，激情和知性（understanding）相互依存，没有欲望或恐惧推动知性，就没人会推理。欲望、恐惧和其他激情原初地依赖十分有限的需要，但推理能不确定地扩展这些激情，因为它赋予两者满足欲望的能力和能被欲求的新愿景。因此，我们所观察到的周围的膨胀的激情和发达的理性并不是人类本性的组成部分。这些事物来自外部环境，或者支持或者阻碍我们最基本的欲望的方式。一旦开始，这种加速的进程就几乎没有限度。正如卢梭在伴随着这一段的注释中所说的，"它首先是提供必需品的问题，然后是多余的，接着快乐来了，然后是巨大的财富，然后是臣民，然后是奴隶"。①可完善性是对外部导致的对欲望和满足欲望的能力之间的和谐的破坏的反应。尽管原则上它能恢复这种和谐，这种反应的特点是，随着知识的每一次进步，形成的一套新的欲望，从而增加了破坏。

在第一部分结尾，卢梭总结了他论证这个观点的实质。他说道，他已经证明"人在潜能中接受的可完善性、社会德性及其他能力从来都不能自己发展，为了发展，它们需要可能从未出现的几个原因的偶然结合"。②原因的偶然结合何时开始运作的问题与卢梭的论证无关。像雅克·德里达一样，说卢梭的叙述表明可完善性及其后果一定已经在纯自然状态中活跃起来了的那些人并不是在论述卢梭叙述中的矛盾甚或问题。③相反，他们提出的证明显示了他所说的东西的意义与连贯性。

---

① Rousseau, Jean-Jacques, *The Collected Writings of Rousseau*（3），R. Masters and C. Kelly eds., Hanover：University Press of New England，1990，p.75.

② Ibid., p.42.

③ Derrida, Jacques, *Of Grammatology*，Baltimore：John Hopkins University Press，1976.

自然善

对自然状态与可完善性之间的内在联系的思考导致了卢梭在勾勒的这种立场的另一个后果。恰好是在他讨论可完善性的语境中,卢梭插入了一个注释,宣称他已经论证了人类的自然善,一个出人意外的宣称,因为他甚至都一点也未提及这个原则——他后来宣称对他的思想如此重要。实际上,除了这个注释之外,《二论》第一部分并没有提及这个原则。在整个文本中(与注释相反),其他唯一的明显提及是在包含这个注释的段落之后的十几页出现。①这里有问题(in question)的注释是这一段的注释,其中可完善性被引介为独特的人类品质,更具体地,是将可完善性指为德性与恶习的源泉这一句话的注释。这个注释依附于卢梭的主张即人类最终成为自己与自然的暴君。这个注释不仅包含了卢梭关于自然之善最初的清晰陈述,它也是他提供的这个原则的最生动的陈述之一。从这个注释可以看出,卢梭将自然之善视为可完善性思想的必然结果。我们仍需要领会何谓自然之善以及它如何关联可完善性学说。

卢梭的主张即他论证的人类自然善出现在这个注释的第二段中。通过揭示他不赞同的这种观点:如果人们比较"人类生活的善恶,人们就会发现,考虑到一切事情,生活对人来说是一份相当可怜的礼物"。②他为这种主张做准备。卢梭没有反驳作为这种观点基础的这个观察。他不仅承认而且坚持认为,"人是邪恶的,悲惨的,不断的经验不

---

① Rousseau, Jean-Jacques, *The Collected Writings of Rousseau*(3), R. Masters and C. Kelly eds., Hanover: University Press of New England, 1990, p.48.

② Ibid., p.74.

需要证据"。不是反驳,甚至不是反对他的观点,这个观察是导致断言自然善的这种分析的不可或缺的起点。问题是这种邪恶与不幸的根源可能会是什么。卢梭并不认为,我们生活于其中的不可否定的邪恶与不幸内在于人类本性。他坚持认为,如果人们寻找它们的根源,他们就会发现,"除了他自己给他自己的,几乎没有什么邪恶"。实际上,这就是他宣称在可完善性与自然状态的叙述中已经证明的东西。尽管在这儿,他把他一直坚持的东西归因于我们自己,是我们与外部环境因素互动的结果。换言之,意外。正如我们所见,可以用主动或被动的方式来表达可完善性,根据语境中的修辞要求,卢梭交替于这两者之间。无论如何,自然善学说是可完善性学说的必然结果,正如可完善性是卢梭叙述的自然状态的必然补充一样。

通过比较它与他或明确或默示地拒绝的立场,人们可以看到卢梭学说的意义。社会人的两种特征是不幸与邪恶。通过主张这些中的第一个并非自然的,卢梭在攻击大部分现代早期思想家,他们坚持认为不满(dissatisfaction)或者不安(uneasiness)构成了所有人类经验的基础:思想家包括霍布斯和洛克,但拓展到莫佩尔蒂(Maupertuis)、伏尔泰和达朗贝尔。通过主张第二个不是自然的,卢梭也在否定原罪是人性的本质部分。正如他在《致博蒙信》中所说的:"除了它自己的原则,原罪解释一切。而正是这种原则必须需要解释。"①他的自然善的叙述及它对外部力量的脆弱性解释了这个原则。"可完善性"是原罪的替代品。不是人性而是人类与他们的环境在时间中的互动导致了邪恶与不幸。

需要解释可完善性与自然善的另一方面的关系,即它与德性的关

---

① Rousseau, Jean-Jacques, *The Collected Writings of Rousseau* (9), R. Masters and C. Kelly eds., Hanover: University Press of New England, 2001, p.31.

系。正如我们所见,卢梭说,可完善性是德性与启蒙以及恶习与错误的根源。这意味着自然善不包含德性,除非人们称德性是为保存做出贡献的品质。在文本中,在他单单提及自然善时,通过区分他所称的"自然善的准则"①与正义及德性,卢梭说清了善与德性之间缺乏的联系。这个准则有两部分。第一,"做于己有利的事情"简单表达了我们对善好的热切兴趣。灵魂的第一原则。第二,"尽可能少地伤害他人"只是我们厌恶看到任何有感觉的生命死亡或受苦的结果。第二原则。这并不意味着人类不会天然地彼此竞争或伤害,它只意味着这种竞争或伤害对他们追求善好来说是偶然的。我们天性没有任何反思地遵循这种准则。在关于自然善的注释中,卢梭说,社会关系引发不同的准则,"每个人都在损人利己"。②结果,自然善是我们自己的善好与很少伤害他人的意愿之间的和谐。这暗示着,对我们来说,满足我们的善好的欲望是可能的。说自然善是自然的,就意味着它并非我们的本性,而是外部的意外破坏了这种和谐。要么阻挠我们的欲望,要么把它们与他人的欲望对立起来。当意外破坏它时,可完善性是努力恢复这种平衡的名字——通常但不总是使这种破坏甚至更糟的努力。

更成功的方法之一——在其中可完善性可以在不伤害他人的情况下恢复对善好的欲望与满足它的能力之间的平衡——是通过控制这些欲望的道德德性的发展。当然,这只是相对成功的,因为德性并不保证幸福。最后,善比德性更可取。然而,值得注意的是,可完善性如何导向德性。当他在第一部分提出这个主题时,卢梭没有解释一些东西,在那里,他只是说,可完善性不仅使错误与恶习而且使启蒙与德性开花结

---

① Rousseau, Jean-Jacques, *The Collected Writings of Rousseau*(3), R. Masters and C. Kelly eds., Hanover: University Press of New England, 1990, p.38.

② Ibid., p.74.

果。他回到第二部分的主题，不是提供第一部分缺失的叙述，而是说他会在此提供这种叙述："如果这是详细讨论的地方。"在此，他重新断言，社会性生存迫使人们"在他们之间作比较，并且考虑在他们不断彼此利用中他们发现的差异"。①这种比较导致"对名声的普遍欲望"，一种"被谈及的热情"，简言之，就是自尊心的发展，一种在比较中有其根源的人为的情感。在这个语境中，卢梭说，正是可完善性的这个产物而不是直接的可完善性自身——"我们欠人类最好的和最坏的东西，我们的德性，我们的邪恶，我们的科学和我们的错误，我们征服者和我们的哲学家——也就是说，与少数好事相比，坏事更多"。这个名单反思并建立了先前的：邪恶与错误对抗德性与科学（"科学"现在代替了"启蒙"）。这是卢梭的典型做法。他在名单上增加了——征服者与哲学家——以一种令人难以确定的顺序呈现出来的，这两者是否属于人类中最好的那一类。正如他所说，对这些问题的完整处理"将是一本巨著的主题"。在此，我们可以说的是，自尊心（amour-propre）提供了邪恶与德性的基本机制。

结　论

我们可以总结自然状态、可完善性与自然善之间的联系了。卢梭的纯自然状态学说不过戏剧性地刻画了可完善性学说。通过展示在仅仅被外在于人性的"意外"破坏的情况下生活的极端非社会性的人类，卢梭不是在主张，要么这种情况曾经存在过，要么它不存在。正如他所

---

① Rousseau，Jean-Jacques，*The Collected Writings of Rousseau*（3），R. Masters and C. Kelly eds.，Hanover：University Press of New England，1990，p.63.

说，也许它从未存在过。他的描绘证明了人类本性与这些外部意外的互动的重要性。这种复杂的互动仅仅因为人类独特的可完善性能力而存在，一种需要意外才能被激发的能力，但一旦被激发就会拥有超能力。可完善性是德性与邪恶的最终根源意味着，人类在这个意义上天然是善的，即在没有意外时，他们能在不伤害他人的前提下实现他们对善好的热切兴趣。总之，可完善性理论是描绘自然状态的基础和自然善学说的根据。我们不能从卢梭叙述的这些要素［指的是纯自然状态、可完善性、自然善这三个要素］中挑选，它们之间的联系非常紧密。只有正确注意卢梭关于自然状态的精确语言，包括他对"也许"这个词的使用，我们才能看出这一点。

经 典 与 诠 释

柏克的保守主义

——《法国大革命反思录》导读 *

J. G. A. 波考克　著　冯　丹　译　冯克利　校 **

一

埃德蒙·柏克的《法国大革命反思录》，成稿并发表于 1789 年至 1790 年，如今已成为英国保守主义的一部经典作品，这是它在将近两百年后的今天依然广为流传的原因。不过，一旦这样描述它，就得逐字给出合理解释。比如，我们这里说的"保守主义"，并不是当代美国人说的那种意思：那是一种融合了美利坚爱国主义情结、福音派新教信仰和自由市场精神的混合物。柏克的"保守主义"是一种哲学保守

*　本文为著名思想史家 J. G. A. 波考克为《法国大革命反思录》(埃德蒙·柏克著，1987 年波考克编订版，Hackett Publishing Company 出版)所写的导读("Introduction")，标题为译者所加。——译者注

**　J. G. A. 波考克(J. G. A. Pocock，1924—)，当代著名历史学家和思想史家，约翰·霍普金斯大学荣休教授；冯丹，爱丁堡大学哲学博士；冯克利，山东大学政治学教授。

主义（philosophical conservatism），当我们更细致地研究柏克的文本，我们会发现，他的保守主义从根本上认为，参与政治生活的人类总是立足于某种历史语境之中，他们并无什么绝对的自由可以使其摆脱这种语境并按照自己的意志重建人类社会，谨记这一点在道德上和实践上都至关重要。《反思录》之所以是一篇反革命檄文，正在于它将革命者定义为那些宣称人类拥有这种自由的人，并因此讨伐他们。但我们切不可忘记，当时的革命理由可能比这更为复杂，或者说比柏克认识的更为复杂。革命者可以声称他们摆脱了历史的束缚，但也可以声称正是历史逼迫他们闹革命的。

其次，说《反思录》是英国保守主义的一部"经典作品"——尽管柏克本人不是英格兰人——是要提醒我们，它脱胎于英国政治实践和政治议论的语境中，这种语境塑造了它，而它也继续塑造着那种语境。此外，这还意味着，它的保守主义有一种独特的英伦风格。此书被撰写出来，是为了捍卫英国式的政治制度——由 18 世纪辉格党的君主政治和贵族政治来统治不列颠和爱尔兰，它的"保守主义"观点，立足于这种制度在做自我防护时曾使用过的观点。我们应分析《反思录》的文本，以找出这些观点是什么，柏克是如何使用它们的，同时我们还要追问，他是以何种方式（如果存在的话）引用了这些观点或改变了它们。弄清这些问题对我们回答以下问题尤为重要，即，为何在 18 世纪辉格党秩序已成往事之后，《反思录》还一直被阅读着，要么被 19 世纪和 20 世纪的英国读者阅读，要么被那些脑子里从未有过任何具体"英国"经验的人阅读，这种阅读结出了怎样的果实？问这些问题，可能会影响我们将《反思录》理解成"哲学保守主义"，因为保守主义观点与革命观点之间的"哲学"之争，可发生于诸多历史语境之中，对历史的保守主义诉求必须在不同语境下做出相应改变。①

———————————

① 或许这是人们无法写出一部"保守主义"通史的原因；太多的人为了太多的理由想要"保守"太多的东西。

第三,说《反思录》"已成为一部经典作品",是指其问世之后所发生的事:亦即,它已获得一定地位和权威。①这也许要归功于该文本本身的修辞水平和思想力量,但这也要归功于人们对这个文本曾做出的阅读和回应行为,这种行为完全不同于柏克本人在撰写该文本时的行为。因此,我们至少可写出两部关于《反思录》的历史。一部是柏克撰写这部著作时"在干什么"②的历史:他想要干什么的历史,以及他是如何做到的历史。看起来柏克并未"想要"写出"一部经典作品",因此,他是否想要像人们将其读成经典的方式那样被世人阅读,还不好说。如此一来,我们可写的第二部历史,是他如何被阅读的历史。与告诉我们柏克当时在干什么的《反思录》的文本不同,他的读者们在干什么的历史使我们进入一种多重面向中,我们要面对众多其他文本,还要搜集未出现在文本中的信息。相比于读者、被接受和被阐释的历史,我们更容易进入著作者的历史。我们通常能做的,不过是找出我们自身对一部作品(如《反思录》)的常规理解,并以此为基础结合作者的意图和成就来深化我们的认识。

二

埃德蒙·柏克(1729—1797)③生下来就是爱尔兰新教徒,但他既不

---

① 关于经典如何形成,见 Conal J. Condren, *The status and Appraisal of Classical Texts* (Princeton University Press,1985)。

② 该短语引自昆廷·斯金纳, *The Foundations of Modern Political Thought*(Cambridge University Press,1978),Vol.I,p.xi。

③ 目前最好的柏克传记是 Philip Magnus 爵士的 *Edmund Burke:A Life*(London, J. Murray,1939)和 Carl B. Cone 的 *Burke and the Nature of Politics:Vol.1. The Age of the American Revolution*(Lexington:University Kentucky Press,1957);Vol.II, *The Age of the French Revolution*(ibidem,1964)。由于对柏克的历史认识在不断变化,我在此提供一份新的小传,应该对读者有所裨益。柏克的书信集已由 Thomas W. Copeland(主编)出版,见 *The Correspondence of Edmund Burke*(Cambridge University Press,University of Chicago Press,共 10 卷,1958—1979);Paul Langford(主编)正在整理出版其著作全集,见 *Writings and Speeches of Edmund Burke*(Oxford,1981— ;拟出 12 卷。)。

属于北方的苏格兰—爱尔兰长老会教派,亦不属于被称作"新教主权派"
(the Ascendancy)的盎格鲁—爱尔兰新教有产阶层。他的姓氏暗示了其
"老英吉利"或"诺曼—爱尔兰"出身,其夫人简·纽金(Jane Nugent)的
姓氏也是如此,两个家族可能刚从天主教改宗不久。①同样值得注意的
是,他曾力主清除"新教主权派"强加给爱尔兰天主教的一些限制,或许
这是他常被某些政治漫画家描绘成耶稣会会士(Jesuit)的原因。然而,
他是爱尔兰圣公会的受洗成员,也是英格兰圣公会的热情捍卫者;他曾
就读于都柏林圣三一学院这个新教大本营,后来求学于伦敦著名的法
律学校——律师会馆(Inns of Court)。他并未成为法律人,其志向是在
英格兰成为一名文人和政客,他当时住在白金汉郡的比肯斯菲尔德,并
在此去世。理解柏克的人生履历十分重要,因为其人生不同于霍布斯、
洛克、艾迪逊或斯威夫特这些之前的伟大英国"政治文人"(political men
of letters)的。作为一个靠思想和文学才华为生的人,柏克(跟他们一
样)不得不寻求一些特立独行的政治大贵族的庇护,充当他们的笔杆
子、顾问和代理人(或"经纪人");不过,当时靠撰写新闻稿和文章谋生,
已能获得独立的经济收入,而且这正在成为社会常态。柏克多年担任
《年鉴》(Annual Register)的主编,这是当时数一数二的政治评论刊物。
他还是塞缪尔·约翰逊博士的文学俱乐部(Club of Literary)的成员。他
完全有理由认为自己不是雇佣文人(hired hack)。他在政界的人脉使其
得以在下院获得一席之地,那几年他一直代表布里斯托市,该市是一个
有独立选区资格的大城市;他清楚如何不只是做议会赞助人的传声筒,

---

① 对柏克的爱尔兰身份最具启发性的研究,见 Conor Cruise O'Brien 为"企鹅经典书
系"(Penguin Classic)编订的 *Reflections on the Revolution in France*(Harmondsworth,1968);另
见 T. H. D. Mahoney, *Edmund Burke and Ireland*(London,1960)。

虽然在失去布里斯托的议员席位后,他曾代表过一个"口袋选区"(pocket borough)。①在下院,他是著名的演说家,尽管不是人人都喜欢他——他的长篇大论和爱尔兰口音时常令人厌倦,他一度官居高位[财政部主计长(paymaster-general)],并因此获封"埃德蒙·柏克阁下"(the Right Honourable Edmund Burke)的荣誉称号(那些不待见他的人或许会略带讥讽的口吻称呼之)。

在诸多方面,柏克都证明了一个青年才俊凭借才智在贵族文化圈博取功名殊非易事。他尤其表现出对当时辉格党贵族(他们因为意识形态或私人恩怨已经分化)深刻的矛盾心理。其政治生涯在实践上和情感上的中心时期,也即美洲革命危机的那几年,是在与罗金汉姆侯爵②的交往中度过的;但罗金汉姆在 1782 年先于他去世,到 1789 年,柏克的政治生涯与查尔斯·詹姆斯·福克斯③有关,后者是威廉·皮特首相④的政敌。福克斯极具魅力,柏克对他的好感是高度情绪化的;但福克斯私生活声名狼藉,他不可能得到作风简朴的罗金汉姆的敬重。由于在法国大革命问题上的分歧,柏克和福克斯在下院以令人惋惜的情景决裂了。福克斯家族是新晋贵族,柏克极其崇拜辉格党贵族,因此,他会毫不留情地抨击那些因生活不检点或个人野心而背叛其阶层的贵族成员。他正是这样攻击了谢尔本伯爵,此后才与福克斯,继而是贝德福德公爵断交。在后一种情况下,可以很有趣地发现,柏克的攻击是如何变得像是

---

① Pocket borough,俗称为口袋选区,即由某个权势人物或家族控制的小选区。——译者注

② Ross J. S. Hoffman, *The Marquis*: *A Study of Lord Rockingham*, *1730—1782*(New York, 1973).

③ Ian Christie, *Wars and Revolution*: *Britain*, *1760—1815*(Cambridge, MA, 1982); John W. Derry, *Charles James Fox*(New York, St. Martin's Press, 1972).

④ John Ehrman, *The Younger Pitt*: *The Years of Acclaim*(London, 1969); *The Younger Pitt*: *The Reluctant Minister*(London, 1983).

在攻击辉格党贵族权力和财富的历史基础。①因此,或许可以说——这可从《反思录》中读出来——柏克对于他所效力和捍卫的贵族文化有一种矛盾心理,而且我们可从中读出柏克自身人格的脆弱性以及英国贵族阶层政治地位和历史地位的脆弱性。可以料到,这已经被解读为他在"贵族"和"资产阶级"之间的两难处境②,但,在贸然使用"资产阶级"这个说法之前,我们应先提醒自己,柏克既不属于一个企业家性质的资本家阶层,也不害怕这个阶层。从 1789 年到八年后去世这段时期,柏克提出的反革命理论,强调的不是财富持有者的独立权力,而是有思想天赋之人不受控制的能量。他担忧的是革命知识分子的崛起,而他本人也很容易被归入这种人。

三

柏克服务和捍卫的那个不列颠政权,其根基立足于 1688—1689 年革命(至今仍被美国人称作"光荣革命")和相对次要的 1714 年继位的汉诺威家族。《法国大革命反思录》,尽管标题如此,很大程度上是在延续英格兰人长达一个世纪的关于"光荣革命"真实意义的争论③,这一定让当时的法国读者感到困惑;仅在讨论完这部分以后,柏克才开始讨论

---

① *A Letter to a Noble Lord*,在 the *Works of the Right Honorable Edmund Burke*(London:C. and J. Rivington, 1826),Vol.VIII, pp.1—76,此后引作"*Works*"。"Rivington"版本是柏克著作的标准版本,如今正在被取代。

② Isaac F. Kramnick, *The Rage of Edmund Burke: The Conscience of an Ambivalent Conservative*(New York, Basic Books, 1979).

③ 关于该争论的第一阶段,见 J. P. Kenyon, *Revolution Principles: the Politics of Party, 1688—1720*, Cambridge University Press, 1977。

法国人当时对自己所干的事。可能会令一个现代读者感到困惑的是,对于英国辉格党政权的争论只在有限意义上依赖于有关 1642—1660 年英国内战和共和国——也即我们说的"清教徒革命"——的争论。对 18 世纪的英格兰人而言,这场内战既非一场带来稳定安宁的事件,亦非一个进步主义事件;人们只有在 19 世纪"辉格式的历史解释"取得胜利后才这么看,而这种解释如今再一次受到抨击。[1]他们认为,1642 年内战是一场灾难,尽管对于国王或其反对者谁应该对革命承担更多责任这个问题,可以继续争论;1649 年处决国王以及临时废除议会君主制是灾难,更是由"大恶人"奥利弗·克伦威尔[2]和没教养的牧师诸如休·皮特(Hugh Peter)[3]所犯下的罪行,这种罪行常被笼统地归咎于狂热的清教徒和军队。然而,1688—1689 年却是另外一回事。那时没有内战,没有政府解体,也没有平民宗教狂热统治的插曲,而这三种历史记忆曾给英格兰统治阶层留下过最深刻的心灵创伤。为什么光荣革命应该继续被热烈争论,原因有很多,其一是一种决心:不可让这三种灾难性事件重演。

这带来的一个重要结果是,英格兰和苏格兰的政治思想是高度反革命的。不列颠的政治文化里产生过革命理论,却从未付诸实践。1642 年和 1649 年发生的是政府解散以及法律和政府架构的瓦解。到那时为止,有关 1640—1660 年的绝大多数政治讨论都立足于一个观点:这是一个民族所能遭受的最严重灾难,必须承认它仅仅是为了应对

---

① 将"辉格式"解释与"修正主义"解释相比较的最新尝试,见 Derek Hirst, *Authority and Conflict*:*England*,*1603—58*, London and Cambridge, Mass., 1986。

② 见下文(本译文注释中所有"下文",均指波考克编订的《法国大革命反思录》正文,为方便读者查证引用,按原文范式保留。——译者注),p.42。

③ 见下文,pp.10, 57—58。柏克称他为"Peters",但更正确的拼写应该是"Peter"。另见 n.iii.到 p.10。

重建政府这一当务之急。①反革命的柏克是站在英国政治思想的主流中写作的,这条主流势不可挡,有时甚至汹涌澎湃。加大我们对这一事实的理解难度的是,柏克之前的一些最伟大的(也许不是最有成效的)英国理论家,是逆着这条主流而上的,而且获得了崇高声誉。约翰·洛克的《政府论》(上下篇)②成书于 1688 年之前,旨在倡导一种政府分权理论,以及"诉之于天"(appeal to heaven)的做法,即诉诸内战。如果作者不隐藏手稿并逃匿他乡,此书可能已害他丢了性命。当他在 1689 年(匿名)出版此书时,"诉之于天"的口号已在奥兰治的威廉登陆英格兰时提出来了,而且奇迹般地没有引起内战;但洛克依然出版这本书,似乎为了倡导解散政府,也即,威斯敏斯特的上下两院应该成为一个有重建宪政之自由的选民的议会,而非一个受宪政传统规则约束的议会组织。

　　但光荣革命——之所以"光荣",因为它不是内战,至少在英格兰是如此③——被宣称根本没有革命,至少没有本来意义上的革命。只要对洛克或那些与他有类似想法的人有所研究,就不得不承认,大不列颠王国没有任何一个地方出现政府解体或权力回归于民的现象(即使在爱

---

　　①　关于"王位空缺期"的政治思想,见 Perez Zagorin, *A history of Political Thought in the English Revolution*(London, 1954); John M. Wallace, *Destiny His Choice: the Loyalism of Andrew Marvell*(Cambridge University Press, 1968); J. G. A. Pocock, ed., *The Political Works of James Harrington*(Cambridge Unvi. Press. 1977), introduction, pp.15—42; Margaret A. Judson, *From Tradition to Political Reality: a Study of the Ideas Set Forth in Support of Commonwealth Government in England*(Hamden, Conn., 1980)。

　　②　C. B. Macpherson, ed., *Second Treatise of Government*(Hackett, 1980); Peter Laslett, ed. *Two Treatise of Government by John Locke*(Cambridge University Press, 1960); John Dunn, *The Political Thought of John Locke*(Cambridge University Press, 1969); Julian H. Franklin, *John Locke and the Theory of Sovereignty*(Cambridge University Press, 1978); Richard Ashcraft, *Revolutionary Politics and John Locke's Treatise of Government*(Princeton University Press, 1986).

　　③　苏格兰有过一次短暂内战,爱尔兰有过一次较大的内战——终结了英格兰的征服。

尔兰,人民也从未拥有过这种权力)。一种坚定的看法是,英国在终止
詹姆斯二世的君权并将王位交给威廉和玛丽时,并未让人民退回到自
然状态任其自由地推翻旧政权或建立新政权,相反,整个国家当时一直
听命于政府领导,信守古代宪政之道:①即信奉由国王、上院和下院、普
通法及其法官构成的制度,这一制度可追溯到从《大宪章》到诺曼征服
及更遥远的年代。一切都是由先例和权威而非不受约束的心灵白板完
成的。对人民而言,重新选择一个君主或政府,比被迫维持和保守既有
宪政秩序更加困难。如果说是(就像有些人声称的)"绝对必要性"②让
他们必须废黜一位君主另立新君,那么,它也要他们必须保存这些君主
所赖以统治的法律(和教会,这在后来更多见)。

因此,辉格党统治阶层的政治学有着深刻的反洛克性质,尽管洛克
那种更加激进的思想势头从未消失过。③不同的作家,如苏格兰的大
卫·休谟④和英格兰的威廉·布莱克斯通爵士⑤,都曾明确讲过,洛克
的《政府论》(下篇)对 1688—1689 年发生之事的解释是不可接受的,而
柏克在《反思录》中对法国大革命的解读是正统观点,并不反动。更加
值得注意的是,柏克从未觉得有必要提到洛克。同样,历史学家麦考莱
(在柏克写作《反思录》近六十年后,写出了 19 世纪有关光荣革命的最

①　Howard A. Nenner, *By Color of Law*: *Legal Culture and Constitutional Political in England*, *1660—1689*(University of Chicago Press, 1977); J. G. A. Pocock, *The Ancient Constitution and the Feudal Law*(Cambridge University Press, 1957); second rev. ed., (1987); *Virtue*, *Commerce and History*(Cambridge University Press, 1985), pp.223—230.

②　Keith Feiling, *A History of the Tory Party*, *1640—1714*(Oxford, 1924), p.285.

③　Richard Ashcraft and Maurice M. Goldsimith, "Locke, Revolution Principles, and the Formation of Whig Ideology", *Historical Journal*, XXVI, 4(1983), pp.773—800.

④　David Hume, *Essays moral*, *Political and Literary*, ed. Eugene F. Miller(Indianapolis, 1985), pp.472—473, pp.486—487.

⑤　Sir William Blackstone, *Commentaries on the Laws of England*(Oxford, 1775), I. pp.161—162.

伟大的辉格党史学著作)也未提及洛克的《政府论》。①矛盾的是,洛克得以保留声名,与这两人的沉默并非无关。作为一个宗教和哲学作家,洛克在 18 世纪思想史中赫赫有名,广受推崇。世人皆知《政府论》是"伟大的洛克先生"的杰作,这一现象可能无形之中向那些想要认可它的人消解了它的激进性质。

然而,总有一些人想争辩说,詹姆斯二世被废黜、威廉三世被拥立王位,是英格兰人民的选择,他们登上君主宝座的诸种条件是由英格兰人民定的。柏克在《反思录》中驳斥的正是这种言论,一个重要理由是,光荣革命是在古代宪制的框架下完成的(这种观点早在 1689 年就有)。不过,要理解 1789—1790 年发生了什么,我们就要理解,革命协会的人为何会以解读一个世纪前英国革命的激进方式来解读早期的法国大革命。首先,乔治三世在其统治时期(1760—1820)前三十年的所作所为,已使其与一些颇具势力的辉格党政治团体(包括柏克所归属的罗金汉姆派和福克斯派)严重不和。他们有些人试图拐弯抹角地警告乔治三世,他的王位得益于光荣革命和汉诺威王室的继统,并以詹姆斯二世(或者查理一世,如果他们想再狠一点)的下场威胁他(尽管只是口头说说,而没真这么干)。重要的是,罗金汉姆、福克斯和柏克从没说过这种话,他们指责过国王滥用权力、统治手段不当,但他们适可而止,从未暗示过他可能被人民剥夺王权。我们还应该记住,《法国大革命反思录》是由一个不成功的反对派政治家写的,作者不是国王的朋友,他不信任乔治三世,乔治三世也不信任他。但早在柏克去世之前,有些人就试图

---

① Lord Macaulay, *A History of England from the Accession of James II* (first published 1848),尤其是第六章。Ashcraft(n.16, pp.370—372)认为,一直有人想要维护"洛克在政治上清白的传言"。

将 18 世纪晚期的那些危机说成是 17 世纪危机的重演,这在 1789 年变得非同小可。

四

在十三年前,英国曾爆发过一场美洲革命,对其做一种洛克式解读当然是可能的。①《独立宣言》控诉乔治三世的领导,宣称他在美洲殖民地的权力已归还于民,其统治由此被解除。然而,须记住,《独立宣言》的作用不只是让一个群体与其政府分离,而是让一个群体(美洲人)与另一个群体(不列颠人)分离,还导致十三个"殖民地"宣布成为独立自主的"州",与"大不列颠王国"分道扬镳。美国革命的另一个主张是,"州"——即政府由人民组成并对他们行使权力——从英属美洲殖民地建立之时就已经存在了。因此,权力回到了这些州,也就回到了其人民手中,尽管后者发现自己拥有革新旧政府或旧制度的洛克式自由,但他们并不一定发现自己处在所有政府都已被解散的自然状态中。1776 年的记忆对 1789 年的柏克及其读者有多大影响,这是一个好问不好答的问题。

柏克曾在议会中担任纽约殖民地的代理人,在美洲危机期间,他曾多次在议会演说和政治行动中抨击诺斯勋爵内阁,认为是他们的诸种政治举措逼迫殖民地造反,这让许多读者以为他同情美洲革命,也让他

---

① 至于另一种解读,见 Bernard Bailyn, *The Ideological Origins of the American Revolution*(Belknap Press of Harvard University Press, 1967); J. G. A. Pocock, *The Machiavellian Moment*(Princeton University Press, 1975), Ch.15; Garry Wills, *Inventing America: Jefferson's Declaration of Independence*(Garden City, Doubleday, 1978)。对洛克实际作用的最好短评是 Ronald Hamowy, "Declaration of Independence", 收录于 Jack P. Greene 主编的 *Encyclopedia of American Political History*(New York, 1984), Vol.1, pp.455—465。

们搞不懂他是如何区别美洲革命和法国大革命的，而后者是他彻底反对的。①有一种回答——由柏克的德国信徒弗里德里希·根茨（Friedrich Gentz）在 1800 年提出②——是，在他美洲革命是为了捍卫一个公民社会的既有权利，并未妄图革命性地重建整个社会秩序。但在 1776 年前，柏克有关美洲危机的绝大多数言论，无论在其思想的结构与成长中有何意义，都是为了促进罗金汉姆的利益，和以和解的方式让各殖民地保留在帝国内。他对《独立宣言》未做任何评论，对《美国宪法》的形成过程亦只字未发。他对美洲的革命经验有何感想，我们无从得知。所以，他是如何将它与法国大革命区分开的，也许只能靠猜测。我们完全可以对美洲革命构建一种"柏克式"解读，但柏克本人是否有过这种构建却是另外一回事。

或许，对美洲革命最值得注意的两位英国评论人是理查·普莱斯（Richard Price）③和约西亚·塔克（Josiah Tucker）④，此二人跟柏克的关系都值得研究。1777 年，普莱斯发表过一本十分亲美的著作叫《论公民自由的性质》（*Observations on the Nature of Civil Liberty*），塔克在 1781 年发表的《论公民政府》（*Treatise Concerning Civil Government*）中抨击过该书。当然，是普莱斯 1789 年在革命协会的布道词，即后来出

---

① 关于这点，大体上可参见 Cone，*Burke and the Nature of Politics*。

② Friedrich Gentz，*The French and American Revolutions Compared*，由 John Quincy Adams 翻译，Russell Kirk 编订并附导言（Chicago，1955）。

③ Richard Price（1723—1791）；见 Carl B. Cone，*Torchbearer of Freedom：the Influence of Richard Price on Eighteenth-Century Thought*（Lexington：University of Kentucky Press，1952）和 D. O. Thomas，*The Honest Mind：The Thought and Work of Richard Price*（Oxford：Clarendon Press，1977）。

④ Josiah Tucker（1711—1799）；参见 George Shelton，*Dean Tucker and Eighteenth-Century Economic and Political Thought*（New York，1981）和波考克，"Josiah Tucker on Burke, Locke and Price：a study in the varieties of eighteenth-century conservatism"，in *Virtue, Commerce and History*。（中译本见《德行、商业和历史》，冯克利译，三联书店 2012 年版——译者注）。

版的《论对我们祖国的爱》(*A Discourse on the Love of Our Country*)，其
中包含的亲法言论和将光荣革命等同于法国大革命的做法，激发了柏
克写出我们如今看到的《反思录》；塔克在1781年对普莱斯的抨击，是
出于非常类似的缘由。①塔克认为，普莱斯对个人天赋自由权的主张使
得他宣称，除了他们目前所保护的和推动的政府，其他一切现有政府均
不合法。塔克说，一个政府不可能只维护天赋自由权，所有政府都必定
会在这场考验中落败，因此，普莱斯是一切现有的或可能的政府的敌
人。塔克的观点听起来像柏克的，其实两者相去甚远。

　　首先，柏克论证现有政府的合法性，多论证说它们的立足基础是各
种古老的、值得尊重的传统和习俗，这些传统和习俗在人类历史上存续
如此久远，以至于已成为人性的一部分。塔克，这位与大卫·休谟、亚
当·斯密及其他新政治经济学的苏格兰倡导者相互通信的英格兰牧
师，强调的却是公民政府有助于推动财富和商业的进步。记住这一点很
重要，即辉格党的社会理论认为，商业进步是人性科学的一部分，它与
世袭君主制和贵族土地所有制完全相融，我不得不重申这一点，因为它
对柏克和塔克都是真理。塔克当时说的是，(比柏克的说法早十年)，普
莱斯对天赋权利至高无上的极端坚持，会毁掉联结人类社会的商业纽
带和道德纽带；但与柏克不同，他也像谴责普莱斯那样指责洛克。他并
不认为洛克是政治经济学和资本主义价值的哲学先导，他认为洛克是
一名崇古的反动理论家；在自然状态下，人类对财产和权利的追逐，只
会导致以采食为生的原始人四处漂泊的生活，接下来就会出现古代地
中海经济中那种主人对奴隶的权力，或者封建制度中地主对农奴的权

---

　　①　普莱斯有那个天赋挑起保守派的回应。法国政治家杜尔哥就美国政府问题写给
他的信，激发约翰·亚当斯写下了 *A Defence of the Constitutions of the United States*(1787)。

力。将约翰·洛克描绘成封建主义的辩护人可能不公道,但不可思议的是,这完全行得通。

五

塔克对洛克的批评,引出了辉格党贵族制与现代商业的关系问题;但作为英国国教的牧师,他找到另一个理由认为,美国的殖民者及其英格兰的支持者都是洛克的信徒。他知道——正如 1775 年的柏克那样①——新英格兰的公理会主义在有些场合正在制造一种反教条的主张信仰自由的宗教,而且日益具有反三位一体的味道;他知道,理查·普莱斯和约瑟夫·普莱斯特利及其他人一道,领导了一场解放英国非国教徒的运动,让他们摆脱了 17 世纪晚期加给他们的失去公民权利的处境。这场运动更多地源自一种新出现的激进的一位神论(Unitarianism),而非兴起于那些更古老的非国教教会——长老会、公理会和浸礼会,它的要求已超出了对政教分离的宽容。塔克进而相信存在一个以此为共同目标的大西洋联盟,它试图让那些殖民地保留在帝国内,直至在不列颠和美洲都废除国教制度(disestablishment)。他希望在这种事发生之前把殖民地都被赶出去,他毫不留情地攻击柏克②在其《论与美洲的和解》中试图维持帝国统一的做法。在我们看来这可能有些滑稽和夸张,但在 1790 年这依然可能回响在柏克的耳际,所以他批评普莱斯颂扬法国教会的革命性重建,是为了废除英国国教。

---

① 见他的《论与美洲的和解》(Works,Vol.III);波考克,*Virtue, Commerce and History*,pp.164—167。

② 尤其可见于 *A Letter to Edmund Burke, Esq....*(Gloucester,1775);波考克,*Virtue, Commerce and History*,pp.162—166。

　　塔克的辩词（柏克未提及）并不完全是虚张声势。光荣革命通过颁布《宽容法》(*Toleration Act*)，保证英国非国教徒的信仰自由不受侵犯，（洛克的《论宽容》可视为对此政策的背书），并确实赢得了他们的支持，若不然，他们可能已倾向于拥护詹姆斯二世的《大赦谕诰》(*Declaration of Indulgence*)。但与此同时，光荣革命缓和了来自英国国教的反抗，因为它保留了查理二世朝通过的《宣誓与结社法令》(*Test and Corporation Acts*)，该法令规定非国教徒不准担任王室公职，不准参加议会，不准进入传统的大学。这里面有些比国教徒的迫害热情更危险的因素。这一妥协保留了以下立场：英国国教徒的身份等同于完整的英国公民身份，而后者要立法规范前者存在条件的意愿却受到种种限制。另一个危险是光荣革命给国教带来的问题，它发现国王作为其最高领袖和统治者会用世俗政治行为取代它的意志。英格兰的国教仅仅是统治秩序的延伸吗？就像亨利八世的某些立法可能暗示的那样；抑或，它依然是一个使徒式的组织，是基督的圣体在尘世的一部分，就像亨利八世被迫保留的那些教义所暗示的那样？至少，18世纪的辉格党政体让这个问题保持了开放性，这意味着两种答案皆有可能。[1]

　　这是反三位一体论者和天主教徒会被特别排除在《宽容法》保护对象之外的一个原因。[2]对于那些觉得任何不宽容都是荒谬和不必要的人，很难想象宗教信仰差异会造成严重政治后果的世界；但是，如果耶稣基督不是神圣的、不可分割的三位一体中平等的一员，甚至他只是一

---

　　① 对此问题的最新研究是 J. C. D. Clark, *English Society, 1660—1832* (Cambridge University Press, 1985)，此书是对18世纪正统教士阶层及其反对群体的一个重要研究。（中译本见克拉克：《1660—1832年的英国社会》，姜德福译，商务印书馆2014年版。——译者注）

　　② E. N. Williams, *The Eighteenth-Century Constitution* (Cambridge University Press, 1960), pp.42—46.

个被神化的人类,而非他本身就是神圣的,那么就不能认为教会——任何教会——是他在尘世间持续神圣存在的一部分,或者它是某种社团意义上神在人间的部分显现。宗教只能是自愿持有某些共同信念或意见之人的信念或意见的共同体,而不可能是上帝与人相结合的制度化形式。因此,教会远不是从上帝的存在中获得权威的牧师们的组织,而不过是持有相同意见的个体的自愿联合,它能承认的唯一权威必定是世俗统治者的权威。至于这个统治者是不是当上帝不再是他的对手时获得权力,当他停止追随上帝时就会时失去权力,是个曾激烈争论的问题。

　　这些看法并不荒唐。一些极富智慧的人曾十分严肃地讨论过它们,包括那些认为它们荒唐并非常厌恶它们的人士。在看待将反三位一体论者排除在《宽容法》之外这件事情上,我们要明白,有些人拒绝承认、否认或者试图消解耶稣的完全神性,正是因为他们知道,肯定这种观点,就必须把教会放在世俗秩序之外,而不是世俗秩序之中,他们还无比厌恶一种思想,即教士可以对世俗秩序行使并不是从世俗秩序中获得的权力。约翰·洛克可能就是这样一位反三位一体论者;约翰·弥尔顿无疑也是;还有理查德·普莱斯,在那篇受到柏克驳斥的革命布道中,普莱斯称赞弥尔顿和洛克是真正的爱国者,还有本杰明·霍德利(Benjamin Hoadly),尽管他是圣公会主教,却一向乐于宣称国家不过是一种自愿联合体。约瑟夫·普莱斯特利认为耶稣是上帝派来的人,他认为一些假教会错误宣扬耶稣的神性,使他的回归被而无限推迟了,他希望,在解除教会与国家的错误结盟之前,上帝让世俗权力衰落下去。虔诚的柏克和怀疑主义者吉本都指出,普莱斯特利著作中的这段话①,可

---

① Joseph Priestley, *A History of the Corruptions of Christianity* (Birmingham,1782),Vol.II, p.484;柏克,下文第 50 页;吉本:《罗马帝国衰亡史》(见任何完整版本第 54 章最后一条注释)。

证明 17 世纪异端教派野蛮的狂热（或"宗教热情"）并未消亡。也确实没有。为什么一些三位一体论者会成为革命分子，比如一些美国人，或者成为革命的同路人，比如一些英格兰人，是事出有因的。当他们探寻洛克有关公民政府的思想中一些激进含义时，有时能发现他对政教关系的看法同样激进。这对塔克一直是显而易见的，是不是塔克所批评的柏克的激烈情绪，妨碍了后者认识到这点？

六

柏克维护辉格党的贵族秩序，是针对它的激进批评者以及他们所崇拜的法国革命分子，这是一套特征鲜明的政治制度和政治经济秩序。首先，它是辉格党的，我们绝不能仅仅因为柏克是君主制的拥护者，是一个传统主义者和国教徒，就误以为柏克是托利党人。他在《反思录》中只提到过一次托利党人，还是为了跟他们划清界限。对他而言，正如对他认识的每一个人而言，英国国王组建的任何一个政府，都必须是个辉格党政府，因为不言自明的是，只有辉格党是君主制及其基本原则的可靠盟友。在与罗金汉姆或福克斯共事时，柏克就表达过一种担忧，乔治三世正在阻止建立辉格党政府①，这些（相当没有根据）担忧使他指责君主制自身正在变成托利党的，并在破坏其根基。"托利党人"可以有多种定义。②他们可能是詹姆斯党人（随着最后一个流亡的斯图亚特王子的去世而灭绝），或者是圣公会的激进分子，他们依然暗地里认为1689 年或 1714 年的君主政体只具有临时权威。他们可能是家长制君

---

① 他在《论当前不满情绪的根源》（1770）中就已首次提出这点。

② 克拉克，《英国社会》；波考克，*Virtue, Commerce and History*；Linda Colley, *In Defiance of Oligarchy: the Tory Party, 1714—60*, Cambridge University Press, 1982。

主政体和君权神授这些已被推翻的观念的盲从者，或者是更加激进的"乡村党"人，他们指责辉格党政权是腐败的寡头政治，并且——追随博林布鲁克，最后一位著名的托利党理论家①——强烈要求国王或威尔士亲王亲自站出来抵制辉格党贵族。柏克瞧不起博林布鲁克②，并与那些担心乔治三世已受博林布鲁克思想蛊惑的人结成了同盟。正是在柏克的时代之后，"托利党"开始成为18世纪辉格党政体的最后捍卫者，而那个政体正是当时的"辉格党人"自己准备改革的。

当托利党人接受了一种"乡村党"语言，将英格兰政体说成是自私贵族的寡头政治时，他们就变得跟教条的"老辉格党"或"共和派"没什么两样了③，这些人认为真正的辉格党原则在"光荣革命"中已被抛弃。他们批评那种认为辉格党贵族政治在有效运转的观点，尤其是这样一种观点，认为大贵族与王室存在着"势力"和"利益"的结合，旨在确保整个不列颠统治在由庇护权管理人组成的寡头统治下，无论庇护权在18世纪英国政府中有着怎样的作用，确定无疑的是，辉格党政权在骨子里是贵族制的，或者说辉格党贵族希望通过提供恩惠、利益和势力，换得下层的服从。很少有人怀疑这是封建式的。从政的大贵族无疑都是大地主，在乡下都建有府邸豪宅，但他们提供的庇护，是一种国家结构的庇护，从中世纪晚期就成长起来了，而且在商业贸易的发展让国家行为变得多样化之后，这种庇护得到迅速扩张。辉格党的不列颠有着后封建化的自觉，它从根本上相信土地财富与商业财富是自然和谐的；如果我们认识不到它相信自己会变得现代，甚至变得进步，我们将永远无法理解

---

　　① Issac F. Kramnick, *Bolingbroke and His Circle*: *the Politics of Nostalgia in the Age of Walpole* (Harvard University Press, 1968); H. T. Dickinson, *Bolingbroke*(London, 1970).

　　② 见下文，p.78，p.110.

　　③ Caroline Robbins, *The Eighteenth-Century Commonwealthman*, Harvard University Press, 1959.

"旧制度"(ancien regime)(无论是法国的还是英格兰的)。

对于这个由土地贵族管控着一个商业社会的政体,存在一些批评。乡村意识形态,无论是托利党还是老辉格党,都担心庇护权的控制力会让行政部门对政府其他部门过于强大;生活富足的公民花钱让政府用国库供养的职业军队保护他们,对于这种社会的道德健康也存在着持续的担忧。这背后隐藏着一个哲学问题,即我们今天所说的"共和主义"政府观。①在孜孜不倦地以古典为师的时代,其人本主义价值观相信政治社会的道德健康依赖于"德行",这是一种激励男人征战或从政以服务公共事业的品质,这一品质没有其他道德等价物或者替代品。为了展现德行,男人必须拥有足够的财产使他们成为主人而非奴隶,使他们有闲暇参与公共服务,这个宽泛的定义在贵族制和民主制下都适用。他们不能太穷,让劳动占据全部生活,他们也不能太富,以致无所用心,生活腐化,不去从事公共事业。这是古希腊人和古罗马人广泛表达过的理想。但是,在一个财产成了交换媒介、用商品换取服务取代了直接服务公共事业的商业社会,还存在这种德行吗? 在这种社会,人们可能发现,他们被迫要走向专业化,即花钱雇人替他们做那些唯一能体现德行的行为,比如打仗或统治;然而,如果无人具备这种德行,一个社会如何才能变得健康或自由?

18世纪的理论家们所关心的,已经不是政府的存在是为了保护财产的问题,而是为保持个人独立和德行而存在的土地财产,应该如何与为满足个人欲望并丰富其能力而存在的商品或资本形式的财产相关联。没有人认为只要在土地和商业之间做出选择就能解决这个问题;但

---

① 波考克:《马基雅维里时刻:佛罗伦萨政治思想和大西洋共和主义传统》(Princeton University Press, 1975)。(中译本见冯克利、傅乾译,译林出版社2013年版。——译者注)

正是由于这个原因,它变成了 18 世纪伦理、政治和历史理论中复杂的核心问题。解决这个问题,是大卫·休谟、亚当·斯密和其他伟大的苏格兰启蒙思想家的事业①,就像它是法国的孟德斯鸠及其后学的事业一样。他们声称,由于尚不存在自由市场,古代有德行之人不得不靠奴隶耕种土地,使他有闲暇参与政事。他的"德行"让他变得残酷和野蛮;由于他没有能力与他人进行商品交换,甚至他的道德人格也是贫乏的。随着历史的发展,市场出现了,他有了更多途径与他人互动,社会由此发展出精致的风尚和道德,最后培养出一种比古代更丰富的公共文化。更灵活的"风尚"取代了古人那种僵硬而脆弱的德行。然而,时人认为,这些风尚的形成有赖于一个复杂的历史过程,即让人类从野蛮到文明的历史过程,但没有什么能保证这个过程不会受到腐化或者破坏。富人的奢靡与柔弱,底层的野蛮与绝望,对文明的进步都是威胁。当宗教研究者引入社会科学的标准之后,迷信、禁欲主义和宗教狂热,看起来也成了以其他方式威胁文明进步的精神现象。

还有一种担忧尤其难以祛除。18 世纪各国的经济都是公债经济,国家从经济中举债,预支它的未来收入。②每个国家都对自己负债,一批公共债权人成长起来,他们用国家为获得贷款发行的有兑付担保的公债作为抵押去做交易,就像它们本身是一种财富。由于这些转手的利率决定了货币借贷的利率,人们感到存在着一种危险,即债券决定货币的价值,公共债权人的所作所为是对不动产的暴政。在一个社会人

---

① Istvan Hont and Michael Ignatieff, eds., *Wealth and Virtue: The Shaping of Political Economy in the Scottish Enlightenment*, Cambridge University Press, 1983).(中译本见洪特、伊格纳季耶夫编:《财富与德性》,李大军、范良聪、庄佳玥译,罗卫东校,浙江大学出版社 2013 年版。——译者注)

② P. G. M. Dickson, *The Financial Revolution in England: a Study in the Development of Public Credit*(London, 1967).

格看起来依赖不动产的时代,这是一副可怕的前景,它对心智的一致性和心智所理解的世界都是一种威胁。苏格兰哲学家、历史学家和政治经济学家大卫·休谟性格温厚朴实,但他的《论公债》一文却呈现了一副社会解体的恐怖景象,因为纸币的超发让一切价值变得毫无意义。在休谟去世那一年,也即在1776年,理查德·普莱斯在其出版的《关于公民自由的思考》中长篇引用休谟说,对美洲征税是因为英国国债已不堪重负。同一年,亚当·斯密发表了《国富论》,其结论部分①显示,这位现代经济学之父也不确定当时的英国经济能否承担它给自己制造的债务负担。

斯密和苏格兰经济学家的友人——尽管可能是批评者——柏克,没有他们那么惴惴不安。②他利用身为国会议员之便,刻苦钻研了政府的财政数据,确实了解实际情况。我们发现他的一个说法是,公共德行在公共税收的管理中得到了无与伦比的体现。③柏克在议会实践中证实了休谟、斯密和塔克在理论上宣扬的东西:土地贵族阶层懂得经商之道,没有理由不让他们控制一个现代商业经济以使其变得稳定和更有活力。这就是他的现代性倾向,这在他那个时代十分典型,因此,那种认为他的思想或世界里存在贵族与"资产阶级"之争的说法是站不住脚的。不过,当他将视线转向法国大革命,他看到一个建立在教堂废墟之上的令人恐怖的纸币暴政。这是理解他对法国大革命所有分析的关键。我们别忘了,在安妮女王统治时期,早期托利党人就攻击过辉格党的"金融利益",也大声疾呼过"教会危矣"。

---

① 第5卷,第3章。
② 参见,比如,下文第204页。
③ 下文,第199—200页。

七

那么,1789 年的法国大革命如何影响了英国的事态？又如何影响了柏克在这个事态下的认知?[1]这么问并不是说柏克只从英国的角度认识法国革命。恰恰相反,他立刻认识到——跟每个睿智的观察者一样——这是一个对欧洲、可能还会对整个世界产生重大影响的事件,但正是在认识法国革命对英国的意义时,他洞察到了它对世界的意义。不过,柏克有一个思维能力强大、高度情绪化且以自我为中心的脑子。要研究他对法国所发生之事的反应,我们必须先研究他在 1789 年的个人处境。在很大程度上,这是一个官场失意的政客,已无望东山再起。

1783 年,乔治三世和威廉·皮特联手瓦解了福克斯和诺斯勋爵的同盟,此后柏克的朋友们就成了政治反对派。[2]该同盟曾提出议案,试图修复王室与英属印度政府治下的东印度公司的关系,而国王向上院放话,谁敢支持该议案,就不再是他的朋友,由此挫败了该议案。他曾不断力挺在议会中接二连三面对失败的威廉·皮特内阁。福克斯以及支持他的柏克,认为这违背了议会惯例。只有能在两院赢得投票的人,国王才能同意其担任大臣。实事求是地讲,到 19 世纪之前,这一惯例并未形成定制,但福克斯和柏克认为,国王的行为表明他依然受到托利党谋士的幕后操控(事实上并不存在),而后者当时正与辉格党和英国宪政背道而驰。当1784 年的议会大选让皮特和国王牢牢控制了上下两院以

---

① 对《反思录》的形成,近期最好的研究是 F. P. Lock, *Burke's Reflections on the Revolution in France*(London, 1985)。

② John Cannon, *The Fox-North Coalition: Crisis of the Constitution, 1782—4*, Cambridge University Press, 1969.

后,他们的怨愤更是无以复加。

　　在 1789 年,由于柏克在政坛上的朋友陷入孤立,直接导致他卷入到两起议会阴谋中。当时乔治三世患病,且一度被疾病弄得精神不正常,该疾病在二十年后使其完全丧失了理政能力。此时,挑选一个摄政成为可能之事,福克斯派开始策划"继承"方案,即通过王位继承人重掌大权。这曾是一个托利党方案,福克斯和柏克要直接把无条件的摄政权交到威尔士亲王手里,这种极端做法没有给他们带来任何好处。国王的突然病愈,让他们看起来既愚蠢又绝望。①同一年,柏克开始弹劾印度总督沃伦·黑斯廷斯。显然,柏克企图借印度问题挫败皮特和国王,因为皮特正是靠印度问题才得以执掌大权。但这是一场会让柏克数年脱不了身的官司,与此同时,他还带着同样的热情投入到讨伐法国革命的战斗中。有时候很难说哪场战斗对他更重要。离开官职后,柏克成了一个有严重道德焦虑的人,而他在政治上诸多不满加剧了他的情绪化信念。

　　福克斯派的辉格党人——其实只是辉格党群体的一派,但他们声称代表所有辉格党人——尽管是反对派,他们忍不住提出了改革辉格党政府结构的问题。②这个结构的一个显著特征是王室的选举影响力,另一个特征是势力雄厚的辉格党贵族的选举影响力。当乔治三世成功利用王室的选举影响力对抗辉格党贵族的势力时(处于反对方的辉格党已看清这点),后者就被激发去削弱所有这类影响力,以求革新图治。一个经常被提到的削弱选举影响力的方式是扩大选民范围,使选举更难以被操控。有一位大贵族里士满公爵③,在 1780 年就呼吁将选举权扩

① J. W. Derry, *The Regency Crisis and the Whigs*, 1788—9, Cambridge University Press, 1963.

② Ian Christie, *War and Revolutions: Britain, 1760—1851*(Cambridge, MA, 1982).

③ Alison G. Olson, *The Radical Duke*(London, 1965).

大到所有成年男子,尽管他显然不想看到英格兰成为一个民主制国家,只是认为这可以让贵族的自然领导力战胜王室的势力。福克斯没有接受这些想法,而柏克至少从 1782 年就是它们的公开反对者。他认为这种想法太危险了,因为一直有些激进的民主分子在攻击贵族的影响力时,就跟他们攻击王室势力一样猛烈。在他眼中,里士满公爵以及其他几个玩弄这种政治把戏的贵族,就像一些古代贵族那样——像古罗马的喀提林——背叛了自己的阶层,他们是像煽动家一样从身后蛊惑人民,而非像天生的领导者一样从上面领导人民。柏克保守主义哲学中最常被引用的话,有些可以追溯到他就这个问题的演讲。①

　疯狂的乔治·戈登爵士在 1780 年已充当过喀提林的角色,他在伦敦引发了一连串恐怖的反天主教暴乱②,后来皈依了犹太教。由于对前一个世纪的宗教激进主义记忆犹新,辉格党的不列颠对革命心有余悸,这是《反思录》描述过的内容,对戈登也不例外。③但是,喀提林的角色也可以由一些贵族政治家充当,他们利用激进力量挫败谋取官职的福克斯派。谢尔本伯爵即是此类人物,他在当时稍微有些神秘莫测,因为很难弄明白为何他的同代人(包括柏克)会那么厌恶他。他庇护过一些激进思想家,比如理查德·普莱斯和约瑟夫·普莱斯特利。这些人让他牵扯进了一个改革阴谋中,这是我们必须视为激发柏克撰写《反思录》的最重要因素之一。这阴谋就是解除《宣誓与结社法案》(*Test and Corporation Acts*)对不信国教者的限制,此举必然造成教会与国家的分裂。

---

　① 波考克,"Burke and the Ancient Constitution: a Problem in the History of Ideas," in *Politics*, *Language and Time*(New York, Atheneum, 1971)。

　② Christopher Hibbert, *King Mob*: *The Story of Lord George Gordon and the Riots of 1780*(London, 1958)。

　③ 下文,第 73—74 页。

对这些法案的抗议自1772年起就断断续续有过报道①,我们要提醒自己的是,这种抗议的发动者,很少是来自那些主要信奉三位一体论的"老不信国教者",他们受益于《宽容法案》,而更多地来自一位神论者,他们的自由权在名义上——如果不是实际上——被《宽容法案》排除了。他们有一部分来自长老会派,也有些来自国教自由派,后者对国教要求信奉的《三十九条论纲》不满意。除了谢尔本,格拉夫顿公爵和其他一些贵族也支持了这一阴谋,这是为何《反思录》嘲讽理查德·普莱斯是异端贵族的代理人和17世纪狂热分子的子嗣。②或许他两者都不是,但我们接下来要分析的是,为何他在1789年11月4日对革命协会的布道,会在柏克对法国革命的批评中占有如此中心的位置。

八

一提到法国革命,我们就会想到攻占巴士底狱、废除封建制度、恐怖统治、路易十六的处决,以及共和国军队最终推翻欧洲"旧制度"的那些伟大战争。当柏克撰写《反思录》时,须知,这些事件中只有前两件发生过,而且在柏克笔下并不特别重要;剩下的几件后来才发生,且柏克生前只见证了其开端。"法国的革命"在当时主要意味着,路易十六召集三级会议,但很快对其失去了控制,第三等级将其变成了一个单纯的国民公会。这在当时的英国人看来,已足以构成一场革命,因为长久以来,法国一直被视为最伟大的绝对君主制国家,英国时常被拿来与之对比;这样一个政权的衰落,是一个意义极为重大的事件,它意味着一个

---

①　克拉克:《英国社会》,第307—324页。
②　下文,第6、10—13、41—42、63—64页。

宿敌的衰落,还意味着它有可能走上英式君主立宪制之路。福克斯曾经无不夸张地说,这是世界上有史以来最伟大的事件,也是到目前为止天大的好事。柏克更为谨慎,他说他要等着看看会发生什么。他有一阵子明白,法国政府出现了严重的债务危机,必须要找到某种猛药才能医治。①1776 年的英国物价一度表明,英国的财政状况极差,但英国经济的健康成长保住了国债。

当年轻的法国人查尔斯-弗朗索瓦·杜邦写信询问柏克②对法国事件的看法时,柏克还充满疑虑,但在接下来几个月当他撰写《反思录》时,有三件事在书中占据了主导地位,它们分别是:从 1789 年 8 月大规模废除封建权利开始,没收法国教会土地并利用它们作为担保国民公会发行的新债务;10 月 5 日到 6 日巴黎民众奔向凡尔赛并将王室挟持到巴黎城;11 月 4 日普莱斯在伦敦对革命协会的布道。我们要将这几件事放到一起去理解它们在柏克思想中的意义,而且我们先要将第一件事和第三件事联系起来。令柏克在情绪和言辞上最深受刺激的,是10 月 6 日的事件,但是,让《反思录》脱胎成书的,是大革命对教会的攻击和伦敦那位反三位一体的布道者对大革命的赞扬。

理查德·普莱斯想要的,不只是对新教非国教徒的宽容,他还想要完全平等的公民权,无论其教派身份或教义信仰如何。对我们现代人而言,这种平等是不证自明的真理,而且在当时的弗吉尼亚以及美利坚合众国的《宪法》中,这已成为明文规定的法律。但我们必须清楚它意味着什么。它意味着政教分离,这在当时是一项革命性的主张。普莱斯特利在 1782 年已经说过,只要世俗政权不垮台,这是无法实现的,只有革

---

① O'Brien,企鹅经典版《法国大革命反思录》,第 13 页。

② 关于杜邦,见 Robert Forster, *Merchants*, *Landlords*, *Magistrates*:*The Depont Family in Eighteenth-Century France*(Baltimore:John Hopkins University Press, 1980)。

命的美洲人(还不是全部)将其作为他们的目标。政教分离意味着,国家的神圣性不是通过教会或制度来表达的,它只能通过由人民共同同意的、无关乎其教派身份或教义信仰的非教派化宗教(undenominational religion)来确定。据说是艾森豪威尔总统说过,社会要有宗教信仰的基础,但具体是什么宗教不重要。①世俗社会的存在,有可能没有宗教理由,也有可能有,但它是如此的不明确,以至于不必组织成宗教团体或教会。有些人认为,教会不仅是持相同宗教看法之人的自愿联合组织,而且是一个与基督本人结为一体的信仰团体,在他们看来,上述两种观点没有实质区别。像普莱斯特利这种一位神论者和杰斐逊这种自然神论者,并不认为基督是一直与他们同在,甚至直到世界末日的神圣存在,而是将其视为一种极有意义的存在,关于他,人们可以有不同的看法。既然教会不过是持有一种或者多种这类看法的人的社团,他们并不想看到世俗社会——即国家——服从于任何一个教权机构。对于他们的保守主义对手,问题不在于一种看法是否比另一种看法更好,而在于基督的存在及其对尘世的救赎是否只是一种看法。柏克本人是不确定的;他在《反思录》中说过一句话,宗教宽容不是指所有意见都有同等价值,而是说对它们可以做出公正的评判。②

如今,我们也许能理解,为何普莱斯和其他非国教徒的政治理论十分洛克化。如果公民社会无法用一套比其他信仰都高明的宗教信仰体系来为自己辩护,它就不会获得教会意义上的正当性;那些希望公民社会没有教会结构的人,就会乐于用一种与救赎神学无关的自然权利理论来为公民社会提供正当性。如果不管宗教信仰如何,人人都享有同样

---

①　通常引作"我们的社会如果不建立在一种根本的宗教信仰基础之上,就没有意义,无论它是哪种宗教。"

②　下文,第132页。

的公民权利，那么，他们也可以不管其他区别或标准而享有同样的公民
权利；人们如果可以无视宗教信仰而绝对平等，他们也可以无视其社会
阶层而绝对平等，而普莱斯正是议会改革的大力鼓吹者。立足于权利绝
对平等的公民社会理论，必定会对 1688—1689 年光荣革命作出激进主
义的解释。普莱斯——柏克也一样——将一百年后法国的事件，当作讨
论英格兰当年事件的一个契机。但我们不应该认为，教会和国家关系的
问题，不过是导致了对英国革命这一世俗政治事件做出保守解释还是
激进解释的争论。反过来说可能才是事实。有关英国革命的争论，一直
是一场有关英国国教在英国世俗秩序中位置的争论，而普莱斯和柏克
在一百年以后延续了这场争论，但他们身处的环境已今非昔比，因为出
现了两个重大发展。在英格兰，这时出现了一场充满火药味的（反三位
一体的）运动，其目标是竭力将教会与国家分开。在法国，一场革命运
动正如火如荼，它攻击王权和贵族制度，企图将教会贬低为国民政府的
一个部门，使用的是反基督教的哲学化的自然神论语言。正因如此，普
莱斯赞颂法国革命的布道词才激发了柏克撰写《反思录》为英国国教辩
护，认为英国国教的地位非一个英国政府职能部门所能比，而且英国政
府也承认它的这一地位。①

　　法国的革命分子所做的，是宣称教会的土地重新划归国有，声称神
职人员绝不可凭借任何违背国民主张的权利拥有土地②，还进一步提出
了《神职人员民事法案》，以确保神职人员获得财政捐俸，它更像是国家

———————

　　① 对柏克的这一解读，见克拉克：《英国社会》，第 247—258 页；见 O'Brien，企鹅经
典版《法国大革命反思录》（Harmondsworth，1968），第 27—30 页，还有 Frederick Dreyer，
"Burke's religion"，*Studies in Burke and His Time*，xvii，3（1976），pp.199—212. 柏克曾称，
他的基督教情结"很多来自信仰，更多的来自情感"（*Correspondence*，Vol.Ⅵ，p.215）。

　　② Georges Lefebvre，*The Coming of the French Revolution*，trans. R. R. Palmer，Princeton
University Press，1967，pp.166—167.

职能部门的工薪收入，而非一个独立等级或阶层的财产。这一事态让柏克感到恐惧，他开始捍卫英格兰国教会的权利，认为它作为一个合法等级有资格拥有自己的财产。作为一名辉格党人，他相信统治阶层的每一个组成部分都有权利拥有财产；作为一名英国国教徒，他认为国教会应该是统治阶层的一部分，而非一个领工资的公务部门。普莱斯及其同类无意复制法国的成就；像杰斐逊和弗吉尼亚议会的人一样，他们相信，对宗教组织无论是教义上的信从还是经济上的捐助，都应该是纯粹自愿的。对他们而言，法国的《神职人员民事法案》可能还不会走到政教分离那一步，然而普莱斯称赞法国正在发生的事，而柏克认为，普莱斯（可能是基于千禧年论）所称赞的是"世俗政权的衰落"，而这一点，普莱斯特利已经说过是政教分离的必要前奏。

九

柏克无意死板地将有地产的英格兰国教强加给其他社会。他的《论与美洲的和解》表明，他接受美洲在宗教上的四分五裂是其政治生活的一个事实，而他有关爱尔兰的演讲和著述表明，在他看来，没有理由让爱尔兰新教教会统治一个天主教徒占绝大多数的社会。但是，在任何国家，只要有地产的教士阶层已成为公共秩序的一部分，任何想瓦解这一阶层或剥夺这一阶层权利的做法，在他看来，都是在攻击宗教和财产。

法国的国民公会已经控制了教会的土地，以便利用它们做抵押发行一大笔国债，此举旨在鼓动公众购买国债来拯救陷入绝境的法国财政。英国在光荣革命之后，出于同样的目的，创办了英格兰银行；当时英格兰的公共信用体系足够成功，鼓励了以预期良好的公共税收作担保进行举债——号称"国债"（national debt）。英格兰银行的纸币保证可以随时兑换金银，它们得到了英国议会权威的支持，并被一场伟大的币制改革（约翰·洛克是参与者）加强了，而且最终因为英国贸易、商业、国民收入和公共税收的增长而得到巩固。让普莱斯、休谟和亚当·斯密等政治经济学家感到不安的，是对政府股票的投机行为，它随着国债的增加影响到了利率。1789 年及其之后的法国，指券（assignats）①，或者说作为革命公债发行给投资者的纸币，得到的权威支持来自国民公会，但它们背后除了教会土地没有其他任何保障，那时还看不到政治稳定或商业繁荣的迹象。英国和法国的革命都曾发行国债，这是号召大家对革命政权的未来投资，但在柏克眼中，法国的指券除了没收教会财产，没有其他任何保障，而这注定会摧毁现有教会体系。

在安妮女王统治时期的西班牙王位继承战争期间，英格兰的托利党人——其中包括乔纳森·斯威夫特——发动过一场报人运动（a press campaign），以反对公共资金领域那些投机分子的"金融利益"（monied interest），据称辉格党政权正是依靠这种利益才有了资本打仗和维持其执政地位。"金融利益"并不必然等同于"贸易利益"（trading interest），因为它将资本投向国家的权力和稳定，而非商业和企业。但它通常与"土地利益"或者乡绅阶层相对立，据说后者纳税养活大的东西正是将他们毁灭的东西。反对它的运动伴随着"教会危矣"的哀嚎，因为辉格党人及其非国教徒盟友被认为正在破坏《宣誓与结社法》和"圣公会至上"（Anglican supremacy）原则，然而，当时还没有出现像普莱斯和柏克时代那样的一位神论运动。现在需要考察的是，辉格党人柏克如何接过

---

① 指券（assignat），指法国大革命时期发行的有价证券，功能等同于货币。——译者注

原本属于托利党人的"金融利益"概念,用它解释法国大革命剥夺法国教会的土地。"通过巨额的法国国债",他告诉我们,金融利益大规模崛起了①,它趁路易十六向国民公会投降之机控制了法国财政。这种"金融利益"的目的,不是确保它们的债务得到偿付,而是扩大它们的权力和政府的权力;柏克认为它们是不稳定的、造成通货膨胀和贪得无厌的,正是这点使它们做出了英格兰从未尝试过的事情——通过没收本国一个伟大阶层的财产增加公共信用的权力。英格兰历史上唯一类似的事件,是亨利八世曾没收和出售修道院的土地,但那不是为了操控公共财政。

这次掠夺行动,法国的革命债权人得到了另一个等级即"政治文人"的支持。②柏克告诉我们,法国文人已被路易十四组织进公立机构,即各种"学院"里,但是这位君主的继承者们,没有保持住他对那些文人的庇护和控制关系。于是他们变成了一个组织化的、独立的政治行动力量,且逐渐受到法国"哲人"的领导,后者一心想把基督教从政治中清理出去。这两群活跃的行动派在三级会议③和国民公会中呼风唤雨,联手促成了强行没收教会财产和发行指券,而这两种政治行为构成了柏克在1789年到1790年所理解的法国大革命。令人意外的是,对于废除封建权利和领主权利,柏克言之甚少,法国教会受到的攻击才是他关注的中心;但他清楚,金融利益正在通过教会,打击贵族制度和君主制度。④不过我们需要问的是,这个公共债权人与政治文人的联合体,是否构成我们习惯上说的"资产阶级",其答案部分取决于我们如何使用这一词语。

① 下文,第45—46页。
② 下文,第96—97页。
③ 下文,第35—38页。
④ 下文,第96页。

在较古老的含义上,它指的是结为社团的市镇的自由民,或者"第三等级";在现代含义上,它是指那些依靠将私人资本投资于商业和工业的人。柏克说,大革命的后果是,这种市镇及生活在当地的"市民"(burghers)政治上的全面支配权;①至于柏克为何使用这个英语化的荷兰词,而非他肯定知道的法语词"bourgeois",这是个谜。然而,他说的"市民",主要不是指那些投资商业和工业的人,有观点说柏克认为一个商业"资产阶级"正在掌控法国政治,事实与该观点相反。柏克描述的革命"市民",不包括商人和生意人,更多地是指得到地方律师和基层小官员支持的巴黎居民和那些其职业适合对公共资金做投机的人。他们(市民)与"政治文人"——即知识人或者说知识分子——联合起来,对教会采取革命行动,作为夺取整个国家的途径。柏克认为,这股联合力量正在威胁欧洲的安定。当时每个国家正深陷债务危机,很容易出现像巴伐利亚光照派那样的反宗教阴谋。②他离将共济会和犹太人认定为地下革命势力并不远,这种至少一个半世纪以来一直在天主教右派的想象力中挥之不去,不过他没有明确表达出来。③至于他在何种程度上将反三位一体的不信国教者视为一种流行肿瘤(反宗教——译者注)在英国的表现,这要留给我们去猜测了。

这不是商业对土地的阴谋,也不是在这个意义上资产阶级对封建秩序的阴谋。柏克坚信商业与土地之间是自然和谐的,在他看来,在英格兰,贵族阶层与商业之间盛行的关系,已经将这种自然和谐制度化了④,在这个认识上,柏克是那个时代思想家中的典型。面对法国大革命,他

---

① 下文,第 170—172 页。
② 下文,第 137 页,和柏克的注释 43。
③ 他对犹太人的提及通常是轻蔑的,但不偏执,他似乎从未提到过共济会。
④ 有关法国和英格兰的对比,见下文第 124—125 页。

说,金和银"已经消失了,藏进了它们来时的土地里"。①但促使它们消失的,是对财产的颠覆,而这是一个革命联盟造成的,该联盟在摧毁宗教的基础上试图建立纸币的专政,这是土地和货币共同的敌人。教会、贵族制度和商业,都会被这种系统性颠覆所摧毁。但要看这三者在柏克思想中的关系,我们必须转向他对他认为的大革命第三大罪行——是在1789 年 10 月 6 日犯下的——的批判上。

十

那一天,大批巴黎男男女女奔向凡尔赛宫,那里是法国王室居住和国民公会召集会议之地。当时面包一度短缺,反革命谣言四起。群众和王室卫队之间大打出手,两边都闹出了人命。有人攻击王后的寝宫,不过牺牲的是两名卫兵,而不是柏克错误记述的那个哨兵。②他们的头颅被带到巴黎,这种斩首示众的事自 7 月 14 日以来已发生过好几起。群众在国民卫队的支持下,将王室成员挟持到巴黎,国民公会已拒绝给国王任何帮助,并在几天后站到了群众一边。这是对一个日益没落的王朝的巨大羞辱,是 1789 年革命的结束,也是尚未计划和未知的下一步革命的开端。③它还迫使柏克的几位法国线人逃亡到了英国。

这些事件让柏克深感震惊,他绘声绘色地做了描述,并在最后表现出对玛丽·安东瓦内的崇拜之情,因为他曾在凡尔赛宫见过她。这

---

① 下文,第 34 页。

② 下文,第 62 页。1791 年理查德·柏克在 Coblentz 的流亡者中遇到过他,并带着几分愉悦的笔调写信告诉了他父亲(Correspondence, Vol.Ⅵ, p.372)。对这件事的一个简述,见 Lefebvre, *The Coming of the French Revolution*, pp.198—205。

③ Lefebvre, p.205.

让他悲叹骑士时代的终结,那时没有哪个贵族会如此侮辱一位出身高贵的女士。①柏克激动的情绪惊住了当时的读者,他们认为他反应过激,难以接受。托马斯·潘恩就玛丽·安东瓦内那段写道:"他怜惜漂亮的羽毛,却忘记了那垂死的鸟。"②这话究竟是什么意思,我们不管它。很多现代解读者抓住《反思录》的这一节,以期管窥柏克的内心世界、他的心理状况或者他的修辞结构。然而,如果我们想弄清楚他对革命现象的历史理解,我们最好重点研究一下他有关骑士精神的看法。

"骑士精神"不是一个简单的情绪化的说法,而是代表着一种复杂的历史现象。启蒙时期的那些大史学家认为,是黑暗的野蛮主义时代终结了古希腊和古罗马的美德和哲学,他们想方设法解释从野蛮主义向现代文明的商业、知识和文明风尚转变的过程,如果一个人(像柏克那样)认为"风尚"优越于原始"德行"是现代欧洲文明优越于古希腊—罗马文明的原因,这事尤为重要。③苏格兰历史学家威廉·罗伯逊将骑士精神的兴起作为这一转变发生的重要标志;④它表明骑士阶层开始褪去武夫的粗野之风,形成了良好风范,并普遍产生了对他人尤其女性的责任意识。正是两性之间的交往,广泛推动了"诸种风尚"——礼节、道德、一种人际行为的语言——的发展。亚当·弗格森认为,古代人行事只顾自己,现代人是文明的,因为他与自己的社会同胞有更高水平的互动。⑤

商业兴起于封建社会,并为其指明了走出野蛮的道路,是各种风尚

---

① 下文,第 66—67 页。

② 托马斯·潘恩:《理性的时代》(Penguin ed., Harmondsworth, 1984),p.51。

③ 下文,第 67,69—70 页。

④ 威廉·罗伯逊(William Robertson), *A View of the Progress of Society in Europe from the Subversion of the Roman Empire to the Beginning of the Sixteenth Century*。这篇论文构成了罗伯逊《查理五世皇帝统治史》(1769)的导言。

⑤ 亚当·弗格森, *History of the Progress and Termination of the Roman Republic*,Edinburgh,1799,Vol.V,p.418 及注释。弗格森此处可能借鉴了柏克的观点。

得以成长的另一个动力。在罗伯逊的思想中,骑士精神、宫廷爱情
(courtly love)①与十字军东征以后欧洲商业的兴起,这三者之间是关联
的。也可以这样说,骑士精神当时已经成为贵族阶层中的一场文明开化
运动,就像学术和法律上的学问意味着文化在中世纪牧师和僧侣阶层
中的复兴一样;商业和文化是交流的媒介,滋养了风尚的成长,而骑士
精神的非凡之处在于,它表明武士贵族是自己主动变成有教养的一个
阶层。因此,强调中世纪骑士精神就有了这样一个意识形态作用,即可
以解释在让旧制度的欧洲变得文明和现代过程中,贵族和绅士能够发
挥怎样的作用。一个有骑士精神的贵族,和一个有学问且仁慈的教士,
与商业时代开明的市民,属于同一历史进程。当柏克说到骑士精神在大
革命的冲击下崩溃时,他所惋惜的正是这三者的同时衰落。《反思录》
中的这部分内容,在情感上有些夸张,但历史地看,它十分高明。柏克
将罗伯逊和弗格森的那些历史命题,变成了对法国大革命的控诉。

　　在《反思录》和后来的著作中,柏克越来越认为,法国大革命是对人
类智识的一场破坏性运动,它要彻底颠覆欧洲数世纪以来形成的礼仪
风尚和行为规范。主导这场颠覆运动的两个群体——纸币投机者和不
负责任的知识分子,首先通过摧毁教会财产打击了教会,然后通过破坏
骑士精神打击了贵族和君主制度,接下来,在柏克看来,正如其许多段
落论述的②,他们毫无疑问会颠覆风尚的第三个历史基础——商业。然
而,他强调这只是第三个;在一个段落中,他提出了与"我们的经济政治
学家(economical politicians)"——他似乎用这一概念指苏格兰的政治经

---

　　①　courtly love,宫廷爱情或典雅爱情,中世纪欧洲贵族的一种爱情方式,尤指骑士对
(已婚)贵妇人忠贞但没有结果的爱情。宫廷爱情是欧洲中世纪文学的一个重要题
材。——译者注

　　②　下文,第34、69—70、115—118、134、164—170、204—205页。

济学家,因为当时"政治家(politician)"还有"政治理论家"的意思——不同的看法,即商业不是催生风尚的唯一历史力量。①相反,在商业出现之前,必定已经形成了风尚的基础,而中世纪产生的封建和宗教文化习俗,正是罗伯逊所说的"欧洲社会进步"的一部分,摧毁它们就是破坏建立在它们之上的一切。因此,法国大革命反风尚的阴谋就是反历史的阴谋。柏克在描绘玛丽·安托瓦内(可能没有他想得那么好)和对她施用的暴力(可能没有他说得那么严重)时,所表现出的那股奇怪的激愤,是一种复杂的保守主义思考,在其中,传统与进步达成了和解。

<h1 style="text-align:center">十 一</h1>

在柏克视为革命分子的两个群体中,购买纸币和国债的投机分子不是一种能持久存在的形象。这里或许要说明的是,本导论不是要讲述法国大革命的真相,或者批评柏克对它的看法;我们只关心这种看法在他心中是如何形成的。但是,对这种"金融利益"的恐惧,通常出自托利党人和共和派之口,并且是针对柏克本人已加入的辉格党;发现他发出这种谩骂是有点奇怪的,他不得不花费时间解释②英格兰的公共财政对债务没有普莱斯(还有后来的潘恩)想象的那么脆弱。或许,这是为什么我们在柏克后期的反革命著作中很少再听到他谈论投机纸币的人(paper-money men)。但是,无神论哲学家的幽灵越来越强大,越来越可怕,他们反对"风尚"(manners)和道德(morals)(几乎是同一个概念③)的阴谋,

---

① 下文,第 69—70 页。

② 下文,第 168、204 页。

③ "manners"在法语中可以是"moeurs",其源自拉丁语"mores",我们从该法语词得出了"morals"。不过,它们也可能是法语中的"manières",其完全不需要是道德的。

会让他们经常被比作食人族，那时柏克正处在恐怖统治（reign of terror）之后的写作中。值得注意的是，在《反思录》中，柏克强调了他们是有组织的集体行为，这与英格兰早期无神论者不同，后者"从不搞团队行为，在这个国家从不拉帮结派"。①柏克似乎认为，路易十四创立的学院（academies）这种组织——在大革命期间遭废弃——被百科全书派这种自发形成的组织取代了，然后给大革命本身留下了空间。先不管后者在多大程度上是无神论哲人们共同造成的结果，这里需要注意的是，柏克对一个政权对其知识分子和文人可能施加的控制技术有了认知。路易十四将他们收编进学院，其继承者没能控制住他们。在柏克的时代之后，拿破仑引以为鉴，创办了多所学院。但是，旧制度未能采取的控制方式到底有哪些？

　　柏克似乎想到了两种，均为他所生活的英格兰的典型方式：即控制土地和庇护权。对于前者，我们要记住，"文人"（man of letters）这个社会群体，是可以取代教士成为人民的教育者和训导者的，"教士"（clergy）的原意，不是"神职人员"（priesthood）或者"牧师"（ministry），而是"学者"（literati），即中世纪社会的"教堂执事"（clerks）或者"文化人"（lettered men）。在英格兰，"文人"没有被组织进法国那样的学院（academies）中，而是进入由圣公会牧师控制的"大学"和它们的竞争对手"非国教学院"——即普莱斯和普莱斯特利这种牧师（minisiter）教书的地方；如果不想从事教会事业，他们会去伦敦，但也不会被收编进某个组织或社团，而是依托大人物的庇护过活，或者依靠在出版市场售卖文字为生。因此，有地产的英格兰国教会，是为英国社会秩序保护文化和思想

---

① 下文，第78页。

才俊的一个主要工具；当柏克用大幅段落不胜其烦地赞美这一机制时①，他其实是在说，英格兰一方面让国教保有不动产，从而受制于世俗的自然秩序，它同时也用同样的方式，控制住了人类思想那永不安宁的能量，让其服从于一个世俗的、自然的、作为历史产物的社会秩序。让我们记住，宗教培育了风尚，而风尚培育了商业。

这或许能解释《反思录》中明显具有"托利党"味道的一段内容：柏克长篇引用了约翰·邓翰爵士的《库珀山》(Cooper's Hill)②，这是 20 世纪内战时期的一首诗，它谴责一百年前亨利八世剥夺修道院土地的政策。这里没必要表达对修道院生活的怀旧之情。邓翰和柏克延续的是国教中由来已久的一个想法：国教一直在惋惜，这些土地未被用来增进学问，或者是哪怕推动建设一个更稳固的教会，而是落入贪婪之辈和目光短浅的俗人的手中。这个看法其实是想要国教得到更大的独立性，因此，如果我们不认可柏克的观点，即一个体制化的、有地产的教会已成为辉格党秩序的组成部分，它似乎有托利党味道。我们不应该这样想的唯一原因是，很多有地产的辉格党家族当初能发家致富，靠的都是修道院的土地，而且他们对此心知肚明。辉格党贵族是不是国教党（Church Party）的中坚，这一点并不总是清楚。

取消教会的建制，会威胁到它在社会秩序和国家中的地位。直到 1830 年，有一名主教和座堂圣职团（cathedral chapter）担心其土地被无信仰的改革分子剥夺，于是创办了杜伦大学，以便利用那些地产增进教士阶层的学问。当柏克批评普莱斯明目张胆地支持国民公会对法国教会的所作所为时，他脑海里出现的就是这种担忧，在他的描述中，那些

---

① 下文，第 79—90 页。
② 下文，第 102—103 页。

鼓吹改革的异见分子，正是一群游移无根的知识分子，他们只想着如何与社会秩序作对，而绝不会想着如何与它共存。柏克思想中的社会秩序是自然的，是天国与尘世的联合体，财产是人类（正如共和主义者詹姆斯·哈林顿也曾看到的①）在这个自然的，但也是动态的和历史的秩序中获得立足之地的手段。因此，有地产的教士阶层是组织和控制"知识分子"或者"士人阶层（clerisy）"的思想能量（intellectual energy）的一种方式。弥尔顿曾认为这是教会的一种堕落，并希望②看到由广大会众供养教士阶层，但柏克是国教复辟时期的一个产物。在法国，他就开始看到，当思想能量越过既定社会的各种轨道时会有何种后果，尽管伦敦那些鼓吹改革的不信国教者，跟巴黎反基督教的启蒙哲人们非常不同，但他认为他们走在同一个方向上。如果他们不是革命分子，他们就是被误导的同路人。

土地贵族是社会秩序的支柱，这些大人物的庇护，是文人才俊步入仕途并学习其规则的第二种方式。我们决不能忘记，柏克本人也是一个有才华的文学冒险家，他像许多依赖大人物庇护的才俊一样，对于"恩主—门客"关系，既会将其理想化，又会厌恶它。他欣赏辉格党贵族的宽宏大量，但也会指责他们耽于自足，不负责任，当他发现他们任何一个人，比如谢尔本，背叛自己的阶层时，"埃德蒙·柏克的怒火"③不会饶恕任何人。《反思录》写完几年后，柏克从王室获得一笔养老金，当富可敌国的贝德福德公爵——一个辉格党左派——对此冷嘲热讽时，柏克回敬

---

①　J. G. A. Pocock 编，*The Political Works of James Harrington*（Cambridge University Press，1977）。

②　弥尔顿，*Considerations Touching the Likeliest Means to Remove Hirelings Out of the Church*（1659），in Robert W. Ayers, ed., *The Complete Prose Works of John Milton*，Vol.Ⅶ（New Haven，1980），pp.274—321。

③　这是 Kramnick 的说法，见 *The Rage of Edmund Burke*。

了一封《致一位贵族的信》，明确提醒他其家族的财富源自亨利八世赏赐的修道院土地。这封信读起来像是在攻击整个贵族阶层，但柏克怒斥的是贝德福德背离了自己的恰当角色，包括尊重和保护像柏克这样的人。

十二

柏克讨论法国大革命的最后一篇作品是《论与弑君者讲和》，它出版于 1796 年至 1797 年。那时，路易十六及其皇后已被处决，恐怖时期已过，大革命的军队正在蹂躏西欧，英国政府正考虑与法国议和；而柏克——当时遭受丧子之痛，身处癌症晚期，且被政坛彻底孤立——在话风上比以前更加狂野。《论与弑君者讲和》非常值得一读，但算不上经典。这里提到它，因为它体现了《反思录》中那些思想的巅峰。他的早先的著作宣称且讨论的是，法国正陷入一片混乱；不久以后，柏克又宣扬说"法兰西"已不复存在；但后来，他开始偏执地预言，英国的敌人不是一个国家，而是一场革命阴谋，他称后者有一套"暴力学说"①和一种"恐怖能量"。我们可以说他错了，被大革命洗礼过的地方依然是法国；但他的诊断，尽管是一种不算高明的政治行为，却是伟大的政治预言，他看透并且说出了在我们这个时代的大屠杀和政治清洗中才有的东西。柏克知道革命是什么样子，但他似乎更清楚革命会变成什么样子。

"恐怖能量"说的是，人类智力摆脱了一切社会束缚，既能发挥建设性作用，也能起到破坏性作用，但它经常选择后者展现其威力。一个革命知识分子（revolutionary intelligentsia）依然是这种能量的主要载体，但

---

① *Works*，VIII，p.98.

它的盟友,不是《反思录》中的"金融利益"代表,也不是"布尔乔亚"——
该书对它未置一词,而是国家政权的官僚和技术专家①,后者取代了柏
克早先分析中的那些外省律师和投机分子。如今,这种知识分子不再是
1790 年的"法兰西院士"和"百科全书派",而是所谓的地下雇佣文人
(罗伯特·达恩顿最近对此作了研究②),柏克说,他们正摆脱"书桌的痛
苦奴役",升入帝国的统治阶层。③这种联合起来的"知识分子的反叛"力
量,已经建立了一个王国,它的唯一目的是发泄它自身的力量,它会轻
易毁掉它想要统治的地区。④我们可以反驳说,1797 年的法国已从雅各
宾主义中全身而退;但是,柏克最后一部著作就是他那个时代的《一九
八四》。他早已发现了极权主义的理论,并将它拓展成了一种预言。

　　至于这一切是如何发生的,柏克的一个解释是贵族庇护制的衰落。
当小人物(包括文人)追随有势力的庇护人,社会就在纵向上分成了一
个个荫庇群体,被庇护者的政治才干——柏克即曾如此——为其恩主所
用,这恩主不是煽动型政治家,而是自然形成的社会中的天然领袖。但
是,随着越来越多的财富集中到"中产阶级"——这是柏克的说法,我们
要紧跟他的意思——手中,庇护制度衰落了,社会不再分成大人物和小
人物,产生的不是资本主义的资产阶级,而是一个意识形态化的大众,
他们的政治意见被印刷媒体的舆论电流随时更新着,有管理能力的贵
族阶层无论多么深谋远虑,再也挡不住层出不穷的各种狂热主义。⑤
20 世纪初,社会历史学家奥古斯丁·古善(Augustin Cochin)⑥在评价法

---

① 　*Works*，VIII，pp.172—173.

② 　R. Darnton，*The Literary Underground of the Old Regime*(Cambridge, Mass., 1982).

③ 　*Works*，VIII，p.256.

④ 　Ibid.，p.253.

⑤ 　Ibid.，pp.259—260.

⑥ 　Francois Furet，*Rethinking the French Revolution*，Elborg Forster 译(Cambridge University Press，1981)，第 3 章。

国大革命时说,那时兴起的是他所谓的"玄想的社会",这听起来与柏克说的很相似。尽管很清楚,古善不是在用 18 世纪辉格党的社会学解释那种现象。

在柏克看来,贵族阶层的庇护和势力,就像财富在社会结构中的分配与交换一样,属于自然而然形成的秩序的一部分。当贵族阶层不再庇护文人,"一个国家就会出现可怕的能量,在这样的国家,财产对政府没有用处……能左右一切的只有绝望之人的脑子"。①财富集中到中产阶级手中,所产生的不是一个由遵纪守法的资本主义关系统治的社会,而是无政府状态,那时,有天赋、有力量、有思想的人,认为自己可以自由改造社会,但他们不过是在毁灭社会,因为他们的能量会失去方向,变得无法无天。"靠才华打天下"(la carrière ouverte aux talents)是大革命的一句口号,但柏克问到,如果真的"靠才华"得到一切,会有什么后果,他们难道不会毁掉包括他们自己的"一切"吗? 他用这样一句话提出这个问题:"雅各宾主义是一个国家的热血才俊们反抗该国财富的斗争";②他说的"财富",不是简单地指贵族制或者资本主义所有权,而是一切能让个人容纳进社会的物质结构和精神结构中的东西(包括一个社会的"风尚")。他不信任行动至上的博爱精神,而革命分子对后者深信不疑。

十三

本文对柏克思想的分析,已经从《反思录》来到了《论与弑君者讲

---

① *Works*, VIII, p.256.

② Ibid., p.170.

和》，以指出它能发展出的一个方向。柏克在捍卫这样一个复杂的统治秩序——它是君主制的、宗教的、贵族的、商业的，而反对革命知识分子对它的破坏，他最害怕的社会阶层或者群体，不是资产阶级，也不是无产阶级，而是，最好用19世纪的概念，"知识分子（intelligentsia）"。在比较法国和英国的"旧制度"时，他想要表明，在英国，土地财富和商业财富相处得更加和谐，因此，英国不容易受到金融和知识投机者联盟的破坏，而后者正在毁灭法国。《反思录》后半部分力图表明，为何法国人在公共财政、国家建设和军事力量上的革命性实验，不可能建立像英国那样稳定的统治秩序——正是在这里，我们发现了柏克对法国革命最细致的批判，而同样的，《论与弑君者讲和的第三封信》在结尾处证明①，为什么就算爆发战争，英国的公共财政也一定比法国的更坚挺（就接下来二十年而言，可以说确实如此）。柏克几乎不担心辉格党政体的经济稳定问题，也不觉得英国社会的贵族成分和商业成分会发生矛盾；这一意识在《谷物法》颁布之前并不普遍。他不害怕资产阶级（马克思主义者被迫在谴责他是个反动派和谴责他是个资产阶级之间徘徊）②，《反思录》中几乎没提到那些阅读潘恩并在几年后大声支持法国人的激进英国工匠。③柏克害怕人类智力脱离一切社会约束后的那种力量，他为这种脱离会如何发生提供了一种社会学解释，但他的眼光是聚焦于一个知识分子和专业人士的阶层，这个阶层不是资产阶级——尽管它会用自己的收入进行投资——但同样也不再是神职人员或满足于受自由派贵族庇护的门客。在这里，我们确实可以在柏克模棱两可的个人立场中发现他

---

① *Works*，VIII，pp.362—430.

② 马克思称他是"一个彻头彻尾粗俗的资产阶级"。对柏克最好的马克思主义解读是 C. B. Macpherson, *Edmund Burke*(Oxford, 1981)。

③ Albert Goodwin, *The Friends of Liberty：The English Democratic Movement in the Age of the French Revolution*(Cambridge, Mass., 1979).

的一些思想根源。他不再是大人物的追随者，但他自己也没有成功地变成大人物。那时的才智之士可以爬上贵族阶层，加官晋爵，建立世家，但他没有这样做。其爱子的英年早逝，在他人生最后几年将他击垮，这应被视为这种个人失败的一部分。

知识分子和才俊在社会中的角色，是理解《反思录》何以被当代人接受并成为英国政治话语史之一部分的关键。对于这种接受，我们所知道的并不如我们以为的那样多。回应《反思录》的第一批出版物，据目前已知，均为柏克的论敌们所作：他们都是法国大革命的同情者，要么是辉格党人，要么是一位神论者，要么是托马斯·潘恩、玛丽·沃尔斯通克拉夫特或威廉·戈德温所发展出的政治激进主义新流派的信徒。①出于值得赞赏的政治公平愿望，绝大多数研究《反思录》的文献最后都会对这些回应做一番考察，奇怪的是，有些现代版本的柏克文集会设计出一种其实是在颂扬革命的封面：②即在柏克称赞英国橡树的地方种植自由之树。但这篇导论关心的是作为保守主义经典的《反思录》，它是如何变成保守主义经典尚未得到很好解释，部分原因是接下来半个世纪，英国的政治和社会变化如此之大，保守主义、自由主义和激进主义——即使不是首次出现——获得了诸多新的含义。

由于《反思录》问世于辉格党分崩离析之时，而且它确实推动了福克斯的追随者和其他辉格党团体之间的分裂，因此它的反响不一，我们不能说它问世之后随即成为反革命思想的圣经。相传乔治三世曾感谢柏

---

①　Marilyn Butler, ed., *Burke*, *Paine*, *Godwin*: *The French Revolution Controversy* (Cambridge, 1984).

②　比如 William B. Todd 编订的版本 (Rinehart Editions, New York, 1959)，其封面是自由女神召唤人民去战斗，而 Conor Cruise O'Brien 编订的版本 (Pelican Classics, Harmondsworth, 1968)，其封面是种植自由之树。若用图画表达《反思录》里的政治观，用怎样的图画才算恰当？

克为"所有绅士"的事业辩护，但这依据的是简·柏克的记录：她丈夫曾告诉她国王对他这么说过①，其可信度不高，不足以作为柏克思想传播的证据。毫无疑问，自从法国大革命爆发后，贵族制度开始在英国政治中经历很长一段艰难岁月，当时出现了大众保守主义（popular conservatism），也出现了民主的和激进的叛乱。但是，《反思录》进入保守主义话语的过程需要更多研究。在 1793 年及其之后成立的那些反革命协会，其立论相比依赖柏克，似乎更多依赖于威廉·佩利（William Paley）、汉娜·莫尔（Hannah More）和其他深植于辉格党和托利党传统中的威权主义因素。②柏克当时是一个被孤立和不受信任的人物。福克斯派讨厌他，视其为叛徒，其他辉格党人从未喜欢过他，国教教会对他在爱尔兰问题上的言论不屑一顾；而他那种奇怪的激烈风格，在《反思录》中很明显，而且后来越来越强烈，令当时的读者反感，就像它让今天的读者也经常感到不适一样。情感上的痛苦遭遇让他变得疯狂和失控，他的晚年并不幸福。

柏克既是欧洲人，也是英国人，尽管如我们已看到的，《反思录》是一部非常英式的著作，人们并不看好它会广泛流传。然而，在国外，对于法国大革命以及别人怎么看它，世人一直有着浓厚兴趣，柏克因此被一个国际化的图书市场捧起来了。一个法语译本——明显成为一个政治温和派的宣言书——在 1790 年和 1791 年之间流传，直至其书商因政治恐吓而倒闭；从 1791 年到 1793 年期间还出现了一些德语和意大利语译本，从 1791 年到 1792 年期间出现了一些美国版本。但要使柏克的

---

① *Correspondence*，Vol. VI，p.239.

② 克拉克：《英国社会》，pp.258—265；Robert L. Dozier, *For King*, *Constitution and Country*：*the English Loyalists and the French Revolution*（Lexington，Ky.，1983）；J. A. W. Gunn, *Beyond Liberty and Property*：*the Process of Self-Recognition in Eighteenth-Century Political Thought*（Kingston and Montreal，1983）。

思想融入他自己的国家之外其他任何国家的保守智慧中,那个国家的读者和作者必须将柏克对自然和历史的理解,转化成其自身文化可理解的东西,而柏克在欧洲历史哲学——很多是受到法国大革命以及对它的反应而启发产生——的形成中发挥的作用,是一个复杂而多样的主题。有人曾认为,柏克对欧洲的反革命思想没什么影响,因为,尽管阅读和研究他的人很多,但没有人真正理解他,所以他没有启发性。这种看法忽略了一个问题:那些误解他的人认为他在说什么,以及他们的误解让他们自己说了什么。

据我们所知,当时对柏克最用心的阅读和研究在德国,那里他的主要学生是弗里德里希·根茨①,但是,那里对人性和历史的理解非常不同于英格兰或苏格兰。我们将法国大革命之后那个时代的政治观念理解为"浪漫主义的"②,它强调大众经验和个体经验的重要性,它继承了祖先的遗产,与国家和重建国家的革命(或反革命)计划所体现出的"理性主义"针锋相对。"浪漫主义"思想可以发挥革命或反革命的作用,这取决于是旧制度还是革命是被替换的"理性主义";德国和英国浪漫主义者都有过从一个立场到另一个的例子。容易看出,柏克生动地诉诸历史以对抗革命的"形而上学",如何帮助塑造了这种话语③,但麻烦在于,他的历史观绝不是浪漫主义的或大众的,而是辉格党的、贵族式的和教权主义的。或许最伟大的英国浪漫派保守主义者是沃尔特·司各特爵士,他是柏克的崇拜者,且从不是雅各宾派;但英国湖畔诗派完成了从雅各宾

---

① Golo Mann, *Secretary of Europe: the life of Friedrich Gentz, enemy of Napoleon*(New Haven, 1946).

② H. G. Schenck, *The Mind of the European Romantics: an Essay in Cultural History*(London, 1966); H. S. Reiss, *The Political Thought of the German Romantics*(Oxford, 1955); Crane Brinton, *The Political Ideas of the English Romantics*(London, 1926).

③ Alfred Cobban, *Edmund Burke and the Revolt Against the Eighteenth Century*(London, 1962).

主义(英国意义上的)向正统主义的转变过程,华兹华斯有一首写给"天才柏克"的十四行诗,能帮助我们看出他在其中发挥了何种作用。①

柏克在塑造英国保守主义的作用,最佳证据似乎来自那些直接或间接地因为他而改变立场的人。写下了《为高卢人辩护》(*Vindicate Gallicae*)的苏格兰人詹姆斯·麦金托什爵士,是《反思录》的批评者之一,但他后来放弃自己的主张,参与到对苏格兰科学辉格主义的保守主义重塑事业中。②霍兰德宫的辉格党人——无论血统还是观念上都是查尔斯·詹姆斯·福克斯的后裔——曾艰苦地重塑了辉格党改革派的思想,使麦考莱这种演讲者在 1832 年能将议会改革说成是保持英国历史连续性的必要环节;③麦考莱的《英格兰史》在 1848 年开始出版,它对 1688—1689 年的光荣革命做出了本质上是柏克式的解释。正是因为英格兰在 17 世纪经历了一场"保守的革命",麦考莱写道,它才没有在 100 年或 160 年后遭受"破坏性的革命"。④

不过,柏克可能会同意最近一位历史学家的说法⑤,即 1829 年的《天主教解放法》,和随后《宣誓及结社法》的废除,标志着旧制度在英格兰的真正终结。尽管他对前者的感受可能会跟对后者的感受不同。这些措施标志着英国的国家与国教之间发生了一些深刻变化;如果国教教士不再是一种单纯负责维护正统秩序的神圣价值的职业,随之而来

---

① James D. Chandler, *Wordsworth's Second Nature*: *A Study of the Poetry and Politics*(Chicago, 1984).

② Stefan Collini, Donald Winch, and John Burrow, *That Noble Science of Politics*: *A Study in Nineteenth-Century Intellectual History*(Cambridge, 1983), pp.45—46.

③ 这些演讲文稿可见于屈威廉夫人编订的《The Works of Lord Macaulay》第 8 卷(New York, 1897)。麦考莱与柏克的关系,见 John Burrow, *A Liberal Descent*: *Victorian Historians and the British Past*(Cambridge, 1981)。

④ *Works*, Vol.II, p.398;《英格兰史》第 10 章末尾。

⑤ 克拉克:《英国社会》。

的问题就是,以后如何维持这些价值。这非常接近柏克从根本上的担忧,即他认为大革命会将思想能量从宗教或社会的控制中释放出来。在这点上,萨缪尔・泰勒・柯勒律治——一位伟大诗人和二流但有趣的哲学家——可能对柏克一直坚持的东西看得最深入。柯勒律治最后一部大作《论教会与国家的建制》(1830),是一部对柏克、康德和柏拉图的复杂综合。它设想的社会是三者的联合:保守的地主阶层、进步的商人和实业家,以及一个由知识分子组成的"教士阶层"或"全民教会",他们的目的是要维护文化而不是宗教信条,为了支持他们,应该划拨一定的国有土地。柯勒律治清楚意识到,柏克的核心关怀是将有思想和有文化的阶层与民族传统融合起来,而他给出的最终方案是一个国教方案。《论教会与国家的建制》是一份乌托邦保守主义文献,但是,它以自己的方式准确地指出了知识阶层和专业阶层与绅士阶层而非资产阶级之间的联系,这是理解 19 世纪和 20 世纪英国历史的一个关键。维多利亚时期一大批政治和社会思想,如今被认为正是在思考"知识分子"(clerisy)的恰当社会角色,而在这方面,柏克可被视为预言家和先知。①

十四

他的所有反革命著作,都旨在反对脱离社会秩序——也即宗教秩序——的世俗智慧和知识分子。对他而言,庇护关系是贵族社会的一个特征,这种庇护关系的衰落是个重要问题,但更大的问题,是将智力与宗教秩序和社会秩序连结起来的建制化教会的衰落。对于英格兰——

---

① Harold Perkin, *Origins of Modern English Society*(London,1969),第 7 卷,第 4 章;Ben Knights, *The Idea of the Clerisy in the Nineteenth Century*(Cambridge,1978)。

不管他对独立后的美国了解多少——他担心一位神论的不信国教者会分离国家与教会,将所有宗教降格为自由信仰;对于法国,他的描述更加生动和可怕,担心知识分子会联合起来对抗基督教本身。我们已经看到,他如何将辉格党社会的宗教、贵族和商业成分整合起来,试图保护它们不受社会的各路敌人的攻击。但是,使《反思录》成为保守主义经典著作的,是它阐明了反对那种试图破坏社会秩序的智力,而柏克的阐述方式可以翻译成特别的辉格党语言。要恰当理解柏克在说什么,我们必须将他的语言重构为 18 世纪的辉格党语言,它立足于某些特定假设,做出了某些暗示,并带有特定含义。但,要理解他是如何被不一定是英语政治文化圈的公众阅读的,我们必须总结和概括他探讨智力与社会秩序之关系的语言;柏克是一个思想和文学天才,我们会发现他已为我们做了很多这方面的工作。

在《法国大革命反思录》中,被后世大众阅读最多和被后世学者研究最多的,是那些反对普莱斯将英国光荣革命等同于法国大革命的段落,是那些反对法国人权学说的段落,和那些反对国民大会重建法国社会的段落。而不是那些反对革命者的纸币财政或反对掠夺教会财产的段落,甚至他对骑士时代(一去不复还)的惋惜——尽管一开始就被认为是至关重要的判断——并不总是得到了恰当的阅读。但是,在使《反思录》成为一部经典的被阅读的那些段落中,阐释者们已经正确地理解到,柏克对一些政治行为提出了控诉,它们立足于解放智力,允许其参与到对社会秩序的彻底批判和彻底重建中。柏克没有引用埃贝·西哀耶士的话:"第三等级是什么? 是一切。它被允许是什么? 什么也没有允许。它想成为什么? 理应所是的";①但是,它们正是柏克所反对的事情的出

---

① Emmanuel-Joseph Sieyès, *What is the Third Estate?* trans. M. Blondel (London, 1963).

色表达。他会说西哀耶士不可能是对的。到目前为止,第三等级必定已经是其所是了,因此它不能拥有绝对权力去决定它今后是什么。人们已经对历史有了温和中庸的信念,而这正是革命者要否定的。潘恩和杰斐逊(他可能问过)是否真的认为,世界只属于活着之人,他们可以对它为所欲为?

柏克的核心思想是,社会秩序先于人类智力,它设定了理论和实践必须遵守的诸种道德和现实条件。我们只有先栖居于一个社会和一种文化中,才可能成为真正的人,正是这个社会和文化给我们提供了我们的行为发生和发挥作用的环境,并提供了我们的行为发生和发挥作用的道德与现实理由。因此,我们无法毁灭和更换整个文化体系,除非先毁灭我们自身的诸种智力和我们更换它的能力,因为我们要毁灭的,是我们可能拥有的行为甚至生存的唯一理由。奥斯维辛的牺牲者正是被这样对待的,但杀害他们的凶手也这样对待了自己。如果我们接受这个前提——即人类文化先于人的理性——就只剩下两个问题。我们该用怎样的话语描述人类文化并叙述其首要地位?我们会发现人类为自己的行为设置了哪些道德和现实的限制条件?就柏克而言,第一个问题变成了一个历史问题:他用何种术语确认社会秩序的首要地位?第二个问题更像是一个批判性问题:如果我们使用并追随柏克的语言,我们会为行为设置哪些限制?第一个问题关乎柏克的写作意图,第二个关乎我们自己的理解;但两者之间存在联系。

柏克用一个 18 世纪辉格党人会使用的诸种术语定义社会秩序,他生活在一种高级文化中,能利用广泛而复杂的思想习语。由于该原因,他对社会秩序的定义,及对其首要地位的肯定,是从不同角度做出的,这些角度在他看来完全相互融洽。学者们当然可以研究这些角度是什么，并追问其是否如柏克所想的那样和谐一致。此外，在柏克研究者中，有一种做法让问题进一步复杂化了：即检查柏克在四十多年繁忙的一生中写下的所有著作，试图提炼出他终其一生保持不变的某种哲学或意识形态。这里不认同这种做法。仅以《法国大革命反思录》为例，我们能发现，首先，社会体系被柏克辩护为神圣的：它是将人和上帝链接起来的永恒秩序之链的一环，此即为何它必须包含一种教会组织；其次，它是自然的：是上帝在万物和人类灵魂的构成中植入的永恒法的一部分，此即为何人类灵魂如果不毁灭和重构自身就无法毁灭和重构社会秩序；第三，它是历史的：是社会从野蛮向风尚和商业不断进步的产物，此即为何不破坏现代秩序也就无法破坏旧秩序；最后——尽管这里对这点说得最少——它是传统的：它建立在英国经验上，即依赖于习惯、先例和遗产，依赖普通法和古代宪政的渐进革新，这些被认为是以其自身方式巩固着历史的和自然的秩序。

柏克学者们经常争论不休的，要么是想确定在对社会秩序的这些辩护方式中是否有一种比其他的更重要，也就是说它在柏克思想中是最根本性的，是其他方式的母体；要么分析每一种方式的诸种内涵，并追问它们之间是否一致或者矛盾；要么认为所有这些方式本身都是历史性的人为产物，它们产生于特定的时间和环境，以后不知会变成什么样子。所有这些都可以是历史性调查，它们或多或少有不错的构思和研究。但是，如果我们将柏克作为我们自身时代困境的一个可能向导，我们很可能会发现，我们无法像18世纪辉格党人那样思考问题，而是必须在一定程度上将柏克翻译到我们自己的思考方式中。因此，我们必须要问，我们是否会同意，有一个先前存在的社会或历史秩序，为我们的道德和现实思考设定了条件，并因此对我们批评它或对它发挥作用设定了道德和现实的限制？如果我们同意，接着就要问，我们该用怎样的话语定义那种秩序和它加诸我们的种种限制条件，以及这些话语是否完全是柏克的那种。最后，我们要问的是，自《人权宣言》以后，革命者们为自己说了些什么（他们当然有很多话要说）；他们是否提出过比柏克在巴黎或伦敦发现的更深奥的革命理论，或者是否对我们如何被历史塑造、我们如何在历史中行为并影响历史提出过更好的解释。20 世纪是一个充满革命的世纪，革命观念和保守主义立场之间的争论，在根本上是有关政治人与其历史的关系的争论。

十五

既是如此，任何想要利用柏克式智慧的思想家，都必须问自己：准备在怎样的社会中使用这种智慧；那个社会有着怎样的"过去"，也就是说，这个社会是通过怎样的变化和保存过程变成现在这样的；那个社会对其过去有怎样的认同（如果有的话）（commitment），"认同"的意思是承认，该社会若要保持对自我的辨识，有些条件是不可改变的；一个社会是否应该有一些革命者，其公开声称的目标就是要彻底改变一个社会，改变到其前身都认不出来的程度，可以根据什么来评价对这种目标的追求。"过去"和"认同"的性质，可能会让一个社会的保守主义与另一个社会的不同；今天一个非常复杂的情况是，很多社会的"过去"都包含了革命性变化的经历，这是柏克在 1790 年写作时所没有的。各个社会的过去如今都是动态的，就像它们经常是传统的一样，我们十分怀疑有哪个社会的历史可以被称为"伟大的永恒秩序之链的一环"。历史和自然对我们要比对柏克更加疏远。

　　然而,他的著作使保守主义的信徒厌恶系统化的理性改革,厌恶与历史为敌的心智,每当改革者要用一些系统化的计划干点什么时,这种心智就会发挥作用。他的著作通常会问,改革者打算如何对他人采取行动,他会用自己的直接行动取代别人或别的机构的哪些行动。但是,如今流传着一个柏克式谬论,用来暗示别人的智慧总是且必然强过批评者或改革者的智慧。杰里米・边沁称此为"'我们祖先的智慧'谬论"①,在19世纪晚期到20世纪,随着自由主义改革被社会主义计划取代,经常会有人采用这种说法。

　　只有当理性主义改革图谋用积极的智慧(active intellect)取代这种智慧所归属的社会秩序时,柏克才是这种改革的敌人。为了捍卫那种秩序,他动用了自然、历史和传统中的所有资源。每当人们采用他的修辞策略时,就出现一个问题,他们传统中有哪些资源是需要捍卫的。有趣的是,在关于政府干预和自由市场的争论中,柏克式传统这个角色经常是由市场及其"看不见的手"发挥的。一些看不见的力量被认为会产生一种自发的、非人为计划的秩序,而寻求替代它的自以为是的智慧,被指责会将人类社会导向"奴役之路"。②对此,柏克可能不会反对;他是亚当・斯密的朋友,他定然认为,商业秩序是自然秩序的一部分;③但是,同样作为斯密和其他苏格兰历史学家的朋友,他知道,商业是从漫长而复杂的人类历史中产生的,仍需诸种历史先决条件。因此,当我们试图确定如何在既有社会中恰当使用柏克的修辞时,我们要考察它之前历

---

①　Jeremy Bentham, *The Handbook of Political Fallacies* (Baltimore, 1952; New York, 1962).

②　F. A. von Hayek, *The Road to Serfdom* (Chicago, 1944).

③　见他的 *Thoughts and Details on Scarcity* (London, 1800); Gertrude Himmelfarb, *The Idea of Poverty: England in the Early Industrial Age* (New York, 1984), pp.66—72; Macpherson, *Edmund Burke*。

史的变化强度和复杂性；这对理解柏克的思想在美国政治文化中的适用性问题很重要。

这里的困难在于人们所理解的美国政治传统的性质。有人认为，绝不可能有一个美国柏克——尽管保皇派托马斯·哈奇逊赢得过这一名号①——因为美国历史上除了洛克政治学和自由市场的传统，没有其他传统②，而在美利坚合众国与柏克对作为欧洲商业繁荣支柱的教士精神和骑士精神的呼吁之间，隔着一片大西洋。约翰·亚当斯，尽管是一位独具特点的保守主义者，已经将此鄙之为"教规和封建法"了。美国的历史保守主义通常出自律师之口，他们意识到美国的法律源于英国的普通法，而英国的普通法又深深地扎根于中世纪；但伟大的法学家们在美国社会一直只是受人尊重的少数群体。从美国革命之前的时期起，人们就一直认为，美国没什么自己的历史，与欧洲共享的历史就更少了，为美国提供一部革命前历史（a pre-revolutionary history）的尝试往往不受待见。毫无疑问，这就是为何现在已知最有活力的美国柏克学派将这位大师解读为自然的哲学家而非历史的哲学家（当然，他两者都是）。在拉塞尔·柯克和皮特·斯坦利斯的领导下③，该学派兴盛于约三十年前，他们发现柏克是一个自然法理论家，并将这一发现视为捍卫普遍的人类社会、反抗希特勒和斯大林的野蛮行为的一部分。这学派如今不再

---

① William J. Pencak, *America's Burke: the Mind of Thomas Hutchinson* (Washington, 1982).

② Clinton Rossiter, *Conservative in America: the Thankless Persuasion* (New York, 1955); Louis Hartz, *The Liberal Tradition in American* (New York, 1955).

③ 对该学派批判性分析的比较，见 O'Brien 版的《法国大革命反思录》（第 56—67 页）和 F.P. Lock 的《柏克的反思录》（第 192—194 页），前者从意识形态的角度分析，后者从方法论的角度分析。有一份期刊 *The Burke Newsletter*，即后来的 Burke and His Times，如今叫 *The Eighteenth Century: Theory and Interpretation* (Texas Tech University)，已经失去了作为主要作为柏克研究刊物的特色。

时髦，并因与冷战的牵连而受到谴责，但一个更实质性的批评可能是要问，美利坚文明是否能用一种如此依赖自然而很少依赖历史的哲学加以辩护。20世纪50年代的保守主义者从《法国大革命反思录》中看到的作者，是一名捍卫自由社会而反抗革命极权主义的斗士。可以说，柏克在大声疾呼他发现了后者时，也在追问前者是如何从历史中产生并在历史中维持下去的。他当然认为它需要那些从未在美国扎过根的贵族和教士阶层的支持。美国思想家要如何看待柏克，归根结底，取决于他们如何看美国革命之前的历史，或者说，取决于他们是否认为美国有任何早期历史，除了准备那场与法国大革命截然不同的革命。

学 术 评 论

矛盾抑或统一：卢梭的哲学体系与历史身位

——评《人的自然善好：论卢梭思想的体系》[*]

方仁杰^{**}

在启蒙时代诸多思想家中，让-雅克·卢梭无疑最深刻、最复杂，但同时也最具争议。其深刻性在于，在乐观地歌颂人类文明的启蒙时代，卢梭率先看到了现代文明带来的腐化，并努力寻求解救之道；其复杂与争议，则不仅在于卢梭本人与启蒙时代诸多思想家剪不断、理还乱的关系——无论私人生活抑或思想观点——还包括其著作内容之包罗万象：涉及的主题之广，处理的问题之多，甚至不同时期的许多观点都看似前后矛盾。卢梭的深刻性，使得任何尝试理解启蒙时代、现代社会乃至古今之争的学者都无法对其完全置之不理；其复杂性，则使得许多研究者对其望

* 亚瑟·梅尔泽：《人的自然善好：论卢梭思想的体系》，英文版于1990年由芝加哥大学出版社出版，中文版于2020年12月由上海人民出版社出版，任崇彬译。
** 方仁杰，复旦大学法学博士，浙江工业大学马克思主义学院讲师。

而却步,或仅仅停留在对其某一文本、某一观点的阐释——在这样的解释中,我们往往难以窥见卢梭思想的全貌,更无法准确理解其在思想史中的定位。

卢梭本人的思想究竟是自相矛盾、支离破碎,抑或是前后一贯、自成体系的?其思想气质在古今之间的张力应当如何理解?怎样相对客观地评价卢梭对后世的影响?针对上述问题,亚瑟·梅尔泽所著的《人的自然善好:论卢梭思想的体系》一书,或将为我们提供有益的指引。

一、卢梭:矛盾性与多面性

梅尔泽此书主旨,意在阐明卢梭思想的内在一致性,或曰其内在体系——但这并不意味着他忽视了卢梭思想的复杂性与矛盾性。事实上,在全书开篇处,作者就将卢梭思想中的矛盾之处全面而深刻地呈现在读者面前。在他看来,卢梭诗性的写作风格使其著作看似更多地在进行描述而非论证,因之其思想本身显得如此"不成体系";而与之相关并且看似更为糟糕的,则是存在于其思想中的诸多矛盾——梅尔泽总结为四大矛盾。

首先,在《论人与人之间不平等的起因和基础》(简称《论不平等》)中所呈现的极端个人主义与《社会契约论》中极端集体主义之间的矛盾。在《论不平等》中,卢梭表达了对个人主义的热情赞扬与向往,其笔下的自然人呈现出一种绝对独立的状态,与他者之间从不存在真正意义上的联系,这种独立自足的自然状态被认为犹如人类的"伊甸园"。而随着人与人之间产生实质意义上的"关系",人的自爱心、自尊心都不可避免地发展并膨胀，因而社会状态在《论不平等》中被描绘为"绝对的恶"，并最终呈现为一种压迫与剥削的状态。然而，在《社会契约论》中，卢梭却反而暗示了原子化个体的缺陷，并努力将其"融入"共同体之中——个体的权力必须全部让渡给主权者，并且主权本身绝对不可分割；"公意"这一理念，是卢梭所设想的公民自我统治之抽象表达，但其中蕴含的集体主义色彩则不言而喻。在此基础上，梅尔泽指出，还衍生出了其他的矛盾："卢梭赞美孤独与赞美共同体之间，赞美懒散与赞美行动之间，赞美自发性与赞美自我克服之间，赞美彬彬有礼与赞美军事勇敢之间，以及赞美世界主义的人文主义与赞美排他性爱国主义之间的矛盾。"①就上述两个文本而言，或许我们还可以再加上一点：卢梭在《论不平等》中似乎批判了古往今来一切的政治统治——因之甚至被认为带有无政府主义的色彩；而在《社会契约论》中却又试图去建立一种政治统治——并且，他所构建的这种政治统治形式，无疑能在人类政治发展的历史长河中找到原型。

其次，梅尔泽指出：卢梭一方面赞成极端的平等主义，另一方面又在字里行间呈现出其精英主义的倾向。所谓"极端的平等主义"，不仅体现在《论不平等》中卢梭对于自然人天然之平等的热情讴歌，对于社会状态之不平等的极力批判，还体现为他在《社会契约论》中所设想的，建立在平等基础上的"人民主权"状态，以及由此衍生的对直接民主的坚持。然而，卢梭似乎对上述设想并不放心，因而指出，在共同体中应该有"立法者"——其作用不仅在于制定共同体的法律，还应该创造出用以维系共同体的传统与习俗，甚至还应当能够塑造人性。与"立法者"相

---

① 亚瑟·梅尔泽：《人的自然善好：论卢梭思想的体系》，任崇彬译，上海人民出版社2020年版，第4页。

一致,卢梭还强调共同体中应当具有公民宗教,以此来维系共同体并教育公民。无疑,"立法者"与"公民宗教"的设想都带有明显的精英主义色彩,并与不平等相联系。"如果人们怀着某种对卢梭之复杂性的宽容来检审他的著作,那么就会很容易看出他仍然相信自然的不平等。事实上,卢梭比他的同时代人更相信'伟大':相信立法者和智慧之人,相信英雄和哲学家——相信灵魂的内在力量与内在天赋。"[①]如若回到卢梭的成名之作《论科学与艺术的复兴是否有利于使风俗日趋淳朴》(以下简称《论科学与艺术》)中,我们将会发现,卢梭的"精英主义"倾向似乎早有端倪:他宣称真正有资格从事科学与艺术事业(包括文学)的只能是一小部分天才式的人物。此外,无论是《爱弥儿》中的"导师",还是《新爱洛伊丝》中的沃尔玛,都明显"高人一等":前者全权负责爱弥儿的教育,而后者则在无形中以自己的"权威"维系着书中的整个共同体。卢梭笔下的这种精英主义乃至权威主义的倾向,如何与他对于平等的赞颂相协调,仅仅是简单的前后矛盾或不同文本中各自独立的需要吗?这一问题同样有待思考。

梅尔泽所指出的第三个矛盾则涉及普遍性与特殊性的问题。他认为"卢梭跟随孟德斯鸠(并且先于伯克)的脚步,强调既定习俗、历史背景以及地区差异对于政治的重要性,接受'自由并非所有气候的果实'这一从根本上说是保守主义的原则。"[②]换言之,不同的气候、地理环境以及疆域范围等,所适用的政体也应当是不同的,而并非有一种适用于一切民族的"最好"政体。卢梭在《社会契约论》中就指出,人口数量不同的民族,所适用的政府形式也是不同的:民主政府适用于小国,贵族

---

① 亚瑟·梅尔泽:《人的自然善好:论卢梭思想的体系》,任崇彬译,上海人民出版社 2020 年版,第 200 页。

② 同上书,第 4 页。

政府适用于中等国家,而君主政府则适用于大国。①然而,另一方面我们同样能看到,他在《社会契约论》中又给出了一种近乎严苛的抽象论证与建构,公意、立法者、公民宗教等内容纷至沓来——这一切似乎都在强调,只有符合这些抽象原则的政体才是"合法"并"正义"的,因而此书中所建构的共同体及其所呈现的原则,应当是"放之四海而皆准"的。上述这种普遍性与特殊性之间的张力,同样会影响到读者对卢梭的判断,即后者究竟应该归属于何种"主义"。

梅尔泽指出,卢梭思想中的最后一个矛盾,"可以被看成是其他三大矛盾的源头,或者至少说是汇总——涉及卢梭在政治思想史中的身位问题。"②在笔者看来,在作者指出的这四点矛盾中,最后的这一矛盾或许是最为重要的。一方面,显而易见的是,卢梭可以被看作一位现代思想家,其身处启蒙运动中,并且他所使用的"自然状态"、"社会契约"乃至"公意"等词汇都是近代政治哲学的重要概念;他对个体主义原则的强调、对自我保存的认可、对平等的赞颂、对人民主权的坚持等,都显示出其思想中非常"现代"的一面——在施特劳斯看来,卢梭甚至推进了霍布斯等思想家对于古典的反叛,因而显得更为"现代"。然而,另一方面,我们同样能看到,卢梭对所谓的现代文明、现代世界都持有激烈的批判态度,因而同样被施特劳斯认为是首位进行现代性批判的思想家,即正是卢梭的思想预示了第一次现代性的危机。③正如上文所言,卢梭笔下"立法者"的形象带有明显的古典色彩;此外,他在《论科学与艺术》一书

①　参见卢梭:《社会契约论》,何兆武译,商务印书馆 2003 年版,第 83 页。

②　亚瑟·梅尔泽:《人的自然善好:论卢梭思想的体系》,任崇彬译,上海人民出版社,2020 年版,第 5 页。

③　列奥·施特劳斯:《自然权利与历史》,彭刚译,三联书店 2003 年版,第 257 页。

中就早已展现出对以斯巴达、罗马共和国为代表的古典文明的推崇,推崇它们的淳朴与良风美俗,推崇它们对德性与高贵的追求,并且卢梭本人也试图以此为原型进行政治制度的设计——同样不容忽视的则是,我们甚至可以认为,《论科学与艺术》全书的思想来源本质上就是柏拉图哲学。与此相关并且同样重要的,则是卢梭对"政治"的看法:"政治"并不意味着统治与压迫,抑或如霍布斯所言,政治共同体的作用仅仅在于保全个体的生命,对卢梭而言,"政治"与教育密切相关,《社会契约论》本就是一个如何进行公民(德性)教育的范本。正如罗伯特·沃克勒所指出的,"卢梭比 18 世纪任何一位重要人物都更加认同经典古希腊学说里政治和道德之间的关联"。①此外,在晚年所著《忏悔录》、《一个孤独的散步者的梦》等自传性文本中,卢梭更多地呈现了一种"哲学"的生活方式——我们完全有理由相信,对他而言,这代表了一种最好的生活状态。以上种种,无不体现着卢梭思想中古典的一面。因之,我们应当如何看待卢梭的思想在"古今"之间的这种张力(或曰矛盾),对于理解其思想内涵至关重要。

由于存在上述诸多矛盾之处,后世对于卢梭的评价也呈现多样化,乃至于相互矛盾,甚至截然相反。例如,康德将卢梭视为"道德领域的牛顿";而自由派的思想家则认为,卢梭对法国大革命的混乱负有不可推卸的责任,甚至将他与极权主义相联系。梅尔泽在书中对此也作出了相关论述:**卢梭有时被视为革命者**,因为《社会契约论》并非完全如《理想国》那般被视为"乌托邦",而是关于"政治权利原理"的系统表述,因而被认为具有现实性;而卢梭在《论不平等》、《社会契约论》等书中所呈

---

① 罗伯特·沃克勒:《卢梭》,刘嘉译,译林出版社 2020 年版,第 72 页。

现的内容则被梅尔泽认为"激起了那种弥赛亚式的革命渴望"，并对法国大革命产生了深远影响。①然而，也正如作者指出的，将卢梭视作革命者的看法明显有失偏颇，因为他在自己的著作中同样明确谴责了革命，并强调政府的形式本就不应当轻率改变，这就使得下述看法同样成立，"即卢梭是真诚地反对革命的"。②与之相应的是，为了解决上述两种看法之间的矛盾，也有学者指出，**卢梭可以被视作进步派**，只不过他反对暴力革命式的进步，而是强调渐进式的改革。然而，这一看似折中的看法却带来了新的问题，即我们同样有足够的文本证据**将卢梭视作一个保守派，而非进步主义者**。保守主义的源头往往被追溯到法国思想家埃德蒙·伯克，但卢梭早在伯克之前即已指出，应当尊重传统，尊重古老的习俗，不应当轻易进行哪怕是微小的变更，古老的律法、传统将形塑共同的风俗习惯，并最终成为共同体的根基——这些论述，与保守主义的观点何其相似。此外，梅尔泽还指出，**卢梭还会被视作悲观主义者**，因为他在《论不平等》中指出，人类社会的黄金时代是在最初的部落文明时期，自此以后的人类历史，则是一个持续"下降"的过程；在卢梭笔下，18 世纪的欧洲似已显得无药可救，更遑论两百多年后的今天。③与此同时，我们又不得不指出，**卢梭也并非彻底的悲观主义者**。他非常清楚历史发展之不可逆，自然状态早已一去不返；因此，他并不试图返回古老的"伊甸园"，而是希冀以政治建构、自然教育，以及，最终以自己的

---

①　将卢梭视为革命者之典型的一位思想家，是以色列学者塔尔蒙，他在《极权主义的民主起源》一书中，对这种"革命精神"带来的"恶果"进行了反思与批判。

②　亚瑟·梅尔泽：《人的自然善好：论卢梭思想的体系》，任崇彬译，上海人民出版社 2020 年版，第 328 页。

③　梅尔泽指出，在卢梭看来，旧制度下的欧洲已经不可逆转地呈现出腐朽的状态，亦即一种道德和政治普遍衰落的状态；而当时这些腐朽大国的命运，就是最终会沦为活力十足的小国的牺牲品；参见《人的自然善好：论卢梭思想的体系》一书中《卢梭的"使命"及其著作的实践意图》一节。

"行动"作为典范,来努力医治千疮百孔的现代心灵。

对于卢梭究竟属于何种"主义"的讨论,似乎难有尽头;事实上,对任何一位思想家而言,若只论其个别著作乃至只言片语,都容易一叶障目而不见森林,甚至于脸谱化,更遑论卢梭这样被公认为复杂而矛盾的思想家。梅尔泽指出:"卢梭的读者们似乎陷入了一个怪圈:他们因为那些矛盾而无法发现那个体系;又由于未能找到那个体系,所以看到了那些矛盾。"①在笔者看来,正是由于阅读与思考的片面化,导致卢梭的读者在对上述矛盾的反复纠缠中丧失了整体性;如若要更为准确与完整地理解卢梭的思想本身,则必须跟随梅尔泽一起,寻找到被诸多矛盾所"遮蔽"的卢梭思想之体系。

二、人的自然善好:回归本原的卢梭思想体系

梅尔泽指出,对于卢梭思想的矛盾之处,有两种常见的解释:第一种解释认为,卢梭的思想随时间而变化;第二种解释则认为,这些内容本就存在矛盾,只是卢梭未曾注意到罢了。第一种解释显然存在问题,因为卢梭在不同文本中都曾明确说过,他的思想从未发生过任何重大方面的变化。第二种解释则假定了,这些矛盾之所以存在,仅仅是因为卢梭没有能力进行体系化的思考,但这一解释同样不具备太高的可信度。正如梅尔泽所言,卢梭曾反复强调,"要赋予他的思想以秩序需要有意识的、艰苦的努力"②;在此基础上,如果我们"认为卢梭完全没有意识到每个大学新生都能在其作品中发现的明显矛盾,尤其是当他明确承认

---

① 亚瑟·梅尔泽:《人的自然善好:论卢梭思想的体系》,任崇彬译,上海人民出版社 2020 年版,第 6 页。

② 同上书,第 8 页。

其作品中包含着看起来的矛盾的时候，就太让人难以置信了。"①

　　事实上，在梅尔泽之前，就已有不少思想家针对卢梭思想中的矛盾与体系问题进行了研究。早期的卢梭研究者埃米尔·法盖就曾指出，卢梭的一切理论都能在《论不平等》中找到源头，全书的一个中心主题是人生来是善的，但是社会使人败坏。②法盖强调的是卢梭在《论不平等》中对于独立之个体的赞颂，对于败坏之社会状态的控诉，因而他将卢梭视作个人主义者，他并且认为卢梭对于社会的反对和控诉是一以贯之的。但随之而来的问题，则是《社会契约论》这一文本究竟应当如何被安置——毫无疑问，卢梭在其中试图建构一个共同体或者说一种社会状态。法盖给出了一个相对简单的回应，即《社会契约论》"看似是卢梭著作中孤立的一部分"并且和"他的总体思想相抵触"。③在法盖的基础上，亨利·塞提出了相似的观点，他认为卢梭在《论不平等》中的看法是个人主义的，甚至近乎于无政府主义。不同的则是他对于《社会契约论》的看法，在他看来，这一文本说明了卢梭依然是一个个人主义者，因为卢梭设计共同体的最终目的，在于"确保个人充分发展其自由"。④在此之后，C.E.伏汉针对上述问题做出了更为系统的论述。他认为，卢梭的思想经历了一个从个人主义到集体主义的发展过程，而这一过程也是从《论不平等》到《社会契约论》的脉络之所在——伏汉试图以此来解决卢梭思想中个人主义与集体主义之间的矛盾关系。他认为"在第二篇论文中，它的理想状态是每个个体都绝对独立于其余部分……《社会契约论》除了开篇的那几句话外，反映了一种非常不一样的——无

---

　　①　亚瑟·梅尔泽：《人的自然善好：论卢梭思想的体系》，任崇彬译，上海人民出版社2020年版，第7—8页。

　　②③　转引自卡西勒：《卢梭问题》，王春华译，译林出版社2009年版，第5页。

　　④　同上书，第5—6页。

疑不那么抽象,也不那么个人主义的——想法。在此处,自由不再被认为是个体的独立,而是应在个体全身心地忘我于为国家效劳之中去寻求……"①相比于单纯从某种"主义"的角度来理解卢梭,伏汉的观点更强调卢梭思想的动态发展过程,并尝试以此对其哲学进行整体性的理解。②

自 20 世纪初期开始,有不少学者逐渐去寻求贯穿卢梭著作始终的整体性原则,包括古斯塔夫·朗松、E. H. 赖特以及恩斯特·卡西勒,其中又以卡西勒的研究最为重要。朗松在《法国文学史》中指出,卢梭学说的整体原则是自然的良善和社会的败坏,自然状态是美好的,而社会状态使人败坏;但是由于卢梭明确说明人无法再回到自然状态,因此必须重新塑造社会以使得人能够免于败坏。与朗松相似,E. H. 赖特同样强调卢梭哲学的整体性。不同于朗松的是,赖特认为"天性"的概念才是卢梭思想的核心,并且这一概念有其特有的涵义——和理性密切相关。在他看来"必须通过人类的理性,按照人类天性的样子来使人类得以完善,这一根本观念贯穿卢梭的所有著作,并赋予其本质上的统一性"。③从这一角度出发,赖特强调了人的自然天性中理性和良心的一面,并且将卢梭学说中非常重要的"自由"概念与"理性"相连。因此,赖特试图通过"天性"这一概念,将《论不平等》、《社会契约论》、《爱弥儿》等文本串联起来,同样尝试勾勒出卢梭思想的内在一致性。

相比于朗松和赖特,恩斯特·卡西勒的卢梭研究,或许更为重要。与前两者一样,卡西勒同样强调卢梭思想的整体性。他不满于碎片化的

---

① 转引自卡西勒:《卢梭问题》,王春华译,译林出版社 2009 年版,第 10 页。

② 伏汉这一说法的问题在于,如果认为卢梭的思想存在从个人主义到集体主义的发展过程,那必然与卢梭本人的说法相冲突,即卢梭曾明确提出他的思想体系有一个一以贯之的主旨,并且从未发生重大变化。

③ 转引自卡西勒:《卢梭问题》,王春华译,译林出版社 2009 年版,第 16—17 页。

卢梭研究，也不赞同给卢梭贴上形形色色的标签，而是强调："我所要力图展示的是：卢梭的基本思想虽说直接源于他的天性与个性，但却不会被他的个性所局囿、所束缚；这一思想在其成熟、完善之时，将一种对问题的客观表述摆在我们面前；这种表述并非仅仅对他或他那个时代有效，而是十足分明而确定地包含着一种内在的、严格客观的必然性。"①在《卢梭问题》一书中，卡西勒指出，对良心的呼唤是卢梭所强调之理性自由的先声，并指出卢梭所说的自由指的是一种理性的自由，即人本身能在内心为自己立法的行为。其次，不同于赖特和朗松，卡西勒强调了不应当忽视卢梭的传记，而应该从传记中去把握卢梭思想的真正内涵。并且，他也阐明了卢梭与启蒙运动以及康德之间的关联。同时，作为新康德主义者的卡西勒，略带偏执地认为整个 19 世纪只有康德真正理解了卢梭，这一观点集中体现在他的《卢梭·康德·歌德》这一著作中。在他看来，"也许，只有康德才头一回公正地对待了卢梭天性中这些甚至不能为其密友所理解的品质"。②

　　然而，上述将卢梭思想视作内在一贯之体系的学者所做出的阐释，依旧面临不少问题。首先，这些解释总体而言太过于粗略，卢梭笔下"怜悯心"、"自尊心"、"公意"、"立法者""公民宗教"等诸多重要概念，都未能在这些解释中得到清晰而深刻的呈现。其次，文本的覆盖面明显不足。强调卢梭的思想是内在一致的，则应当尽可能多地包含其重要著作在内，但在上述学者的解释中，更多集中于卢梭的政治著作，而忽视了其自传性作品、文学作品及书信作品等等——这些作品在卢梭的思想中处于何种位置，是否与他的思想体系具有一致性，抑或是游离于其体系

---

① 转引自卡西勒：《卢梭问题》，王春华译，译林出版社 2009 年版，第 35 页。
② 卡西尔：《卢梭·康德·歌德》，刘东译，三联书店 2015 年版，第 23 页。

之外，这些问题依旧悬而未决。最后，如若认为卢梭的思想是一个完整的、内在自洽的体系，那为何他的思想在不同文本中会呈现出看似自相矛盾的一面，原因究竟何在——在上述解释中，这一问题并未被考虑在内。如若我们希望理解卢梭思想的内在一致性，上述这些问题必然需要被进一步思考与理清。在《人的自然善好：论卢梭思想的体系》一书中，梅尔泽教授立足于卢梭思想的本原，给出了上述问题的答案。

在梅尔泽看来，"卢梭的思想的确非常成体系——但他的著作却非常不成体系。这种思想与表达的极端不一致，是我们所有误解的首要源头"。①换言之，显得矛盾的是卢梭的各部作品，或者更准确地说，是卢梭在不同作品中的表达，而非卢梭的思想本身。问题则在于，如果其思想是内在一致的，为何我们阅读其作品时反而会产生自相矛盾之感？梅尔泽认为，那是因为卢梭只是把他思想体系中的某些部分零散地呈现在了不同的作品之中，"夸张一点说，卢梭采用了其统一思想体系的不同部分——它的概念、观点和论证——并将其不成体系地散布在他的诸种著作中"。②在他看来，不同于其他思想家有计划地写作，卢梭的许多著作本就是出于偶然的机会而写的，这些作品本身仅仅针对特定问题，因之所呈现的也只是卢梭思想体系中的某一部分。"在卢梭那里，人们遇到了一种反常的情形。作为一位成体系的思想家但是碰巧的作家，他和盘托出的只是一些偶然的、受外部激励而产生的篇章"。③例如，《论政治经济学》是卢梭为《百科全书》所写的词条；《论科学与艺术》、《论不平等》都是应第戎科学院有奖征文而作的；《科西嘉制宪意见书》和《论波兰的治国之道及波兰政府的改革方略》是应这些国家代表的请求而写

---

① 亚瑟·梅尔泽：《人的自然善好：论卢梭思想的体系》，任崇彬译，上海人民出版社 2020 年版，第 9 页。

②③ 同上书，第 11 页。

的；《致博蒙书》与《山中来信》属于论战性或澄清性的作品；《爱弥儿》被认为是"为了满足一位好母亲的要求"；后期包括《忏悔录》在内的自传性作品则被认为是为了回应他人的攻击而作。①因此，卢梭自然不会在这些应对特定问题的作品中呈现其思想的全貌，读者也不应当"把碎片误认为完整的整体"②，否则只会造成谬误——即认为卢梭的思想本就充满矛盾。因此，正如梅尔泽所言，我们不应当仅仅通过某一部作品来理解卢梭的思想，也不应当仅仅停留在这些作品的表面，而应将这些作品放到一起进行研究，并且"还要一个观点一个观点地努力把卢梭拆散的东西（亦即其思想的复杂的、成体系的整体）重新组合起来。在这一过程中，人们必须恢复其综合思考的技艺"。③换言之，读者必须通过阅读卢梭不同的著作，并相互参照，找到其中一以贯之的逻辑，以此真正理解卢梭的思想体系。

指出卢梭的思想并非自相矛盾而是内在自洽之后，剩下的问题则是要找出构成这一体系的内在基础。在梅尔泽看来，卢梭思想的体系并非外在性的，而是内在的，"是关于人性的理论，是一种道德和政治哲学"。④我们应当从何处找寻这种内在的"道德和政治哲学"，答案也只能来自卢梭本人。卢梭曾在不同文本中明确指出，"全部道德的基本原理——我在所有著作的推理中都以此为基础——是……人是一种天然善好的存在者"，"到处都能见到［我的］伟大原理的发展，这一原理是，自然使人幸福和善好，但社会败坏了他并使他不幸"。⑤在致马尔泽尔布

---

① 在梅尔泽看来，或许只有《社会契约论》是卢梭出于自身的动力而写作的；但正如卢梭本人所言，《社会契约论》也仅仅是他计划中更庞大、更复杂的《政治制度论》的一个摘录而已，因此同样不可能在这一作品中看到卢梭思想的全貌。

② 亚瑟·梅尔泽：《人的自然善好：论卢梭思想的体系》，任崇彬译，上海人民出版社2020年版，第12页。

③④ 同上书，第15页。

⑤ 转引自同上书，第19页。

先生的信中,卢梭回忆自己何以会写作《论科学与艺术》,也如是写道:"唉,先生,如果我把我在那棵树下所看到的和感觉到的情形能好好地描述出四分之一的话,我就能多么清楚地向人们展现我们社会制度的种种矛盾,多么有力地揭示我们制度的一切弊端,多么简明地阐明人生来是善良的,它之所以变坏,完全是由社会制度造成的。我在那棵树下一刻钟内悟出的许许多多真理,我能记得的,都零零星星分散地写进了我的三部主要著作,即第一篇论文和关于不平等的论文以及关于教育的论文。这三部著作是不可分开的;三部著作应合起来成为一部完整的著作。"①换言之,在正式写作《论科学与艺术》之前,卢梭已经"体会"到了人的自然善好这一原理;也正是这一发现,才促使卢梭真正开始他的写作生涯;并且以这一原理为指导,相继写作了《论不平等》和《爱弥儿》。因之,上述三部作品构成了一个有机的整体。此外,正如卢梭本人所言,《社会契约论》本就是《爱弥儿》的附录——因此,这一文本同样是其完整体系中的重要组成部分。因此,"人的自然善好"这一原理,是贯穿卢梭作品与思想始终的逻辑主线。梅尔泽在书中明确指出,"对卢梭来说,人的自然善好不仅是一个假设,还是一个伟大而崇高的真理,他坚定地信服这一真理,并且,这一真理激发了他所有的雄辩和激情,后者使他的作品与众不同"。②笔者认为,基于"人的自然善好"这一原理,或许可以这样来看待上述这四部作品:《论科学与艺术》详细描述了现代社会的个体是如何背离自然之"善好"的;《论不平等》第一次系统地阐明了何谓人的自然善好;《爱弥儿》以"人的自然善好"为指导,试图

---

① 卢梭:《致马尔泽尔布先生的四封信》,收录于《一个孤独散步者的梦》,李平沤译,商务印书馆 2012 年版,第 200—201 页。

② 亚瑟·梅尔泽:《人的自然善好:论卢梭思想的体系》,任崇彬译,上海人民出版社 2020 年版,第 37 页。

在社会状态中培育符合这一原理的个体；《社会契约论》则阐明了如何让符合自然善好的个体，生活于共同体之中，并最终成为真正的"公民"。

如上文所言，有关人的自然善好这一原理，最初的论述出现在《论不平等》一书中。在这一文本中，卢梭反对以霍布斯为代表的思想家将"自然人"描绘为充满欲望的邪恶存在；相反，他认为真正的自然人是"善"的，真正的自然状态则如"伊甸园"一般。自然人的"善"，至少体现在以下方面：存在天然的自爱心理，但却是极度节制的；对他者具有天然的怜悯之心；不存在非必要的欲望，因之也不存在虚荣之心。卢梭如是描绘自然人："我看见他在一棵橡树下心满意足，悠然自得；哪里有水就在哪里喝，在向他提供食物的树下吃饱喝足就睡；他的需要全都满足了。"①在梅尔泽看来，卢梭笔下的自然人，其灵魂是整全的，而丧失了自然之善好的社会人，则陷入一种灵魂的分裂与矛盾状态。他如此评价《论不平等》一书，"事实上，卢梭对人类的指控——他从社会和心理统一性丧失的角度对现代社会之弊病所作的经典诊断——是其思想中最为重要的元素之一，它实际上定义了此后若干代思想家试图解决的问题，并为后启蒙时代抱怨现代人之反复无常的持续传统拉开了序幕"。②在笔者看来，人的自然善好这一原理之重要意义在于：通过全然将"善"赋予原初的个体，卢梭为我们塑造了一个（就个体灵魂而言）远高于现实社会的伊甸园，从而也为社会状态下败坏的个体保留了重塑自身灵魂的可能性。

梅尔泽以"人的自然善好"作为卢梭思想体系的根基，无疑是回到了

---

① 卢梭：《论人与人之间不平等的起因和基础》，李平沤译，商务印书馆2007年版，第50页。

② 亚瑟·梅尔泽：《人的自然善好：论卢梭思想的体系》，任崇彬译，上海人民出版社2020年版，第20页。

卢梭本人思想的源头,对于把握卢梭思想之内在整体性具有重要意义。剩下的问题则在于,我们应当怎样理解卢梭的政治性著作、教育著作乃至自传性著作在内的这种内在一致性。梅尔泽在全书的第一部分中就对这一问题进行了说明,"在文明时代,则有爱弥儿,这位与卢梭的教育论著同名的英雄,他是在同时代社会的边缘被养大的;通过非凡的技巧,他的才能和欲望的发展被重新安排,以与他的大部分原始善好相协调并使之得到保存。从宽泛的意义上讲,生活在《社会契约论》所描述的合法国家中的公民(他们是热诚的爱国者),也会重新获得其原初的善好,尽管是以一种全新的不自然的形式。最后,正如其自传体著作所解释的那样,作为哲学家或艺术家的卢梭本人,通过天才、孤独和超凡的灵魂力量保存了自己的自然善好。这些相当不同的人类类型,亦即卢梭著作之全部角色中的核心任务,都被他称作善好的"。①通过这一段论述,作者强调了卢梭的这些著作都符合"人的自然善好"这一原理:《爱弥儿》以教育的方式在社会中塑造自然人;《社会契约论》试图在政治生活中重塑个体之善;《忏悔录》等自传性的作品则是卢梭通过对自身的呈现,阐明了符合自然善好之人究竟应当如何生活。这一解释,向我们说明了卢梭是怎样将"人的自然善好"这一原理贯穿始终的,对于我们从整体上理解卢梭的思想与著作具有重要意义。但与此同时,梅尔泽的这一解释(以及全书的论述)也存在值得探讨之处。首先,这些不同的著作之间,是否存在联系?抑或仅仅是卢梭在不同的情境之中分别阐述了自己的这一哲学原理?②其次,从论述来看,在全书的第三部分中,作

---

① 亚瑟·梅尔泽:《人的自然善好:论卢梭思想的体系》,任崇彬译,上海人民出版社 2020 年版,第 20—21 页。

② 例如,如笔者在上文所提到的,卢梭曾明确指出,《社会契约论》可以视作是《爱弥儿》的附录。因之,这两个文本之间应当存在内在联系,而非完全独立;然而就这一问题而言,梅尔泽在书中几乎未作说明,甚至对《爱弥儿》的论述都相对较少。

者详细阐述了卢梭在《社会契约论》中的相关论述，并对"立法者"、"公意"、行政权力与政府权力等重要概念、问题都做了详细的解读；然而，对《爱弥儿》以及《忏悔录》等自传性文本，却均未做充分的解读。[①]如此论述似乎有所不妥：或将降低本文论述之核心论点——卢梭思想是内在自洽之体系——的说服力。

三、卢梭的历史身位：霍布斯与柏拉图之间

如上文言，梅尔泽指出，卢梭思想中一个非常重要的矛盾在于其历史身位的问题：既有古典的一面，又充满着现代气质。"卢梭既是启蒙时代的人物，又是古典人物。不知怎的，他结合了两种相反的倾向"。[②]"在本书中，当我们试图理解卢梭的哲学时，我们将会一再遇到这个柏拉图和霍布斯的独特综合体"。[③]在书中，作者首先阐明了卢梭何以同时反对了霍布斯与柏拉图，随后又指明了其与两者的相似之处（甚至相同之处）。对上述问题的厘清，将有助于我们从根本上理解卢梭的思想身位。

梅尔泽在书中指出，卢梭提出"人的自然善好"这一原理，并认为该原理是全新的，"那么从某种意义上讲，他就是在攻击先于他的所有人"。[④]他将卢梭的主要对手归为三类：基督教思想，尤其是原罪教义；早期现代政治哲学理论，特别是霍布斯的思想；以及，以柏拉图为代表的

[①]　在全书第6小节《治愈人性：卢梭的解决方案》一部分中，梅尔泽将《爱弥儿》及《忏悔录》等自传性作品都归为卢梭提出的"个人主义的解决方案"；总体而言论述过于简短，且将两者视为一体，似乎太过笼统，未必妥当。

[②]　亚瑟·梅尔泽：《人的自然善好：论卢梭思想的体系》，任崇彬译，上海人民出版社2020年版，第32页。

[③]　同上书，第33页。

[④]　同上书，第22页。

古典政治哲学。

三者之中,卢梭对基督教原罪学说的批判是最显而易见的:基督教强调人生而具有原罪,卢梭则强调人性本"善"——两者由此构成了尖锐的对立。在《论不平等》的"小引"中,卢梭如是写道,"尽管在我们大多数学者的头脑中从未怀疑自然状态曾经存在过,但一读《圣经》就发现,第一个直接从上帝那里得到智慧和训诫的人,他自己就没有在这种状态中生活过"。①在他看来,《圣经》描绘的并非真正的人类历史,毋宁说是一种反历史的建构,因为人类生来并没有原罪,而是充盈着自然之"善"。正如学者马斯特所言,"从上下文看,这些假想情景暗示了'第二论'的哲学特征,并且暗示了他潜在地拒绝将启示作为权威;犹太—基督教遗产及其根据圣经经文做出的有关上帝造人的解释;伊甸园和亚当原罪中恶的根源,都不是'适合于所有民族的语言'"。②在《论不平等》中,卢梭通过对自然人天然之善好的描绘,颠覆了基督教的原罪教义;在《爱弥儿》中,则通过对自然宗教的描绘,更彻底地反对了现实的基督教本身。卢梭之所以如此激烈地反对基督教传统,根本原因在于,他认为后者无法使人真正获得教育,更遑论"得救"。正如梅尔泽所指出的,在卢梭看来,"基于原罪的道德所产生的并不是真诚的道德个体,而是一小撮有负罪感的信徒与一大群犬儒主义者、伪君子和放纵之徒"。③若人生而有罪,那是否注定无法避免现世的罪恶,而只能消极等待上帝的救赎?在卢梭看来,所有一切的罪恶均为后天所形成,与社会状态、政

① 卢梭:《论人与人之间不平等的起因和基础》,李平沤译,商务印书馆 2007 年版,第 46—47 页。

② 马斯特:《卢梭的政治哲学》,胡兴建、黄涛等译,华东师范大学出版社 2013 年版,第 155 页。

③ 亚瑟·梅尔泽:《人的自然善好:论卢梭思想的体系》,任崇彬译,上海人民出版社 2020 年版,第 24 页。

治统治都密切相关；人出于自然是善的，因此也唯有通过人本身，才能"复归"于这种自然之善。

与批判基督教原罪学说相似，卢梭同样反思了霍布斯对于人性的建构，不同之处则在于，其对后者的批判更多集中于自然状态学说。在《利维坦》中，霍布斯将自然状态描述为一切人反对一切人的战争状态，将自然状态下人与人的关系描述为狼与狼的关系。在他看来，自然人的最终目的仅在于自我保全，为达此目的，人与人之间相互猜疑、竞争与掠夺；由于自然状态下缺乏基本的公共权力，因而就等同于战争状态。卢梭显然不会同意霍布斯的这一论述：他认为霍布斯恰恰是把社会状态中个体的性格特征强加于自然人身上，因而造成了混乱——"人"确实如霍布斯所描述的如此不堪，但并非自然人，而是社会人。自然人必然是"善"的，一切的"恶"都是社会所造成的。笔者认为，卢梭对霍布斯式自然个体的反对，有以下两点重要意义：首先，通过强调人的自然善好，卢梭为我们树立了一个原型或榜样，从而为人的教育找到了根本的方向。在《论不平等》一书的开篇处，卢梭强调霍布斯、洛克等思想家笔下的自然状态、自然人并非真实的，其所言之含义并非指客观真实，而是认为这样的"自然人"难以提供对现实个体的教育。其次，正如梅尔泽在书中所指出的，由于卢梭强调人的"恶"都是后天形成的，因此如何建构良善的社会状态、政治制度就尤为重要。基于自然人的自保与争夺，霍布斯所设想的是无所不包的"利维坦"，这一共同体所保障的仅是个体的生命权，一切对人的教育似乎都不在其考虑之列，甚至反而会形成对个体的压迫。卢梭显然反对霍布斯的这一设想：在"利维坦"中，个体不可能有真正的自由，只能陷入新的（乃至更高级的）枷锁之中。正如梅尔泽所言，在卢梭看来，"为了能够采取自由政府，人必须是好人，但他补充说，为了能成为好人，人必须是自由的。自然善好原理就这样引出了卢梭的激烈共和主义"。①而为了保证个体真正的自由，则必然需要建构一种良善的政治制度——这种政治制度不仅要保证个体天然之权利，还应当具有道德教育之功能。

以柏拉图为代表的古典政治哲学思想，被梅尔泽认为是"卢梭学说的第三个靶子"。作者指出，在柏拉图等思想家看来，人本身之所以是"坏的"，乃是因为其内在灵魂本就是自相矛盾的。"这种观点认为，人的灵魂或人格不是自然的、统一的或内在一致的，而是由两种截然不同的且可能是相反的成分组成的：理性和激情"。②在《理想国》中，柏拉图将人的灵魂分为三个部分：理性、激情与欲望。最坏的、僭主式的个体，被认为是全然受非必要的（乃至非法的）欲望所控制，因而过着一种最悲惨的生活；而哲人王的灵魂则被认为是全然受理性所主宰，因之能够洞见"理念"，并过着真正正义且幸福的生活。梅尔泽指出，在古典时代，上述这种学说就受到了斯多葛学派的挑战，后者认为灵魂中只包含一种要素，即理性；所有的恶行并非来自个体内部相互冲突的部分，而是由社会影响所产生的错误或偏见。作者指出，"人们普遍认为，斯多葛学派尤其是塞涅卡对卢梭有相当大的影响"。③对卢梭而言，出于自然，人的灵魂中并不存在相互冲突的各个部分，而是整全的"一"；个体灵魂中的一切分裂与冲突，均由社会所造成。在古典政治哲学的思考中，由于人的灵魂本就存在二元对立，因此就需要经由教育形成内在的

---

① 亚瑟·梅尔泽：《人的自然善好：论卢梭思想的体系》，任崇彬译，上海人民出版社2020年版，第26—27页。

② 同上书，第27页。需要指出的是，柏拉图在《理想国》中将人的灵魂分为三个部分：理性、激情、欲望；梅尔泽在书中所言的"激情"之含义，应当是包含了柏拉图所言的"激情与欲望"两个部分在内。

③ 同上书，第27页。

理性之统治，这一理论以"美德"作为最终的落脚点。而在卢梭看来，人出于自然就是"善"的，因此应当使人回归自然整全之"善"，而非形塑后天的"美德"。正如梅尔泽所言，"卢梭的原理开启了一场伟大的道德革命，它废除了'美德'而代之以'善好'，并用有关真诚和自发性的新伦理取代了智慧和自制"。①与此相类似，并且或许更为根本的一个论述，来自施特劳斯。在《自然权利与历史》一书中，施特劳斯指出，卢梭笔下的自然人更为孤立，以"激情"反叛"理性"，以"自由"取代"德性"，因而比霍布斯、洛克等现代思想的先驱者更彻底地远离了古典的传统。②

正如上文所言，卢梭既批评了以霍布斯为代表的近代政治哲学传统，又反思了以柏拉图为代表的古典政治哲学理路，既如此，我们又应当怎样理解卢梭本人在思想史中的定位？梅尔泽在书中将卢梭称为是"柏拉图与霍布斯的独特综合体"，并指出卢梭的思想是一种"理想主义的现实主义"。施特劳斯则认为，正是在卢梭的思想中出现了第一次现代性的危机，后者借用古典资源反思与批判了千疮百孔的现代社会；但与此同时，对自然人更为"原子化"的描述，对"激情"而非"理性"的赞颂等，又使得卢梭更深入地推进了现代性的进程。笔者认为，对于卢梭身上这种古典与现代的纠结与矛盾，或许可以作如是理解：卢梭深刻地看到了现代政治的问题之所在，并努力从古典的立场出发来解决这些问题——这一解决方式建立在现代政治的前提之上，但其内在本质，则始终是古典政治哲学关于政治与人性之思考。也正如梅尔泽在书中所指出的，卢梭接受了自由主义思想中个人主义的理论前提，但他否认个体对私利的追逐能够带来共同体的发展，更遑论形塑个体内在的道德自

---

① 亚瑟·梅尔泽：《人的自然善好：论卢梭思想的体系》，任崇彬译，上海人民出版社2020年版，第29页。

② 列奥·施特劳斯：《自然权利与历史》，彭刚译，三联书店2003年版，第257页。

由;因此"他'背叛'了自由派阵营","卢梭的思想,如果是正确的,就不仅是对自由主义政治理论的否定,而且是对自由主义政治理论的辩证的自我克服"。① 与其说是"克服",毋宁说是"超越"——卢梭回到了古典政治哲学的思考之中,从而超越了现代的政治理念。

在《论科学与艺术》一书中,卢梭就大量运用了古典资源,热情洋溢地赞颂了斯巴达与罗马共和国,并强调了"德性"之重要;书中对于现代科学与艺术的反思,呈现出典型的柏拉图式思考。在《论不平等》中,卢梭的目的则在于,为"人"本身找到一种更为久远、更为普遍的存在方式,以此作为与社会人相对照之"原型"。如上文所言,卢梭对自然人更为独立的描述,被认为完全背离了亚里士多德关于"人是天生的政治动物"这一论断;其对情感而非理性的推崇,对原初个体灵魂整全之"善"的描绘,也均被认为是背离古典的传统。然而在笔者看来,上述这些解释都仅仅是抓住了卢梭对自然人之描绘的某些部分,而忽视了其整体之目的:善好的自然人与败坏的社会人形成的鲜明对比,并成为卢梭笔下教育的最终目的之所在——不仅在私人教育中,如《爱弥儿》;还包括了政治维度,即《社会契约论》中对政治制度的建构。卢梭非常清楚,现实中的个体绝不可能脱离政治而存在,因之就需要建构一个合法并正义的共同体,使得个体能够消除内在的自私倾向,并在政治共同体中获得教育,从而实现真正的"道德"与更高层面的自由——就如前文所指出的,卢梭根深蒂固地相信,政治与教育密不可分,后者甚至是前者之最终目的。"我们已经看到,卢梭的政治学,通过一种真实的、全体一致的普遍意志取代霍布斯虚构的意志统一,从而把国家想象成一个'真正的

---

① 亚瑟·梅尔泽:《人的自然善好:论卢梭思想的体系》,任崇彬译,上海人民出版社2020 年版,第 143 页。

公共人格'，在这一公共人格中，古典政制的'整体'属性，以及它对道德正确性的渴望，都以一种新的、水平的形式重新建立起来了"。①

　　然而，问题在于，共同体中教育之"正义性"如何能够得到保证？卢梭笔下共同体之现实原型，应当是其心心念念的祖国——日内瓦；其理想原型，则是古希腊时期的城邦政治，即一种小国寡民的状态，并以直接民主为根基。"公意"这一理念表达了卢梭对公民自治的推崇，后世的思想家从"意志"这一概念出发，往往认为卢梭表达了一种非常现代的观念；但同样不容忽视的是，这种公民自治的设想甚至原型本就来源于古典时代，卢梭仅仅是借用了现代的政治概念而已，其目的与内核依然在遥远的古代。更为重要的是，在卢梭看来，甚至"公意"也并不能成为保证共同体正义性的最终根基，其中的问题在于：首先，在契约订立之初，共同体的正义性如何得到保证；其次，组成共同体的公民是否已受到良善的（政治）教育，否则"公意"本身就存在问题——"公意永远是正确的，但是那指导着公意的判断却并不永远都是明智的"。②因此，在"公意"之上，卢梭提出了"立法者"的设想。在他看来，"立法者"需要对共同体进行根本性的规定，包括共同体的传统与习俗；"立法者"需要洞悉人性乃至改变人性，甚至如神灵一般。卢梭如此写道，"为了发现能适合于各个民族的最好的社会规则，就需要有一种能够洞察人类的全部感情而又不受任何感情所支配的最高的智慧；它与我们的人性没有任何关系，但又能认识人性的深处；它自身的幸福虽与我们无关，然而它又很愿意关怀我们的幸福；最后，在时世的推移里，它照顾到长远的光荣，能在这个世纪里工作，而在下个世纪里享受。要为人类制定法

---

　　①　亚瑟·梅尔泽：《人的自然善好：论卢梭思想的体系》，任崇彬译，上海人民出版社2020年版，第245页。

　　②　卢梭：《社会契约论》，何兆武译，商务印书馆2003年版，第48—49页。

律,简直是需要神明"。①在卢梭看来,只有摩西、莱库古士这样的人物才有资格成为立法者,"这些人物都在各自国家中占有特殊的地位,他们似乎受到了神的启示的触动,就像柏拉图这样的哲学家或黑格尔这样的世界历史人物一样,将愚昧无知或迷惑不解的人们指向他们无法自我感知的新曙光"。②对于"立法者"的描述,呈现出卢梭对于"公意"之不信任;同时也暗示了,政治制度的根基最终在于"智慧"而非"人数"。我们很容易就能将"立法者"的形象追溯到柏拉图的"哲人王",然而根本性的差异在于:在柏拉图笔下,立法者统摄城邦中的一切;而卢梭笔下的立法者,在完成城邦的立法之后,随即远离共同体——换言之,立法者本就不属于共同体。卢梭清晰地看到,不同于古典政治,现代政治的合法性根基在于民主,因之"立法者"与共同体只能是一种若即若离的状态;若与现实政治相联系,我们同样可以指出,即便卢梭笔下伟大如斯的"立法者",最终也要远离城邦,而非贪恋政治权力,现实的统治者,又有何资格无止境地掌控政治权力?因之,这或许暗含着卢梭对于现代统治者的批评与告诫。更为重要的则在于,当卢梭告诉我们,"立法者"最终要离开"共同体"时,他从更深层的意义上暗示了现代政治之不可欲,个体最终之解救,只能在远离政治的哲学生活中。

四、余　论

如上文所言,由于现代政治本就不可欲,因此个体内在灵魂之完满统一,最终只能在哲学生活中得以实现。梅尔泽同样看到了卢梭思想中

---

① 卢梭:《社会契约论》,何兆武译,商务印书馆 2003 年版,第 49 页。
② 罗伯特·沃克勒:《卢梭》,刘嘉译,译林出版社 2020 年版,第 95 页。

的这一面相，因此，他将卢梭在自传性作品中的描述，视作针对社会败坏的个人主义解决方案：远离政治社会，在自然的生活中重塑灵魂的统一。作者引用了卢梭在《一个孤独的散步者的梦》中的描述"一种简单而永久的状态……当灵魂找到一个可以完全安居其上，可以将它的全部存在凝聚在那里的牢固基础，而不需要回忆过去或侵占未来；在那里，时间对它来说毫无意义，当下可以永远持续下去，甚至既不标出它的持续，也没有任何相继的痕迹，没有任何其他的匮乏或享受、快乐或痛苦、欲望或恐惧的感受，而只有对我们存在的感受，这种感受能够完全填满心灵"。①在这段描写中，卢梭向我们展示了何谓灵魂内在之统一；在梅尔泽看来，作者以此阐明了流变与永恒之内在关联："在这种情况（卢梭称之为拥有一种'状态'）下，尽管时间和事件处于流变之中，但对自我的认识却保持不变；自我不再把自己让渡给过去或未来，它在当下的每一刻都是完整的和完全在场的。"②最为完备的生命状态，乃在于无论世事如何变迁，始终能够保持灵魂内在之"善"的统一——从柏拉图哲学的角度而言，唯有认识到了"善"的理念，方能达致这一生命状态。就此而言，笔者认为，卢梭的自传性作品，与其说是给出了一种"个人主义的解决方案"，毋宁说是呈现了一种哲学的生活与生命状态：卢梭以自身的生活作为"典范"，从更高的层面上向读者阐明了究竟何谓"人的自然善好"。

vitam impendere vero（把生命献给真理）——卢梭始终以此作为座右铭，始终以"真理"而非任何其他因素作为自身的指引。因之，他从不属于任何现实的派系，从而也就招致了几乎所有派系的反对，以至于长期

①　转引自亚瑟·梅尔泽：《人的自然善好：论卢梭思想的体系》，任崇彬译，上海人民出版社2020年版，第85—86页。

②　同上书，第85页。

颠沛流离。然而,这又如何呢?这丝毫不影响其成为启蒙时代最伟大的思想家。正如卢梭拒不接受年金,反而终其一生保持了自身的自由与独立,保持了对真理的追求,保持了内在自然之善好——这或许才是卢梭真正的"历史身位"吧!与之相比,今日之学人,或都应当赧颜。

图书在版编目(CIP)数据

希腊诗人与古典政治/洪涛主编.—上海：上海
人民出版社，2023
（复旦政治哲学评论；第14辑）
ISBN 978－7－208－18081－9

Ⅰ.①希…　Ⅱ.①洪…　Ⅲ.①古典哲学-政治哲学-
古希腊-文集　Ⅳ.①D091.984－53

中国版本图书馆 CIP 数据核字(2022)第 241905 号

责任编辑　赵荔红
封面设计　王小阳

复旦政治哲学评论　第 14 辑
希腊诗人与古典政治
洪　涛　主编

出　　版　上海人民出版社
　　　　　（201101　上海市闵行区号景路 159 弄 C 座）
发　　行　上海人民出版社发行中心
印　　刷　上海商务联西印刷有限公司
开　　本　720×1000　1/16
印　　张　23.75
插　　页　2
字　　数　270,000
版　　次　2023 年 1 月第 1 版
印　　次　2023 年 1 月第 1 次印刷
ISBN 978－7－208－18081－9/D・4059
定　　价　98.00 元